TESTEMUNHAS DA CHINA

XINRAN

Testemunhas da China
Vozes de uma geração silenciosa

Tradução
Christian Schwartz

Copyright © 2008 by The Good Woman of China Ltd.

*Grafia atualizada segundo o Acordo Ortográfico
da Língua Portuguesa de 1990, que entrou em vigor
no Brasil em 2009.*

Título original
China Witness: Voices from a Silent Generation

Capa
Rita da Costa Aguiar

Foto de capa
Miroslav Zajic/Corbis/LatinStock

Preparação
Silvia Massimini Felix

Índice remissivo
Luciano Marchiori

Revisão
Márcia Moura
Tatiana Pavanelli Valsi

Dados Internacionais de Catalogação na Publicação (CIP)
(Câmara Brasileira do Livro, SP, Brasil)

Xinran
    Testemunhas da China : vozes de uma geração silenciosa / Xinran ; tradução Christian Schwartz. — São Paulo : Companhia das Letras, 2009.

    Título original : China Witness : Voices from a Silent Generation.

    ISBN 978-85-359-1469-6

    1. China - Biografia 2. China - História - Século 20 I. Título.

09-04390   CDD-951.000922

    Índice para catálogo sistemático:
    1. China : Século 20 : História social 951.000922

[2009]
Todos os direitos desta edição reservados à
EDITORA SCHWARCZ LTDA.
Rua Bandeira Paulista, 702, cj. 32
04532-002 — São Paulo — SP
Telefone: (11) 3707-3500
Fax: (11) 3707-3501
www.companhiadasletras.com.br

Às Mães da China e à minha mãe, Xujun

Sumário

Mapa da China e a viagem, 8
Lista de ilustrações, 11
Glossário e abreviações, 13

Introdução, 15
1. Yao Popo, ou a Curandeira de Xingyi, 29
2. Duas gerações da família Lin: a maldição de uma lenda, 43
3. Novas descobertas em Xinjiang, a maior prisão do mundo, 59
   Na estrada, Interlúdio 1: Entrevista com um taxista do noroeste, 100
4. Pioneiros do petróleo na China: um distinto casal, 108
5. Acrobata: a filha de um contrarrevolucionário que ganhou a medalha nacional, 159
   Na estrada, Interlúdio 2: Conversando com um colega jornalista sobre o Tibete, costumes tradicionais, fogões boca de tigre e judeus chineses, 189
6. Casas de chá e pregoeiros: 3 mil anos de histórias e esperanças, 201

7. Mantendo a tradição do artesanato: os lanterneiros de Qin Huai, 230
8. Por montanhas e pastos: uma testemunha da Longa Marcha, 261
9. Depois de perseguições e adversidades, um tempo abençoado: a mulher general nascida nos Estados Unidos, 290
   Interlúdio 3: Cartas de amor, 341
   Na estrada, Interlúdio 4: Reflexões nas entrelinhas, 368
10. O policial: um tira que entrou para a polícia na fundação da República Popular, 370
11. Mãe sapateira: 28 anos debaixo de sol e chuva, 416
    Na estrada, Interlúdio 5: Um incidente no Memorial do 4 de Maio, 437
    Posfácio: Imagens da minha terra natal, 443

Agradecimentos, 465

Meus assistentes chineses: o que *Testemunhas da China* significou para eles, 469

Índice remissivo, 473

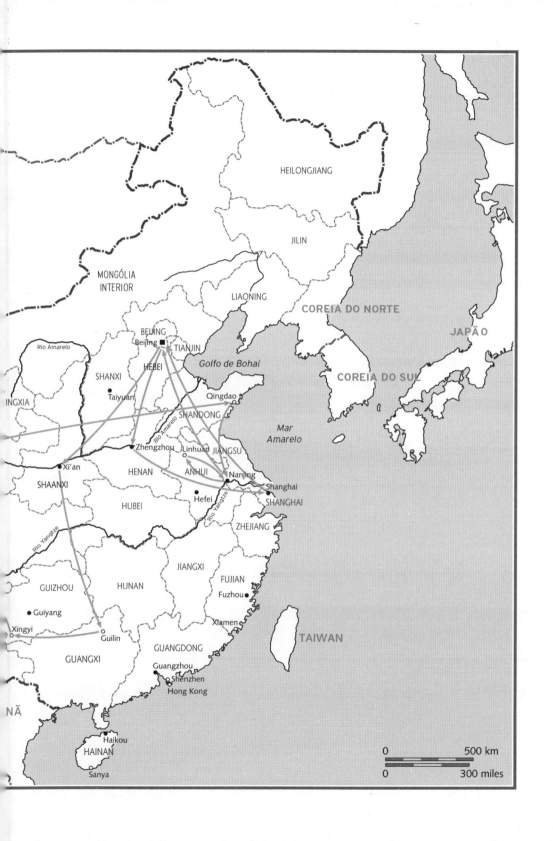

Lista de ilustrações

Ilustrações do texto
Capítulo 1.
  Uma loja de ervas, Xingyi, 2006.
Capítulo 2.
  A "Mulher de Duas Armas" com a família. Seu genro, Lin Xiangbei, com a filha e os netos.
Capítulo 3.
  Trabalhadores do Batalhão 148, Shihezi, década de 50.
  Com os sobreviventes do Batalhão 148, Shihezi, 2006. (*Foto: Kate Shortt*)
Capítulo 4.
  Os pioneiros do petróleo, noroeste da China, 1950; e Hezheng, 2006.
Capítulo 5.
  Acrobatas em treinamento, década de 50; e em turnê na América do Sul, década de 90.
Capítulo 6.
  O pregoeiro recitando, 2006.
  Casa de chá tradicional, 2006. (*Foto: Kate Shortt*)
Capítulo 7.
  Oficina de fabricação de lanternas, Nanjing, década de 50; e um lanterneiro, 2006.
Capítulo 8.
  Um sobrevivente da Longa Marcha, 1947 e 1997.
Capítulo 9.
  A general Phoebe ainda criança, Chicago, 1933; e em Beijing, 2006.
Capítulo 10.
  Um policial com a família, Zhengzhou, década de 60 e 2001.

Capítulo 11.
Uma sapateira, Zhengzhou, 2006. (*Foto: Kate Shortt*)

Caderno de fotos
1. Enterro do marido de Chen Lianshi, a "Mulher de Duas Armas", 1935; Chen Lianshi com o neto.
2. Fang Haijun, primeiro chefe da guarda pessoal de Mao Tse-tung e mais tarde fundador da Academia Naval chinesa e comandante de submarinos.
3. Prospecção de petróleo no norte da China, década de 50.
4. Prospecção de petróleo com colegas soviéticos, década de 50.
5. Fotos de família do policial sr. Jingguan, década de 50.
6. Ônibus de uma linha de longa distância com operários, Jiangsu, 1969.
7. Acrobatas se apresentam durante a Revolução Cultural.
8. Marido e filho da acrobata Yishuja em base militar de Shandong, década de 70.
9. Pintando uma lanterna na oficina, Nanjing, 2006. (*Foto: Kate Shortt*)
10. Sobrevivente da Longa Marcha entrevistado por repórteres estrangeiros.
11. Multidão no centro de Urumqi, 2006, assiste a filme projetado em tela grande.
12. Uma das mais antigas casas de chá chinesas. (*Foto: Kate Shortt*)
13. Numa rua de Zhengzhou, 2006, entrevistando a sapateira.
14. Mulher fabrica pauzinhos, Ghizhou, 2006.
15. A general Phoebe e seu marido, 2006.
16. Monumento em homenagem ao Movimento de 4 de Maio, Beijing, 2006. (*Foto: Kate Shortt*)

(*Exceto quando indicado diferentemente nos parênteses, as fotos pertencem à coleção da autora e foram gentilmente cedidas, e seu uso autorizado pelos entrevistados.*)

Glossário e abreviações

CHINESES HAN: o maior grupo étnico nativo da China, perfazendo cerca de 92% da população da República Popular.

CHINESES HUI: grupo étnico formado majoritariamente por chineses muçulmanos e uma das 56 etnias oficialmente reconhecidas pela RPC.

ELP: Exército de Libertação do Povo, fundado em 1927 como braço militar do PCC, com a missão de derrotar os rebeldes do KMT no Levante de Nanchang, ocorrido em agosto de 1927; originalmente conhecido como Exército Vermelho Chinês, foi oficializado como ELP ao final da Guerra Sino-Japonesa, em 1945, quando a China ainda vivia sob guerra civil, até que os comunistas finalmente bateram os nacionalistas, em 1949. Reunindo todas as forças militares do país, constitui o maior Exército ativo do mundo.

GRANDE SALTO ADIANTE: o Segundo Plano Quinquenal (1958-1960) de Mao Tse-tung, voltado à rápida transformação da China numa sociedade industrial moderna, que resultou em fome e num desastre econômico e humanitário, no qual milhões de chineses morreram sem comida.

KMT: Kuomintang (também conhecido por Guomindang/GMD), o Partido Nacionalista, fundado em 1912; durante muitos anos o partido mais poderoso da China, derrotado pelas forças do Exército de Libertação do Povo (ELP), de Mao Tse-tung, em 1949, quando o KMT se refugiou em Taiwan, onde sobreviveu como o partido político dominante até 2000.

MOEDA:
1 iuane (CNY) = 10 *jiao* = 100 *fen*
1 libra esterlina = aproximadamente 14 iuanes (maio de 2008)
1 dólar americano = aproximadamente 7 iuanes (maio de 2008)
1 iuane = aproximadamente 7 pence (libra)/14 centavos (dólar) (maio de 2008)

PCC: Partido Comunista Chinês, o partido governante na República Popular da China, fundado em 1921.

PETRÓLEO:
Na China, as quantidades de petróleo sempre foram expressas em toneladas, em vez da medida mais comum, o barril.
1 tonelada de petróleo = aproximadamente 7 a 9 barris, dependendo do tipo do óleo.

QUATRO EXPURGOS: campanha, também chamada de Movimento de Educação Socialista, lançada por Mao Tse-tung em 1963 para limpar a política, a economia, a burocracia e a ideologia de elementos reacionários.

REEDUCAÇÃO PELO TRABALHO (LAOGAI): título criado pelo sistema de justiça criminal para a punição com trabalhos forçados instigada por Mao, nos anos 50, e inspirada nos gulagui soviéticos.

REFORMA E ABERTURA: a abertura da China em sua relação com o Ocidente, sob Deng Xiaoping.

RPC: República Popular da China, criada em 1949, ao final da guerra civil no país.

TRÊS ANTI (1951) E CINCO ANTI (1952): campanhas de Mao Tse-tung para extirpar a corrupção e os inimigos do Estado, particularmente na burocracia e nos negócios; mirando a oposição e os capitalistas, esses movimentos consolidaram as bases de poder do líder.

TRÊS BANDEIRAS VERMELHAS: na década de 50, os três princípios norteadores da construção do socialismo — a Linha Geral (do Partido), o Grande Salto Adiante e as Comunas do Povo.

XIUCAI: um dos níveis do competitivo sistema imperial de concursos para ingresso na burocracia dos governos provinciais, o qual sobreviveu até o século XX.

Introdução

Este livro é um testemunho sobre como viver com dignidade na China moderna. Para mim, ele envolveu não apenas uma jornada pessoal às experiências da geração de meus pais, mas também — para os meus entrevistados — um processo de autodescoberta, de revisitação e depuração de suas memórias do passado. Enquanto eu me perguntava quais questões deveria fazer, eles tinham de se perguntar quais respostas me dar; como descrever um século XX que, sob vários aspectos, foi repleto de sofrimento e trauma. Para nós, chineses, não é fácil falar aberta e publicamente sobre o que na verdade pensamos e sentimos. E, no entanto, era exatamente isto que eu desejava registrar: reações espontâneas às dramáticas mudanças do século passado. Queria que meus entrevistados figurassem como testemunhas da história chinesa. Muitos chineses pensariam que essa é uma coisa tola, até maluca, de se tentar — quase ninguém hoje, na China, acredita ser possível levar os homens e as mulheres do país a dizerem a verdade. Mas essa maluquice tomou conta de mim e não quer me abandonar: não posso crer que os chineses vão carregar para as suas sepulturas a verdade de suas vidas.

Por que os chineses acham tão difícil falar com franqueza sobre si mesmos?

"O conceito de culpa por associação", observa o professor Gao Mingxuan, um especialista no código penal chinês, "foi sempre muito importante na antiga lei chinesa. Em tempos que remontam ao segundo milênio antes de Cristo, a família de um criminoso era punida tão duramente quanto ele próprio. Nos mil anos seguintes, esse princípio foi gradativamente se entranhando no sistema judiciário. Em sua clássica história da China, escrita em torno do ano 100 a.C., Sima Qian registrou que 'depois de Shang Yang ter ordenado mudanças na lei [aproximadamente em 350 a.C.], a população foi agrupada em unidades de cinco a dez famílias, sob vigilância mútua, e reciprocamente responsáveis pelas condutas uns dos outros perante a lei'. Se um membro de uma das famílias cometia um crime, as outras famílias daquela unidade eram julgadas culpadas por associação. Durante a dinastia Qin (221-206 a.C.), o princípio foi aplicado não apenas nas comunidades, mas também no Exército e no governo. Em caso de crime menor, a família do criminoso seria exterminada até entre o terceiro e o quinto graus de parentesco; para os mais graves, até o nono ou o décimo. Embora a validade desse princípio penal tenha sido debatida em diferentes momentos de nosso passado imperial, seguiu sendo uma pedra de toque do sistema judiciário chinês até as dinastias Ming e Qing (1368-1911)."

A China não tem o monopólio sobre a ideia da responsabilidade coletiva no direito criminal. Em 1670, por exemplo, Luís XIV incluiu exatamente o mesmo princípio no código penal francês: famílias completas — inclusive crianças e doentes mentais — acabavam executadas pelo crime de um indivíduo. Às vezes, vilarejos inteiros eram condenados, com os mortos, mesmo postumamente, caindo em desgraça.

Na China, as profundas raízes históricas do princípio de culpa por associação deram origem a uma poderosa tradição de fidelidade ao clã, introjetando nos chineses uma forte inibição quanto a falar abertamente — por medo de implicar outras pessoas.

Nenhuma das mudanças cataclísmicas ocorridas no século XX chinês — a queda da dinastia Qing, o caos no tempo dos senhores da guerra, a Guerra Sino-Japonesa, a guerra civil, a Revolução Comunista — foi capaz de minar essa poderosa consciência de clã. Os chineses parecem ainda não ter segurança para expressar o que realmente pensam — mesmo com as reformas pós-Mao, que vêm lentamente abrindo portas entre a China e o mundo, entre o passado e o presente chineses e entre os indivíduos e o governo.

O princípio da precaução ao expressar-se publicamente impera na China há tempo demais para ser descartado em menos de trinta anos; a liberdade de expressão no país continua cerceada com obstinação idiota, por ignorância e medo.

Mas não posso esperar mais. Por causa da destruição do passado perpetrada pela Revolução Cultural, da censura permanente à mídia e do controle sobre os livros escolares, os mais jovens estão perdendo contato com as batalhas de gerações anteriores pela dignidade nacional. As pessoas que lutaram ao longo do século xx chinês são debochadas ou ignoradas por sua lealdade inquebrantável a ideais revolucionários hoje fora de moda. Ao buscarem novos valores contra as incertezas do presente e as desilusões do passado, muitos jovens se recusam a acreditar que, sem a contribuição de seus avós e bisavós, a China autoconfiante e moderna que conhecem hoje não existiria.

Depois de mais de vinte anos de entrevistas e pesquisas como jornalista, preocupa-me que a verdade sobre a história moderna do país — juntamente com nossa busca por dignidade nacional — seja sepultada com a geração de meus pais.

Nessas duas décadas, fiz uma lista de cerca de cinquenta indivíduos que encontrei, cada um com incríveis histórias para contar. Desses, selecionei vinte nomes que entrevistei para este livro. Entre os cinquenta nomes listados originalmente, havia muitas celebridades nacionais que teriam garantido atenção, e mesmo destaque, ao meu livro. Concluí, no entanto, que essas pessoas encontrariam outras oportunidades para contar suas histórias, elas próprias ou seus filhos. Resolvi, então, que teria maior valor histórico registrar as trajetórias de pessoas comuns, que de outro modo, por não serem famosas, ricas ou importantes, não teriam suas igualmente incríveis experiências ouvidas. Embora saiba que não devo esperar que as experiências de apenas vinte pessoas sintetizem os últimos cem anos da história chinesa, tenho a firme convicção de que esses indivíduos são parte dessa história e a testemunharam — seus notáveis sucessos e trágicos fracassos.

Meus entrevistados estavam na faixa dos setenta anos, em média; o mais velho tinha 97 anos. A incerteza quanto à saúde deles deu ao meu projeto um senso de urgência adicional.

Tome-se, por exemplo, a história de Hu Feibao (nome fictício), um ex-saqueador na antiga Rota da Seda. Depois de enfrentar o Exército de Libertação do Povo ao longo da década de 1950, Hu foi finalmente preso, no início dos anos 60, e condenado à prisão perpétua. Nos anos 80, foi transferido para um campo de trabalho, onde permanece desde então. Quando o entrevistei, no final da década de 80, ele me falou da cultura de gangues da qual participou na Rota da Seda.

As gangues eram como clãs, ele me contou, todos os membros compartilhando o sobrenome do grupo. A maioria misturava indivíduos de sangue diverso — alguma combinação entre chineses, tibetanos, mongóis e muçulmanos. Ninguém sabia exatamente de quem descendia, pois não havia o conceito de vida em família. Um saqueador sabia quem era seu pai, mas não a mãe, porque somente os meninos eram mantidos na gangue. As meninas eram abandonadas com as mães — mulheres que haviam sido sequestradas para ter filhos.

Seus companheiros de crime nunca o conheceram como Hu Feibao. Os membros de uma gangue eram proibidos de dizer a estranhos — à polícia, especialmente — seus nomes. "Se soubessem nossos verdadeiros sobrenomes, eles os usariam para amaldiçoar nossos ancestrais." Hu Feibao (literalmente, Dinamite Voadora Hu) era como o chamavam por causa da velocidade com que sua gangue se movia. Hu cresceu sem nunca ter ouvido falar da Rota da Seda; ele conhecia apenas a "Estrada do Dinheiro". Ao ser preso, em 1963, o policial que viajara de Beijing para interrogá-lo perguntou sobre suas "atividades criminosas na Rota da Seda". "Onde fica a Rota da Seda?", devolveu Hu.

Sua desorientação era completamente natural: "Rota da Seda", longe de ter origens locais ou ancestrais, foi um termo inventado pelo geógrafo alemão barão Ferdinand von Richtofen, em 1877, para identificar a rota de comércio entre a velha Europa e a Ásia.

No ano 139 a.C., Zhang Qian, um enviado do imperador han Wudi, liderou a primeira missão diplomática da capital chinesa, Chang'an, às regiões do oeste distante. Um de seus assessores chegou a Anxi (Irã) e Shendu (Índia). Todos os países visitados mandaram embaixadores para acompanhar a missão de volta à China. Em 37 d.C., com a Rota da Seda fechada pela guerra, outro enviado, Ban Chao, conduziu uma segunda missão diplomática fora da China, com 36 membros, para tentar retomar contato com o Ocidente; seu assessor, Gan Ying, quase alcançou Daqin (o Império Romano), então desviou na direção do golfo Pérsico, ampliando assim a rota de comércio original. Essa Rota da Seda "desértica" coexistia com a Rota da Seda das planícies, que se estendia desde Chang'an, pelas planícies de Qinghai e do Tibete, até o sul da Ásia, e com a Rota da Seda marítima, de Quanzhou, através do estreito de Taiwan, até o Sudeste asiático.

Por desertos, planícies e montanhas, essa estrada de 4.800 quilômetros — romanticamente batizada por Richtofen com o nome do valioso produto que por ela circulava — oferecia uma passagem da China antiga para o Mediterrâneo. E, quando os rios mudavam de curso e as montanhas ficavam instransponíveis pela neve, apareciam os desvios.

A cultura de gangues que Hu Feibao conheceu foi a do extremo norte da Rota da Seda através do deserto: avançando para o norte de Xi'an até Hami, via Jimsa e Urumqi, passando por Shihezi, Huocheng e Ili antes de, finalmente, chegar à costa do mar Negro. Suas memórias da "Estrada do Dinheiro" não guardam qualquer associação com o romantismo do imaginário ocidental em torno da Rota da Seda — caravanas luxuosamente carregadas sob o vento e o pôr do sol. A estrada que ele conheceu estava atulhada de ossos descoloridos — alguns de camelos, outros de humanos. "Raramente chovia", Hu me contou. "Durante as secas, parecia que todo o sangue da gente tinha fervido até secar. As tempestades de areia eram como sepulturas ambulantes: enterravam os homens vivos. Para nós, no entanto, ainda que pudessem nos matar, eram o melhor momento para as emboscadas, pois as caravanas comerciais sempre paravam; jamais seguiriam adiante em meio a uma delas." Hu Feibao e seus companheiros de montaria sobreviviam como era possível: por sua habilidade de aproveitar as fatalmente imprevisíveis condições locais. Nascido e criado entre saqueadores, até onde podia se lembrar ele sempre quis seguir o exemplo de Danbin Jianzan, o "Lama Guerreiro Negro".

Depois de minha entrevista com Hu, investiguei por algum tempo esse misterioso personagem. Nos anos 90, havia poucos computadores — internet, claro, não existia — na China, e quase nenhum arquivo ou documento sobre a história moderna da polícia. Embora alguns policiais veteranos tenham afirmado que ouviram falar dele, não consegui encontrar registros escritos. Mais tarde, com a ajuda de um oficial do Exército que havia pesquisado um senhor da guerra da região noroeste, Ma Bufang (mandatário de Qinghai nos anos 30 e 40), descobri o livro de um acadêmico dinamarquês chamado Henning Haslung, *Deuses e homens na Mongólia*, pelo qual fiquei sabendo que, lá pelo final do século XIX, Danbin Jianzan tinha sido um líder tribal numa parte da Mongólia sob domínio russo. Preso pelo czar por usurpar o poder local, Danbin Jianzan seguiu para o exílio nas estepes. Depois da revolução de 1911 na China e o colapso do domínio Qing na Mongólia, ele e suas tropas conquistaram e ocuparam o forte de Kebuduo, um ponto estratégico a nordeste. Enquanto várias facções lutavam pelo controle do país, o Exército Revolucionário Mongol, com a ajuda do Exército Vermelho Soviético, encurralou-o naquele local. Furando o cerco, ele escapou em direção aos desertos selvagens de Xinjiang e Gansu, onde sobreviveu assaltando mercadores e comerciantes até que, por volta de meados da década de 20, desapareceu misteriosamente. Um trabalho acadêmico russo de 1994, *A cabeça do Lama Negro*, e um artigo de um jornal mongol de 1999 revelam que, em 1924, Danbin e suas tropas foram dizimados por mais ou menos seiscentos soldados de elite de uma unidade especial enviada pela facção soviete que mandava na Mongólia. A cabeça de Danbin, perfeitamente conservada, está hoje exposta num museu construído em São Petersburgo durante o reinado de Pedro, o Grande.

Durante nossa última entrevista, em 1996, Hu Feibao se recusou a aceitar o que eu havia descoberto. Embora, contou-me ele, os moradores da região, quando as crianças eram malcriadas, tentassem amedrontá-las para que se comportassem bem dizendo-lhes que "o Lama Negro vem pegar", o guerreiro era em geral benquisto, pois nunca roubou os pobres, os mongóis ou os mensageiros. Alguns vilarejos no caminho para o oeste até mesmo lhe serviam de olhos e ouvidos, ajudando-o com informações e alertas. Depois de sua morte, continuou Hu, o código que o lama impôs às gangues continuou sendo seguido por algumas delas, as quais ainda operavam mesmo durante a campanha dos anos 60 contra os saqueadores, levada a cabo pelo Exército de Libertação do Povo. Esse código, de acordo com Hu Feibao, era mais rígido que os princípios morais pregados pelos nacionalistas, por Ma Bufang ou pelo Partido Comunista. Hu viveu segundo essas regras a vida toda e, mesmo depois de décadas na prisão, não admitia que os roubos que ele e seus companheiros cometeram fossem considerados crimes. "Era assim que meu povo sempre tinha vivido. Se não roubássemos na 'Estrada do Dinheiro', como nossas mulheres e crianças sobreviveriam? Como os vilarejos locais teriam mercadorias para comerciar? Durante séculos e dinastias, fomos os únicos a nos preocupar com essa gente. Nunca os forçamos a trabalhar para nós ou roubamos sua comida e seus bens. E jamais sequestramos mulheres que já estivessem comprometidas, ou fossem casadas e tivessem filhos. Pegávamos apenas as solteiras e as tratávamos muito melhor que os homens dos vilarejos; não era permitido bater nas mulheres ou nas crianças. Os moradores locais até mandavam suas filhas para nos esperar na estrada, deixando-as lá por dias a fio. Às vezes elas passavam fome ou congelavam até a morte. Afinal, se não tivéssemos mulheres, de onde viriam os filhos da gangue?"

Aquele seria nosso último encontro. Lembro que conversamos em meio aos caminhões carregados do complexo de fábricas do campo de trabalho, onde ele preparava maços de luvas para serem encaixotados. Suas mãos tremiam por causa da idade. Sentei silenciosamente a um canto, escutando suas reclamações.

As histórias dele me impressionaram profundamente. Nunca havia imaginado que alguém que o governo mantivera preso por décadas como um rebelde, uma ameaça à sociedade, pudesse mostrar tanta coragem e ânimo; que esse velho frágil tivesse levado uma vida tão agitada, ou que as comunidades ao longo da Rota da Seda pudessem ter coexistido tão harmoniosamente com essa estranha, aparentemente criminosa organização. Em chinês, a palavra "rebelde" tem conotação completamente negativa. Mas os rebeldes da Rota da Seda mantiveram sua própria cultura e seus padrões morais. Hu Feibao mexeu comigo a ponto de me fazer reavaliar minha própria capacidade de julgamento do que é certo e errado e minha compreensão da sociedade chinesa. Nossa tendência a julgar outras sociedades pelos próprios padrões pode nos levar a punir inocentes.

Quando decidi realizar as entrevistas para este livro, em 2006, Hu Feibao havia tido um derrame. Liguei para o campo onde trabalhava e o responsável me disse que ele não conseguia mais falar. Suspeitando que as autoridades tentavam impedi-lo de conversar comigo, tentei novamente algum tempo depois. Dessa vez, consegui falar com ele diretamente. Sua voz tartamudeava, indistinta; perdera o tom confiante e altivo que décadas na prisão não haviam conseguido esmorecer. Imaginei-o segurando com dedos trêmulos o telefone, babando sobre ele. Sabia que não era assim que esse homem, um dia uma figura formidável, gostaria de ser lembrado. Apaguei seu nome da minha lista.

Nas entrevistas iniciais, que fiz por telefone em maio e junho de 2006, outra dificuldade que eu já havia previsto se apresentou. Quando lhes dizia que gostaria de falar com eles pessoalmente, meus entrevistados recuavam; até mesmo desistiam completamente. Mais e mais assuntos eram vetados; algumas pessoas pediam para não ser filmadas ou gravadas; outras me perguntavam se eu tinha ideia do que poderia acontecer depois da publicação das entrevistas. Percebi que elas se debatiam entre o impulso de agarrar aquela oportunidade — possivelmente a última de suas vidas — e falar e a ansiedade pelas possíveis consequências. Será que poderia conseguir uma permissão do governo para falarem?, muitas me perguntavam. Ou uma "salvaguarda para entrevistados" com a chancela oficial? Como se a decisão sobre falar de suas vidas fosse do Partido Comunista, e não delas como indivíduos.

Tudo isso apenas confirmava o que eu já sabia depois de ter trabalhado duas décadas como jornalista na China. Embora quase cinquenta anos tivessem se passado desde a "Liberação" do país por Mao, os chineses não haviam ainda conseguido escapar da sombra de três milênios de totalitarismo imperial e de um século XX de violência e opressão caóticas, a ponto de se permitirem falar livremente, sem medo das punições do regime de turno.

Na minha casa, em Londres, eu não tinha ideia se essas pessoas realmente iriam se abrir para mim quando as procurasse na China. Quando me sentasse diante delas, com a câmera ligada, será que reagiriam fugindo para ainda mais longe? Não sabia se seria capaz de persuadi-las a falar; se teria habilidade para arrancar-lhes as memórias.

Mas eu sabia que devia prosseguir: não apenas para ter um registro pessoal do trabalho que havia feito nos últimos vinte anos, mas também pela juventude chinesa de hoje, e especialmente por Panpan, meu filho e minha inspiração — um jovem que cresceu entre a Inglaterra e a China. Aquele projeto era um risco que eu estava disposta a correr para ajudá-lo a compreender o que ele já conhecia do passado chinês.

Comecei a perder o sono, pensando sem parar sobre como poderia ganhar a confiança de meus entrevistados, fazendo-os se abrir para mim; como poderia demonstrar-lhes meu senso de responsabilidade quanto à sua era; como poderia convencê-los a deixar sob minha guarda os relatos do que tinham testemunhado.

Numa manhã de junho, deitada na cama em nosso chalé do século XVII em Stourhead, eu assistia pela janela aos passarinhos cantando e brincando entre as árvores, sua algazarra despreocupada contrastando tão marcadamente com a angústia que sentia pela tarefa que tinha diante de mim. Queria fugir do projeto, esconder-me na bela e verde Somerset e escrever os contos de fada escapistas que inventava quando criança, ou as reminiscências de lugares onde estivera, pessoas que conhecera, amigos que encontrara.

Se minha sogra, a romancista Mary Wesley, ainda estivesse viva, seria seu 94º aniversário. Por alguma razão, desde que decidi escrever este livro, tenho pensado muito nela — particularmente depois que uma biografia sua, *Wild Mary*, foi publicada. Será que Mary teria ficado feliz com esse registro de sua vida?, muita gente se perguntou. Será que teria se arrependido das escolhas que fez? Eram essas questões que eu gostaria de perguntar aos meus entrevistados, e também aquelas que os jornalistas ocidentais geralmente me perguntam: eu me arrependia de algo nos quarenta anos que tinha vivido na China antes de me mudar para o Ocidente? Todo aquele tempo tinha valido a pena?

Embora não conseguisse explicar por quê, meu instinto era sempre dizer sim — tinha valido a pena. Por milhares de anos, no passado de meu país, uma infinidade de mulheres trabalhou pesado a vida toda, dando à luz suas crianças, sustentando suas famílias, sem ganhar nada para isso. Será que elas diriam que suas vidas valeram a pena? Não sei nem se chegariam a se perguntar isso. Mas estou certa de que, no final de suas vidas, muitos e muitos chineses — tanto homens quanto mulheres — refletiram sobre seus passados, vasculhando os álbuns de memórias que jamais revelariam a seus filhos e netos. O que, eu me perguntava, conteriam esses álbuns? Arrependimento, talvez? Autoflagelação? Ou um orgulho feliz pelas vidas que levaram? Talvez seus filhos e netos imaginassem haver ali apenas cegueira e estupidez.

Naquele dia, liguei para uma mulher chamada Jin Zhi (nome fictício), uma acadêmica especialista na antiga União Soviética, particularmente nas relações entre Mao e Stálin. Uma admirável poliglota, Jin fala fluentemente inglês, russo e alemão. Apesar de ter sido educada à maneira ocidental até os dezoito anos, durante toda a sua vida foi uma entusiasmada partidária dos comunistas, acreditando firmemente que o Partido "trará de volta aos chineses a dignidade perdida depois das Guerras do Ópio". Era uma velha amiga da família, por isso sempre nos falávamos.

"Xinran", ela me dissera, meses antes, com sua habitual e exagerada sinceridade, "sem sombra de dúvida, quero estar no seu livro. Quero que minha neta, Shanshan, entenda meu passado, meus sentimentos, meus ideais políticos. Quero que ela perceba que sua geração tem algo em comum com a minha."

Mas agora, enquanto conversávamos ao telefone, ela me contou que, quanto mais pensava sobre o que falaria, mais perturbada ficava. Ela se odiava, disse: a beleza que perdera, o fato de jamais ter desfrutado uma vida em família íntima e aconchegante, de que mesmo agora, com mais de oitenta anos, sentia-se reprimida e controlada pelo marido; de que ainda não era livre. As caminhadas pelo Parque Beihai, em Beijing, eram seus únicos momentos de verdadeira felicidade, ela me contou.

"Não fique brava comigo", disse ela, depois de implorar para que a deixasse desistir. Parecia outra pessoa, não mais a mulher que antes vibrara entusiasmada com o projeto. Mas, ao desligar, eu sabia que aquela era a mesma Jin Zhi de sempre; a seu modo, representativa de milhões de chineses. Nos últimos cem anos, os chineses têm hesitado entre a afirmação e a negação de si mesmos; a luta interna de Jin Zhi era perfeitamente típica. Bem poucas pessoas conseguem entender-se e definir-se como indivíduos, porque todo o vocabulário para esse tipo de descrição foi colonizado por estruturas sociais e políticas redutoras. Uma pessoa pode prontamente responder a estímulos externos — à injustiça política, às frustrações no trabalho, ao elogio dos outros —, mas só raramente consegue ter noção de si própria de forma independente.

Pensei de novo em minha sogra, que muitas vezes foi criticada por seu individualismo. Se Mary Wesley tivesse se dedicado exclusivamente a se rebelar contra as convenções, mostrando a outras mulheres como poderiam ousar ser diferentes, em vez de ter escrito seus romances, seria lembrada até hoje? Será que não teria sido esquecida, como tantos milhões de pessoas do passado? Mary jamais quis ser mais uma; soube, mais que qualquer coisa, ser um indivíduo.

Cavando fundo em suas experiências de vida, Mary, cujo primeiro romance foi publicado quando ela tinha setenta anos, usou sua escrita — um testemunho sobre sua própria determinação em nadar contra a corrente — para desafiar costumes morais e sexuais. Com sua franqueza e sua atitude autorreflexiva, encorajou os leitores a reavaliarem a si próprios. Muitas pessoas mais velhas que vêm me ouvir nas palestras em livrarias e festivais dizem que, lendo os livros dela, se sentem presas em suas vidas imutáveis, desesperadas para se rebelar, mas tímidas demais para fazê-lo. Porém, aquela biografia — um livro sobre a autoconfiança e a independência sem limites de Mary — é, para elas, inspiradora.

Se esses testemunhos sobre a dignidade na China moderna forem capazes de fazer com que alguns chineses das gerações mais velhas sintam que suas vidas não foram desperdiçadas, e que as gerações mais jovens sejam convencidas de que os atraentes horizontes e possibilidades da China contemporânea apenas se tornaram possíveis pelos sacrifícios e lutas de seus antepassados, saberei ter feito algo por meu filho e meus futuros netos. Se deixarmos esses velhos levarem suas experiências com eles para as suas sepulturas, sinto que estaremos cometendo uma séria injustiça. Todos eles têm histórias para contar; e, mesmo que essas histórias soem ignorantes, tolas, talvez criminosas, elas serão úteis por nos forçar a refletir sobre o progresso que veio depois.

Dei-me conta, naquela manhã de junho, de que havia perdido toda a confiança em mim mesma. Sentia-me abalada pela complexidade das vidas que decidira explorar — seus prazeres de infância, suas esperanças e ambições, seus amores, suas amizades, seus afetos. Teriam encontrado felicidade? Alegria? Como eu começaria minhas entrevistas? Como as concluiria?

Levei seis meses para planejar a viagem; não apenas foi muito difícil organizar as entrevistas, como também — para que os leitores enxergassem a diferença entre a China histórica e sua imagem atual — estruturar uma "linha do tempo". A partir de minha pesquisa, descobri que às vezes passavam-se mais de vinte anos até que as políticas e leis ditadas pelas divisões do governo central, na maioria localizadas na parte leste da China, chegassem às regiões mais pobres do extremo oeste do país. Melhorias nas condições de vida frequentemente demoravam o mesmo tanto. Por exemplo, a política de filho único foi iniciada em 1979 (e acabou se tornando lei em 2004), mas muitas famílias têm grande número de filhos nas regiões sul e oeste da China, mesmo nos vilarejos próximos de grande cidades. Por isso, decidi explorar o trecho entre os rios Amarelo e Yangtze, na região mais populosa da China, viajando do oeste para o leste, de maneira que os leitores pudessem, nesse percurso, conhecer a vida no país dos anos 80 a 2006.

As testemunhas presentes neste livro viveram o período conhecido no Ocidente como "Era da China Vermelha", mas muitos chineses se referem a essa época como "Era da Liderança do Partido". Por essa razão, ao longo do livro (que não é um trabalho de pesquisa histórica nem segue rígidos padrões acadêmicos), quando menciono a China Vermelha ou a era de dominação do Partido, fez-se necessário contar algumas das histórias do Partido Comunista da maneira mais direta, simples e legível que consegui. Assim, os leitores, a maioria dos quais nada sabe da história do Partido Comunista Chinês, poderão encontrar respostas para algumas das questões sobre a China de hoje.

Na minha busca por uma testemunha próxima dos altos escalões da organização, cogitei algumas dezenas de possíveis entrevistados: procurava uma testemunha ocular que tivesse passado pelo caos político da moderna história do país e sobrevivido. Por isso elegi Fang Haijun, vítima de uma intriga nas altas esferas do poder em 1931, primeiro chefe da guarda pessoal de Mao Tse-tung — um homem escolhido pessoalmente por Mao, em 1938, para chefiar o Comitê de Organização do Escritório de Políticas para a Comissão Militar Central e ex-vice-presidente do Escritório de Assuntos Gerais do Partido (um conselho formado por 26 líderes militares de alta patente, entre os quais figuraram nomes históricos como Zhu De, Peng Dehuai, Lin Biao, Chen Yi e Liu Bocheng). Ele foi também um dos responsáveis por implantar a indústria de defesa nacional da China depois de 1949, além de fundador da Academia Naval chinesa e comandante de submarinos. No entanto, sua "intimidade com a história" provou-se afinal um obstáculo, mais que uma vantagem. Sozinha, sua história precisaria de um livro, mas nossa conversa me ajudou a entender as regras que governam a vida política na China. Quando perguntei a ele como fora capaz de sobreviver à luta renhida no círculo mais próximo de Mao, ele me contou a seguinte história. Na década de 30, costumava jogar majongue* com Mao Tse-tung, Tan Zheng e alguns outros conterrâneos de Hunan. Existem algumas variações do majongue, mas pessoas oriundas de um mesmo lugar jogam de acordo com as mesmas regras: não precisam discutir muito a respeito, compartilham daquilo porque nasceram do mesmo barro. Tinha sempre comigo essas palavras ao me preparar para as entrevistas.

Ao escolher as acomodações para a nossa equipe de pesquisa, decidi que, nas áreas mais pobres, tentaríamos parar nas melhores hospedarias oferecidas pelo governo; em cidades mais desenvolvidas, procuraríamos hotéis baratos. Minha prioridade nas regiões menos favorecidas da China era a segurança. Os funcionários dessas áreas pobres são, em geral, pouco instruídos — particu-

---

* Jogo inventado pelos chineses, do qual participam em geral quatro jogadores e cujo objetivo é, como no dominó, combinar números e figuras até que o vencedor tenha conseguido descartar todas as suas peças. (N. T.)

larmente no que diz respeito às liberdades legais e aos direitos humanos — e tendem a respeitar apenas instituições ligadas ao governo. Pensei que, se ficássemos hospedados nos lugares mais caros, os funcionários locais se sentiriam muito intimidados para interferir em nosso trabalho. Nas regiões mais prósperas do país, queria que a equipe tivesse a experiência mais banal e cotidiana possível: sentisse a atmosfera local pela comida que se comia e pelas acomodações de cada lugar. Reparando nas diferenças locais, esperava que pudéssemos verificar, em primeira mão, as falhas históricas no desenvolvimento chinês: lugarejos pequenos atrasados dez, vinte, trinta anos em relação às grandes cidades que servem de vitrine para o país.

Mas, para ser honesta, nenhum de nós poderia ter imaginado ou esperado o que encontraríamos em nossa expedição, planejada por tanto tempo, envolvendo cinquenta pessoas e baseada em meus vinte anos de pesquisas.

Antes de começar, eu não fazia ideia do que viria. Mas sabia que precisava completar minha jornada.

1. Yao Popo, ou a Curandeira de Xingyi

Sentada à entrada da loja de ervas de Yao Popo.

YAO POPO ou a Curandeira, de 79 anos, entrevistada em Xingyi, na província de Guizhou, sudoeste da China. Quando Yao tinha quatro anos, sua mãe foi morta e ela foi entregue a um comerciante de ervas medicinais. Casou-se com um músico, filho adotivo do comerciante, e os três viajaram pela China, do rio Yangste ao rio das Pérolas, entre os anos 30 e os 60. Ela afirma que a Revolução Cultural a ajudou: construiu sua casa e toda uma vida a partir daí, pois hospitais e faculdades de medicina foram fechados e as pessoas, então, passaram a procurá-la.

Às 2h20 da madrugada de 26 de julho de 2006, depois de 28 horas em aviões, de Londres a Guilin, via Munique, Beijing e Xi'an, eu estava exausta demais para dormir. Os dois fortes soníferos que havia tomado me deram apenas três horas de um sono intranquilo, cheio de sonhos nos quais eu subia e descia de aviões, fazia o check-in, apanhava a bagagem e corria voltas e mais voltas em círculo, procurando o centro — onde estavam as pessoas que eu queria entrevistar.

A parte final do sonho tinha ligação com o que meu marido, Toby, e eu conversamos no avião: a busca da China, ao longo de um século, por um novo centro moral e político, depois da revolução de 1911. Toda vez que retorno ao país, procuro os lugares que foram importantes para mim no passado, mas a maior parte desapareceu — tudo está diferente. Às vezes tenho dificuldade para distinguir meu passado dos meus sonhos. Se o passado já me parece assim, indistinto, na meia-idade, como fazem as pessoas mais velhas? Será que suas memórias param de se materializar? Se sim, isso é doloroso para elas? Será que as histórias que ouvem de outras pessoas de sua geração começam a lhes soar irreais? Como conseguem convencer os filhos, pouco compreensivos e descrentes delas, de que histórias e eventos que não deixaram rastros materiais de fato aconteceram?

Ao voltar, pela primeira vez em dez anos, a Guilin, no Sul — com sua famosa exuberância verde e suas belas e estranhas formações graníticas —, fiquei com o coração pesado. À medida que continuávamos a viagem e se aproximava o momento de encontrar meus entrevistados, eu me sentia despreparada, hesitante, assombrada pela velocidade com que a China estava mudando. Todos os lugares onde estivera uma década antes pareciam não estar mais lá. Eu não tinha nada para guiar minhas lembranças.

Quando me mudei para a Inglaterra, em 1997, tinha orgulho da velocidade com que a China, e suas cidades em particular, estava mudando. Mas, depois de ver o cuidado com que a Europa tentava preservar vestígios do passado, comecei a ficar incomodada com a afobação grosseira de meu país para destruir o velho e promover o novo. Via agora que esse nosso império milenar estava sendo reconstruído por modernizadores irresponsáveis cuja referência cultural era o McDonald's. Nas duas décadas desde que Mao morrera, a modernização havia feito estragos pesados em todas as cidades chinesas, e os arrogantes planejadores locais ainda insistiam alegremente na destruição sem escrúpulos do passado antigo.

Xingyi, capital das regiões autônomas das minorias buyi e miao, na província de Guizhou (sul da China), é um exemplo típico de cidade transformada pela modernização pós-Mao. "Situada na interseção de três províncias", informava o livro guia do governo local, "Xingyi tem sido, historicamente, um posto-chave para comunicações, coletas e distribuição na região. Cercada por montanhas ondulantes e rios que se cruzam, esse território é conhecido por suas formações graníticas. Com uma linda área rural e clima temperado, Xingyi — berço de muitas figuras ilustres — tem muito potencial a ser explorado como destino turístico."

Chegar a Xingyi, no caminho entre Guilin e Chengdu, é como entrar no túnel do tempo. Tudo na cidade me lembrava Beijing e Shanghai nos anos 80: as ruas, as roupas, as lojas e, especialmente, a hospedaria do governo municipal em que paramos, com sua decoração antiquada, equipamentos de quarto avariados e vazamentos nos banheiros, recepcionistas desinformados, camareiras que jamais trocavam as toalhas, garçons e garçonetes que ignoravam os clientes no restaurante principal para atender os barulhentos quartos ocupados por funcionários locais, o ruído constante de karaoke e quadros de aviso em chinês transcrito para o alfabeto latino fingindo ser inglês.

O que realmente me fez voltar vinte anos no tempo foi o estacionamento lotado de carros caros e os funcionários cheios de si que desembarcavam deles. A única forma de assegurar o atendimento numa hospedaria como essa é impressionar os empregados, logo ao entrar, mostrando como se é importante. Do contrário, sua roupa que foi para a lavanderia desaparece, seu vale de café da manhã é perdido e seus pertences acabam extraviados e jamais reencontrados. Às vezes, seu quarto — pelo qual você já pagou — é até mesmo requisitado para uma reunião oficial, enquanto seu jantar não chega porque os cozinheiros foram embora depois de preparar mais um banquete para os figurões do governo.

Durante as duas noites e os três dias que permanecemos na cidade, Toby e eu experimentamos tudo a que tínhamos direito em Xingyi, incluindo como bônus baratas, carrapatos e um violento encontro à meia-noite com um grupo barulhento de bêbados cantores de karaoke.

Mas, como disse Nietzsche certa vez, o que não nos mata nos torna mais fortes. Minha intenção original havia sido começar as entrevistas em Chengdu, na província de Sichuan, oeste da China, mas, nessa parada para o casamento do amigo que traduziu meu livro de estreia, *As boas mulheres da China*, acabei encontrando minha primeira fonte de histórias: a Curandeira de Xingyi.

Cedo, numa manhã, Toby e eu — como sempre fazemos na China — estávamos flanando pelas ruas, observando as pessoas. Um par de horas antes das nove da manhã, as ruas de Xingyi já estão fervilhando com a atividade do comércio: tendas e tabuleiros armados por agricultores e pescadores, em que são vendidas as várias iguarias exóticas locais, entre elas os cogumelos da montanha pelos quais a região é famosa. Entramos numa ruazinha escura e estreita, paralela à rua principal do mercado, e voltamos na história: passamos pelo tipo de casas e fachadas de lojas que me remete aos filmes retratando a "velha" (pré-1949) sociedade. O que me impressionou imediatamente foi que a maioria dos lojistas e ambulantes era de mulheres: além daquelas que consertavam sapatos, fabricavam os pauzinhos usados como talheres pelos chineses, vendiam apetrechos de costura, confeccionavam roupas mortuárias e papel-moeda para queimar em funerais,* um grande número delas comercializava gêneros alimentícios da região e ervas medicinais. Minha atenção foi capturada, a distância, por uma mulher cujo rosto parecia iluminado por uma inteligência determinada e peculiar. Ela estava sentada em frente a uma pequena loja conversando com um freguês. Vários tipos de ervas medicinais secas estavam expostos em torno: alguns em sacos pendurados, outros em estantes, amarrados em maços; outros ainda empilhados a seus pés.

Apontei-a para Toby. "É a única pessoa nesta rua que não aparenta estar desanimada, desesperançada da vida. Por que será que ela parece tão diferente de todos os outros neste lugar?"

"Vá falar com ela, eu espero. Não temos pressa." Toby sabe que adoro essas oportunidades de conversar informalmente com as mulheres chinesas — encontros espontâneos podem gerar informação inesperada.

Esperei até que a velha senhora tivesse terminado com o freguês, aproximei-me e iniciei uma conversa. "Olá. Essas ervas todas crescem por aqui?"

"Crescem", respondeu Yao Popo (curandeira, em chinês) com sotaque de Hunan, sem ao menos tirar os olhos do maço de ervas que amarrava.

"E essas? De onde vêm?", voltei a perguntar, tentando fazê-la falar.

Finalmente ela olhou para mim. "Não sou eu quem colho. Os agricultores daqui abastecem meu estoque."

Subi o primeiro dos dois degraus baixos à entrada da loja. "A senhora deve ser conhecida por esses lados, então."

"Sou só uma velha mulher comum", ela sorriu. "Apenas estou por aqui há muito tempo."

"Quando foi que a senhora começou a vender ervas medicinais?"

"Ah, faz muitos anos. Você procura alguma coisa em especial?" Yao Popo percebeu Toby, um pouco afastado da loja. Um estrangeiro era certamente uma visão rara naquela província. "Quem é aquele?"

"Meu marido", expliquei prontamente.

A Curandeira cerrou os olhos para ver melhor. "Ele é alto. E bonito. Minha filha também casou com um estrangeiro, um taiwanês." Muitas pessoas na China rural veem qualquer pessoa de fora do continente como estrangeira

---

* Material artesanal que, como o tradicional incenso, é queimado em templos budistas como forma de lembrar os mortos e prover-lhes com o que "gastar" no além. (N. T.)

— mesmo que, etnicamente falando, seja chinesa. "Ele a trata bem, mas de aparência não é lá essas coisas."

Foi minha vez de sorrir. "Mas a aparência de um homem é assim tão importante?"

"Claro!", ela franziu o cenho. "Senão as crianças nascem feias."

Sorri, mas agora sabia como fazê-la falar. "Quantos filhos a senhora tem?"

Ela ficou satisfeita em responder. "Dois filhos e cinco filhas, uma dúzia de netos e dois bisnetos!"

Mais uma vez, fui lembrada sobre a importância que as mulheres chinesas dão a ter filhos. "Nossa. Que sorte."

"E você?", Yao Popo perguntou, preocupada comigo, de repente.

Fiquei sensibilizada por sua preocupação. "Só um. Ele tem dezoito anos."

"Só um?" Yao Popo não conseguiu esconder seu pesar. "Pelo menos você teve um menino. Antigamente, quando eu era jovem, nos diziam para ter muitos. Se não, todo mundo dizia que você era uma mulher ruim."

Nos anos 50, ignorando os alertas de demógrafos e economistas, Mao Tse-tung incentivou as mulheres a terem quantos filhos pudessem, dizendo-lhes que isso era um ato heroico. Ele pensava que uma população enorme transformaria a China numa superpotência global.

Em seguida, fiz uma pergunta para a qual já sabia a resposta. "Você é mulher — acha realmente que filhos são melhores que filhas?"

Ela me encarou sem compreender. "É porque somos mulheres que precisamos ter filhos, para nos proteger. Antes de 1949, as mulheres que não conseguiam ter filhos sofriam. Meninas eram sempre abandonadas antes dos meninos. Eu mesma quase morri de fome. Não estaria aqui hoje, se meu pai não tivesse se apiedado de mim."

Subi o segundo degrau. "Gostaria de conhecer sua história de vida."

Ela fez um movimento com a mão, desdenhando. "Conhecer o quê? Ninguém presta atenção ao que nós, velhos, temos a dizer, nem mesmo nossos filhos. De que adiantaria eu contar a você? Não desperdice seu tempo nem o do seu marido. Vá, ele está esperando."

Olhando em volta para conferir se não havia outros clientes, sentei num banquinho perto dela. "Não vou antes que me conte sobre a senhora!"

Ela me olhou, surpresa. "Fala sério?", disse, com ar mais grave.

Acedi. "Quero poder contar ao meu filho sobre pessoas como a senhora. Ele se mudou para a Inglaterra seis anos atrás, quando tinha apenas doze anos. Não faz ideia do que é a vida das pessoas comuns na China. Sempre que volto aqui, pergunto às pessoas que encontro o que sabem sobre as vidas de suas mães. A maioria não conhece as histórias das mães ou avós. Quero escrevê-las, para que as próximas gerações as leiam. Não quero que tudo o que a geração da senhora sofreu seja esquecido. Se nossas crianças não souberem o quanto seus avós sofreram, não entenderão como têm sorte. Diga-me por que a senhora parece tão diferente de todo mundo nesta rua, por que parece tão tranquila e feliz."

Ela balançou a cabeça. "Sofri muito mais que qualquer um por aqui."

Contou-me que nascera havia 79 anos em Hunan. Depois que a mãe morreu, quando ela tinha quatro anos, e porque a família era muito pobre, seu pai a entregou, e mais cinco de seus seis irmãos e irmãs, a outras pessoas. Ela acabou com um caixeiro-viajante, vendedor de ervas medicinais, de quem foi mais tarde aprendiz e que tinha também um filho adotivo, cinco anos mais velho que ela, o qual sabia tocar *huqin*, um tipo de violino chinês com duas cordas. Como era esperta e aprendia rápido, a família adotiva se afeiçoou a ela. Naquele tempo, os médicos usavam música e acrobacias para atrair clientes às suas tendas de beira de estrada, e ela rapidamente dominou vários truques acrobáticos com esse fim — como paradas de mão e de cabeça e rodar jarros com as solas dos pés. Ao mesmo tempo, o curandeiro começou a passar aos filhos alguns de seus conhecimentos sobre a prescrição de ervas. No início dos anos 40, com o país devastado pela guerra, ele se mudou com a família de Hunan para Yunnan, para escapar do conflito. Eram pobres demais para viajar de trem, por isso seguiram a pé e pegaram as caronas que conseguiram, em carroças, veículos de manutenção das ferrovias e assim por diante. Com a preocupação de que, por ser solteira, a filha pudesse ser abusada por soldados que encontrassem pelo caminho, seu pai prontamente a casou com o outro filho. Depois de perambular pelas montanhas de Guizhou por alguns anos a partir de 1946, em 1950 eles aportaram em Xingyi, que àquela altura havia acabado de ser liberada pelos comunistas. O governo municipal os convenceu a se estabelecer ali e os ajudou a abrir uma clínica de medicina chinesa para a população local, que quase não tinha acesso a tratamento médico. Com vinte anos de idade recém-completados, a Curandeira cuidava da família, que crescia, e vendia suas prescrições em casa, enquanto seu pai fazia visitas a pacientes e o marido cuidava da clínica.

"A vida era dura naquela época", lembrou Yao Popo, "com sete crianças pequenas. A cada dia me preocupava com o que iríamos comer no dia seguinte. Por sorte, todos ouviam o que o presidente Mao dizia, que era bom ter muitos filhos, e o governo e os vizinhos davam uma ajuda quando as coisas ficavam difíceis. Não é como agora, que ninguém confia em ninguém, ninguém se ajuda. Antigamente, os funcionários nunca se aproveitavam da gente. Nem nos obrigavam a ter algum certificado de medicina." Ao mesmo tempo, ela ganhava reputação por suas habilidades médicas; algumas pessoas até consideravam suas prescrições melhores que as de seu marido.

"Você provavelmente não acredita em mim, mas consigo dizer o que há de errado com uma pessoa pelos olhos ou pela cor do rosto — até mesmo pelo cheiro dos peidos ou dos arrotos. Sei curar melhor dores de cabeça, de estômago ou nas juntas."

Tal ideia era extraordinária: que ela conseguisse enxergar através dos pacientes, como uma máquina de raio X. Mas a expressão firme em seu rosto me fez acreditar nela.

Queria muito saber por que ela achava que a vida antes era tão diferente da dos dias de hoje na China. Em vez disso, perguntei: "O que aconteceu depois?".

"Quando? Nos anos 60 e 70? Ganhei muito dinheiro!", os olhos de Yao Popo brilharam maliciosamente.

"A senhora ganhou dinheiro durante a Revolução Cultural?", pensei ter entendido mal. Durante muito tempo eu não ouvira nada além de ódio, pesar e perda nas lembranças daquele período. Tinha encontrado tantas vítimas que às vezes me perguntava onde os perpetradores daquela desgraça — milhões de guardas vermelhos violentos, assassinos mesmo — teriam ido parar.

Percebendo que eu não compreendia, ela sorriu. "Estou dizendo a verdade: realmente ganhei! Enquanto todos discutiam e brigavam e faziam a Revolução, os hospitais e faculdades de medicina estavam todos fechados. Mas revolução não cura doença; só faz piorar. Então mais e mais pessoas vinham a mim. Também fui revolucionária; ajudei, de graça, muitas pessoas que não podiam pagar por um tratamento. Ganhei dinheiro com os rebeldes e os guardas vermelhos. Se eles tivessem simplesmente confiscado meus remédios, se não tivessem pago por eles, não seriam diferentes dos capitalistas. Mas na verdade eu não queria muito do dinheiro deles. Tinha medo de que, se ficassem pobres, eles fariam ainda mais revolução. Sim, ganhei muito dinheiro com a Revolução Cultural, mas também vi coisas terríveis: pessoas forçadas a confessar coisas que não tinham feito, punidas por crimes que não tinham cometido; todo mundo ficava aterrorizado o tempo todo. O dinheiro não me fazia feliz."

Aqueles olhos brilhantes escureceram. Mudei de assunto. "Agora que seus filhos estão adultos, eles a ajudam financeiramente?"

Ela jogou a cabeça para trás. "Não quero o dinheiro deles, sou mais rica. Na semana passada, quando meu bisneto casou, dei a ele 5 mil iuanes!"* Pensar na família animou-a novamente.

"Quantos dos seus filhos e netos estudaram a medicina chinesa com a senhora?", podia vê-la palestrando numa sala de aula lotada de seus descendentes.

"Nenhum!"

"Por quê?"

Não consegui perceber ressentimento na voz de Yao Popo. "Eles dizem que não é um trabalho de verdade, com o qual se possa ganhar dinheiro ou respeito."

Imaginei que o desprezo era por seu passado acrobático. Tradicionalmente, considera-se que atletas e dançarinos são fortes fisicamente por terem a cabeça fraca. Embora os chineses sempre tenham apreciado o entretenimento, não respeitam quem vive disso. Fiquei surpresa por descobrir que esse preconceito sobrevivia no século XXI.

"Mas a senhora ganha mais dinheiro que eles. E viveu uma vida excepcional. Todos a conhecem e respeitam por aqui."

Ela se inclinou para cochichar em meu ouvido: "Eles não sabem nada do meu passado, do dinheiro que ganhei; nunca contei. Não consideram que eu tenha algum conhecimento; acham que sou uma mulher com uma estranha ocupação. Sempre que lhes dou dinheiro, pensam que é do meu marido ou do meu pai. Mas ganhei muito mais dinheiro que os dois ao longo dos anos.

---

* Ao câmbio de 2007, aproximadamente setecentos dólares, 460 euros ou 350 libras esterlinas.

Os homens só sabem tratar doenças velhas, não conseguem se adaptar às novas. Também não são bons negociantes. São orgulhosos demais para trabalhar numa tenda".

"O que quer dizer com velhas e novas doenças?"

"Velhas doenças são aquelas que todo mundo conhece há centenas, milhares de anos — os sintomas dizem imediatamente do que se trata. Em toda família costumava haver um avô ou uma avó que tinha algum conhecimento médico sobre velhas doenças: por exemplo, se alguém tinha dor de estômago, era melhor não tomar remédio nenhum ou comer. Devia apenas beber água morna, descansar a barriga e logo estaria melhor. Os problemas estomacais estão por trás de muitas coisas: dores de cabeça e nas costas, distúrbios do sono. Conserte o estômago e todo o resto se ajeita. Hoje em dia, porém, encontro mais e mais novas doenças: olhos e costas doloridos por ficar em frente ao computador ou sentado numa escrivaninha, espinhas por comer muito no McDonald's, reveses no estômago por viajar demais, dor de ouvido por causa de muito karaokê, exaustão por dirigir em excesso..."

Olhei para o relógio e, vendo que Toby me esperava há quase uma hora, decidi interromper a lista das queixas de Yao Popo sobre a vida moderna. "Depois de trabalhar duro por tantos anos, a senhora pensa em se aposentar?" Minha bunda estava formigando de ficar apoiada naquele banquinho de madeira. Não conseguia imaginar como ela aguentara se sentar ali por sete ou oito horas todos os dias durante a maior parte de sua vida ativa.

"Por que faria isso? Meu pai adotivo já passou faz tempo dos noventa e continua tratando os pacientes; seus olhos e ouvidos ainda estão bons — ele provavelmente tem mais saúde que eu. Meu marido e eu somos muito ocupados — temos quatrocentas ervas diferentes em estoque. Todo dia vendemos pelo menos trinta ou quarenta variedades distintas, às vezes mais de cem. São dezenas de milhares todo ano... Ele está tirando uma foto?" Ao perceber que Toby apontava sua câmera para nós, Yao Popo de repente endireitou o corpo e se sentou encarando-o de frente, as costas rigidamente eretas sobre o banquinho, as mãos unidas perfeitamente aprumadas sobre os joelhos. "Ele já terminou?", cochichou para mim enquanto posava. "Terminou?"

Quando disse a ela que sim, Toby tinha terminado, ela relaxou e voltou à postura normal. Ao passo que ela claramente mostrava boa saúde, os ombros exibiam a inevitável curvatura da idade.

"Diga ao seu marido para me fotografar de frente. Quebrei o nariz ao escorregar fazendo acrobacias quando era jovem. Meus filhos não puderam ver como já fui bonita."

Sua vaidade me surpreendeu. Os chineses apreciam a modéstia acima de todas as outras virtudes. Se trabalhamos com outras pessoas, tentamos sempre lhes dar crédito pelas conquistas e sucessos; se fazemos algo sozinhos, diremos que somos ruins naquilo. Uma mãe dirá no casamento da própria filha o quanto ela é mais feia, ou menos inteligente, que as filhas dos outros. O ressentimento de Yao Popo por sua beleza perdida foi a primeira vez, em vinte anos, que encontrei tamanha franqueza.

Disse a ela que tinha de ir pois meu filho e dois outros estudantes estavam esperando por mim, mas que gostaria de trazer PanPan para conhecê-la depois do almoço. Ela obviamente não acreditou que me veria de novo. "Volte, se tiver tempo", ela deu de ombros. "Você parece uma pessoa muito ocupada."

Pouco depois do meio-dia, Panpan, uma dupla de garotas estudantes e eu reaparecemos em frente à loja. "Então você voltou mesmo", ela sorriu para nós. "E com esses jovens bonitos! Sentem-se, tenho banquinhos para todos vocês."

Ela parecia ter acabado de almoçar: no cesto de bambu a seu lado, junto com um maço de cebolinhas e algumas pimentas selvagens da montanha, havia uma tigela vazia e um par de pauzinhos usados como talheres. Os hunaneses são capazes de comer alimentos terrivelmente apimentados. Talvez ela estivesse aproveitando um intervalo no trabalho para preparar o jantar. Uma velha garrafa térmica estava pousada ao lado do cesto, junto de uma sacola de compras cheia de lixo.

Disse a ela que Panpan gostaria de lhe dar um pôster de Londres. Uma das estudantes, Y, procurava algo para a sua alergia de pele, enquanto a outra, K, queria tirar algumas fotos profissionais da Curandeira. Eu esperava que ela se recusasse a ser fotografada, mas Yao Popo pareceu encantada com a ideia e aceitou imediatamente, até mesmo nos agradecendo.

A Curandeira ficou entusiasmada com o pôster da Tower Bridge. "Que lindo prédio!", exclamou para si mesma. "A ponte se abre, você disse? Nunca vi algo assim! Em qual país fica Londres? E por que se chama Londres? O que significa?" Como não tinha respostas para as suas perguntas, posicionei Y à sua frente. "A senhora pode examiná-la?"

Y levantou a camiseta. A aparência de sua pele, coberta em grandes áreas por caroços e calombos supurados, era terrível. Sem piscar, Yao Popo a chamou para dentro. "Três doses do meu remédio e você estará melhor."

Y e eu, ressabiadas, a seguimos loja adentro, onde ela alcançou numa estante uma caixa de madeira cheia de nozes, amendoins e tâmaras vermelhas, das quais se alimentavam alguns insetos de asa marrom. Yao Popo então pediu a Y que escolhesse 21 dos mais robustos e agitados, os quais a Curandeira diligentemente apanhou e distribuiu por três cápsulas medicinais azuis e brancas. Ela receitou à estudante que ingerisse as três cápsulas num único dia — verificando se os insetos ainda estavam vivos antes de engoli-las —, e a primeira delas seria tomada ali mesmo. "Não tenha medo", ela disse a Y enquanto lhe passava essa primeira cápsula, "eu os alimentei somente com nozes e frutas. São muito mais limpos por dentro que nós."

Y olhou primeiro para os insetos se contorcendo dentro da cápsula e em seguida, interrogativa, para mim. Eu não sabia o que dizer. Depois de uma breve hesitação, pediu-me que enchesse um copo d'água para ela. Respirou fundo, ainda bastante nervosa, e engoliu a cápsula. Fiquei impressionada com sua desenvoltura — uma qualidade rara naquela geração de crianças mimadas e filhos únicos.

Ela obedeceu à risca as instruções da Curandeira, tomando as outras doses nas doze horas seguintes e tendo checado nas duas vezes se os insetos ainda estavam vivos. Logo a coceira parou; dois dias mais tarde, as feridas em sua pele estavam miraculosamente curadas.

Pouco antes de nos despedirmos, Yao Popo nos contou sobre os momentos mais felizes e mais infelizes de sua vida. Sua primeira grande fonte de infelicidade era ter crescido sem pais, sem um lar próprio, com apenas um chão úmido e enlameado sobre o qual dormir. A segunda dentre as coisas mais difíceis havia sido criar sete filhos num pequeno quarto de apenas doze metros quadrados. Enquanto eram pequenos, ela não teve um momento de paz, de dia ou de noite. A terceira coisa era ter quebrado o nariz. Um bom nariz, disse ela, era o traço característico mais importante para uma mulher. O fato isolado que lhe trouxera sua maior alegria foi que os filhos tinham sobrevivido à fome dos anos 50 e 60, quando tantos milhões morreram, e que seus netos foram à escola e tinham agora seus próprios filhos. O marido jamais ter batido nela era a segunda bênção pela qual era grata. Sua terceira fonte de satisfação ao longo dos anos tinha sido sentar-se em frente à sua loja, dia após dia, vendo o mundo mudar ao redor.

"Nos trinta ou quarenta anos em que estive sentada aqui, o centro da cidade mudou a cada troca de governo", disse ela, mostrando os prédios que despontavam por sobre a via acanhada. "Aquelas casas à esquerda datam dos anos 50. Quase nada foi construído durante a Revolução Cultural, mas aquelas do lado oposto são dos anos 80, enquanto os prédios da direita foram erguidos nos dois últimos anos. Agora escuto dizer que o novo prefeito quer botá-los abaixo e começar de novo! Assim que conseguem ter algum dinheiro em caixa, os funcionários sempre querem mostrar serviço, mudando tudo tão rápido que ninguém percebe. Só que nunca pensaram em melhorar esta nossa velha rua acidentada, mesmo com centenas de pessoas vivendo aqui. Vou estar aposentada quando finalmente fizerem alguma coisa", ela riu.

Demos adeus a Yao Popo, mas todo belo nariz que vejo desde então me faz pensar nela — uma velha mulher cujo anseio por beleza não foi derrotado pela miséria.

2. Duas gerações da família Lin: a maldição de uma lenda

A partir da esquerda, a "Mulher de Duas Armas", seu marido, o genro Lin Xiangbei e a mulher dele.

O sr. Lin com a filha e os netos.

LIN XIANGBEI, *de 89 anos, genro e filho de mártires revolucionários, entrevistado em Chengdu, capital da província de Sichuan, sudoeste da China. Seu pai o tratava por "camarada" quando Lin tinha dez anos e ele se filiou ao Partido Comunista antes dos vinte. Mas foi acusado de contrarrevolucionário por ter se casado com a filha de Chen Lianshi, a legendária "Mulher de Duas Armas", uma revolucionária chinesa, e porque seu pai foi amante de Lianshi. Passou vinte anos como preso político e perdeu membros dos dois lados da família durante a batalha entre o Partido Comunista e o Partido Nacionalista, que durou dos anos 30 aos 70. Seis de seus sete filhos sobreviveram mais ou menos como órfãos.*

Na China, a "Mulher de Duas Armas" é uma heroína nacional: uma lenda revolucionária, que sem piedade despachava os inimigos e os traidores com uma arma em cada mão, durona até mesmo na morte do marido e dos filhos — ágil como um saqueador, resistente como um camponês.

Nos Arquivos da Academia Imperial preservados na Biblioteca de Beijing (os quais, por algum milagre, sobreviveram à Revolução Cultural), é possível reconstituir a história da Mulher de Duas Armas, Chen Lianshi, voltando no tempo várias gerações. Seu mais antigo ancestral localizável pelo lado da mãe é um acadêmico do império, natural de Sichuan, chamado Kang Yiming, que serviu durante o reinado do imperador Jiaqing (1796-1820), na dinastia Qing. Os antepassados do pai eram igualmente ilustres, muitos dos quais pertencentes à intelectualidade oficial ou militares de alta patente.

Depois da fundação da República, em 1912, vários membros da família deixaram Sichuan para estudar fora, alguns seguindo para o Japão, outros se juntando à revolucionária Sociedade Tongmeng, de Sun Yat-sen. Atuando nos anos finais da dinastia Qing como um alto funcionário conhecido por seu senso de justiça e benevolência e por seu trabalho de auxílio aos pobres e necessitados, o pai de Lianshi foi escolhido como representante da região no Parlamento.

Em fontes que datam dos anos 80 afirma-se que, ainda criança, "a Mulher de Duas Armas demonstrava excepcional inteligência, tendo cursado em dois anos e meio um currículo que tomava sete anos à maioria dos estudantes. Depois de se matricular na Escola Normal, estabelecimento local que só recebia meninas, ela em seguida foi aceita numa das melhores universidades da China, em Nanjing, e pretendia ajudar o país formando-se professora. Era também ótima pintora". A Mulher de Duas Armas claramente não era nem uma pobre camponesa nem uma marginal analfabeta.

Na China comunista, a designação dos heróis nacionais tem sido algo estritamente controlado. Sob o regime de Mao, em particular, somente membros do proletariado — trabalhadores e camponeses — podiam, oficialmente, tornar-se heróis. Mais ou menos desde os primórdios da história chinesa, os grandes heróis da pátria têm sido majoritariamente homens: sujeitos inabaláveis aos quais só é permitido derramar algumas lágrimas em duas situações: a morte da mãe ou a perda da mãe-pátria. Com a ascensão dos comunistas ao poder — e, com eles, da ideia de que "as mulheres sustentam meio firmamento" —, elas puderam também se tornar heroínas, mas somente se fosse nos mesmos moldes sobre-humanos e patrióticos dos homens. Quando eu era bem pequena, assisti a *Penhasco vermelho*, um filme revolucionário clássico dos anos 60 no qual a Mulher de Duas Armas aparecia. Num livro sobre ela publicado na China em 1995, Chen Lianshi não se comporta como uma mulher normal — que chora pela execução do marido ou pela morte da filha. Ela tinha de ser invulnerável: uma máquina mortífera do Partido devotada a roubar dos ricos para ajudar os pobres.

Alguns anos atrás, quando estudava a possibilidade de publicar um livro sobre a Mulher de Duas Armas fora da China, tive a sorte de conhecer seu genro, Lin, além de um dos netos e cinco netas. Depois de tê-los ouvido falar a respeito dela, sua figura começou a ganhar forma em minha mente. Três coisas, em especial, me ajudaram a entender melhor essa heroína nacional e o período histórico no qual viveu.

A primeira foi um quadro de 1926, de sua autoria, *Um peixe morde a isca de Jiang Taigong*. Por aqueles dias, o marido dela fora seriamente ferido numa revolta armada contra o senhor da guerra local, na qual um grande número de seus companheiros perecera e muitos outros haviam passado para o lado inimigo. Em tais circunstâncias sangrentas e incertas, a unidade à qual a Mulher de Duas Armas pertencia se viu sob constante ameaça de aniquilamento. Observando as pinceladas delicadas nas escamas do peixe e nas ondulações da água e as linhas de pesca ao lado, em repouso, parece incrível que aquele quadro tenha sido concluído em circunstâncias tão extremas. É igualmente inacreditável que a mão capaz de um trabalho tão refinado pudesse, horas ou até minutos mais tarde, empunhar uma arma e abrir fogo com despreocupada crueldade. Como podiam, numa mesma pessoa, conviver dois impulsos tão contraditórios? O caos do século xx chinês obrigou a população — inclusive os artistas — a conviver por longos períodos com a ameaça permanente da violência. Se a guerra não conseguiu dizimar a moderna cultura do país, deixou uma marca indelével em seu desenvolvimento.

A segunda coisa que descobri sobre a Mulher de Duas Armas foi que ela teve dois casos amorosos. O primeiro foi seu marido, morto pelos nacionalistas. O que atraíra Chen Lianshi — uma mulher excepcional em beleza e talento, que poderia ter o homem que escolhesse — para aquele obscuro jovem camponês? Não foram apenas sua aparência e suas habilidades, mas também sua coragem: a coragem de estar na vanguarda de seu tempo, de chamar a atenção de um povo anestesiado pelo sofrimento da guerra para um novo senso de orgulho e dignidade nacionais. O segundo caso foi com o pai de Lin, um idealista fora do comum que esteve ao lado dela pelo resto da vida mesmo sem jamais terem se casado. Como uma compensação ao casamento que nunca puderam ter, mais tarde eles casaram os filhos entre si — Lin com a filha de Chen, Jun. O marido de Chen foi sua inspiração, alma gêmea a quem se manteria fiel até a morte, recusando-se a um novo casamento, enquanto o pai de Lin lhe proporcionou equilíbrio emocional e se dispôs a se anular quase completamente para dar a ela o amor e o apoio incondicionais de que precisava.

Essas duas presenças distintas em sua vida — o grande amor ao qual foi devotada e o apoio emocional no qual encontrou a devoção de que ela própria necessitava — completavam uma à outra convenientemente. Muitas pessoas sentem necessidade desse tipo de relação íntima e complementar em suas vidas. Mas por milhares de anos, precisamente até os anos 80, as mulheres chinesas que procurassem esse apoio fora do casamento eram condenadas como infiéis, "mulheres más", e punidas, até mesmo assassinadas por seus pais e maridos por criarem tais laços. Como muitas viúvas castas do passado, a Mulher de Duas Armas, enlutada desde os 35 anos, suportou décadas de noites solitárias depois da morte do marido, para proteger sua reputação. Não sei como ela aguentou. Em nenhum momento da história chinesa houve sequer a sugestão de que se manter fiel à memória de um marido morto fosse uma forma de tirania ou autoflagelação. Mesmo a Mulher de Duas Armas — sob outros aspectos, uma mulher chinesa moderna, educada e liberal — se viu incapaz de libertar-se das amarras da tradição, o que demonstra como as mudanças e o progresso da civilização andam a passos lentos.

A terceira coisa que descobri tinha a ver com a morte da Mulher de Duas Armas, em 1960.

Chen Lianshi morreu de raiva e tristeza, depois que o último levante que ela organizou e liderou — envolvendo alguns milhares de pessoas — contra as forças nacionalistas, no monte Huaying, em Sichuan, fracassou. Na sequência das lutas políticas iniciadas nos anos 50, os líderes das guerrilhas do monte Huaying foram condenados pelo governo comunista do país como "rebeldes", "traidores" e "contrarrevolucionários", e sua derrota, creditada à traição. Como resultado de tais acusações infundadas, não muito depois de 1949 a Mulher de Duas Armas e seus companheiros foram expulsos do Partido. A mulher que havia sacrificado tudo pela causa, inclusive o marido e a filha, era denunciada como uma traidora.

Alguns dizem que ela morreu de desgosto e ressentimento por jamais ter recuperado sua filiação ao Partido. Não se tratava apenas de identidade e afirmação pessoal, mas era também uma promessa que ela tinha feito ao marido, que da mesma forma dedicara toda a vida ao Partido e desejava vê-la permanecer fiel à causa até o último suspiro. E no entanto o Partido a rejeitava. Alguns dizem que morreu de desespero, pois a causa à qual foi devotada — o Partido que supostamente era do povo — voltou as costas a centenas de milhares de vítimas inocentes do Levante do Monte Huaying. Por que os abandonara? O veredicto oficial injurioso sobre o levante transformou os filhos dos guerrilheiros "traidores" em órfãos e pedintes. Ainda assim, a Mulher de Duas Armas partiu deste mundo sem dar sua palavra final sobre o Partido que determinara sua vida.

Em julho de 1960, Chen Lianshi jazia sozinha num hospital, morrendo de câncer; seus parentes — punidos porque ela caíra em desgraça politicamente — estavam bem longe dali. Uma mulher que a havia denunciado apareceu para visitá-la — talvez porque fosse atormentada à noite pelo clamor fantasma daqueles que tinham sido perseguidos até a morte, ou talvez porque tivesse ela própria presenciado crianças que perderam seus pais na luta política procurando por comida no lixo, ou ainda porque a dor e a revolta da Mulher de Duas Armas tivessem despertado sua consciência. Ninguém soube por que a mulher, em segredo, se aproximou do leito de morte da Mulher de Duas Armas para implorar por seu perdão. Segurou, entre as suas, a mão esquelética da heroína. Do pulso da Mulher de Duas Armas pendia o bracelete de jade verde escuro que, tantos anos antes, seu marido lhe dera. Cara a cara com a heroína revolucionária que havia denunciado, a mulher chorou. Nos dez anos que tinham se passado desde o trauma político a que ela submetera Chen Lianshi — tendo organizado um pequeno grupo encarregado exclusivamente de coletar materiais para um dossiê contra ela e uma série de reuniões denunciatórias cada vez mais violentas —, muitas outras campanhas tiveram lugar. Àquela altura, 1960, a própria mulher sofrera violência política, e havia muito se arrependera de seus atos. Mas não há remédio para a dor do arrependimento.

Muito fraca para conseguir falar, a Mulher de Duas Armas depositou a mão da visitante sobre o bracelete, fez um gesto para que ela o retirasse e, com mãos trêmulas, enfiou-lhe a peça no pulso. Sorriu, uma lágrima solitária descendo-lhe pela face, e novamente fechou os olhos. A outra compreendeu o gesto como uma espécie de perdão e, sabendo mais tarde que a família procurava pelo bracelete, ficou ainda mais comovida com a generosidade de espírito da Mulher de Duas Armas.

Os netos de Chen Lianshi ficaram abalados quando descobriram essa história. Pensavam ter compreendido a avó no final; acreditavam que ela tivesse morrido em revolta e ressentimento. Mas, ao contrário, morrera perdoando sua pior inimiga. Ao pôr aquela herança de família em seu pulso, Chen Lianshi a acolhia como a um parente.

Choro toda vez que ouço esse caso. Nas duas décadas em que trabalhei como jornalista, frequentemente me comovi pela facilidade com que, na China, os velhos são capazes de perdoar. Algumas pessoas indicam tal generosidade como prova de apatia e pobreza de espírito. Não posso concordar. Dá para ver a tristeza que ainda sentem: nas lágrimas que derramam quando contam suas histórias; nos espasmos das mãos que cavam memórias dolorosas. Mas, de algum modo, muitos deles conseguem perdoar as coisas terríveis que a história lhes infligiu, o tratamento cruel e injusto que sofreram nas mãos do Partido —

tão facilmente quanto perdoariam as bobagens de uma criança. No entanto, se devemos louvar sua recusa a passar às próximas gerações a amargura de suas tragédias, ainda assim precisamos lembrar seu sofrimento.

No dia 3 de agosto de 2006, cheguei a Chengdu com a intenção de entrevistar os familiares que restavam da Mulher de Duas Armas: seu genro Lin e seus netos. Era a quinta viagem que fazia a Chengdu. Ainda me lembrava muito bem da cidade pobre e desolada de minha primeira visita, no final dos anos 70, o quanto me parecera primitiva e atrasada. Na década de 80, a renda média em Chengdu parecia ser muitas vezes menor que em outras cidades chinesas. Mas a Chengdu que eu via agora era de um contraste revigorante: limpa, bem organizada, não mais atulhada de ambulantes — claramente um lugar em recuperação.

Minha percepção das mudanças trazidas pelo tempo se intensificou no período em que permaneci com a família Lin, especialmente à medida que explorava seus álbuns de fotografias tiradas entre os anos 50 e os 80. Pude perceber uma profunda tristeza nas expressões das pessoas fotografadas, mesmo nas crianças. Lin, em especial, aos 89 anos, parecia carregar dentro de si um grande peso. Embora risse e fizesse piada enquanto falava sobre a China e sobre sua vida, podia-se ver que estava sendo discreto, comportamento típico de muitos chineses: uma recusa a discutir questões pessoais ou opiniões políticas. Era apenas em seus poemas, aparentemente, que Lin de fato se revelava. Ele parecia ter se fechado hermeticamente numa caixa, como muitos chineses fizeram e continuam a fazer. Eu queria descobrir o que havia lá dentro.

Por conta dos serviços que prestara na juventude, ajudando os sobreviventes do Levante do Monte Huaying, e porque fora casado com a filha da "traidora" Chen Lianshi, o governo o proclamara um dissidente — "um direitista" — quando mal havia completado trinta anos. Tendo se filiado e oferecido seus préstimos ao Partido antes dos vinte, ele ficou abalado pela acusação de contrarrevolucionário. "Presidente Mao", chorou sozinho, "por que não vem me salvar?" As condenações retornavam a cada nova onda de perseguições políticas no período maoísta — os Quatro Expurgos, o Movimento Antidireitista e a Revolução Cultural —, e ele acabou vendo passar a melhor parte de três décadas entrando e saindo de prisões, período no qual perdeu a sogra e grande mentora, a Mulher de Duas Armas, e a esposa, filha da heroína. Seus seis filhos foram obrigados a sobreviver por conta própria, vagando nas ruas como pedintes, desprezados e humilhados pela sociedade. Mas, conforme revelam os poemas cruelmente satíricos de sua autoria, seu espírito sobreviveu e foi até revigorado por essas trágicas experiências.

Depois da Revolução Cultural, aos setenta anos, ele escreveu sua autobiografia com a ajuda da filha, Lin Xue. Lendo-a, fui mais uma vez lembrada da generosidade e da vitalidade dos chineses. Encontrei, no livro, uma criança inocente mas extremamente determinada, recusando-se a aceitar uma derrota, mesmo que perpetrada pelas mãos paternas; um adolescente rebelde, descontente com a segunda mulher do pai; um jovem que se apaixonou, ao mesmo tempo que o pai, pela legendária Mulher de Duas Armas, e não porque, jovem demais, a idolatrasse cegamente; um homem maduro na busca permanente da verdade, refletindo sobre os meios mais adequados para salvar a China, e que amou a esposa e chorou pelo sofrimento dos filhos. Talvez a coisa mais admirável de todas era que, depois de décadas de perseguição política, ele permanecera um homem livre, capaz de pensar com a própria cabeça e com a consciência totalmente tranquila porque — assim como sua célebre sogra — tinha permanecido, apesar de tudo, um homem honrado.

Quando perguntei se podia entrevistá-lo, pediu-me que não nos encontrássemos na casa dele. Concordei, pois às vezes ambientes muito familiares geram associações que inibem o processo de rememoração.

E, assim, encontrei o sr. Lin em meu quarto de hotel. Também pedi aos parentes dele que nos deixassem conversar a sós, pois sabia que frequentemente as pessoas contam a estranhos coisas que escondem dos filhos. Suspeitava existirem ao menos dois Lin: de um lado, o pai e o avô respeitados pela família por sua dignidade e discrição; e, de outro, o revolucionário feroz, desinibido e apaixonado. Mais tarde, quando ele me mostrou uma foto de sua nova mulher, disse-lhe que ela se mantivera bonita depois dos sessenta. Despistando o olhar da filha, ele piscou para mim. "Eu não teria casado com ela se fosse feia!", cochichou, revelando uma vivacidade que nenhum dos sofrimentos por que passou fora capaz de subjugar. Eu queria descobrir qual era o verdadeiro Lin.

A seguir, um trecho de nossa conversa no hotel.

XINRAN: Algumas pessoas dizem que a vida é decidida pela personalidade que se tem. O senhor concorda?

LIN: Sim.

XINRAN: Por quê? O senhor poderia descrever sua personalidade para mim?

LIN: A personalidade nos leva a fazer escolhas. Veja o meu caso: sempre fui competitivo, sempre odiei perder — até mesmo para o meu pai. Costumávamos ir juntos lançar pedrinhas para fazê-las quicar na superfície do rio próximo de nossa casa. Cada vez que a pedra quica na água é um ponto. Quando começamos a brincar disso, ele fazia muito mais pontos, pois eu ainda não tinha o jeito da coisa, mas logo passei a ganhar dele. Suas pedrinhas afundavam na metade do caminho, enquanto as minhas quase sempre alcançavam a outra margem, cinquenta ou sessenta metros adiante. Ainda me lembro de como ele ficou surpreso quando percebeu minha habilidade. Eu treinava e treinava, apenas porque não queria ser derrotado.

Nessa hora, Lin — de repente um adolescente outra vez — me deu uma rápida demonstração de sua técnica de arremesso. Eu não entendia como ele pudera manter a alegria de viver depois daquelas três décadas solitárias na prisão. Como alguém que gostava de competir, como ele, conseguira tolerar tantos anos de vergonha pública? Por enquanto, não ousaria lhe fazer essa pergunta delicada.

XINRAN: O que determinou sua personalidade?

LIN: Acho que fui influenciado por três pessoas: meu pai, minha tia e minha sogra, a Mulher de Duas Armas. Minha tia foi quem primeiro me ensinou a nunca aceitar uma derrota. Como minha mãe morreu no meu nascimento, meu pai me mandou morar com sua irmã mais velha. Ela foi incrivelmente boa comigo, tratando-me como um filho. Às vezes, até brigava com seus próprios filhos para que não mexessem comigo, pois eu não tinha mãe. Foi muito generosa quanto às reclamações de seus sogros de que eu morava ali de graça, e a cada começo de mês, secretamente, me dava cinco ou dez iuanes e me fazia entregá-los a ela na frente de todos, dizendo que havia sido meu pai quem me mandara dinheiro para pagar a comida. No verão, lembro que, quando todos os meus primos usavam seus coletes de linho, minha tia me dava dois iuanes extras, fazendo-me devolvê-los para ela na frente do marido e dizer que minha avó os enviara para as minhas roupas de verão. No dia seguinte, ela vinha com meu colete, que já tinha sido comprado antes. Quando estávamos a sós, ela sempre me dizia que, contanto que trabalhasse duro, eu teria uma boa vida. Mas, se não trabalhasse, se não fizesse algo de minha vida, isso se refletiria de forma negativa também na vida dela. Daquele momento em diante, batalhei sem trégua para ser o melhor em tudo o que fiz.

Meu pai me legou a crença no Partido Comunista. Lembro que uma vez, quando ainda era bem pequeno, vi-o mergulhado em pensamentos, enquanto observava o rio próximo de casa. Aproximei-me e perguntei no que estava pensando. "Em muitas coisas", ele respondeu. "Conto quando você for mais velho."

"Não se preocupe", respondi. "Quando eu crescer, vou ser um bom filho e vou ganhar muito dinheiro para cuidar do senhor e da vovó."

Meu pai balançou a cabeça. "Quero mais que um bom filho", ele disse, com ar grave. "Quando você for grande, quero que seja um revolucionário, um camarada."

Embora meus professores na escola falassem muito sobre a crise nacional, sobre os heróis que lutavam para salvar a mãe-pátria, eu pouco entendia daquilo, e certamente não sabia o que eram camaradas, ou por que tinham tanta importância para o meu pai.

"Camaradas lutam unidos por um objetivo revolucionário comum", ele explicou. "Ser um camarada é mais importante que ser um bom filho, porque um bom filho é fiel apenas à sua família, enquanto um camarada é fiel à mãe-pátria."

"Deixe-me ser seu camarada, pai! Diga-me sobre o que estava pensando agora há pouco."

Meu pai sorriu, pensou mais um pouco. "Você me acha louco?", disse ele, depois de algum tempo.

"Só os funcionários aqui da cidade é que dizem isso. Os outros dizem que o senhor é uma boa pessoa, e meus professores e colegas, que é um bom pai."

Meu pai sorriu de novo. "Você está falando cada vez mais como um camarada."

E houve, finalmente, Chen Lianshi — minha mestra, quase uma mãe adotiva. Foi por influência sua, principalmente, que me tornei a pessoa que sou hoje. Ouvi falar nela pela primeira vez por causa de um casaco.

Uma noite, enquanto jantava, um carteiro veio me dizer que havia uma grande encomenda para mim. Corri para o posto de correio para apanhá-la e vi imediatamente o carimbo de Chongqing, que era onde meu pai morava, embora seu nome não aparecesse no pacote. Dentro, encontrei um casaco de lã estampado, novo em folha, mas nenhuma mensagem. Como saíra de casa no meio do verão, tinha trazido apenas roupas leves comigo. Mas agora fazia frio. Um amigo do meu pai tinha me dado um sobretudo militar forrado de algodão, mas era muito grande — tão grande que alcançava meus pés. Com medo de que rissem de mim, eu o usava apenas como cobertor, à noite. A mulher desse amigo havia me dado também uma velha jaqueta de algodão. Esquentava o suficiente, mas eu tinha vergonha de usá-la, pois começara recentemente a namorar e o que realmente queria era ter um casaco de inverno apropriado e elegante para passear pelas ruas da pequena cidade do interior onde tinha ido morar. E agora tinha um: mas quem seria meu benfeitor oculto?

Naquela noite, sonhei que minha mãe aparecia diante da minha cama, seus olhos vermelhos de choro. "Está tão frio lá fora", ela disse, "e você tem tão poucas roupas quentes. Sua avó cuidava de você quando era pequeno, mas agora você se vira sozinho, longe de casa. Por que seu pai não está cuidando de você? Aqui, pegue esse casaco que fiz para você. Serviu?"

A mãe do meu sonho era tão jovem, tão bonita e meiga. Enterrei a cabeça em seu peito quente e aconchegante, então levantei o rosto para vê-la sorrindo e chorando. Comecei a rir da felicidade por ter uma mãe tão linda e carinhosa. Acordei com meu próprio riso e percebi que fora tudo um sonho — menos o casaco, que ainda me cobria.

Sem conseguir dormir, inventei um poema na minha cabeça:

Fui salvo por uma estrela da sorte,
Na escuridão, eu vi a luz.
Um casaco me trouxe calor,
E minha mãe de volta para mim.

No dia seguinte, escrevi ao meu pai perguntando quem tinha mandado o casaco; ele ficou tão surpreso quanto eu com a história. Muito, muito mais tarde, recebi finalmente uma carta que dizia ter sido uma heroína revolucionária chamada Chen Lianshi quem enviara a encomenda. Comecei a imaginar como seria essa grande heroína, desejando que minha mãe tivesse sido como ela. A primeira vez que a encontrei foi com meu pai. A essa altura, tinha ouvido uma série de lendas e casos a respeito dela: sobre sua incrível pontaria e sua generosidade e preocupação com o próximo e com a sociedade ao seu redor. Não era daquelas pessoas que aderiram à Revolução esperando melhorar a própria vida e a da família — ela tinha talento em detectar as necessidades dos outros. Aprendera honestidade e senso de justiça com os saqueadores das montanhas, simplicidade e coragem com os trabalhadores e os camponeses; os princípios morais, ela aproveitara da religião; a espertreza e a malandragem, dos negociantes e vendedores. Conseguia se livrar de problemas e dificuldades com a facilidade de um peixe n'água. Você já escutou a história do bracelete, não? Tinha de ser alguém muito especial para fazer aquilo.

XINRAN: Ontem à noite, li os quatro volumes de poesias que o senhor escreveu. Um deles se intitula *Lembrando Jun*, em memória da sua esposa. Em outro, *Um lamento para a minha família*, o senhor menciona Hua — era sua filha?

LIN: Nossa primeira filha. Quando minha mulher estava quase para tê-la, vazou a informação de que seríamos presos, de que a polícia viria nos pegar no meio da noite. Abandonamos nossa casa às pressas, sob uma tempestade torrencial. Mas não sabíamos para onde ir: havia um amigo do meu pai, mas não tínhamos certeza de que ele nos acolheria. Ali ficamos, debaixo do guarda--chuva, até que consegui uma carona para a minha esposa até a casa do amigo numa carroça pequena — acompanhei-a a pé, correndo. O homem foi muito bom para a gente, escondeu-nos onde ninguém poderia nos encontrar. Mas logo que chegamos Jun entrou em trabalho de parto. Não havia nem uma cama para deitá-la; apenas forramos o chão com feno. Também não tínhamos nada com que realizar o parto, nada esterilizado; tivemos de nos virar. E, mesmo com o nascimento, havia a luta e precisamos nos mudar. Como não podíamos levar Hua conosco, nós a deixamos com uma família da região. Logo depois ela pegou pneumonia. Hoje seria algo fácil de tratar, mas naquele tempo os camponeses eram muito ignorantes e supersticiosos. Cultuavam um carpinteiro morto e acreditavam que a terra do seu túmulo, se ingerida, podia curar qualquer doença. Sem cuidados médicos apropriados, obrigada a comer lama, ela morreu — com apenas dois anos. Não havia a quem culpar, realmente, a não ser a ignorância, pois a população local pensava mesmo que comer a terra da sepultura de um homem bom podia curar. Até hoje fico triste quando penso nisso.

Sua voz se apagou.

XINRAN: Desculpe-me. Não devia ter feito o senhor voltar a essas memórias dolorosas.
LIN: Não se preocupe. Já me acostumei com elas.

Ele se habituara à dor, pensei — outro legado do traumático século modernizante na China. Mas será que as pessoas precisavam se acostumar à dor? Agora estava decidida a fazer-lhe a pergunta que tinha refreado pouco antes.

XINRAN: Chorei, ontem, ao ler seus livros, especialmente *O macaco vermelho* e *Felicidade na terceira idade*. Há um sentimento de luto e sofrimento tão forte neles. O senhor mesmo disse que sempre foi ambicioso e competitivo. Mas, por décadas, viveu sem reconhecimento ou compreensão; a sociedade lhe voltou as costas. Insiste em dizer que ama sua mãe-pátria, que acredita no Partido. O senhor sabe que é uma boa pessoa. Mas, quando foi perseguido como um direitista, quando seus filhos estavam sofrendo pelo que o pai deles era, alguma vez o senhor se arrependeu do que fez? Se pudesse viver de novo, faria as mesmas escolhas?

Durante quase dois minutos e meio, o velho sr. Lin ficou diante de mim mirando o teto, seu rosto contorcido de dor. Não o pressionei para que respondesse. Sei que muitos chineses idosos gostariam de poder responder àquela minha pergunta.

Depois de duas horas de conversa, eu me sentia mais próxima do verdadeiro Lin, mas torcia para não tê-lo perturbado demais no processo. Esperava que o ato de se expressar tivesse diminuído, para ele, o peso da memória. Preocupada com o efeito que nossa conversa pudesse ter causado à sua pressão e à sua saúde cardíaca, liguei mais tarde para a sua filha mais nova, Ping, para me certificar de que ele estava bem. Ela se mostrou surpresa com minha preocupação; desde a entrevista, a pressão sanguínea do pai se mantivera atipicamente estável.

Lin teve um filho e seis filhas com Jun, incluindo Hua. Vi o filho apenas três vezes e o achei muito tímido e introvertido. As filhas, no entanto, eram realmente um fenômeno — verdadeiras netas da Mulher de Duas Armas. Havia a franca e direta Xue; a gentil e refinada Bo; a artista reflexiva He; a dura e estoica Zhi; e a multitalentosa Ping. Quando perguntei o que pensavam sobre o abandono que sofreram na infância por causa do radicalismo de seus pais e de sua avó, disseram não ter queixas. Xue, a mais velha, contou que ela e as irmãs eram muito novas para entender o que estava acontecendo. Dividiram-se quando lhes perguntei se achavam que os esforços revolucionários de seus antepassados tinham valido a pena. Mas, quando a pergunta foi sobre a força que, isolada, mais determinara o curso de suas vidas e seu sofrimento, todas as cinco responderam: "A história". Como definir essa força que é a história? Quem se responsabiliza por ela?

Num livro que Xue publicou sobre a avó, achei o seguinte trecho:

Imagine se Chen Lianshi não tivesse se apaixonado pelo jovem radical que se tornou seu marido; que não tivessem ido para a universidade em Nanjing depois de se casarem, ou que seu tempo de estudantes não tivesse coincidido com as manifestações anti-imperialistas de 1925; imagine que o marido dela não tivesse se tornado um líder estudantil e que não tivesse sido apanhado por espiões, o que o forçou a voltar para o seu vilarejo de origem. Imagine, ainda, que os dois não tivessem se juntado aos levantes armados contra os senhores da guerra do norte de Sichuan, ou que não tivessem depois fugido para o monte Huaying para seguir na luta por dez longos anos. Será que Chen Lianshi teria se tornado a Mulher de Duas Armas? Certamente não. Talvez fosse professora, acadêmica ou pintora, realizando os desejos de infância que permaneceram com ela até o fim.

Eu sabia que as filhas de Lin lamentavam a maneira como as coisas aconteceram de verdade. Mas, se tivessem sido diferentes, não haveria Mulher de Duas Armas e esse Lin que agora conhecíamos.

Meses mais tarde, de volta a Londres, soube que, em 24 de outubro de 2006, depois de dois anos em construção, tinha sido oficialmente inaugurado o Memorial do Levante do Monte Huaying. Ali fica uma exposição com armas e outros objetos do dia a dia que pertenceram à heroína e a 116 de seus companheiros de luta, e mais obras de arte e literatura descrevendo a história do levante e testemunhos e poemas escritos pelos heróis mortos.

Comemorei o fato de que esse trágico episódio se tornava parte da história conhecida da China.

Também soube que Lin tinha agora concluído sua autobiografia e procurava uma editora no Ocidente. Desejei saúde e todo o sucesso do mundo ao incansável velhinho.

3. Novas descobertas em Xinjiang, a maior prisão do mundo

Trabalhadores do Batalhão 148, nos anos 50. (ver p. 86)

Com os sobreviventes do Batalhão 148, em 2006.

A PROFESSORA SUN, SEU MARIDO e outros ex-guardiões e ex--prisioneiros da Fazenda e Prisão Shihezi, entrevistados em Shihezi, na província de Xinjiang, noroeste do país, a maior da China (com várias minorias étnicas), na fronteira com a Rússia, a Mongólia e outras ex--repúblicas da antiga União Soviética na Ásia Central. A partir de mais ou menos 1950, o governo chinês transportou mais de meio milhão de prisioneiros de guerra (e, mais tarde, suas famílias), além de criminosos, para Xinjiang, onde foi instalada a Fazenda Militar Xinjiang, da qual fazia parte a Fazenda Shihezi, uma imensa prisão vigiada por mais de 50 mil soldados do Exército de Libertação do Povo (ELP). Os prisioneiros construíram Shihezi, uma cidade moderna, no meio do deserto. O Batalhão 148, uma das unidades militares de construtores, ajudou a erguer a cidade, mas seus integrantes ainda vivem em casas de barro sem água corrente, e mais de trezentas famílias compartilham um banheiro público. Sun foi uma das primeiras professoras do lugar. Perdeu o pai aos treze anos e a mãe, aos catorze. Formou-se em 1959 e seguiu para Shihezi, onde teve de trabalhar na lavoura e construir a própria sala de aula. Foi lá que conheceu o marido, um ex-soldado, e tiveram quatro filhos.

Quando visitei pela primeira vez o planalto Tibetano, em 1981, na viagem de volta passei perto da província de Xinjiang, noroeste da China. Foi ali que primeiro ouvi o rumor de que, durante trinta anos, o governo chinês vinha construindo a maior prisão do mundo. De acordo com o boato que circulava na região, aproximadamente 200 mil prisioneiros de guerra do Partido Nacionalista e mais de 300 mil condenados à "reeducação pelo trabalho" haviam sido transferidos do leste para lá. Vigiada por 50 mil soldados do Exército de Libertação do Povo sob o comando do general Wang Zhen, toda aquela gente estava ali para desbravar o deserto de Gobi, na fronteira com os desertos de Taklimakan e Gurbantunggut.

Dizia-se que era o plano de Mao Tse-tung para matar cinco pássaros com uma só pedrada. Primeiro, ao deslocar um contingente aliado de Chiang Kai--shek que poderia armar um contra-ataque no coração do país, a medida resolvia na origem o problema do que fazer com os prisioneiros de guerra que haviam formado o Exército do Partido Nacionalista. Segundo, como a guarda dos condenados à reeducação pelo trabalho tomava muitos recursos e pessoal, transferi-los para o oeste aliviaria a demanda nas regiões densamente povoadas do leste. Terceiro, Mao Tse-tung já havia pressentido o inevitável estranhamento com a União Soviética de Stálin, e a Rota da Seda que cortava Xinjiang era ligação estratégica entre as partes oriental e central da Ásia; tropas baseadas ali, abrindo caminho para o oeste e guardando as fronteiras, formariam uma barreira contra as soviéticos. Quarto, muitos dos 47 grupos étnicos de Xinjiang eram muçulmanos, e pouco afeitos à cultura e ao sistema político da etnia han. Com as tropas desbravando o oeste e cuidando das fronteiras, um grande número de pessoas dessa etnia se somaria à sociedade local, inibindo e diluindo a inclinação dos mulçumanos por independência. Quinto, ao acelerar o desenvolvimento econômico da região, seus recursos abundantes poderiam ser prontamente direcionados ao abastecimento das regiões centrais.

Desde minha primeira viagem, estava tentando confirmar esse rumor. Ninguém que eu conhecesse tinha ouvido qualquer coisa sobre a história, e as pessoas da etnia han oriundas de Xinjiang eram igualmente vagas a respeito. Tudo o que sabiam era que, depois de 1950, milhares de pessoas haviam se mudado para lá a fim de abrir o caminho do oeste e guardar as fronteiras; nunca falavam sobre suas histórias familiares anteriores a essa época. E, mesmo que o fizessem, era quase impossível que eu conseguisse permissão para uma reportagem em Xinjiang; mesmo meus amigos do setor de segurança pública, que normalmente teriam me ajudado, diziam: "Aquele lugar é um reino independente sem portões!". Embora de vez em quando eu encontrasse mulçumanos de Xinjiang, ou eles não falavam minha língua, ou respondiam "Não sei" às minhas perguntas.

Finalmente, em 2005, li uma matéria na mídia chinesa:

> Em 16 de outubro deste ano, um grupo de jornalistas chineses e estrangeiros pisou pela primeira vez no quartel-general do Batalhão de Produção e Construção de Xinjiang [...] para reportar sobre uma excepcional "unidade do Exército" estacionada na fronteira oeste da China. A visita foi organizada pelo Departamento de Imprensa do Escritório de Relações Exteriores chinês e pelo Escritório de Assuntos Estrangeiros da Região Autônoma de Xinjiang.

Foi assim que comecei uma nova rodada de investigações sobre o Batalhão de Construção de Xinjiang. Comparado aos métodos primitivos de apuração de uma década antes, tudo agora era muito mais acessível; histórias sobre Shihezi tinham começado a aparecer em alguns pequenos jornais locais e em romances e literatura artesanal que escapavam à censura do governo, e pessoas da região começavam a falar sobre seu passado na internet. Mas, ainda assim, eram apenas casos pessoais. Continuava impossível encontrar um relato histórico como tal, e confiável. Mais tarde, descobri que o "relato histórico confiável" pelo qual eu procurava não existia.

De acordo com o texto de abertura de um site do governo chinês:

> Xinjiang ocupa um sexto do território da China e é habitada por 47 grupos étnicos diferentes. A secular Rota da Seda passa por ali e a região é importante estrategicamente por sua riqueza energética. Historicamente, a agricultura e a pecuária eram a base de sua economia, e suas fábricas e minas funcionavam de forma precária e artesanal. Não havia um centímetro de ferrovias e a atividade industrial era praticamente zero — o que existia de mais parecido com isso eram ferreiros fabricando ferraduras. A liberação de Xinjiang se deu em 25 de setembro de 1949 e, mais tarde naquele mesmo ano, o general Wang Zhen recebeu ordens para conduzir o Primeiro Batalhão do Exército de Libertação do Povo até a região e reorganizar as unidades envolvidas no embate contra o Partido Nacionalista e os combatentes que haviam lutado na Revolução dos Três Distritos.*
> Dali, o Exército de Libertação do Povo seguiu desbravando o Oeste enquanto guardava as fronteiras, concentrando esforços principalmente na produção de bens, na construção e na aceleração do desenvolvimento econômico de Xinjiang. Em agosto de 1954, antes da fundação da Região Autônoma de Xinjiang Uighur, que aconteceu em 1º de outubro de 1955, 155 mil soldados foram alocados em funções de caráter civil por ordem do Comitê Central do Partido Comunista e da Comissão Militar Central, sendo criado o Batalhão de Produção e Construção de Xinjiang.
> O batalhão não era uma unidade do Exército. Compunha-se de pessoal administrativo, operários de fábrica e camponeses que aravam o campo, todos pagos como servidores civis, embora a estrutura e a hierarquia militares continuassem a existir por muito tempo. O Batalhão de Construção é um caso único: uma organização social de caráter extraordinário planejada e administrada pelo governo central. Nas áreas de cultivo sob sua jurisdição, a administração interna e os assuntos legais obedecem à dupla autoridade do governo central e do governo

---

* Revolta contra o governo nacionalista em Xinjiang.

da Região Autônoma de Xinjiang Uighur. O Batalhão de Produção e Construção de Xinjiang também é conhecido como Grupo China Xinjiang.

Também descobri que mesmo o material publicado em sites regularmente vistoriados pelo governo continha informações conflitantes a respeito do tamanho do Batalhão de Construção e de suas origens.

Depois da liberação pacífica de Xinjiang, um numeroso exército de *100 mil* soldados baseado ali e liderado pelo general Wang Zhen, além de *100 mil* insurgentes que se rebelaram dentro do Exército do Partido Nacionalista e estavam sob o comando de Tao Zhiyue, passaram a enfrentar a falta de alimentos. Consequentemente, preparar o campo para o cultivo se tornou a principal tarefa dessas unidades.

Os líderes do Partido determinaram que o Primeiro Batalhão do ELP e o 22º Batalhão do Exército instalados em Xinjiang manteriam ativa apenas uma divisão de infantaria para propósitos de defesa nacional. A vasta maioria dos soldados (*175 mil*) *deveria ser transferida em massa para funções de caráter civil* em Xinjiang, engajando-se na produção industrial e agrícola e formando o Batalhão de Produção e Construção, com Tao Zhiyue no posto de primeiro chefe de pessoal. Por ordem do presidente Mao, eles empunharam suas armas e enxadas e iniciaram a produção em larga escala.

Em outubro de 1954, *um total de 100 mil pessoas foi transferido para o trabalho civil*, constituindo o Batalhão de Construção.

Em agosto de 1954, seguindo uma diretiva de Mao Tse-tung, *105 mil oficiais e soldados do Exército de Libertação do Povo lotados em Xinjiang foram transferidos para o trabalho civil, junto com mais de 60 mil de seus familiares*, os quais foram todos acomodados no complexo militar do Batalhão de Produção e Construção de Xinjiang. Sua responsabilidade era desbravar o terreno e proteger as fronteiras.

Os números dos sites do governo variavam bastante em relação ao que eu havia descoberto em minhas pesquisas. Nelas, apareciam a Segunda e a Sexta Divisões do Primeiro Batalhão do Exército do Partido Comunista, as forças combatentes de minorias étnicas de Xinjiang e várias divisões do Nono Batalhão do 22º Exército do Partido Nacionalista, mas nenhum prisioneiro de guerra ou condenado à reeducação pelo trabalho. Além disso, nada do que descobri na literatura histórica sobre o tema, no acervo do Museu do Batalhão de Construção de Xinjiang, aberto em 10 de outubro de 2004, ou conversando com alguns aposentados que haviam retornado para o leste do país, foi capaz de me fornecer uma lista completa e definitiva dos idealizadores da transformação de Shihezi de deserto em moderna cidade. Exceto pelo líder do ELP, Wang Zhen, e pelo chefe de pessoal do 22º Exército do Partido Nacionalista, Tao Zhiyue, muitos nomes de lideranças apareciam e desapareciam durante as pesquisas, como os de Zhang Chonghan, Zhao Xinguang, Wang Genseng e mais de uma centena de outros. Eu sabia que isso era resultado de conveniências políticas, o que constitui um dos temas mais espinhosos nos últimos cem anos de história da China, já que mudanças na atmosfera política acabam fazendo com que um episódio que já havia se alterado "mude de novo". Tenho a impressão de que esses "Não falo sobre política" e "Não sei ao certo" devem ser especialidades chinesas. Ninguém quer ser flagrado a todo momento contando uma história cheia de furos e enganos.

Mas algumas coisas se tornaram claras a partir de minha investigação. Encontrei justificativas quanto à ideia de que, "como o Batalhão de Produção e Construção de Xinjiang foi criado para atuar como um antídoto às forças separatistas da região, sua existência sempre foi criticada pelas organizações internacionais de direitos humanos e pelos partidários da independência de Xinjiang. O batalhão tem sido tratado como um exército de ocupação, desorganizado e corrupto". Essas justificativas confirmaram que pelo menos alguns dos boatos que eu ouvira estavam corretos.

E havia, ainda, uma informação a respeito das mulheres no batalhão. De 1950 em diante, 9 mil meninas de Shandong, 8 mil de Hunan, mil garotas camponesas de Henan e milhares de mulheres de outros lugares do interior foram levadas a Xinjiang para que novas gerações de pioneiros pudessem continuar a desbravar o oeste. Tratava-se de mais mulheres "desposadas pela Revolução"? Quando decidi concentrar meu relato para este livro em Shihezi, capital da Oitava Divisão Agrícola do Batalhão de Construção de Xinjiang, não esperava viver uma experiência em que se entrelaçariam lamento e entusiasmo.

A cidade de Shihezi está localizada em meio a pequenas elevações no lado norte dos montes Tianshan, também na parte norte de Xinjiang e no extremo sul do delta do Dzungaria, junto à Ferrovia Lanzhou—Xinjiang. Originalmente pertencente à circunscrição de Shawan, Shihezi fica na "Rota da Seda" e compartilha de seus peculiares costumes e cultura. Fundada em 1950 e tornada oficialmente município em 1976, foi a primeira das cidades do Batalhão de Construção. É administrada pela Oitava Divisão Agrícola da 14ª Divisão do Batalhão de Construção, cujo quartel-general está ali instalado. A cidade recebeu o Prêmio Internacional das Nações Unidas para as Melhores Práticas de Incremento da Qualidade Ambiental. A localização, o planejamento e a construção de Shihezi estiveram a cargo de soldados; o resultado milagroso, "gente que avança, areia que recua", rendeu-lhe fama mundial; é uma bem-sucedida "fronteira militar modelo" na China, e conhecida em todo o mundo como "Pérola do Gobi" pela beleza da região e pela peculiar e resplandecente cultura local.

(*Diário do Povo online*, <www.people.com.cn>)

Depois de vários meses, finalmente encontramos alguém disposto a ajudar nosso grupo de "estudo e investigação" a entrar nessa cidade onde "espadas se transformaram em arados", e comecei a achar que havia encontrado o caminho para Shihezi. No entanto, apenas quatro dias antes da data de nossa partida, com a equipe de malas prontas, recebi dois e-mails de Shihezi:

18 de julho
Meu professor finalmente retornou a ligação. Ele diz que a vigilância no Lar dos Oficiais Veteranos é extremamente reforçada; mesmo a família dos residentes se torna suspeita quando são mencionados assuntos estrangeiros. É terminantemente proibido divulgar seus números de telefone. Eles temem ser envolvidos caso haja qualquer problema. Posso entender; é assim que as coisas funcionam na nossa China. Meu professor me contou que entrevistas têm de ser aprovadas pelo Escritório Executivo Unido de Shihezi, a divisão encarregada de lidar com as organizações políticas não comunistas, mas eles podem ajudar se você vier em agosto para coleta de material. É realmente frustrante, depois de tanto esforço! Mas às vezes o resultado final de algo é o oposto do que desejamos.
Espero sinceramente que tudo saia sem maiores dificuldades!

Meu outro "agente infiltrado" mandou um e-mail que parecia mais uma correspondência oficial, bem diferente de seu estilo habitual:

Sua visita é bem-vinda e, além disso, eu apoio a pesquisa de estudantes sobre história. Mas, como Shihezi acaba de se abrir ao mundo exterior, os entrevistados precisarão de uma "carta governamental de apresentação" antes de tomar parte no processo de entrevistas. Eu não iria tão longe a ponto de dizer que não haverá oportunidade de encontros casuais e conversas com passantes, mas temo que eles também não se atreveriam a participar, ou podem até se dispor a ajudar mas sem conseguir, pois não saberiam o que responder. Respeitosamente lhe peço que reconsidere essa viagem antes de iniciá-la.

Embora estivesse preparada para coisas desse tipo, ainda assim me sentia sob grande pressão. Primeiro, porque ônibus, trens, barcos, aviões e hotéis já haviam sido reservados e a maior parte dos bilhetes de viagem já estava emitida; segundo, sentia que lutava contra o tempo, que me tirava de alcance essas pessoas idosas que estavam tentando se fazer ouvir, lutando contra uma longa história, na China, de inércia induzida por medo. Porque não queria perder uma oportunidade vital de relatar essa parte da história chinesa, decidi mergulhar de cabeça no perigo. Mesmo que ninguém pudesse me contar nada, sentiríamos a atmosfera daquela cidade construída a partir do deserto. Nem todos os dramas se desenrolam no palco principal; também é possível vislumbrá-los nas cenas secundárias.

No crepúsculo do dia 5 de agosto de 2006, chegamos a Urumqi, a capital de Xinjiang. Nosso amigo Yi esperava para nos dar as boas-vindas. Ele estava admirado com nossa persistência e determinação, e nos contou que, depois de muito esforço, conseguira localizar a primeira professora no Batalhão de Construção de Shihezi, que fora também a fundadora da primeira escola do lugar. Além disso, ele tentaria mais uma vez convencer um grupo de idosos que conhecia, pessoas que por quase cinquenta anos desbravaram terras para o cultivo. Passamos, num instante, da "miséria extrema" ao prêmio de loteria.

O senhor Yi tinha reservado a sala de reuniões do nosso hotel para entrevistas na manhã seguinte. Meia hora depois do horário combinado, o primeiro entrevistado ainda não chegara, e começamos a nos sentir aflitos. Eu passara por isso inúmeras vezes no passado por causa da "flexibilidade chinesa" — mudanças de plano na última hora por conta de "doenças, engarrafamentos ou assuntos urgentes de família".

Mas dessa vez eu estava errada: a professora Sun entrou apressada na sala, a testa coberta de suor, acompanhada de seu marido, um homem muito alto. Ela disse: "Vocês estão esperando há horas, me desculpem". O casal afirmou, então, que relutara em dar a entrevista e só tinha vindo para não desapontar a estudante. Demorei mais de dez minutos para explicar-lhes por que procurava testemunhos de chineses, um trabalho voluntário com propósitos culturais, que ajudasse a compreensão de nosso passado histórico no futuro e mostrasse ao mundo o orgulho nacional do povo chinês. Ficaram claramente impressionados com minhas palavras e, finalmente pronta para começar, a professora Sun sentou-se diante de mim. "Gosto de tratar com pessoas que falam francamente, gosto de trabalhar com pessoas que exibem um sorriso no rosto. Depois do que você disse, não posso permitir que tenha vindo de tão longe em vão! Em todo caso, não fiz nada de que me envergonhe, não tenho razões para me preocupar com fantasmas batendo à minha porta. Vamos conversar, então — só não repare, não sei falar bonito."

Até hoje, a mídia chinesa faz reportagens com base em "princípios", nas quais os fatos ocupam um desonroso segundo lugar. Os entrevistados são quase sempre "orientados" a seguir a ideologia central do Partido e expressar "opiniões pessoais guiadas por princípios". Assim, ao iniciar uma entrevista, muitas pessoas se desculparão por não saberem se expressar direito. Não dá para evitar de se perguntar: como pode a mídia definir se um ponto de vista é bom ou mau? Talvez, depois de mais de mil anos, a cultura da discrição tenha se tornado parte integrante do modo como os chineses expressam ideias políticas.

Graças à mútua compreensão entre nós e diante de uma chinesa como eles, meus entrevistados se sentiram muito mais confortáveis do que se sentiriam se confrontados com as mesmas perguntas, mas partindo de um rosto estrangeiro. Para muitas pessoas, basta que alguém lhes abra as comportas do coração para fazer correr um grande rio de histórias; nenhuma barreira pode segurá-lo e não há dique capaz de interromper seu curso. A professora Sun era esse tipo de pessoa.

XINRAN: Professora Sun, a senhora é uma profissional bem-sucedida, que formou gerações de estudantes, alguns dos quais mais tarde realizaram grandes feitos. Diria que é também uma mãe que se comunica bem com os filhos?

SUN: Não é a mesma coisa.

XINRAN: Por que não?

SUN: Nossos filhos não poderiam entender, pensam que éramos tolos, vivendo em função dos outros. As coisas eram diferentes no meu tempo, ninguém nem pensaria em tramar e tirar vantagem para a própria família. Se você só pensasse nos próprios filhos, seria olhado com desdém, e todo mundo preza a própria reputação, não é?

XINRAN: Então quais são as diferenças entre sua postura diante da vida e a de seus pais?

SUN: Eles morreram quando eu era muito nova, não os conheci. Naquele tempo, a vida era muito dura para qualquer família. Na verdade, tive sorte, até pude ir para a escola.

XINRAN: De onde veio essa sua boa sorte?

SUN: Quando meus pais morreram, eu estava no primeiro ano do ensino médio, tinha apenas treze ou catorze anos, e era a mais velha de quatro filhos, com três irmãos mais novos. Meu avô tinha setenta anos. Ele disse: "Posso cuidar da casa, mas não de vocês. Seria melhor você dar uma parada nos estudos, ficar em casa cuidando dos seus irmãos, experimentar um pouco de trabalho árduo, cozinhar". Quando ele falou isso, chorei, dizendo que queria ir para a escola. Meu avô respondeu: "Somos todos velhos ou jovens demais nesta família, não temos renda, dependemos totalmente da pequena quantia que recebemos do governo, e você quer ir para a escola?". Então chorei o dia todo: *Quero ir para a escola*. A certa altura, a escola soube da situação e dois representantes vieram à minha casa para falar com meu avô: "As notas da sua neta são muito boas. Seria uma pena se desistisse da escola. Podemos pagar cinco iuanes por mês para sustentar os estudos dela, quatro iuanes para a comida e um para o caderno e o lápis, e não cobrar a mensalidade". E foi assim que consegui me manter estudando. Ao final do ensino médio, quando me preparava para as provas, meu professor tentou me convencer a prestar o exame da escola preparatória para professores: "Não tem mensalidade, o Estado a sustentará por três anos e depois você se tornará professora". Respondi que queria tentar a prova da escola superior, pois era a única maneira de chegar à universidade. Sempre fora muito competitiva, desde pequena. Pensei: vamos ver no que vai dar. Vou entrar por meus próprios méritos; se vou poder cursar, é outra história. E no fim consegui. Um dos meus tios, irado, disse: "Você realmente não conhece seu lugar, não é? Mesmo jovens com pai e mãe não conseguem chegar à escola superior e *você* quer chegar?". Eu respondi: "Se os jovens que têm pai e mãe não conseguem é porque não querem. Não tenho pai nem mãe, mas eu quero. De qualquer jeito, se vou ou não vou, não é com seu dinheiro, então por que se mete?". Ao entrar na escola superior, pedi um auxílio para os estudos e, por causa da minha situação familiar, recebi uma bolsa de onze iuanes por mês. Naquela época, o Estado podia me pagar, e fui grata por isso. Até hoje sou muito modesta. A mulher do meu filho reclama, dizendo que eu não devia mais usar roupas baratas de dez iuanes, ou sapatos comprados de ambulantes em beiras de estrada que custam pouco mais que isso. Mas sempre fui muito criteriosa. Quando vim trabalhar em Xinjiang, chorei ao receber o primeiro salário; não fazia muito tempo, com aqueles 32 iuanes não teria precisado me preocupar com a mensalidade da escola por um semestre inteiro.

XINRAN: A senhora se formou na escola superior?

SUN: Sim, me formei na Escola Superior Número Um, na cidade de Wendeng, província de Shandong, em 1959. Mas não havia bolsa para a universidade. O Estado raramente custeava universitários, exceto alguns filhos de mártires revolucionários. Uma antiga colega de classe que tinha vindo para Xinjiang antes de mim — nos "três anos de desastres naturais" — não tivera o que comer, alimentava-se de raízes e cascas de árvores todos os dias. Então veio para Xinjiang sem ter terminado a escola. Naquele tempo, a Confecção de Malhas em Algodão Um Oito, de Shihezi, estava recrutando operários e ela conseguiu o emprego. Mais tarde, quando terminei a escola, ela me mandou uma carta perguntando se eu planejava fazer os exames de admissão na universidade. Respondi que não tinha nem planos nem dinheiro para tentar os exames. Ela me disse para vir para cá e aceitei, pois não tinha mesmo uma família. Parecia interessante a ideia de apoiar voluntariamente o trabalho nas fronteiras, soava revolucionário, então vim para esta região por vontade própria.

XINRAN: E como a senhora veio?

SUN: De ônibus e trem. A viagem durou mais de uma semana. Poderia ter chegado alguns dias antes, mas peguei um ônibus para Yantai, onde vivia minha madrinha, e ela teimou em não me deixar seguir viagem; toda a família dela tentava me segurar, não queriam que eu partisse. Diziam: "Você é uma menina de 21 anos e lá onde está indo falam a língua de Xinjiang, você não vai entender, e escrevem em caracteres muçulmanos, que você não sabe ler. Se for, terá apenas sofrimentos". *Aiya*,* não foi uma decisão fácil — passei dois dias em Yantai me debatendo com ela —, mas no fim disse não, não posso ficar aqui, ainda quero ir. Eles disseram: "Você pode encontrar um trabalho tão bom em Yantai quanto lá. Pense bem, você é formada na escola superior, pode conseguir emprego aqui. Arranje um temporário, vai se acostumar". Mas me lembrei que, pouco antes de ir embora de Wendeng, um vidente tinha me dito que eu viajaria longe e voaria alto. Não podia ficar ali, precisava ir.

XINRAN: A senhora ainda se lembra de como eram os trens? O que se comia neles? Havia muita gente? Eram como os trens de hoje?

SUN: Naquela época os trens não eram tão equipados como são hoje. Eram todos muito velhos e estragados, faziam muito barulho e chacoalhavam demais. A gente realmente se cansava de andar neles. Toda vez que paravam, pensávamos: "Isto aqui nunca mais vai andar de novo!". Havia apenas alguns poucos trens por semana, mas nos amontoávamos dentro deles. Naquele tempo, uma passagem de Yantai para Xinjiang custava setenta iuanes. Comprei a minha com dinheiro emprestado e embarquei. Estava com medo, era minha primeira vez na vida longe de casa. Antigamente, você precisava ter uma permissão de viagem para ir a qualquer lugar, e eu não tinha. Estava apavorada. Um senhor de Shaanxi sentado ao meu lado me perguntou: "Menina, para onde você está indo?". Eu disse que estava indo para Shihezi, em Xinjiang. Ele disse: "Você tem a permissão de viagem?". Respondi que não, e que estava com muito medo. Ele falou: "Não precisa ter medo — quando eles vierem conferir, apenas fique quieta". Quando os fiscais apareceram, ele disse: "Esta é minha filha, eu a estou levando para casa comigo". Antes de desembarcar do trem, ele pediu a um soldado num assento próximo que cuidasse de mim — naquela época, todos acreditávamos que soldados eram boas pessoas. E foi assim que vim para Xinjiang. Quando cheguei, a comida que trouxera comigo tinha acabado fazia muito tempo.

Assim que desembarquei em Urumqi, fui direto à Confecção de Malhas de Shihezi. Minha colega de escola me mostrou toda a fábrica, do lugar onde o algodão cru chegava até o departamento em que a malha recebia inspeção

---

* No cantonês, o terceiro dialeto mais falado na China, essa é uma interjeição de desagrado bastante usada. Por estar tão arraigada à maneira de expressar-se naquele idioma quanto um "nossa!" ou um "psiu!" em português, optou-se por manter a palavra original — mesma decisão dos tradutores do chinês ao inglês, versão do livro em que se baseia a presente edição. (N. T.)

final. Ela trabalhava na oficina de inspeção. "*Aiya*", eu disse, "não consigo fazer isso, não com todo esse barulho das máquinas!". Quando saí da fábrica, estava enjoada, por isso não fui trabalhar lá. Os amigos da minha colega disseram: "Se procurar um emprego não está dando certo, procure um marido". Eu respondi: "De jeito nenhum, vim para Xinjiang para trabalhar, não para casar! Vim para realizar minha ambição".

  Antes de conseguir um emprego, passei alguns dias à custa da minha amiga. Devo ter sido um verdadeiro estorvo. Aqueles eram os dias da fome; havia pouca comida e todos recebiam uma ração fixa por mês, então eu tinha de conseguir um pouquinho aqui e um pouquinho ali. Vi que estava causando muito transtorno à minha amiga. Um dia, por sorte, conheci umas pessoas da minha cidade que disseram: "O melhor lugar no Batalhão de Construção de Xinjiang é a Fazenda Número Dois de Mosuowan, na Oitava Divisão Agrícola. É o filé-mignon, e nosso alojamento lá é o melhor de todo o batalhão. Por que você não vem conosco?". Eu não sabia que tipo de lugar seria aquele, mas acabei indo com eles. Quando cheguei, fui ao escritório de recursos humanos pedir trabalho. O supervisor mal me olhou e disse: "Quantos anos você tem?". Respondi: "25". Ele falou: "Você estudou, não?". Eu era muito pequena e magra naquele tempo — pesava apenas 48 quilos. Disse: "Sim, acabei de me formar". Ele respondeu: "Vá embora, você não vai sobreviver aqui, tudo o que fazemos é trabalho pesado no campo. O Batalhão de Produção e Construção é principalmente de produção, o que significa ir para a lavoura. No verão faz trinta ou quarenta graus centígrados; no inverno, trinta ou quarenta abaixo de zero. Você não vai aguentar". Eu disse: "Não importa, isso vai me fortalecer. Muitas pessoas da minha idade estão no batalhão também — tudo o que elas podem fazer eu também posso! Pelo menos espere, e verá se realmente não sou capaz". Ele não conseguiu me fazer desistir, então me deixou ficar. Eu perguntei: "Para qual unidade o senhor vai me mandar?". Ele respondeu: "Para onde você quer ir?". Eu falei: "Uma amiga de Shandong mencionou uma unidade de supervisão. Tem muita gente jovem lá, muita gente com estudo". Ele disse: "Tudo bem, vou pôr você nesse serviço de supervisão". Naquela época, havia apenas um jardim de infância para todo o batalhão. Quando a diretora dessa escolinha soube que uma animada formanda da escola superior, que adorava dançar, tinha chegado a Shandong, ela me quis como professora, e concordei. Mas, como sabe qualquer um que tenha trabalhado no Batalhão de Construção, todo mundo precisava passar por um ano de experiência. Você não podia começar num trabalho especializado até que tivesse completado esse período de provação.

Trabalhei nos campos maiores. De fato, o trabalho na fazenda era incrivelmente puxado. Tive até de trabalhar na lavoura durante o inverno. E o que tínhamos para comer quando chegávamos em casa, à noite? *Wowotou*, aquelas broas de milho, nada além delas. Naquele tempo, eram feitas com menos de vinte por cento de farinha ou arroz — o resto eram grãos de má qualidade. Costumávamos levar *wowotou* para comer na lavoura. As broas ficavam duras como se estivessem congeladas, feito picolés, e nós as comíamos assim mesmo. Não voltávamos para casa no almoço. No inverno, eu carregava areia e transportava fertilizantes. Fiz de tudo. Colhia algodão, também. Na véspera do início da minha primeira colheita, eu estava ansiosa demais para conseguir dormir. Cheguei ao campo e os outros me ensinaram como fazer o trabalho. Em pouco tempo eu estava colhendo quarenta quilos de algodão num único dia. Fiquei entre os trabalhadores mais produtivos da companhia — todos diziam que eu conseguiria passar pelo período de provação.

Não consegui perceber nenhum sentimento de privação na história da professora Sun. Essa é uma marca de valentia da geração de chineses da qual ela faz parte; consideram sempre mais importante "o que eu fiz" e "o que disseram de mim" do que "as refeições ao vento e as noites ao relento". Vivem num patamar espiritual.

sun: Havia relativamente bastante gente com estudo naquele lugar, mas eu era a única moça a ter concluído a escola superior. Quatro ou cinco dos homens também eram formados, mas nenhum deles tinha permissão para cursar a universidade por causa da classe a que pertenciam, e era por isso que estavam ali. Eles eram gentis comigo. Costumavam contrabandear arroz ou broas para dentro dos grandes cestos que eu carregava nas costas na colheita de algodão, de forma que, enquanto esperava a troca dos cestos, pudesse comer alguma coisa. Nunca perguntei quem fazia aquilo. Com aquelas pessoas, nada era dito às claras. Ninguém se atrevia a ficar muito amigo de ninguém. Era uma rotina pesada, certamente, e tensa também, mas os dias passavam rápido. Íamos para a lavoura antes de amanhecer, almoçávamos no campo e às vezes jantávamos lá. Quando estava escuro demais para enxergar e colher o algodão, seguíamos até o milharal para cortar caules. Em algumas fileiras de plantação dava para cortar um bom maço deles, que carregávamos nas costas através das terras abertas para o cultivo e de volta à estrada, de onde seriam transportados como alimento para vacas e ovelhas, ou às vezes para fazer fogo na cozinha. Os caules de milho recém-cortados eram muito pesados. Eu realmente mal conseguia me manter em pé, às vezes chorava de exaustão. Era um trabalho árduo de verdade.

XINRAN: Todos tinham a mesma rotina e carregavam o mesmo peso, homens e mulheres?

SUN: Ah, sim, todos fazíamos o mesmo trabalho! Quase todo mundo que vinha para Xinjiang em busca de um futuro tinha um histórico de família complicado. Ao que parecia, de todos ali, eu era a única jovem que tivera educação e pertencia a uma classe respeitável.

XINRAN: Então a senhora podia trabalhar um pouco menos que as pessoas com um histórico de família ruim?

SUN: Eu não via as coisas desse jeito — éramos todos seres humanos. Além do mais, que culpa tem alguém do seu histórico familiar? Que diferença existe entre punir os filhos pelos pecados dos pais e aqueles velhos castigos feudais, pelos quais toda a família era condenada pelos crimes de um de seus membros? *Aiya*, eu não dizia isso em voz alta, mas pensava. Se as pessoas me falavam que eu estava trabalhando direito, era suficiente para mim. Fiz aquele serviço por um ano, e assim me promoveram a operária padrão e a estudante avançada do pensamento de Mao Tse-tung. Como tinha formação, fui designada para manter o registro da produção do nosso regimento em Shihezi. Enquanto os demais camaradas dormiam, eu tinha de ir ao escritório para registrar tudo o que as pessoas da nossa equipe — uma dúzia ou mais — haviam feito e depois relatar ao Registro Central de Produção da Companhia. Tornei-me uma fiscal de produção de excelência, além de operária padrão e estudante avançada do pensamento de Mao Tse-tung.

Nunca tive medo de trabalho pesado, não importa o quão duro ele fosse. Não construí estradas nem abri canais ou terras para cultivo, mas testemunhei a história da educação no Batalhão de Produção e Construção. Em 1963, quando pela primeira vez construímos uma escola, eram bem poucas crianças — somente alguns velhos camaradas que haviam se casado depois de 1956 tinham filhos em idade escolar; antes disso, estavam todos ocupados em desbravar o ambiente selvagem. Se não havia casas nem onde dormir, quem teria tempo ou energia para se casar e ter filhos? Mesmo quando já tinham as crianças em suas cidades de origem, estava fora de questão trazê-las para o deserto de Gobi — não havia nada ali para elas. Três unidades de trabalho juntaram forças para instalar a escola, que tinha apenas uma sala de aula. Nós mesmos a construímos, também. O Escritório Regimental designou dois camaradas e eu para erguer a sala de aula usando barro e tijolos que nós mesmos fabricamos. Ripas duras de madeira amarradas com cipó e cobertas com barro formaram o telhado. Empilhamos grandes tijolos de meio metro de altura, trinta centímetros de largura e cinquenta de comprimento, forramos com galhos de sésamo e girassol e demos o acabamento com barro. Tínhamos as carteiras escolares. A mesa da professora foi fabricada do mesmo jeito, e não havia nada parecido com uma sala para ela. Aula de chinês, livros de chinês à mão. Eu era a professora. A aula seguinte era matemática, as crianças pegavam o livro da matéria, e ainda era eu a professora, depois aula de canto e lá estava eu ensinando outra vez. Mais um pouco e eles iam para fora se exercitar, ainda comigo. Eu vivia no dormitório dos trabalhadores, tudo bem parecido: uma construção grande e, como camas, pilhas de tijolos cobertas de galhos de sésamo. Eu tinha acabado de completar vinte e seis anos.

XINRAN: Como a senhora conseguiu suportar tudo isso sozinha?

SUN: Naquele tempo, não havia nada que eu não conseguisse suportar. Dar aulas não era difícil. A parte mais dura era ir para a beira da estrada, toda manhã, buscar os alunos, especialmente quando chovia no verão ou nevava no inverno. No deserto de Gobi, às vezes o vento era capaz de varrer as pessoas, ou a neve, de soterrá-las. Se nevava ou chovia muito, eu costumava levar as crianças até um pedaço do caminho de volta para casa, onde os pais as esperavam. O inverno era pior. Eu tinha de ir à escola antes de o dia nascer para acender o aquecedor para os alunos — era uma estufa de barro, uma *kang*, você sabe, com uma chaminé. As crianças podiam sentar sobre ele durante as aulas, mas eu não. Tinha de circular e conferir o que elas estavam fazendo, pois ensinava coisas diferentes a cada grupo. Quando me cansava, sentava num banquinho de barro, sobre minhas duas longas tranças.

XINRAN: A senhora usava o próprio cabelo como forro contra o frio?

SUN: Isso mesmo. Eu tinha tranças muito longas, mas um dia, enquanto corrigia os deveres de casa, esqueci de mantê-las longe do fogo ao realimentá-lo. Elas esvoaçaram e uma queimou. Ah, chorei um dia inteiro. Outra coisa que me criava problema eram os filmes. Não era simples exibir um filme naquele tempo — ficávamos longos períodos sem ver algo novo e, em dia de exibição, nenhum aluno queria ir para casa. Eles diziam: "Professora, queremos ver o filme". "Então fiquem para assisti-lo", eu respondia, e eles ficavam. Eles traziam comida para o almoço, não muita, então, em dia de filme, eu normalmente dava um pouco da minha para o jantar. Era muito diferente de hoje, quando basta um telefonema para descobrir onde determinado filme está passando e ninguém precisa levar comida porque há restaurantes para todo lado. Naquela época, penávamos para sobreviver no deserto de Gobi.

XINRAN: A senhora devia viver bem sozinha. Não tinha medo?

SUN: E como não teria? Mas, na verdade, havia mais segurança antigamente. Não existiam pessoas más. Acredito que ninguém tinha disposição para fazer o mal — estávamos todos sempre meio mortos de cansaço.

XINRAN: E quando vocês conseguiram outros professores para a escola?

SUN: Só no terceiro ano de funcionamento mandaram outra professora. O marido dela era do Escritório de Segurança. Ele chefiava as equipes do programa de reeducação pelo trabalho e ficava longos períodos longe de casa.

XINRAN: A senhora não disse que havia mais segurança, que não existiam pessoas más?

SUN: Disse que não havia pessoas más na comunidade, mas os condenados à reeducação pelo trabalho eram muitos! Era como se todos, do país inteiro, tivessem sido mandados para Xinjiang. Fomos alojadas numa casinha baixa perto da escola. Havia uma divisória no meio; ela morava de um lado, eu do outro. Ficou muito melhor depois que ela veio e estávamos em duas. Eu me encarregava da educação física enquanto ela dava as aulas de canto, depois trocávamos um pouco, ou às vezes uníamos duas classes na educação física ou cantando. Ensinamos nesse sistema até 1979. Até ali, eram apenas velhos camaradas que se instalavam por aqui para abrir fazendas e coisas assim. Depois começou a aparecer gente nova, e mais e mais crianças. Comecei a dar aulas no ensino médio em 1984. Peguei duas turmas de chinês, e assim fiquei até 1994, quando houve uma reviravolta no ensino profissionalizante, ordenada pelo governo central. Foi quando inauguraram uma escola superior desse tipo e fui transferida para lá.

XINRAN: Realmente, a senhora testemunhou a história da educação no Batalhão de Construção de Shihezi!

SUN: Vi as crianças crescerem, testemunhei a escola se desenvolvendo a partir do nada no deserto de Gobi! Mas as condições eram bem melhores quando passei a dar aulas na escola superior. Até morávamos em apartamentos especialmente construídos para os professores. Duas salas grandes, apenas dois quartos. Havia um lavabo e um banheiro coletivos e as cozinhas eram fogões construídos em frente à porta da rua.

XINRAN: Isso em 1994?

SUN: Naquele momento o salário de um professor era de apenas 39 iuanes por mês.

XINRAN: Qual era seu salário em 1962?

SUN: O mesmo de todos os demais professores: 32 iuanes durante o período de experiência. Depois de um ano, quando se era efetivado, passava a 36 iuanes e doze *fen* e, decorrido mais um ano, ao entrar na folha de pagamento dos professores, subia para 39, e assim até 1995. Não tive aumento por quase trinta anos. Comecei a trabalhar em 1962 e me casei em 1967. Tive quatro filhos. Mas era igual para todo mundo naquele tempo — ninguém achava ruim. Eu tinha de inspecionar a hora de estudos, também, todos os dias — não podia cuidar das minhas próprias crianças. A hora de estudos da noite terminava às onze e ainda era minha responsabilidade pôr os internos na cama. Só ia para casa quando as luzes eram apagadas.

XINRAN: A senhora realmente não achava ruim? Depois gostaria de saber qual é o segredo. Quatro filhos e ainda por cima hora extra!

SUN: Sim, quatro filhos! E voltava para casa toda noite e ia costurar à luz de lampião... Fazia tudo sozinha, não comprava sapatos, as roupas das crianças eram feitas de peças velhas que eu ajustava para o tamanho delas. Minha filha mais velha crescia rápido, então eu tinha de aumentar suas calças. No ano seguinte tinha crescido mais, e eu emendava mais um pedaço. A barra das calças dela parecia uma escada — tinha três emendas! Quando não cabiam mais nela, eram passadas ao próximo. Costurava para as crianças toda noite depois do trabalho, não ia dormir antes das três. Enfim, tive muitos filhos, culpa minha.

xinran: A senhora fazia tudo tão certo no trabalho — por que foi ter tantos filhos?

sun: Isso era fazer o certo também; quanto mais filhos, melhor. Eu não sabia muito da vida naquela época, apenas que gostaria de ser melhor do que qualquer um!

xinran: Então a senhora não queria ficar para trás nem no número de filhos! Mas não parece que tenha se esgotado com a trabalheira de criar quatro crianças.

sun: É assim que eu sou — sempre quero ser a melhor. Nunca descuidei do trabalho, não importava quantos filhos tinha ou o tanto de trabalho doméstico, até me aposentar, em 1995. Foi quando a Universidade de Medicina dos Trabalhadores abriu uma filial. Eles estavam oferecendo dois cursos para administradores de nível um e diretores de hospitais rurais com 35 anos ou mais. Essas pessoas eram fundamentais para o funcionamento dos hospitais locais, mas, como na geração delas iam para o campo sem ter concluído os estudos, não tiveram a oportunidade de um curso superior. Não podiam ser promovidas e seu salário e suas condições de trabalho eram muito ruins, de modo que, por consideração, esse grupo de profissionais teve a chance de realizar um curso de um ano que daria direito ao diploma universitário. O diretor da faculdade estava procurando professores e veio a Shihezi. Ele disse que queria alguém muito ético, capaz de controlar os alunos, então olhou para mim, implorando. Não pude recusar e respondi que assinaria um contrato de um ano e, ao fim desse período, os dois lados tomariam uma decisão. Ele saberia se eu era adequada para a vaga e eu, se me acostumava ao trabalho. No fim trabalhei nisso até 1998. E só parei porque tive uma doença no estômago.

xinran: Nunca diminuiu o ritmo? Desde 1962, quando tinha 25 anos, até 1998 a senhora alguma vez desacelerou?

sun: Acho que, depois de um ano trabalhando na fazenda do batalhão, não importava o quanto as coisas ficassem difíceis, ainda assim seria uma vida mais fácil que aquela, debruçada sobre a terra amarela o dia todo, já na lavoura antes de o dia nascer e nunca de volta para casa antes de escurecer. Para falar a verdade, aquele ano de provação no batalhão me ensinou a ética de trabalho que eu seguiria durante meus trinta anos como professora. Tornou-me extraordinariamente séria e responsável, de modo que, fosse qual fosse a aula que tinha de dar, os líderes podiam estar tranquilos. Tudo porque eu havia experimentado a labuta verdadeira, aquela dos camponeses. Quando estava dando minhas aulas, pouco importava se era difícil ou cansativo, ou mesmo que precisasse dar expediente 24 horas sem descanso, era trabalho ameno. Conversar com crianças e ensiná-las não exige tanto assim, não é?

XINRAN: Agora me conte qual é o segredo. E, também, como conheceu seu marido.

SUN: Pergunte a ele, vamos ver o que ele diz.

XINRAN: Quero ouvir o que a senhora tem a dizer. Sou mulher — é mais fácil para mim ouvir as histórias de uma mulher que as de um homem.

SUN: É mesmo? Às vezes também penso assim.

XINRAN: E sejamos práticas, não me venha com aquela conversa de "camaradas que nutriam as mesmas esperanças e ideais".

SUN: Você é muito engraçada! Vou contar, se você quiser ouvir. Em todo caso, estamos velhos e não ligamos se rir de nós. Meu marido veio direto para Xinjiang quando se desligou de sua antiga unidade do Exército em Nanjing. Um grupo inteiro de soldados desmobilizados foi mandado para cá. Não era para ele estar naquele grupo, mas, quando soube que os colegas seriam mandados para Xinjiang ao deixar o Exército, bem, ele não sabia como era Xinjiang, mas pediu para vir. Sua chegada coincidiu com uma grande competição militar, e suas habilidades como soldado eram excepcionalmente boas enquanto esteve na ativa. Ele costumava participar de uma guarda especial que fazia demonstrações nas visitas de oficiais graduados. Ao final da competição, foi selecionado como o melhor de sua categoria. Quando o general He Long veio como representante do governo central, até deixou que meu marido tirasse uma fotografia com ele.

XINRAN: A senhora ainda tem a foto?

SUN: Não, na época da Revolução Cultural dizia-se todo tipo de coisa sobre o general. Ficamos com medo e jogamos fora a fotografia. Em 1967, as unidades armadas da guarda transferiram meu marido para a nossa escola para dar treinamento político e militar. Ele visitou todas as escolas de ensino médio e fundamental e acabou responsável pelas últimas. Trabalhava no escritório da escola e foi assim que nos conhecemos.

XINRAN: E quando foi que a senhora se interessou por ele?

SUN: Ele fazia treinamento militar, sabe? Sempre o via no campo de treinamento. Eu ainda era jovem e o achei muito bonito, perspicaz e talentoso, o jeito como realizava seus exercícios era maravilhoso.

XINRAN: Só isso? Deve ter alguma coisa mais, com certeza!

SUN [risos]: Bem... sim, tem mais. Eu tinha minhas próprias exigências para um marido. Primeiro, sou baixa, por isso queria um homem alto; segundo, tenho olhos pequenos, então queria um homem de olhos grandes. Ele se encaixava muito bem. Eu havia sido apresentada para um bom número de rapazes antes dele. Para ser honesta, dávamos muita importância à classe dos pretendentes naquele tempo, e eu era uma das moças mais respeitáveis, por isso recebi muitas propostas, mas empinei o nariz para todas elas. Ele, no entanto, tinha um charme fácil e espontâneo; alto, grandes olhos, muito asseado e ativo. Nossos alojamentos estavam separados apenas por uma rua. O escritório ficava desse lado e o dormitório dos professores logo ali. Ele passou vários meses treinando os alunos, nossos camaradas nos apresentaram e acabamos juntos.

XINRAN: Que romântico!

SUN: E seu marido?

XINRAN: Quando a senhora o conhecer, mais tarde, diga-me o que acha dele! Uma vez que passaram a viver juntos, vocês brigavam? Tinham discussões?

SUN: Como não? Não tanto nos primeiros anos; brigávamos mais depois que as crianças vieram, quando ficamos muito atarefados. Ele era muito mal-humorado naquele tempo. Via as crianças comendo devagar e perdia a paciência. Ele sempre limpou o prato em cinco minutos, por isso insistia que os filhos comessem rápido também. Queria que as crianças fizessem tudo muito rápido, como nas competições militares. Dizia que isso ajudaria no desenvolvimento delas.

XINRAN: E o humor dele melhorou um pouco?

SUN: Agora está um pouco melhor. Os filhos cresceram. Ele diz que quando era jovem não entendia, não se envolvia muito na administração da casa. Criei as crianças sozinha, na realidade — foi muito difícil. Por isso minha saúde é fraca. Ele agora diz que pretende consertar seus erros; faz todo o trabalho doméstico, eu só leio os jornais e descanso. De manhã, assim que levanta, ele arruma a casa. Depois veste nosso neto, prepara e dá comida para ele, antes de levá-lo para brincar. Quando voltam, faz o almoço, tiramos uma soneca, ele leva a criança para brincar de novo e, na volta, prepara o jantar. Agora que experimentou essa rotina, ele entende como foi duro para mim criar quatro crianças.

XINRAN: Seus quatro filhos hoje entendem a senhora? Sentem-se orgulhosos?

SUN: Vai saber?! Reclamam de mim o tempo todo: "Ter se trancado naquela escola os dias inteiros fez da senhora uma estúpida. Nossa família não tem dinheiro nem relações. Outras pessoas usaram a influência da família para conseguir isso e aquilo". Na verdade, penso que as pessoas deveriam fazer valer seus talentos. Como assim, não tenho relações? Os alunos veteranos que ensinei na faculdade tinham todos mais de trinta anos. Os menos graduados eram médicos experientes ou administradores de hospitais locais. Tive uma ótima relação com aquela classe de 1995. Eles me diziam: "É muita sorte termos uma professora como a senhora!". Pouco antes de irem embora, trouxeram um caderno e uma caneta e escreveram mensagens para mim, para que não os esquecesse. Os mais velhos me diziam que eram tanto meus alunos como meus amigos. Os mais jovens, que dali em diante me chamariam de mãe.

XINRAN: Essas são amizades para se cultivar durante toda a vida.

SUN: Claro. Por que você acha que nunca consegui diminuir o ritmo?

XINRAN: A senhora acha que sua vida valeu a pena?

SUN: Sempre digo: ninguém fez isso antes de mim, ninguém fará depois de mim. Como posso explicar? Embora nunca tenha sido uma figura célebre na vida, uma coisa consegui: nunca ninguém poderá dizer que poupei esforços por meus alunos. Todos dizem que a professora Sun é extremamente severa. Qualquer que fosse o horário em que os alunos deveriam estar em sala, eu estaria lá sempre dez minutos antes, esperando-os na porta. Só os alunos se atrasavam. Eu nunca me atrasei. No meu tempo, muitos eram como eu, sou apenas uma de minha geração, uma gota no oceano.

XINRAN: Não existem muitos professores como a senhora. Apenas um punhado de mulheres da sua geração teve tamanha coragem, tamanha decisão, suportou tanta privação ou realizou tanto. Até hoje a senhora não admite perder e é tão segura de si. Quantas pessoas são assim? E mais uma coisa: a senhora não acha que toda a população de Shihezi — soldados, professores ou outros trabalhadores — tem uma responsabilidade quanto a contar suas histórias às pessoas, às nossas crianças? Coisas exatamente como as que a senhora acabou de me contar: como construir carteiras e banquinhos de barro, e suportar todo aquele tempo sentada ali, no inverno, como encontrar o amor num deserto estéril, como criar os filhos e ao mesmo tempo se entregar à profissão. Mas a coisa mais importante é que a senhora está consciente da sua felicidade hoje, pode senti-la e aproveitá-la.

SUN: É isso mesmo! Estou realmente feliz com o presente. Meu marido sempre diz: "Nunca imaginei uma velhice tão confortável, nem mesmo em sonho". Viemos para a cidade grande. Vivemos num bloco de apartamentos. Jamais teria sonhado com isso. Estou absolutamente contente. Meu filho mais velho tem um carro. Aos domingos, quando está à toa, ele diz: "Pai, mãe, vou levar vocês para passear". Dentro do carro, meu marido vai feliz por dentro. Você não faz ideia de como ele fica feliz, diz que jamais teria sonhado com algo assim.

Ao meio-dia, convidei o casal de velhinhos para almoçar conosco no hotel e aproveitei esse tempo para fazer algumas perguntas aos dois.

XINRAN: Digam-me, qual dos dois flertou primeiro com o outro? Sua mulher me contou que ficou encantada com o senhor assim que o viu, antes de vocês serem apresentados. Ela já deve ter falado sobre isso, imagino.

MARIDO DE SUN: Não, ela nunca falou sobre isso.

XINRAN: Como o senhor aceitou se casar com ela?

MARIDO DE SUN: Não sei muito bem. [Ele ri.]

XINRAN: Oh, casar sem amor ou sentimento, isso acontece com os homens chineses? Fale a respeito. Muitos jovens chineses acham que seus pais não sabem nada sobre emoções. Pensam que se casaram apenas como parte de um processo rotineiro. Era assim?

[Ele não responde.]

XINRAN: Como vocês prepararam a cerimônia do casamento?

MARIDO DE SUN: *Aiya*, a vida era tão difícil.

SUN: Não tínhamos nenhum dinheiro quando nos casamos. Fiz tudo eu mesma, incluindo dois jogos de acolchoados. Primeiro, transportei o enxoval até a escola. Depois da aula, levei tudo nas costas até o local do casamento, uma caminhada de dois quilômetros. Um dos camaradas do meu marido tinha ido para casa visitar a família. Não havia ninguém morando no alojamento dele, então o líder disse que poderíamos usar o quarto para a nossa lua de mel. Não tinha um móvel. A mesa de reuniões se transformou numa cama. Nós a cobrimos com galhos e forramos com barro, pusemos um colchão de água quente e aí estava nossa suíte de lua de mel! Havia um salão de reuniões muito simples ao lado, e cento e dez trabalhadores vieram para o casamento. O salão tinha um púlpito de barro onde nos posicionamos. Os líderes testemunharam o casamento e, em seguida, distribuímos doces e cigarros. Com um adiantamento de dois meses de salário que meu marido recebeu, compramos alguns quilos de sementes de girassol e mais alguns de doces. Depois que nos casamos, ele teve de pagar aqueles dois meses. Era um pobretão total, sem um centavo.

XINRAN: E depois dos doces, cigarros e sementes de girassol?

MARIDO DE SUN: Cantamos uma canção todos juntos.

XINRAN: Vocês ainda se lembram que canção foi?

MARIDO DE SUN: "Viemos dos cinco lagos e dos quatro mares". [Ele ri novamente.]

XINRAN: Ah, sei cantar essa também. Vocês contaram essas coisas para os seus filhos e filhas?

MARIDO DE SUN: Não, não contamos.

XINRAN: Por que não?

MARIDO DE SUN: As coisas eram diferentes naquele tempo.

XINRAN: Vocês tinham receio de que eles rissem ou medo de que não entendessem? Acho que, às vezes, não são os filhos e filhas que não entendem, mas apenas as gerações mais velhas que temem que eles não vão entender. A verdade é que, a partir de uma certa idade, eles entendem, sim. Outra coisa: a professora Sun contou que vocês não tiraram nenhuma fotografia do casamento.

MARIDO DE SUN: Não temos nenhuma foto da cerimônia, era simplesmente inviável quando nos casamos. Nossa primeira foto de família só foi tirada quando já tínhamos o terceiro filho e pudemos finalmente pagar por um retrato posado à porta da casinha precária em que vivíamos. Depois disso, o homem que tirou a foto acabou sob suspeita de ser um contrarrevolucionário porque tinha uma câmera, mas conseguiu fugir.

XINRAN: E por qual razão?

MARIDO DE SUN: Que "razão" podia haver naqueles dias? Até uma criança que dissesse uma palavra errada era transformada em contrarrevolucionária. Era absurdo! Uma câmera ou um rádio podiam virar provas de que você era um "agente secreto". Naquele tempo, quem saberia dizer com certeza o que acontecia? E se alguém falasse, viriam atormentá-lo durante anos do mesmo jeito! Nossos acadêmicos e líderes chineses são diferentes dos estrangeiros nesse ponto. Os estrangeiros jamais acreditariam no "quanto mais informados, mais reacionários" dos nossos oficiais camponeses!

Rimos todos, mas um riso amargo.

Eu esperava ouvir de suas bocas a verdadeira história de Shihezi. Percebia que a professora Sun e seu marido estavam bem à vontade comigo, que havíamos construído laços mútuos de confiança. Queria pedir a eles que me esclarecessem sobre o passado do "povo de Shihezi", algo que nunca havia conseguido entender direito.

XINRAN: Professora Sun, de que tipo de gente era formado esse Batalhão de Shihezi?

SUN: Nos primórdios, o batalhão foi um grupo liderado pelo general Wang Zhen, um exército que veio para Shihezi. Foram instruídos a vigiar e proteger as fronteiras, fazer a segurança de Xinjiang e tornar-se autossuficientes. Queriam produzir, de modo que não tivessem de depender do sustento do Estado.

XINRAN: Proteger Xinjiang, no deserto de Gobi? Produzir no deserto?

SUN: Realmente, nunca tinha pensado nisso. Nos anos 50, as pessoas quase não falavam sobre seu passado, e não perguntávamos muito a respeito. Parecia-me que perguntar sobre o passado dos outros era como interrogá-los; coisa do Partido, que não tinha a ver conosco. Sei, sim, que havia uma Unidade 295 com muita história para contar. De toda forma, não sei se eram membros do Partido Nacionalista ou um exército que lutou contra eles.

XINRAN: Quantos eram?

SUN: Não tenho bem certeza. Depois deles vieram voluntários para cuidar das fronteiras. Todos de regiões pobres como Henan e Gansu, e em seguida, de novo, trouxeram jovens para essa missão de guarda. Em 1964, um grupo deles veio de Shanghai e outro, em 1965 ou 1966, de Hunan. No ano seguinte, de Tianjin. Um dos professores que trabalharam comigo era desses jovens urbanos que vieram guardar as fronteiras.

XINRAN: Quantas dessas pessoas do batalhão voltaram a suas regiões de origem e quantas ficaram?

SUN: A maior parte dos jovens que vieram para a guarda de fronteiras voltou. Alguns ficaram, mas não muitos. E havia as mulheres soldados, um grupo em 1952 e outro em 1954, que vieram de Hunan e Shandong para Xinjiang a pretexto do engajamento no exército.

XINRAN: Por que a senhora diz que elas vieram "a pretexto do engajamento"?

SUN: Elas chegaram para se juntar ao exército, ao som de tambores e gongos, as condecorações pendendo de seus pescoços. Na verdade, a maioria foi recrutada para resolver os "problemas íntimos" dos oficiais aqui em Xinjiang.

XINRAN: Como esposas? Quantas, mais ou menos?

SUN: Não sei o número exato, mas isso era um segredo de polichinelo. Todo mundo no batalhão sabia e ninguém achava que fosse uma coisa errada. Falavam muito bem delas: "Mesmo ao se casarem, seu único pensamento era ajudar o Partido e a mãe-pátria. Isso é que é ter coragem e se sacrificar!".

Quando ouvi essa resposta, percebi que a professora Sun e seu marido não queriam tornar público o passado das pessoas do batalhão, então encerrei a conversa. Mas, depois de vários dias de entrevistas, compreendi que não havia registros exatos para essa parte da história, pois os idosos com quem nos encontramos no Batalhão 148 tampouco sabiam dos fatos com certeza.

A professora Sun rendera o que eu esperava da reportagem em Shihezi, mas os idosos do batalhão, que conhecemos por intermédio do sr. Yi, superaram minhas melhores expectativas.

No dia seguinte, a caminho do Batalhão 148, visitei o Museu do Exército Desbravador de Fronteiras. É uma área de exposições de 3 mil metros quadrados contendo mais de trezentas fotografias, todas profundamente comoventes, pois mostram pessoas vivendo na miséria e lutando contra ela. Velhos, crianças e mulheres sofriam igualmente. Apesar das diferenças biológicas, todos viviam a mesma vida: dias e noites debaixo de sol, estrelas e lua, sob constantes tempestades de areia o ano todo. Embora não houvesse estatísticas sobre o número de mortos, dava para calcular como era relativa a "sorte grande" daqueles "felizes sobreviventes". Na saída da exposição, era difícil para nós acreditar que os edifícios modernos à nossa volta tivessem brotado de um descampado estéril nos anos 50.

Escrevi no livro de visitantes: *Obrigada por nos presentearam a China que hoje conhecemos, devemos a vocês uma gratidão tão profunda quanto a que devotamos a nossos pais.*

Meu marido Toby também deixou uma mensagem: *Qualquer ocidental que venha até aqui e veja com seus próprios olhos o que os chineses construíram a partir do nada nos anos 50, transformando o deserto, hoje, numa moderna cidade, se perguntará: há alguma coisa que os chineses não sejam capazes de fazer?*

Quando saímos, mostrei ao sr. Yi a reprodução de uma das fotografias do museu e disse a ele o quanto gostaria de poder encontrar as pessoas que apareciam nela. Elas estavam desbravando o solo virgem, retirando areia e pedras sob uma tempestade, mas conversavam e riam. E havia uma criança com elas, retirando areia e pedras com uma bacia de metal, e que também se mostrava entusiasmada. Acredito que qualquer um que consiga sorrir no meio de uma pobreza tão desesperadora tem de ser um sobrevivente.

Ele deu uma olhada na foto e sorriu: "Deixe-me tentar, vamos arriscar a sorte".

Dirigimos até a área residencial do Batalhão 148 e, de repente, me senti dentro daquela velha fotografia. Fui apresentada a dois idosos e percebi, imediatamente, que eram duas das pessoas daquela mesma foto! Minha nossa! O tal sr. Yi devia ser um profeta — ou um feiticeiro. Ele virou para mim e disse que, se a história não fosse sorridente, não haveria autoestima ou respeito próprio. Todos sabíamos que aquelas pessoas na fotografia deviam ter recebido ordens para sorrir, mas nenhum de nós mencionou isso porque todos queríamos que aquele passado fosse real, e porque era aquela a impressão que esses velhinhos gostariam de deixar de seus dias de juventude.

Os dois idosos eram marido e mulher. Sua casa estava a um mundo de distância dos arranha-céus e altos edifícios da cidade, era apenas uma dentre uma coleção de quarto e salas, com paredes de barro e teto de madeira e palha.

As 320 famílias do vilarejo compartilhavam uma única cisterna d'água e um banheiro público que consistia em cabines com buracos no chão, cinco para homens e cinco para mulheres. Antes e depois da reportagem, aventurei-me a "experimentar" duas vezes o banheiro, para o qual havia longas filas do lado de fora toda manhã. Eu nem bem tomara o rumo dali e uma nuvem de moscas me cercou; lá dentro, cada palmo de chão estava coberto de larvas brancas se contorcendo. Era preciso esmagar incontáveis larvas para conseguir posicionar os pés sobre os "apoios": duas tábuas que se equilibravam sobre um grande buraco. Meus olhos ardiam tanto por causa dos gases tóxicos que emanavam de baixo que não conseguia mantê-los abertos. Achei que podia perder o equilíbrio a qualquer momento, e teria de rastejar para fora na companhia de um milhão de larvas.

Fomos convidados a entrar na casa do velho casal, onde eles aprontavam uma refeição de boas-vindas. Claramente, o sr. Yi passara algum tempo preparando-os para a nossa visita. A refeição é um costume em muitos vilarejos chineses, que serve tanto para receber bem os convidados quanto para avaliá-los. Quando se sentam para comer uma boa refeição, eles são observados no modo como engolem grandes garfadas de grãos e vegetais e entornam a aguardente local, antes que se possa ter certeza de que são confiáveis. Por isso fiz sinal para o meu grupo de que devíamos seguir o exemplo dos anfitriões. Fora as hordas de moscas competindo conosco pela comida, era um banquete camponês suntuoso. Havia pratos de todos os tamanhos, sete ou oito no total, incluindo frango, porco, tofu e vegetais, além de rolinhos no vapor, arroz e uma grande tigela de sopa de tomate e ovos.

Não era hora de pensar em dieta. Ser comedido não era o caminho para obter confiança e cooperação daqueles velhinhos. Não demorou muito, dois outros idosos apareceram para uma visita. Este é outro costume do campo, onde não há vida cultural: as pessoas mais velhas vão à casa dos vizinhos depois do jantar para fumar e bater papo, saindo para dormir somente depois de escurecer.

Durante todos aqueles comes e bebes, conversei despretensiosamente com os velhinhos sobre assuntos de família. Depois disso, minhas entrevistas começaram e, à medida que eles se entusiasmavam, não puderam resistir a tomar a palavra.

XINRAN: O senhor disse que veio para cá no grupo de 1956, um dentre os 57 mil que saíram de Henan. Vieram para guardar as fronteiras?

148A (um forte e saudável velhinho de 77 anos): Chamávamos àquilo "guardar as bordas". Qualquer coisa que não fosse reeducação pelo trabalho ou serviço militar era descrito como "vir do interior para guardar as bordas".

XINRAN: Reeducação pelo trabalho? Quantas pessoas vieram por isso? E de onde?

148B (um senhor de 78 anos que jamais tirava seu cachimbo da boca): 300 mil condenados à reeducação. Começou mais ou menos em 1951, uma leva depois da outra. Parece que vinham principalmente de Henan e Shandong — bem, na verdade chegavam de todo lugar. E havia ainda os 15 mil Cebolões de Shandong!

XINRAN: Cebolões?

148B: Ah, era um pessoal de Shandong. [Ele ri.] Os Cebolões de Shandong vieram como soldados, cada um deles com um saco nas costas, cheio de cebolas grandes — eles adoravam comer aqueles cebolões.

XINRAN: E como essa gente era organizada?

148A: Naquele tempo, eram chamados de "Exércitos dos Cem Mil", mas 100 mil era um número exagerado — na verdade havia apenas 80 mil. Um regimento que se desdobrava em treze divisões. Oitenta mil pessoas, treze divisões, faça as contas. Uma divisão acabava ficando com gente demais. Nesse sistema, não dava para alocar os trabalhadores adequadamente, então o comissário e o chefe de pessoal enviaram um relatório aos superiores pedindo algumas centenas de milhares a mais.

XINRAN: E de onde vieram essas centenas de milhares de pessoas?

148A: Bem... de Henan, Shandong, além dos condenados à reeducação pelo trabalho. Mais tarde, jovens com estudo vindos de Tianjin, Shanghai e Wuhan. O presidente Mao não tinha uma política de envio de jovens formados para o campo?

XINRAN: Depois da Revolução Cultural, em 1966, certo?

148A: Sim, e recebemos uma nova leva de condenados à reeducação pelo trabalho durante a Revolução Cultural também!
XINRAN: Quantas divisões existem hoje?
148A: Devem ser catorze. Ao todo, um terço da população de Xinjiang.

Um idoso que insistia no assunto "liderança" me contou que, se quisesse sobreviver em Shihezi nos anos 50, você devia se lembrar disto: não obedeça ao sargento nem ao tenente. Por quê? O trabalho era sempre duro na lavoura, levava à exaustão. As rações alimentares eram em número fixo, insuficientes para todos. Quando, entra ano e sai ano, você dorme no chão, sem um teto ou mesmo uma cama, cuidar da saúde e manter-se vivo depende de cada um. Com boa saúde, você sempre teria a chance de trabalhar melhor no ano seguinte, caso não tivesse conseguido produzir bem neste. Os que morriam estavam mortos, fim. Quem se lembra deles agora? Era absolutamente necessário manter a saúde. Numa sociedade em que não se sabia quem era quem, você devia falar menos e escutar menos, falar não traria nada de bom, todas as desgraças vinham pela boca. No papel de líder, não estava preocupado com os que se levantaram hoje e com aqueles que jamais se levantariam novamente.

Ouvindo-o, consegui entender por que não pude descobrir o número de pessoas mortas ali, quantas tinham sido julgadas e sentenciadas à morte. Não sabemos. Ninguém sabe — ninguém em Xinjiang, ninguém na China.

Eu tinha ouvido falar que centenas de milhares de mulheres foram recrutadas para Shihezi a fim de "constituir família" com os soldados, de modo que eles pudessem criar raízes. Mas não imaginei que as pessoas com quem estava conversando tivessem sido "premiadas" com uma "esposa de encomenda". Uma vez mais, a história conjugal daquela gente se revelou uma experiência nova para mim e, em alguns casos, me deu muito o que pensar.

Perguntei a 148C, um homem de mais de oitenta anos com a cabeça ainda coberta de cabelos pretos, onde ele havia encontrado uma esposa. Ela era da mesma cidade que ele ou de Shihezi?

148C: Minha esposa? Em casa ela me chama de Tio, sabia?

XINRAN: Vocês foram prometidos ainda crianças?

148C: Minha irmã mais velha disse a ela: "Vá com meu irmão".

XINRAN: Nessa época vocês já viviam aqui?

148C: Eu vim muito antes; ela, nos anos 60. É mais nova que eu — quando vim, em 1956, ela tinha só quinze anos. Eu era muito pobre para arranjar uma esposa, não tinha nada a oferecer a não ser um futuro de muito sofrimento.

XINRAN: Então hoje ela deve ser uma mulher casada e muito feliz.

148C: Bem, aos trancos e barrancos, a gente vai levando. Em toda a minha vida, nunca dei a ela um motivo para se preocupar. Tudo o que ela tem de fazer é comer. [Ele ri.]

XINRAN: E no que ela trabalhava?

148C: No batalhão, como eu. Ela se aposentou em 1986, quando tinha 45 anos. Eu não queria que se sacrificasse. Tínhamos o bastante para viver. Para que mais?

XINRAN: Vocês enfrentam dificuldades hoje?

148C: Depende do que você considera dificuldades. Se você passou alguns anos dormindo no chão e sem ter o bastante para comer, depois disso, desde que possa encher a barriga e dormir bem, não liga muito para as dificuldades.

XINRAN: É por isso que seu cabelo é tão preto? Não posso mesmo acreditar que o senhor tem mais de oitenta!

148C: Está na moda agora, não está? Se não me cuidasse para ficar apresentável, não estaria sendo justo com minha mulher. Não a fiz rica e não consegui que meus filhos tivessem como pai um grande oficial. Tenho de pensar nuns truques para ficar com aparência melhor, para não ser ainda mais injusto com a família, tanto com os velhos quanto com os novos!

E qual era a opinião dessas pessoas sobre seu relativo bem-estar material de hoje em comparação com a miséria do início de suas vidas?

XINRAN: Agora mesmo, no museu, vimos as mudanças em Shihezi, da pobreza extrema para a autossuficiência nas coisas básicas. Mudaram muito as relações entre as pessoas do tempo em que o senhor chegou para desbravar este campo até hoje?

148D: Era tão diferente. Digamos que, naquela época, todo mundo ficava tão cansado que não havia tempo para pensar em nada a não ser num bom sono. Às vezes estávamos tão exaustos que adormecíamos no meio de uma refeição. Acho que mais gente morreu de exaustão que por doenças naquela época.

XINRAN: Muitos morreram de exaustão?

148D: Nem preciso dizer. Para alguns, em poucos dias era o fim. É difícil falar sobre isso, não sei dizer ao certo.

XINRAN: Então não vamos falar. Houve agitação por aqui durante a Revolução Cultural?

148D: Bem, naquele momento estávamos melhor que antes. Tínhamos começado a estocar grãos; havia reservas de arroz e trigo e às vezes podíamos secar uns vegetais ao ar livre. Secávamos carne também. Cada família tinha um quarto; não havia pátios e muitas casas não tinham porta.

XINRAN: Quando começaram a ter?

148D: Ah, acho que minha porta foi posta em 1968 ou 1967. Antigamente, muitos casais iam morar juntos no chiqueiro — era assim e pronto. Outros conseguiam uma cocheira e viviam ali. Não havia porta, nada.

XINRAN: Todos tinham de ser muito castos, então?

148D: Mesmo que nos dessem mais, não tínhamos onde guardar nada. Que fazer se vivíamos num quarto? Era impossível pedir mais. Até para comer usávamos uma grande panela coletiva.

XINRAN: O senhor sente saudades daquele tempo?

148D: A economia de hoje mantém os trabalhadores sob uma pressão mental muito grande. Antigamente era melhor. Naquele tempo, você não precisava de dinheiro para ter filhos, pois lhe dariam. No hospital, ninguém pedia um depósito ou cobrava consultas, e não existia nada parecido com um empréstimo. Se estivesse hospitalizado, a unidade de trabalho mandaria dinheiro, o hospital lhe daria cama e comida e você iria para casa assim que estivesse curado. Quando chegou a época de as crianças se casarem, elas simplesmente foram em frente. A gente também não precisava de dinheiro para a escola; nenhum dos meus filhos e filhas pagou pelos estudos. Se ficasse doente, não pagava, para ir à escola, não pagava, e também não precisava me virar para arrumar moradia ou gastar para que os filhos conseguissem emprego. Quando já tinham idade para isso, se dirigiam à unidade de trabalho dos pais e começavam a trabalhar. Já era tempo de pensarem em casamento? Tudo bem, vão em frente, casem-se e terão um quarto. Naquela época não havia por que se preocupar com trabalho ou comida. E veja como as coisas estão hoje. Casar é um peso para a família, e nem me fale em conseguir uma casa para os noivos, mal posso com as despesas com roupas e joias! Vou lhe contar: quando me casei, tínhamos dois quilos de tabaco Mohe para cachimbo, menos de um quilo de doces e nada de cigarros; arranjamos uma roupa de cama para a minha mulher e outra para mim, era esse o enxoval.

XINRAN: O casamento teve convidados?

148D: Sim, teve. Meus companheiros de unidade disseram: "É seu casamento, trouxemos um quadro". E foi isso.

XINRAN: Que quadro era? [Naquela época, era de bom-tom dar de presente um pôster de propaganda.] Era um retrato do presidente Mao ou...?

148D: Ah, não. Os pôsteres do presidente Mao vieram mais tarde; antes eram pinturas de Ano-Novo para dar sorte, ou paisagens.

XINRAN: O senhor guardou o presente?

148D: Não, faz tanto tempo, como poderia ter guardado? Não guardamos nada. Veja como era fácil a vida quando me casei — não se gastava um dia para conseguir a certidão de casamento ou um atestado de saúde. Saíamos para o trabalho, fazíamos os testes — tiravam um pouco de sangue para o atestado de saúde — e quando voltávamos para casa parávamos no laboratório para pegar os resultados. Para conseguir a certidão de casamento era a mesma coisa. Estava passando da hora e fui à repartição. Minha mulher não pôde ir, então fui sozinho. Encontrei meu superior e ele perguntou o que eu fazia ali. Respondi que estava me casando, conversamos um pouco e simplesmente retirei a certidão. Aí, o chefe disse: "Quando vai ser esse casamento?". Eu respondi: "O senhor decide". Ele falou: "Sábado, então". Eu disse que tudo bem, o superior organizou a cerimônia e foi isso. Ninguém da minha família sabia. Foi o chefe quem me disse para convidá-los. *Aiya*, aquela época... faz tanto tempo, mas a gente realmente tinha uma vida muito despreocupada, simplesmente porque não havia tanto dinheiro. A segurança era muito boa, não havia problema com roubos e assaltos. Antigamente nenhum dos pátios tinha porta; se andasse de bicicleta, você podia largar ali que ninguém encostaria nela. Podia pendurar a carne no meio da neve e, de novo, ninguém tocaria.

XINRAN: Então o senhor se arrepende de ter vindo para cá?

148D: Não, por que me arrependeria? Se tivesse ficado em Shangqiu, tenho certeza de que não estaria mais vivo. Não trabalho mais — até chamam isso de aposentadoria — e o Estado me paga quinhentos ou seiscentos iuanes por mês. Não conseguiria dez na minha cidade! A pobreza é tão grande que ainda chega gente por aqui fugindo da vida lá.

Não sei qual dos moradores estava espalhando a notícia de nossa presença, mas, assim que começamos as entrevistas, mais e mais idosos do vilarejo foram chegando. Eles soltaram mesmo a língua, e o espaço do pátio interno de nosso anfitrião se encheu de gente num debate acalorado. Parecia que faziam fila para uma revisão de suas ideias e experiências. Eu não esperava por isso. Por que todo mundo fora dali pensava que o povo de Shihezi se fecharia e se recusaria a discutir sua história, quando na verdade aquilo era como magma subterrâneo represado, esperando a chance de vir à tona? Será que era porque este lugar estivera lacrado por tanto tempo? Ou porque as pessoas tinham sido esmagadas pelo peso da história a ponto de sufocar?

Mais um velhinho se infiltrou, somando-se aos que já estavam "empilhados" perto de mim no sofá pequeno e surrado.

XINRAN: Olá! O senhor ainda tem parentes no lugar de onde veio? Seus pais ainda estão vivos?

148E: Minha mãe e meu pai estão aqui. Fomos todos mandados para cá pelo Estado, a família toda, mais de uma dúzia de pessoas.

XINRAN: Vieram todos? E todo mundo tem uma casa para morar?

148E: Sim. Meu irmão mais velho ficou com a casa dos anos 60, antiga e estragada. Os seis filhos dele moram em apartamentos, todos ganhando mais de mil por mês.

XINRAN: E quando foi a última vez que o senhor retornou à sua cidade de origem?

148E: A última vez que fui a Shangqiu foi em 1979. Voltei para cá em 1980, quando tinham acabado de implantar o sistema de divisão de responsabilidades por família.

XINRAN: O senhor acha bom que a terra seja alocada por família? Ou era melhor quando todos trabalhavam juntos?

148E: Havia muito desperdício no sistema coletivo. Nunca batíamos recordes de colheita. É a mesma coisa que duas famílias dividindo um cavalo; nem uma nem outra quer bancar a comida, então o cavalo acaba ficando magro. Ou como várias pessoas dividindo uma casa; se você não a arruma, eu também não me preocupo com isso, e acaba virando uma bagunça, não é? Se você mora sozinho, tem de manter a casa em ordem, certo?

XINRAN: Então ficou muito melhor depois que a terra foi dividida, em 1980?

148E: Dá para tirar quase meia tonelada de trigo por *mu** de terra. Meia tonelada por *mu*, é de impressionar. De onde eu vim a gente tirava, na década de 50, de 35 a 45 quilos por *mu*, no máximo, do melhor trigo. Agora conseguimos mais de 450 quilos, é um feito termos dobrado várias vezes a produção. Há abastecimento adequado de comida nas áreas de produção do batalhão, mas muita coisa contaminada. Fertilizantes químicos demais, as pessoas têm suas saúdes perfeitas destruídas pelos fertilizantes!

XINRAN: Quando vocês chegaram para iniciar a lavoura não havia fertilizantes?

148E: Só usávamos urina e fezes. Mas antigamente os banheiros eram sempre limpinhos, como um brinco. Nem dava tempo de as larvas se criarem!

XINRAN: Os fertilizantes químicos poupam tempo e trabalho, além de ser baratos. É por isso que vieram substituir o esforço físico e os dejetos dos trabalhadores, certo?

148E: É, poupa trabalho para dar tempo de fazer uns negócios paralelos e ganhar bem mais dinheiro do que se esfolando na lavoura o dia inteiro. Hoje em dia as crianças não dão a mínima para o gosto da comida: agora só o que importa são números, pessoas e posses.

XINRAN: O senhor contou as histórias daquele tempo para os seus filhos?

148E: E como poderia? Isso é velharia. Ninguém quer saber.

XINRAN: Vocês conversam?

148E: Eles não escutam. Você chegou aqui disposta a nos ouvir, mas eles

---

* Medida de terreno utilizada na China; 15 *mu* equivalem a um hectare. (N. T.)

não têm paciência quando falamos. Não param para escutar nada de valor: quem quer saber daqueles dias sofridos, quem quer saber de vida dura? Naquela época, quatro pessoas tinham de dividir uma broa. Nós a partíamos em quatro com as mãos — tente dividir uma broa de duzentos gramas em quatro pedaços — e nem pensávamos em comer na hora das refeições. Quase na hora de sair para o trabalho, cada um pegava seu pedaço e ia comendo enquanto caminhava.

XINRAN: Se alguém perguntasse sua opinião sobre o presidente Mao, o que o senhor diria? O que ele fez foi bom ou ruim?

148E: *Aiya*... Bem... o presidente Mao... Deng Xiaoping já se pronunciou oficialmente sobre isso, não é? — setenta por cento bom e trinta por cento ruim. Está dito, não é?

XINRAN: O que *o senhor* pensa? Isso é o que Deng Xiaoping pensa, como o senhor mesmo disse.

148E: O que eu penso? Acho que ele foi bem. Não fui prejudicado, então tudo certo. Mas, se for pensar do ponto de vista de quem foi, se olhar o quadro mais amplo, o presidente fez realmente algumas coisas ruins no final.

XINRAN: Mas no começo as pessoas o amavam.

148E: Sim, mas no final ele fez algumas coisas condenáveis. Foi mesmo assustador. Quando o fim se aproximava, ele não escutou mais a verdade, só deu atenção a mentiras. E as pessoas à sua volta falavam demais e qualquer coisa. As políticas eram boas, mas, quando implementadas na base, ficavam ruins.

XINRAN: E como está hoje? O senhor tem esperança agora? As coisas estão um pouco melhores?

148E: *Aiya*, hoje? Jiang Zemin disse: "Conserte o Partido e ele pode morrer; não o conserte e a nação morre". Hoje tudo está bem, exceto por pequenos problemas em toda parte, e isso não é bom, certo? Todos esses problemas nos lugares menores, é terrível. Estou dizendo, se continuarmos desse jeito, estamos acabados. Você sabe do que estou falando: sempre foi assim, desde a dinastia Qing até Sun Yat-sen e Chiang Kai-shek. Por que a dinastia Qing acabou daquele jeito? Agora as pessoas ficam dizendo, *aiya*, queremos Sun Yat-sen de volta. Não daria certo, Sun Yat-sen estaria velho demais. Dizem que querem o presidente Mao de volta, mas ele poderia voltar? E por que iríamos querê-los de volta? Para resolver o problema da corrupção que tira dinheiro das pessoas.

Se não fizermos isso, bem, as coisas começarão a ir mal para os velhos — e o mesmo vale para os partidos políticos. As rachaduras já estão aparecendo, precisamos tomar medidas duras para consertar isso.

XINRAN: E como está o batalhão hoje?

148E: O batalhão... bem, do que acontece fora do batalhão não podemos dizer muita coisa. O batalhão está dividido em líderes e trabalhadores, superiores e subalternos. Todos trabalham juntos. Quando alguma coisa acontece, formam um front unido. Protegem uns aos outros; não importa se um oficial é fraco ou incompetente, estará sempre a serviço do governo, e oficiais devem zelar pelos seus. No tempo do presidente Mao, o batalhão era um grande coletivo, não pertencia a apenas uma ou duas pessoas. O que era seu, era meu, era de todos. Ninguém podia ter mais nem menos que os outros. Hoje o negócio piorou; o dinheiro nublou o céu e nós, cidadãos comuns, não conseguimos ver o que eles estão tramando lá em cima. Na época do presidente Mao, os oficiais vinham nos perguntar como estávamos — eram muito prestativos —, mas e agora, quem vem para olhar por nós? Ninguém vem, ninguém quer saber. Estamos com um pé na sepultura e, quando formos embora, nossas ideias irão conosco.

XINRAN: Mas há o Museu de Shihezi, que visitamos e é muito comovente. As futuras gerações poderão conhecer o senhor ali.

148E: Você acredita no que dizem as legendas daquelas fotografias? Ah, as fotos são bem reais e os objetos expostos, também. Mas e as verdadeiras histórias por trás deles? Não se permite que os jornalistas, nem mesmo aqueles de projeção nacional, investiguem o que se passou no nosso batalhão. O que fazíamos? Quantos éramos? Como chegamos aqui? Quem viveu e quem morreu? O que acontecia? Não se pode afirmar nada com certeza sobre as pessoas que vieram em 1951, nem mesmo os que vieram depois podem. Se não acredita, tente! Vocês, estudantes e professores, tentem descobrir o que aquelas pessoas faziam antes de se juntar ao batalhão e vejam o que conseguem. Nada!

Em Urumqi, conheci a mãe de minha amiga ZH, que foi mandada a Xinjiang em 1958, quando tinha apenas treze anos. À medida que ela me contava sua história, ficava claro em sua voz que o que sentiu jamais poderia ser expresso em palavras.

"Naquele dia, partimos de trem num grupo de dez pessoas, deixando para trás os lindos lagos e montanhas de Hangzhou. Chegamos à enorme e agitada cidade de Shanghai, onde embarcamos em outro trem para Xi'an. Ficamos chocados com o abandono de Xi'an e a pobreza e ignorância de seus moradores. Muitas das meninas começaram a chorar e algumas fugiram de volta para as cidades do leste. Não tive coragem de ir com elas, então vesti meu uniforme do Exército e me tornei a mais nova recruta. Tinha treze anos, não entendia nada, em nenhum momento imaginei que coisas ruins pudessem acontecer. De Xi'an peguei um daqueles trens "lata de sardinha" usados para o transporte dos soldados que, parando em cada estação, nos levou a Urumqi. Ao todo, a viagem de Hangzhou a Urumqi levou um mês e sete dias.

"Quando vimos o deserto de Gobi estendendo-se à nossa frente, ficamos todos muito chocados. Não conseguíamos imaginar como as pessoas podiam sobreviver ali. Grande parte do que comiam eram derivados de leite, e os banheiros, enormes buracos debaixo de dois apoios de madeira. Não existiam ruas ou estradas e praticamente não havia luz, muito menos comércio. Mais tarde, descobri que o sofrimento e a miséria não eram nada. A pior parte era o trabalho braçal. Todos que vinham a Xinjiang tinham de passar por um ano de provação naquele trabalho, que no meu caso era construir reservatórios. Para uma garota da cidade, trabalhar todos os dias em canteiros de obra, onde eu tinha de cavar o chão ou carregar pedras ou areia apoiadas sobre os ombros, um duro esforço físico debaixo do sol escaldante... Não vou esquecer isso para o resto dos meus dias. É por isso, também, que jamais vou sentir outra vez que estou cansada ou trabalhando demais. Construímos o Hospital Militar de Xinjiang naquele lugar e foi ali que conheci o homem que hoje é meu marido. Naquele tempo, ele era o diretor da Companhia de Canto e Dança de Xinjiang. Ele ficou doente e acabou vindo parar na minha enfermaria. Gostava muito de mim e me levou para visitar suas duas irmãs, que também haviam sido enviadas para trabalhar em Xinjiang. Mas eu não conseguia mesmo me acostumar à sua maneira tímida de me cortejar e não me agradava muito seu hábito de pentear o cabelo o tempo todo — era muito pouco masculino. Não me atrevia a tomar uma decisão sozinha, então perguntei aos meus amigos no hospital, mas a maioria deles não o aprovou. Comentaram que ele não parava de arrumar o cabelo e cuidar das roupas quando vinha me ver, que era capitalista demais, pequeno-burguês demais, e que acabaria se tornando um contrarrevolucionário. Fiquei muito confusa, mas mesmo assim decidi me casar, pois ele era asseado e muito educado.

"Casamos e tivemos duas filhas. A vida em Xinjiang era muito difícil, de modo que decidi voltar para casa, em Hangzhou. Estava determinada a que minhas filhas não crescessem naquele lugar cruel, então abandonei o Exército e as trouxe sozinha para Hangzhou, onde consegui um emprego como enfermeira em um hospital local. Minha filha mais nova tinha apenas dois anos então, e a mais velha, nove. Cada minuto de cada dia era uma batalha, e sem a ajuda de nenhum dos avós. Meu marido e eu vivemos assim, separados, por 23 anos, comigo trabalhando e cuidando das crianças sozinha, sofrendo todo tipo de privação para criá-las. Só conseguíamos nos ver uma vez por ano. Quase sempre meu marido estava ocupado e não podia vir a Hangzhou, de modo que era eu quem tinha de levar as duas meninas na longa e árdua viagem de mais de três semanas de Hangzhou para Urumqi para que vissem o pai delas.

"Depois de 23 anos de separação, finalmente pudemos viver juntos de novo, mas não demorou muito para percebermos que havíamos nos tornado incompatíveis. Meu marido desprezava a extravagância e a autoindulgência da vida interiorana, suas constantes picuinhas sobre nada. E eu fiquei enormemente desapontada com o marido pelo qual havia esperado durante todas aquelas noites solitárias: sua grossura, suas reclamações e gritaria permanentes, sua total intolerância a qualquer um que fosse diferente. Aquilo me deixou deprimida. Mas não nos separamos. Ambos achamos que devíamos ficar juntos, nem que fosse apenas por nossas duas filhas e nossos netos.

"Minha filha mais velha tem um filho chamado Haohao. Ele tem treze anos agora e frequentemente discute com o avô. Haohao acredita que meu marido projeta a sombra da história sobre o presente. Pensa que seu avô deveria aceitar as vantagens que a sociedade moderna tem a oferecer. Mas o avô fica nervoso e irritado que seu neto tenha um estilo de vida tão afluente e não entenda nada das dificuldades e do sofrimento da geração mais velha, que não conheça ou respeite o passado. Não acho que seja um problema apenas da nossa família, não sei como é para as outras pessoas."

Quando a mãe de ZH terminou de falar, seus olhos estavam pousados em alguma coisa no horizonte. Especulei que ela mirava o lugar distante onde repousavam os sonhos que começara a acalentar aos treze anos: a vida de uma garota feliz, de uma jovem ardentemente apaixonada, de uma esposa carinhosa, de uma mãe que contava histórias em voz suave e delicada, as mãos dadas com alguém na velhice, conforto e apoio mútuos... Esses são os sonhos de toda mulher, mas o que ela conseguiu?

Na verdade, a vida familiar dos pais de ZH, assim como a da professora Sun e seu marido, é um retrato acabado de centenas de milhares de famílias chinesas dos anos 50 até hoje. Felicidade, raiva, dor e tristeza idênticas podem ser encontradas de uma geração a outra em muitas famílias, especialmente naquelas que plantaram o verde em Xinjiang, os pais, as mães, os filhos e as filhas de Shihezi.

Os chineses dizem que o Grande Oeste é uma terra de mistérios. Cada palmo de terra, ali, está carregado de lendas, e quem passou pela região sempre acabou tocado por essas histórias. Talvez isso ainda seja verdade, pois as pessoas que voltam do oeste descobrem que existe um enorme abismo entre elas e aqueles que um dia haviam deixado para trás, um rio de histórias que as separa de seu antigo lar.

Na Estrada, Interlúdio 1: Entrevista com um taxista do noroeste

Às cinco e meia de 10 de agosto de 2006, pegamos um avião de Urumqi, no extremo noroeste, para Lanzhou, capital da província de Gansu, centro--noroeste do país. Depois de algumas horas, estávamos na estrada que leva do aeroporto para a cidade de Lanzhou, que, conforme nos haviam informado, ficava a uma distância de mais de setenta quilômetros, o que provavelmente nos tomaria mais de uma hora de viagem.

A estrada cortava as montanhas de terra amarela numa longa e monótona linha reta. Tudo o que podíamos avistar na extensão da paisagem inalterada eram fileiras e mais fileiras de pequenas árvores lutando pela sobrevivência. De acordo com o sr. Li, nosso motorista, elas tinham sido plantadas sete ou oito anos antes por uma multidão enviada pelo Partido e pelos escritórios governamentais em missões "voluntárias" não remuneradas — uma tentativa de imprimir algum verde no cenário às margens da via entre o aeroporto e a cidade. Olhando para aquelas mudas com menos de um metro e meio de altura, senti um aperto inexplicável dentro de mim. Em algum ponto entre esta estrada e Xi'an fica um lugar chamado colina dos Gritos, que eu havia visitado uma vez numa cobertura jornalística (e sobre o qual escrevi em *As boas mulheres da China*). As montanhas de terra amarela cobertas por um capim típico me fizeram lembrar das pessoas daquele lugar, e senti novamente a angustiada esperança que aquela plantinha esparsa e sem futuro despertava na gente faminta: em montanhas de terra amarela como essas, nos limites do deserto de Gobi, as raízes daquele capim eram a única fonte de sustento, além de serem usadas para fazer fogo e cozinhar. Ainda me lembrava das longas distâncias percorridas pelos homens do vilarejo da colina dos Gritos em busca da planta. Por causa da demanda crescente, o capim vem se tornando escasso, de modo que as pessoas têm de viajar cada vez mais longe para encontrá-lo, perdendo cada vez mais tempo nessa atividade.

Espero que as árvores plantadas ao longo do acesso ao aeroporto possam trazer algum alento a esse lugar de terra amarela. Espero também que essa faísca verde incendeie toda a região e alcance a colina dos Gritos.

No dia seguinte, tínhamos um micro-ônibus agendado para nos levar de Lanzhou à circunscrição de Hezheng, onde entrevistaríamos um dos grandes especialistas em petróleo da China e sua mulher, que chefiara uma equipe de prospecção. O resultado das entrevistas dos dias anteriores havia superado de longe minhas expectativas. Naqueles poucos dias, o peso e a profundidade daquelas velhas histórias, memórias que nunca antes tinham sido expostas ou tocadas, foram encontrando seu lugar, pouco a pouco, nos meus registros.

Eu não sabia como as futuras gerações julgariam os cinquenta ou setenta anos de sacrifício da Mulher de Duas Armas, as 5 mil pessoas do Levante do Monte Huaying e os milhões do Batalhão de Produção de Xinjiang, mas sabia que o que estava fazendo talvez fosse o ato mais significativo da minha vida. Era também uma experiência muito dolorosa, pois, contando a história de seu passado, os entrevistados me olhavam, em maior ou menor grau, com desconfiança — será que eu entenderia aquelas histórias? Ninguém sabia das inúmeras experiências dolorosas que eu mesma tinha passado durante a Revolução Cultural, das humilhações que tinha sofrido, da coragem que precisara para seguir vivendo até ali. Ansiava pela idade em que também me seria permitido falar, porque tinha medo de não chegar até esse dia com a mesma coragem.

De novo, o sr. Li era nosso motorista. Pela forma como ele manuseou nossa bagagem e por sua gentileza ao dar a vez a outros motoristas na estrada, pude ver que era uma pessoa calma e conscienciosa.

Os motoristas chineses no transporte de longa distância e nos coletivos quase sempre são minhas melhores fontes, pois já viram muita coisa — como o país mudou, as enormes diferenças entre o oeste e o leste da China, e entre as cidades e o campo, ao longo dos milhares de quilômetros de estradas pelos quais passam todos os dias. Comecei com uma pergunta sobre o tempo, o tópico mais seguro, em qualquer país, para se iniciar uma conversa.

XINRAN: O senhor sabe qual é a temperatura de hoje?

LI: A previsão falou em trinta graus, são os dois últimos dias do Outono do Tigre,* está muito quente. Seria bom se chovesse — Lanzhou está precisando desesperadamente.

XINRAN: O que tem de típico na sua região?

LI: Tem o macarrão com carne desfiada. É famoso no país inteiro.

XINRAN: E além do macarrão com carne desfiada? O *yang-rou-paomo* [carneiro refogado com pão] também é daqui? O senhor acha que o *yang-rou-paomo* mais famoso é o de Xi'an ou o de Lanzhou?

LI: Eles são servidos de maneira diferente, não dá para comparar. No de Lanzhou, que acompanha um pão fofo, crescido com fermento, tem um caldo ralo, com macarrão de feijão e fatias de carne ensopadas, e você mesmo parte em pedaços o pão e o amolece no caldo. Em Xi'an você também mergulha os pedaços de pão, mas é um pão difícil de partir, duro, e depois de fazer isso tem de cozinhar um pouco ou fica intragável. Nenhuma das vezes que fui a Xi'an comi o *yang-rou-paomo* de lá.

XINRAN: Alguma coisa mais? Não tem uns tais Tesouros de Lanzhou — ou são de Gansu? [Gansu é uma das mais pobres províncias chinesas, mas sempre gosto de dar às pessoas a chance de me contar do que têm orgulho na região em que vivem. As respostas dão pistas valiosas sobre como veem a si mesmas e por quê.]

LI: O lírio de Lanzhou, talvez você tenha ouvido falar, que demora três anos para florescer, é um ótimo tônico para tosses, alivia os pulmões, uma verdadeira e genuína especialidade de Lanzhou. E há ainda o melão Orquídea

---

* É como os chineses chamam as ondas de calor, com duração entre dez e doze dias, comuns no final do verão. (N. T.)

Branca, também uma especialidade daqui, mas que não tem vingado muito nos dois últimos anos, você não encontra muito hoje. E Anning, nos arredores de Lanzhou, produz uma espécie de pêssego chamada Fênix Branca, muito, muito doce, toda a produção é exportada diretamente para Hong Kong. Sabe essa revista *Reader*?

XINRAN: Sei, conheço. Chamava-se *Reader's Digest*, houve um problema na justiça e mudou de nome para *Reader*.

LI: Isso, foram os americanos que moveram o processo. Enfim, também é editada em Lanzhou. É uma marca forte no país inteiro, uma das cinco maiores, sem dúvida. Há uma "rua Reader" em Lanzhou em homenagem à revista. E uma ponte chamada "Primeira ponte sobre o rio Amarelo", a única que atravessa o rio por aqui. Foi projetada nos Estados Unidos e construída com materiais alemães — garantiram que duraria oitenta anos. A construção começou em 1907 e em 1910 a ponte foi aberta ao tráfego. Ouvi falar que metade do custo total foi devida aos materiais. Vieram de navio da Alemanha para Tianjin e, dali até Lanzhou, foram transportados em vagões, pois não podiam continuar por água. Custaram trezentos mil taéis de prata.* Nos anos 80, uma construtora alemã mandou especialistas para inspecionar a ponte e ela ainda está aí, noventa e sete anos depois. Agora o governo a conserva como um bem cultural — foi transformada numa passarela e não é mais permitido o trânsito de veículos motorizados.

XINRAN: Existe um museu de história em Lanzhou?

LI: Lamento dizer que nunca entrei no museu de história nem levei clientes lá. Mas temos "O Cavalo e a Andorinha", que é símbolo da indústria do turismo chinesa e foi descoberto em Gansu. "O Cavalo e a Andorinha" original é uma estátua de bronze de um cavalo galopando uma andorinha em pleno voo. Foi encontrado numa escavação em Leitai, na circunscrição de Wuwei, província de Gansu.

XINRAN: E o que mais tem lá? Continue... Vou pagar direitinho pela aula.

LI [ri]: Bem... As Quatro Grandes Cavernas da China são as cavernas Longmen em Luoyang, as grutas de Yungang em Shanxi, as cavernas de Mogao em Dunhuang e as grutas Maiji, as duas últimas na província de Gansu. Das quatro grandes, duas são nossas!

---

* Unidade monetária e de peso da China, com valores diferentes nas diversas regiões do sul asiático, mas em média o equivalente a aproximadamente trinta gramas de prata. (N. T.)

xinran: Como motorista, o senhor deve ter sentido mais as mudanças em Lanzhou que as outras pessoas...

li: Com certeza! Veja os prédios dos anos 80 que formavam a paisagem desta rua aqui: mais da metade deles já foi posta abaixo.

xinran: E o que os moradores de Lanzhou pensam, hoje, das políticas de governo locais?

li: Não sei dizer.

xinran: Não se opõem muito a elas?

li: O problema é a corrupção. Muitos funcionários do governo e servidores públicos são gananciosos, sempre pensam que os que estão acima deles roubam mais, todo mundo pensa que está tirando menos que os outros. Nem me provoque com esse assunto — fico furioso só de ouvir falar nesses corruptos!

xinran: Está bem, não vamos falar deles. Quais são as últimas estatísticas populacionais de Lanzhou?

li: O número oficial passa dos 3 milhões, mas ainda deve estar subestimado. Há muitos forasteiros em trabalhos temporários por aqui, as ruas e vielas estão cheias deles, ninguém sabe quantos são com certeza. Uma porção de gente de Zhejiang trabalha num shopping center de Lanzhou, chamado Yiwu Trade City, que só vende produtos de alta qualidade. O pessoal de Zhejiang tem muitos negócios aqui, Lanzhou tem um bairro no setor leste do mercado varejista onde praticamente todo mundo é de lá.

xinran: Não é só aqui, você encontra negociantes de Zhejiang no mundo todo. Eles têm verdadeiro talento para ganhar dinheiro, são muito espertos.

Zhejiang fica no sudeste da China, uma província litorânea com uma história de migrações que alcança o século xii. Novos trabalhadores migrantes oriundos de Zhejiang podem ser encontrados em quase qualquer lugar do globo desde que a China se abriu em 1980.

li: Não entendo: somos todos um só povo, parte de um mesmo sistema nacional; por que *eles* conseguem fazer a vida mundo afora, enquanto nós ficamos aqui afundados na miséria?

XINRAN: Em Lanzhou, há mais pobres ou ricos? Existe algum tipo de ajuda para os pobres?

Antes da minha viagem, tinha visto comunicados oficiais admitindo que o governo central da China falhara ao reestruturar os sistemas de proteção social, incluindo saúde, educação e aposentadorias, desde os anos 80. Por um lado, fico feliz de saber que os líderes estejam aprendendo a ser honestos quando surgem problemas. Por outro, gostaria de saber como as pessoas se sentiam a respeito. Obviamente, o sr. Li não sabia de nada.

LI: Não sei ao certo. Um bom número de pessoas vive do dinheiro da seguridade social, duzentos e dois iuanes por mês.
XINRAN: Qual é, mais ou menos, a proporção da população de Lanzhou vivendo dessa pensão básica? Vinte por cento? Dez? Cinco?
LI: Não é um percentual muito grande. Não sei o número.
XINRAN: E de onde vem o dinheiro dos ricos?
LI: De propriedades, da exploração de grupos de trabalhadores da construção e dos investimentos na iniciativa privada, esse tipo de coisa.
XINRAN: E quanto aos salários dos servidores públicos do governo de Lanzhou?
LI: Os funcionários têm altos salários.
XINRAN: Mais de mil? Mais de 2 mil?
LI: Mais de mil nem é tanto dinheiro assim; pelo menos 2 mil ou 3 mil, acho. Não tenho nada que ver com os funcionários públicos. Eles não são pagos de acordo com resultados, como nós, que ganhamos um percentual dos lucros se trabalharmos direito; se ficássemos sentados esperando os clientes, não ganharíamos muito. Um motorista como eu está muito bem se fizer mil e cem ou mil e duzentos na alta temporada.
XINRAN: Quanto o senhor consegue ganhar no inverno, que é baixa temporada?
LI: Na baixa temporada vou para casa dormir, faço trabalhos eventuais; consigo no máximo oitocentos iuanes.

XINRAN: E o senhor tem algum tipo de cobertura social ou salário mínimo?

LI: Não, tenho de sair à cata de outro trabalho — com oitocentos iuanes por mês, como alguém pode sustentar uma família de três pessoas? O cálculo é que a renda média mínima deveria ser de cento e setenta ou um pouco mais por pessoa — esses oitocentos iuanes alimentam uma família pouco mais de um mês. Quando você está sem emprego, fazem todos aqueles cálculos, enviam requerimentos, os examinam e aprovam. Com todas aqueles intermináveis formulários para preencher, todos aqueles vaivéns e amarrações, dá tanto trabalho que é mais fácil ir procurar um emprego!

XINRAN: O governo tem um departamento especializado nisso, não tem?

LI: Bom, tem, mas os líderes em alguns dos distritos menores... digamos que, se você tiver relações, eles resolvem seu caso, mas sem conhecidos você terá de esperar alguns meses a mais. E, se está recebendo pensão básica, tem de obedecer e fazer trabalhos para eles uma vez por semana. Se não atende os pedidos, não consegue nada, está provando que já tem o que fazer e é tirado da lista.

XINRAN: Que tipo de trabalho fazem as pessoas que vivem com pensão básica?

LI: Varrem as ruas ou passam os dias patrulhando o bairro.

XINRAN: Qual é a renda média de um camponês na província de Gansu?

LI: Os que não vivem muito longe da cidade têm uma renda bastante boa, plantam vegetais e o governo arrendou toda a terra nas adjacências de Lanzhou, de modo que o dinheiro deles vem daí, além de terem pagas as despesas de moradia, então trabalham só um pouquinho para não ficar entediados.

XINRAN: E quanto aos camponeses que moram mais longe?

LI: A vida deles é muito dura. Os lugares que têm água são um pouco melhores, dá para plantar culturas alimentares, alguns vegetais, melão e outras frutas, o suficiente para alimentar toda a família.

XINRAN: E os lugares sem água?

LI: Sem água? São como nossa Dingxi, onde o governo vem fazendo todo um trabalho para aliviar a pobreza. Já ouviu falar dos Dois Xis? Um é Dingxi, o outro é Longxi — são lugares tão pobres que dói o coração de ouvir falar. Uma família de sete com apenas um par de calças para dividir — aquele que for sair de casa veste.

XINRAN: Isso hoje?

LI: Sim, hoje! Eles são realmente pobres, pois não existe água na região das montanhas e, todo ano, a terra não lhes devolve nem as sementes que plantaram. Antigamente, não era permitido partir em busca de emprego, o que era ainda mais cruel! Hoje está um pouco melhor, pois aqueles que dão conta do trabalho pesado — e se arriscam a escalar as montanhas, cruzar os rios e caminhar longas distâncias — podem pegar trabalhos eventuais longe de casa para dar alguma ajuda à família. Com isso e as rações de emergência distribuídas pelo governo, muito menos gente morre de fome do que antes.

XINRAN: E aqueles que não podem com o trabalho pesado?

LI: As mulheres, os velhos, as criancinhas... bem, esses ficam e tentam sobreviver.

XINRAN: E, pelo que o senhor sabe, como o Estado os ajuda?

LI: Todo ano há distribuição emergencial de grãos e esquemas de trabalho por comida. O governo paga o transporte e o alojamento e o trabalho é trocado por comida para a família. O último recurso é promover a migração, mudando essa gente para onde tenha água.

XINRAN: E eles aceitam ir?

LI: Os mais jovens têm de aceitar — esses lugares sugam a alma do corpo. Os mais velhos sempre acham que é melhor morrer na própria terra, no lugar que conhecem. Quanto mais pobre um lugar, mais ignorante e tolo é seu povo, simplesmente não acredita que exista um mundo fora dali!

Quando desembarcamos do carro e paguei o motorista Li pela aula, ele disse: "Não precisa fazer isso por educação! Você conhece o mundo, como poderia não conhecer Lanzhou?". Muitas vezes, na China, ouvimos coisas assim: "Ele é um líder de província e não é capaz de ler uma planilha?", "Você não consegue cuidar nem das suas chaves, como pode ser o responsável por toda essa gente?". Uma típica amostra da lógica do povo chinês.

4. Pioneiros do petróleo na China: um distinto casal

A sra. You, à esquerda, e o sr. You, à direita, acompanhados
de um especialista russo, debruçados sobre um
mapa de exploração de petróleo, noroeste da China, 1950.

Posando em frente de casa, 2006.

SR. YOU, de 78 anos, e sua esposa, de 76, pioneiros da exploração de petróleo na China, entrevistados em Beijing e Hezheng, província de Gansu, noroeste do país. O sr. You, um herói trabalhador, fez parte do primeiro grupo de exploradores do petróleo chinês. Durante a Revolução Cultural, ele foi "combatido" porque estivera na União Soviética, mas agora é um especialista respeitado e influente em muitos aspectos da exploração petrolífera chinesa. A sra. You, antes uma professora em treinamento, se transformou na primeira mulher a chefiar uma equipe de prospecção. Os três filhos do casal foram criados principalmente pelos avós.

Quando estava na universidade, li um livro chamado *A conquista pelo ar*, de Giulio Douhet, um estrategista militar nascido na Itália em 1869 que, em 1909, passou a questionar a tradicional ideia do domínio marítimo, prevendo que os céus se tornariam o próximo campo de batalha naquele século. Em 1921, publicou *A conquista pelo ar*, no qual se baseia a maior parte da teoria moderna sobre tática aérea, e em seguida *A guerra no futuro*. Com o tempo, as teorias de Douhet se provaram corretas, demonstradas pelos grandes massacres globais dos anos 30 e pela Segunda Guerra Mundial. No entanto, seus contemporâneos pareciam não perceber a importância do petróleo tal como o vemos hoje: desde o ano 2000, ele tem sido ao mesmo tempo a causa de guerras e uma arma na batalha para dominar o mundo. Menos de cem anos depois de produzido o primeiro barril, o petróleo se espalhou por céus, mares e terra, roupas, alimentos, casas e meios de transporte; tornou-se uma parte da nossa estrutura vital que é impossível ignorar.

Nos anos em que cresci na China, as pessoas se orgulhavam do futuro, mas para a maioria esse futuro significava "alta produção ilimitada" de trigo (o que se acostumaram a ouvir nos comunicados) e "batatas cozidas com carne" da União Soviética (sinônimo de uma apetitosa refeição russa para os chineses). Quando apareceram, os grandes campos petrolíferos de Daqing sintetizaram a imagem de uma profissão para "homens de aço", mas a importância do petróleo em nossa vida cotidiana, e mesmo nas discussões políticas sobre o futuro da China, mal era mencionada. A primeira grande descoberta de óleo se deu em setembro de 1953 numa cidade chamada Landa, situada no nordeste do país. Será que os chineses se importavam? Quando fundaram a Nova China, saídos do barro das trincheiras, na zona rural, para derrotar as armas do Exército americano e criar a República Popular da China à base de "pão e rifles", será que nossos líderes sabiam que no futuro o povo chinês precisaria dirigir carros e viajar em aviões?

Eu havia tentado investigar esse tema muitas vezes até 1997, sempre com resultados frustrantes. Tinha sido avisada de que aquilo era "segredo nacional". Apesar disso, esperava que alguém pudesse me ajudar a entender a história do petróleo chinês, relatando-me como ele ganhou importância. Finalmente, com a ajuda de meu próprio círculo de amizades, descobri um casal: ele era um figurão da exploração de óleo no país e ela fora a primeira chefe de uma equipe feminina de prospecção. Ambos, marido e mulher, estavam esquecidos pela história, aposentados e "vivendo como um segredo nacional" havia muito tempo.

No dia 11 de agosto de 2006, minha equipe de reportagem caiu na estrada num micro-ônibus Icarus de doze lugares, que tínhamos alugado por 150 iuanes, e viajou duas horas de Lanzhou à circunscrição de Hezheng, onde o casal de velhinhos mantinha uma residência de verão.

Hezheng fica no sul da província de Gansu. Tem uma área total de 960 quilômetros quadrados, exatamente 1/10.000 do território da China. Está situada no ponto de junção do planalto Tibetano com o planalto da Terra Amarela, no noroeste: ao sul da circunscrição surge um desfiladeiro de montanhas altas e rochosas, enquanto o norte é uma área de canais e ravinas de terra amarela. É uma das raras belas paisagens da pobre Gansu, onde as montanhas se encontram, fileira após fileira, cada pico mais alto que o anterior, formando um cenário de fotografia. A população local é de aproximadamente 200 mil pessoas, das quais 57% pertencentes a minorias.

Os policiais que nos ajudaram no caminho para Hezheng se surpreenderam por termos incluído o lugar em nosso itinerário, pois a Região Autônoma de Linxia Hui, da qual a circunscrição de Hezheng é parte, tem presenciado uma das maiores escaladas de conflito racial no país em anos recentes, especialmente entre os grupos han e hui (chineses muçulmanos). Depois das 21 horas, os moradores de uma etnia não entram no território da outra; se entrarem, podem nunca mais ser encontrados. Mas quanto a nós, recém-chegados, exceto pelos templos budistas e pelas mesquitas à margem da estrada, ao longo da qual se sucediam vilarejos que competiam com seus vizinhos em beleza e exotismo, e por uma sensação de que as ruas estavam atipicamente quietas e desertas, não vimos o menor sinal de guerra.

Passamos a noite na Hospedaria da Circunscrição de Hezheng. Esse hotel administrado pelo governo, encurralado em meio a um sem-número de novos prédios em construção, era usado por funcionários locais para reuniões. Era um remanescente das hospedarias ligadas aos ministérios em Beijing nos anos 50 e 60, dos hotéis de beira de estrada dos 70 e 80 e dos "duas estrelas" dos 90: um prédio de três andares, com uma recepção mal iluminada, no andar térreo, e colunas de chaves de alumínio marcadas em tinta vermelha, o que indicava tanto a categoria do estabelecimento quanto sua baixa ocupação. Do lado oposto à recepção ficava um salão de refeições comprido, no qual as enormes mesas redondas eram tão numerosas quanto as chaves; sem dúvida aquele lugar presenciara inúmeras "batalhas de comes e bebes". No primeiro e no segundo andares ficavam os quartos de hóspedes: papel de parede florido descascado, tapete vermelho manchado e garrafas térmicas com pontos de ferrugem. Em vista de tudo isso, talvez não fosse nenhuma surpresa o prédio estremecer com os ensurdecedores estrondos dos trabalhos de demolição nos canteiros de obra vizinhos, tão altos que não conseguíamos escutar um ao outro.

É impossível escapar do barulho das construções, uma das características definidoras da China. Meu quarto estava equipado com a mais luxuosa mobília disponível por ali, mas nada combinava: um sofá de acaju, cadeiras e mesas de metal e uma cama *king-size* com uma grade plástica na cabeceira, contra a qual estavam apoiados dois travesseiros com as palavras "Love Song", em inglês, bordadas. O banheiro era bem grande e exibia um boxe tipo "sauna" de 1,5 metro de altura e com uma ducha simples, mas, como qualquer tentativa de usar uma dessas coisas invariavelmente terminava em "enchente", resignei-me a simplesmente admirá-las como se fossem parte da decoração.

Para ter uma ideia melhor do papel da circunscrição de Hezheng na vida do casal You, e para que os dois tivessem oportunidade de nos conhecer melhor, não começamos imediatamente as entrevistas, antes fomos dar uma volta na pequena cidade do interior. Nisso gastamos menos de uma hora, depois da qual fomos com eles e uns parentes seus ao Museu do Fóssil de Hezheng, conhecido internacionalmente e motivo de orgulho para o povo local.

O museu de Hezheng é o único da China dedicado a fósseis de vertebrados. É dos poucos museus nacionais especializados do país, construído depois do Museu dos Fósseis de Dinossauro de Sichuan e do Museu da Comunidade Neolítica do Banpo, perto de Xi'an.

A partir dos anos 50, grandes quantidades de fósseis raros foram descobertas em Hezheng e, hoje, a coleção do museu tem mais de 6 mil exemplares diferentes. O Museu do Fóssil de Hezheng contém muitas variedades diferentes e raramente encontradas em outras partes do mundo, além de preservadas em bom estado: seus fósseis dos cavalos pré-históricos e sua coleção de crânios são os mais impressionantes do continente eurasiano, superiores até mesmo aos de regiões mundialmente famosas como habitat desses cavalos, como Pikermi e Sarmos; e somente os museus de história natural de Nova York e Beijing têm acervos maiores de fósseis de mastodontes. Vários animais foram batizados em homenagem ao lugar, como a cabra de Hezheng, que não existiu em nenhum outro lugar do mundo. O Estado investiu 15,25 milhões de iuanes para construir o museu de 3.850 metros quadrados, o qual funciona ao mesmo tempo como Unidade Nacional de Educação Juvenil e como Unidade de Turismo Científico Popular, assim como base de pesquisadores chineses e estrangeiros. Levamos mais de duas horas para visitar duas das seis áreas temáticas: a dos cavalos pré-históricos e a dos mastodontes.

Nessa região, é possível saber o histórico das famílias da etnia han sem entrar em suas casas, ou saber o nome de quem mora ali apenas olhando para o lintel que enfeita a entrada de cada habitação. Aqueles com alguma fama local, cujos ancestrais serviram ao imperador depois de serem aprovados nos exames chamados *xiucai*, exibem lintéis dourados e em cores brilhantes; se um dos parentes tiver sido um funcionário graduado da província, haverá duas fileiras de lintéis ainda mais luxuosos; três fileiras na entrada da propriedade são para famílias cujos antepassados foram altos funcionários ou acadêmicos servindo diretamente ao imperador. As gerações recentes da família You tinham sido formadas por pessoas importantes, de modo que a propriedade da família, uma pequena construção de dois andares em forma de ferradura, era protegida pelo único portão com três lintéis de toda a comunidade, que se destacava em meio às moradias mais humildes. Com o sr. You, usamos o tratamento respeitoso que os mais jovens observam para os acadêmicos da velha geração: professor You. Ele apontou para os três lintéis e disse com orgulho: "São várias gerações de estudo e talento verdadeiros; não se pode comprar aquilo por dinheiro nenhum!".

Na entrada da propriedade da família You, o templo dos ancestrais fica à esquerda e a sala de visitas, à direita, e as duas construções mais baixas de ambos os lados, com quartos em cima e cozinha e sala de estar na parte de baixo, são destinadas aos três filhos e filhas e suas famílias quando estão em visita. A propriedade, segundo nos contaram, era administrada pela irmã mais nova do sr. You, que vivia e trabalhava ali.

O amplo e espaçoso templo dos ancestrais me chamou a atenção, pois nele estavam expostas relíquias das mudanças pelas quais a família passara através dos tempos. Junto à parede da esquerda ficava um par de arcas do tipo usado, uns sessenta anos atrás, para carregar o dote de uma noiva quando se integrava à família e que, em alguns lugares, servia para a moça guardar seus pertences pessoais. Duas velhas cadeiras de espaldar alto em madeira de castanheiro amarelo estavam junto à parede central, ladeando uma mesa quadrada antiquada, sobre a qual ficava um rádio com o dial em russo e do tamanho aproximado de um forno de micro-ondas dos pequenos. O professor You disse que, durante a Revolução Cultural, sua família sofrera um bocado por causa do rádio, trazido por ele da União Soviética depois de um período de estudos. Em cima da mesa também havia uma foto do professor, tirada durante uma visita a uma base de mísseis num país que não consegui identificar; quando perguntei qual era, ele sorriu, mas não respondeu. À direita, o cômodo estava vazio, mas os vários pergaminhos com grandes caracteres em caligrafia chinesa que pendiam da parede capturavam o olhar; tinham sido escritos especialmente para o nosso anfitrião por líderes nacionais já falecidos. De uma fotografia na parede junto à mesa, um casal de velhos espiava sombriamente todos que ali entravam.

Quando vi aquela sala, entendi por que o professor You e sua esposa vinham para Hezheng todos os anos nas férias de verão. Pensei: aqui pelo menos não existem os erros e acertos da história, nenhuma preocupação quanto a mudanças no ambiente político e nada do estresse para se manter na última moda. Ou, nas palavras do professor: "Não apenas o clima é mais ameno, como a atmosfera é mais livre".

Inicialmente havia imaginado que o foco principal de minhas entrevistas seria o professor You. Mas sempre levei em conta a metade feminina de um homem e, se alguém quiser entender um deles, terá de entender a mulher com quem compartilhou a vida, de modo que conversei primeiro com a sra. You. Antes de começarmos, ela me mostrou uma coleção de vestidos e pediu que a ajudasse a escolher aquele que lhe "caía melhor". Minha sugestão foi um verde de seda pura — achei que era uma cor que representava bem a gentileza das mulheres do sul da China e a dignidade de uma mulher bem-sucedida na carreira. Quando ela já havia trocado de roupa e se sentava à minha frente, sua beleza delicada e a dignidade de seu rosto me lembraram minha mãe. Como eu gostaria que aquela conversa fosse entre mim e minha mãe.

XINRAN: A senhora pode se sentar mais relaxada, se quiser. Primeiro de tudo, gostaria de lhe perguntar sobre suas memórias de infância, depois sobre quando era jovem e, em seguida, sobre histórias suas como esposa, mãe e avó. Tudo bem?

SRA. YOU: Tenho de falar sobre ser avó também?

XINRAN: Não vamos discutir grandes ideias ou política, apenas a vida, seus sentimentos a cada época, experiências que são só suas e de ninguém mais. Que tal?

SRA. YOU: Está bem, é sobre mim mesma que quero falar, os assuntos dos outros não me interessam. Primeiro, deixe-me dizer que estou muito feliz por conhecer você, sua voz doce e seu rosto sorridente. Você não tem cara de jornalista.

XINRAN: Obrigada! Sei que a senhora tem muita experiência com entrevistas: dos anos 50 em diante, seu nome esteve em todos os grandes jornais do país, a senhora era famosa em toda a China. Mas não vim aqui pela sua fama — havia muitas pessoas célebres na minha lista de possíveis entrevistados, mas não queria mesmo falar com eles. Pelo telefone senti que a senhora era uma mulher de fibra e vi que era bonita pelas fotografias. Aos olhos de muitos ocidentais é como se nós, chineses, fôssemos gente sem espírito, as mulheres do país não tivessem sentimentos e mesmo, na sua geração, não fossem belas, então quis entrevistar pessoas com esse espírito, mostrar sua beleza e seu vigor elegantes, nutridos na cultura chinesa! A senhora deve ter sido muito bonita quando jovem.

SRA. YOU: Ah, não, eu não.

XINRAN: Dizem que a maior vantagem da aposentadoria é ter tempo e espaço para relembrar o passado. A senhora tem muitas lembranças de infância?

SRA. YOU: Eu adoraria escrever um livro de memórias, mas não tenho tempo. Minha nora teve um filho logo depois que me aposentei e, em seguida, minha terceira filha também deu à luz. Como não pudemos cuidar dos nossos filhos no passado, e portanto eles viviam tristes, quero compensar isso agora.

XINRAN: Qual é a história que a senhora mais quer escrever? Quais são as quatro ou cinco que mais gostaria de contar, de quando era criança até hoje?

SRA. YOU: São tantas, por onde começar? Nunca contei minhas histórias porque nunca ninguém quis ouvi-las. Antes tinha medo de que as pessoas dissessem que eu não tinha um bom histórico de família; mais tarde, temia que as crianças rissem de mim. Nasci e cresci na cidade de Jingxian, na circunscrição de Cang'an, província de Zhejiang, que conta mais de seiscentos anos de história. Foi construída quando o general Qi Jiguang, da dinastia Ming, combatia os piratas japoneses, uma cidade murada com quatro portões e um fosso, e dentro há uma sequência de montanhas que parece formar um leão, chamada Serra do Leão, um cenário muito bonito que abrigava muitas pessoas de cultura. Mas, é uma pena, derrubaram os muros e destruíram as antigas edificações durante o Grande Salto Adiante e a Revolução Cultural. O mar do Leste fica próximo, é uma terra de peixe e arroz na qual se pode comer pescados frescos todos os dias. As garotas do litoral têm olhos grandes e brilhantes, talvez porque comam muitos frutos do mar, peixes e cascas de camarão.

XINRAN: Essa é uma lenda local?

SRA. YOU: Não sabíamos disso na época, porém mais tarde descobriram que os frutos do mar contêm bastante cálcio, bom para os olhos.

XINRAN: Ouvi falar que as garotas de Zhejiang são muito bonitas, mas nunca pensei que fosse graças à comida do mar.

SRA. YOU: As moças de lá são bonitas, e o clima é bom, o inverno não é frio demais nem há tempestades de areia. Houve apenas um inverno, quando eu era jovem, em que caiu uma neve repentina, mas leve, os flocos descendo em pequenos punhados, não muitos. Meus irmãos e irmãs e eu ficamos tão felizes que agarramos um pano de algodão, cada um segurando numa ponta, para aparar a neve de modo que nenhum floco caísse no chão, foi muito bonito. E houve ainda um outro ano particularmente frio, no qual também nevou e fizemos um boneco de neve. Nunca mais vimos neve depois daquilo. Nunca precisamos vestir roupas grossas de algodão, ou casacos, ou mesmo ceroulas de lã, bastava um segundo par de calças finas.

XINRAN: Fale-me sobre seu pai e sua mãe.

SRA. YOU: Na família do meu pai sempre houve muitos acadêmicos, embora os da geração dele já não fossem tão ricos. Sempre apoiaram a educação e incentivaram a criação de escolas. Meus avós doaram alguns *mu* de terra para um estabelecimento que se chamou "Escola Despertar do Professor". Meu tio mais velho foi para a Escola de Comércio de Hangzhou, mas meu segundo tio e meu pai não tiveram tanta oportunidade de estudo. Meu pai começou como aprendiz de um alfaiate assim que terminou a escola primária. Só foi se casar aos trinta anos e ficou muito feliz quando nasci. Ainda éramos uma sociedade feudal naquela época, e as pessoas só comemoravam a chegada de meninos, mas meu pai não era como os outros — ele me recebeu como se eu fosse um filho homem. Minha avó ficou viúva com menos de quarenta anos e gostava muito de mim. Não tenho lembranças muito claras de quando era bem pequena, mas às vezes elas ainda surgem na minha mente, bem vagas.

Lembro que, quando tinha quatro anos, sempre abastecia o forno da minha avó com carvão vegetal — minha mãe preparava tudo para que eu apenas depositasse o carvão. Era um dia frio de inverno e eu não havia dormido a noite toda. Ouvi os adultos chorando e pensei que fosse a vovó, porque ninguém tinha abastecido seu forno, então chamei a mamãe, "Leve o forno para a vovó para ela se aquecer", mas a mamãe me contou que a vovó havia morrido. Mais tarde, vi os adultos chorando e chorei junto. Foi a primeira vez que vi adultos chorarem e me perguntei o porquê daquilo.

Depois, quando tinha cinco ou seis anos, houve um dia de inverno muito frio. Havia um lago na nossa propriedade, as crianças adoravam brincar ali olhando os peixes. Fui brincar no lago, mas, não sei como, caí nele! Era bem fundo no meio, embora perto das margens fosse raso, e eu estava usando uma jaqueta preta forrada. Encharcada, começou a pesar e a me levar para o fundo; eu não conseguia me mexer e não sabia como pedir socorro. Por sorte, um dos meus tios estava nos visitando, ouviu o barulho de alguém caindo na água e, da sala de visitas, viu uma jaqueta preta forrada à deriva. "*Aiya*", ele disse, "acabei de ver uma criança cair na água!", e veio correndo me tirar. Congelei até os ossos. Sempre que falo de frio, lembro do frio congelante daquela jaqueta preta forrada.

Aos sete ou oito anos, eu já estava no segundo ano da escola primária. Nossa família tinha uma casa grande, com um pátio interno pavimentado de ladrilhos. Naquele tempo não havia brinquedos, nada com que brincar, então nós, meninas, desenhávamos sobre os ladrilhos, com giz, as casinhas do jogo de amarelinha. Estava brincando feliz com algumas outras meninas e, de repente, houve um estrondo, céu e terra pareceram tremer, o céu ficou cinza e ouvimos um ruído alto. Ficamos apavoradas, não sabíamos o que estava acontecendo, então corremos para a rua. As pessoas passeavam, aproveitando a brisa da tarde; estavam todas bem, tinham ouvido o estrondo, mas passou rápido e ninguém entendeu o que era. Só mais tarde soubemos pelos adultos que aquilo fora causado por uma coisa chamada bomba. Os japoneses vinham bombardeando a China, mas não naquela parte do mundo onde estávamos. Voltamos para casa, onde descobrimos que uma das vigas cedera com o choque e duas camas que ficavam embaixo estavam cobertas de pedaços do teto e telhas. Tinham acabado de tirar meu irmão mais novo do quarto quando aconteceu.

XINRAN: A senhora estava dizendo que já cursava a escola primária a essa altura? O que se aprendia na escola naquela época?

SRA. YOU: No primeiro ano, aprendíamos um monte de poemas e quadrinhas folclóricas para crianças. Ainda sei de cor uma das musiquinhas: "Gatinho pequeno, pula gatinho, atrás do rato, foge ratinho". No segundo ano, a professora ensinava a usar o ábaco para somar e subtrair — havia quadrinhas para nos ensinar as regras do ábaco. Nas atividades fora da sala, disputávamos corridas, jogávamos com bolas de borracha, brincávamos de esconde-esconde e de correr até a árvore valendo castigo — o último a tocar tinha de cantar uma canção.

XINRAN: Qual era a proporção de meninos e meninas quando a senhora estava na escola primária?

SRA. YOU: Nosso vilarejo era relativamente avançado para o seu tempo. Muitas meninas iam à escola, às vezes um terço da classe era de meninas. Todas da minha família estudaram. Meu tio, que frequentara a escola de comércio, se tornou diretor da escola que meus avós construíram. Ele teve apenas três filhas, nenhum filho, mas, por suas ideias progressistas, incentivou os moradores locais a fazer oposição a Yuan Shikai e apoiar Sun Yat-sen. As filhas dele acabaram se casando com acadêmicos e homens de cultura, e elas certamente me influenciaram.

XINRAN: Conta-se que na China dos anos 30 e 40 o único caminho para chegar à escola superior e depois à universidade era cursar as escolas padrão de ensino médio, mas havia muito poucas e as mensalidades eram bastante altas. Que tipo de ensino médio a senhora frequentou?

SRA. YOU: Naquele tempo, só existia uma escola primária no vilarejo, de modo que, quando cheguei ao ensino médio, aos catorze anos, tive de sair de casa e ir para a escola preparatória de professores. Minha ambição era ser médica. Muita gente morria de tuberculose naquela época — inclusive meu primo e meu tio mais velho, e outros parentes também. Para me tornar médica, eu precisaria frequentar uma escola padrão de ensino médio, seguida da escola superior e da universidade, mas as finanças da minha família não suportariam tanto, então fui obrigada a fazer o exame para a escola preparatória de professores. No começo do curso, o professor pediu um primeiro texto cujo tema era "Minha ambição". Escrevi que originalmente gostaria de me tornar médica, mas, agora que estava na escola para professores, tinha dito a mim mesma: você deve se tornar professora e servir o povo. O professor gostou da minha redação e ganhei nota noventa e nove.

Nossa casa ficava a alguns *li** de distância da escola e, naquele tempo, não havia carros, o que nos obrigava a caminhar por duas horas. Quando estava no segundo ano, quis voltar em casa para pegar algumas roupas. Eu tinha uma colega, não tão alta quanto eu, mas um ano mais velha, que também quis voltar para buscar roupas de verão, então nós duas partimos num domingo de manhã. A comida da escola não era muito boa e farta, quatro porções pequenas divididas entre oito pessoas, e, se você comesse devagar, não teria o suficiente. Ficávamos em posição de alerta para o grito "*kaitong*!" ["o jantar está servido"], todo mundo pegava ao mesmo tempo os pauzinhos para pescar a comida; os que comessem rápido encheriam a barriga, os demais ficariam com

---

* Tradicional medida chinesa para distâncias, hoje padronizada em 500 metros. (N. T.)

fome, de modo que, quando voltava para casa, eu queria comer. Não havia nada parecido com biscoitos ou pão, apenas arroz; a família tinha um moinho, minha mãe fabricava farinha e fazia umas tortilhas com cebolinha e pedaços de camarão — eram uma delícia. Minha amiga e eu esperamos pelas tortilhas e, por isso, não tomamos o caminho de volta para a escola antes das quatro horas. No verão, caíam tempestades a qualquer momento, mas éramos jovens e desavisadas, e ninguém lembrou de nos prevenir sobre a chuva. Havia quatro portões nos muros da cidade, norte, sul, leste e oeste, e partimos pelo portão norte, em direção à escola, mas, quando chegamos a um vilarejo chamado Qianche, o céu escureceu, ouvimos os trovões e, de uma vez, a chuva desabou em torrentes. O caminho de ladrilhos não tinha mais que um palmo de largura, era apenas uma fileira de pedras, de um lado uma plantação alta e alagada de arroz, do outro, um grande rio. Andávamos em fila indiana e eu segurava um guarda-chuva, com uma sacola contendo as roupas de verão no braço. Temia que não conseguíssemos voltar à escola a tempo e que nos multassem, então comecei a ficar nervosa e a querer entrar em pânico. Não vimos nenhum camponês trabalhando nos campos, em suas típicas capas de palha do sul da China, não havia ninguém nem mesmo pelo caminho, ninguém além de nós entre os campos alagados e o rio, onde muitos lírios d'água selvagens cresciam. A outra menina estava andando muito rápido, ia mais de uma dúzia de metros à minha frente, e, não sei como, escorreguei e caí no rio. Por sorte, os lírios d'água selvagens eram bastante resistentes ali e aterrissei sobre eles, a água do rio descendo em torrentes ao meu lado. Na hora não tive medo e, de algum jeito, consegui subir de volta. Assim que alcancei a parte alta, exclamei: "Pelos céus!" (Os sulistas gritam "Pelos céus!" sempre que alguma coisa acontece). Mas, naquela noite, deitada na cama, eu me virava e revirava, sem conseguir dormir. Quanto mais pensava no que tinha acontecido, mais assustador aquilo se tornava; se tivesse afundado nos lírios d'água, não teria conseguido escalar de volta sozinha e ninguém teria vindo me resgatar, nem mesmo meu corpo seria encontrado. Tendo quase me afogado duas vezes quando era mais nova, fiquei com medo de água e por isso nunca aprendi a nadar.

XINRAN: Pelo que a senhora se lembra, que tipo de pessoas foram seu pai e sua mãe?

SRA. YOU: Não me lembro muito bem do papai, ele vivia ocupado com o trabalho; além disso, eu era menina — ele gostava de mim, mas não dava tanta atenção aos meus estudos quanto aos dos meus irmãos mais novos. Minha mãe era muito trabalhadeira, uma mulher muito honesta que não tinha medo das dificuldades. Era muito apegada a mim quando eu era pequena, ensinou-me a ajustar uma barra, cortar o tecido, costurar e fazer reparos em roupas. Antigamente, fabricávamos até nossos próprios cintos; fazíamos tudo, desde criar o bicho da seda até tecer. Minha mãe sabia fazer qualquer coisa: tirar a seda dos casulos individuais para transformá-la no tecido, tecer em algodão ou bordar. Nas férias de verão e de inverno, eu gostava de andar atrás dela e ajudar aqui e ali. Eu trabalhava no tear também e, quando fiquei mais velha, ajudava minha mãe a fabricar os sapatos. Vieram quatro meninos depois de mim, de modo que muitas vezes ajudei minha mãe a consertar solas de sapatos. Nossas férias de verão não eram como as das crianças de hoje em dia, com aulas de reforço, de desenho ou piano. Éramos obrigados a fabricar sapatos durante as férias, pois não podíamos comprá-los. Realmente não sei como teríamos nos virado sem as habilidades e o trabalho duro da minha mãe.

XINRAN: Escutando a senhora, consigo "ver" sua mãe, alguém que lhe ensinou não apenas a ser uma mulher, mas como sobreviver. A senhora acredita que essa é uma das razões pelas quais as crianças de hoje não são tão próximas de suas mães quanto eram as da sua geração?

SRA. YOU: Claro! Da mesma maneira como nunca havia pensado nessas coisas até eu mesma me tornar mãe, mas aqueles eram outros tempos e eu não tinha vontade própria, as mulheres tinham obrigações diferentes.

XINRAN: A senhora foi a primeira chefe de uma equipe de prospecção de petróleo na história da China. Era uma professora em treinamento e chegou a isso, o que a torna um milagre chinês de seu tempo.

SRA. YOU: Nunca pensei sobre isso, na verdade. Não éramos muito sofisticados então, só nos preocupávamos em construir nossa mãe-pátria, não deixar que os imperialistas americanos mexessem conosco, não permitir que os ocidentais nos olhassem de cima! Em 1953, veio uma convocação para treinamento rápido de um grupo de professores que serviriam à nação. Três anos de estudo condensados em apenas um. Terminei a escola preparatória e fui direto para a Escola Normal da Cidade de Wenzhou. Minha ideia naquele momento era, uma vez graduada como professora, começar na profissão. Mas, pouco antes de me formar e ser designada para um emprego, a Faculdade de Gerenciamento dos Recursos do Solo do Noroeste mandou um representante de Xi'an à nossa escola, em Wenzhou, a fim de selecionar duzentos estudantes para auxiliar numa grande missão de pesquisa petrolífera naquela região. Ele disse que a nação precisava daquele trabalho mais do que de professores, então a escola incentivou os mais engajados a se dedicarem à construção da mãe-pátria. Bastante progressista naquele tempo, eu era monitora de classe e participava de esforços de propaganda.

A ideia de conhecer o mundo me agradava, desde sempre fora uma das minhas vontades. Tinha lido muitos livros quando menina, e a história de Mulan no Exército foi uma das que me tocaram mais profundamente. Aprendera sobre o Grande Noroeste nas aulas de geografia e história, sobre a paisagem do norte da China, a neve no noroeste e coisas como os montes Qilian e Jiayugian, onde termina a Grande Muralha e começa o deserto. Tinha ouvido falar de todas essas coisas nos poemas e queria partir e explorá-las eu mesma. Ninguém ali sabia exatamente o que era prospecção geológica e jamais pensamos em mencionar o fato — a mãe-pátria precisava de nós!

Eu estava em Wenzhou, muito longe da minha cidade natal, naquele tempo o transporte era precário, não havia estradas nem pontes para cruzar o rio, de modo que não havia voltado para casa nenhuma vez desde que partira para a Escola Normal. Não achei que a família fosse ficar tão preocupada, afinal eu não era um menino, então fui direto da escola para Xi'an — minha família nem sabia.

Primeiro pegamos um ônibus até Hangzhou e, em seguida, um trem de lá para Xi'an. Quando chegamos, estávamos todos muito entusiasmados e, embora o lugar fosse decepcionante, não ligamos e fomos visitar o Grande Templo do Ganso. Fizemos um curso intensivo em Xi'an. Fomos postos em duas classes e estudamos tudo, desde a teoria sobre prospecção até o trabalho em si. Liderei a primeira classe. Estudamos a teoria como se nossas vidas dependessem daquilo, sem nos dar conta de como a coisa seria na prática, pois não tínhamos ideia do trabalho pesado que viria. Como parte do treinamento, a escola enviou nosso grupo para estudos e testes de campo e, depois de vários meses teóricos, partimos para o treinamento de inverno em Yan'an, no planalto da Terra Amarela.

Fazia tanto frio em Yan'an que havia mais de um metro de neve. Ainda assim, ninguém reclamou nem se mostrou minimamente apreensivo ou preocupado, nos sentíamos quase abençoados, vivendo numa gruta em Yangjialing onde o presidente Mao tinha morado. Eu era a encarregada de três pequenos grupos numa das subunidades, seis moças naquela gruta, equipadas com sacos de dormir de lona e uma vasilha para queimar carvão e manter lá fora o frio do inverno. As cobertas eram muito finas, acolchoados leves de verão, e todas tínhamos jaquetas pesadas, forradas de algodão, e um par de calças também forradas. Em Yan'an era só painço* — ali jamais alguém veria arroz —, e *mantou* [broa assada] apenas nos treinamentos de campo. Esses treinamentos eram muito pesados; levantávamos antes do raiar do dia e partíamos carregando uma garrafa d'água e doze *mantou* em nossas mochilas. Ao meio-dia, nossas broas tinham virado pelotas de gelo, às vezes nem mesmo conseguíamos mordê-las; não havia como esquentá-las, não tínhamos mais água e, com muita sede, comíamos neve — nosso apetite era sempre muito grande. Caminhando no gelo e na neve, dezenas de graus abaixo de zero, os cabelos das meninas viravam massas geladas e os bigodes dos rapazes ficavam brancos. O rio Yan estava congelado e precisávamos cruzá-lo todos os dias para escalar a montanha coberta de neve; se a gente caísse num vão onde a neve tinha se acumulado, era impossível sair sozinha, alguém precisava nos puxar. Naquela época, não contávamos com os equipamentos mais básicos para as nossas tarefas — nem sapatos adequados tínhamos, apenas calçados leves de verão, do tipo militar, com solas de borracha muito escorregadias. Era impossível escalar as montanhas com aquelas calças grossas forradas de algodão, então não usávamos nada além de dois pares de calças finas, e nem assim alguém reclamava de frio.

Éramos jovens saudáveis e cheias de energia, mas mesmo assim, naquela rotina de sair cedo e voltar tarde, as mãos de algumas colegas congelavam como as *mantou* e algumas vezes não conseguíamos tirar nossas meias, que se colavam à pele. À noite, quando o frio ficava insuportável, tínhamos de dormir em pares, agarradas para manter o calor. Fico nostálgica de lembrar nosso entusiasmo e alegria mesmo naquelas condições: costumávamos cantar nas horas de descanso. Às vezes iniciávamos uma canção na nossa montanha e as outras continuavam na montanha seguinte; cantávamos umas para as outras. Havia a "Canção dos pioneiros" e músicas da União Soviética, "Katyusha", "Uma estrada", cantei todas elas. E assim decorreram nossos três meses de es-

---

* Uma variedade de milho usada para a produção de farinha e bebidas alcoólicas. (N. T.)

tudo prático. De volta a Xi'an, passamos outros dois ou três meses revisando o que havíamos aprendido para, em seguida, começarmos a trabalhar na Grande Brigada de Jiuquan. Havia três brigadas de prospecção, duas das quais lideradas por homens, e eu era a chefe da terceira. Nós íamos na frente, éramos a vanguarda dos pioneiros do petróleo; nosso trabalho consistia em desenhar mapas topográficos das áreas que os demais explorariam, então éramos sempre as primeiras a entrar em cena. Naquela época, os trens a partir de Xi'an só iam até Lanzhou, não havia estrada de ferro dali a Jiuquan, de modo que saímos de Lanzhou em caminhões grandes, e as vastas e intermináveis areias amarelas do Gobi ao longo da estrada foram tudo o que vimos durante um dia inteiro, nenhum sinal de vida humana, e ainda outro dia viria e iria embora sem que avistássemos uma alma. Todas as estradas eram trilhas enlameadas, cheias de buracos e lombadas, e chacoalhávamos dentro dos caminhões até quase nossas entranhas doerem. Trilhávamos uma faixa estreita e amarela de estrada; atrás de nós, um rastro de poeira grossa e sufocante, nossas gargantas queimando de secura. Quanto aos nossos cabelos, nada podíamos fazer — eram uma maçaroca emoldurando nossos rostos sujos. Quando chegávamos a uma das paradas, à noite, éramos mais de uma dúzia para uma só *kang* grande, deitadas sobre uma forração de grama, umas bem próximas das outras, e expostas a picadas e mordidas a noite toda sem poder fazer nada. O que usávamos para alimentar o fogo? Esterco de vaca e cavalo! Fazia realmente muito frio no Grande Noroeste em nossa primeira expedição, em abril e maio, e só tínhamos esterco para queimar, infestando o ar do quarto assim que o fogo era aceso, mas ninguém dizia uma palavra sobre a sujeira e as condições precárias de vida. É tão interessante olhar para trás, nossa geração sente orgulho por ter vivenciado essa parte memorável da história.

E foi assim que nossa gangue de meninas chegou à base da Grande Brigada de Jiuquan. Era um prédio térreo, dormíamos em camas de ferro e nem no céu poderíamos estar mais felizes. O Dia Internacional do Trabalho estava perto quando chegamos e ainda me lembro muito bem daquele Primeiro de Maio: a neve caindo, todas sentadas no gramado ao ar livre, trajando nossas grossas jaquetas forradas, mas com a cabeça descoberta, fizemos uma reunião de ativistas.

Na China pós-1949, a festa de Primeiro de Maio era muito importante. Primeiro, porque era um feriado dos próprios trabalhadores; segundo, por ser uma ocasião para se apregoar a cruzada contra a opressão e a exploração pelo trabalho sob o capitalismo; terceiro, porque as unidades de trabalho ou o governo usavam esse dia para realizar as reuniões de ativistas, introduzindo novos esquemas ou planos de ação para o verão.

SRA. YOU: Na reunião dos ativistas, os líderes informaram nosso grupo que partiríamos para o campo de trabalho. No dia seguinte, uma longa fila de mais de dez caminhões tomou o rumo de Jiayuguan, transportando minha equipe de mulheres e algumas barracas. Nosso local de prospecção ficava no final da passagem Jiayuguan. No passado, diversos lindos e majestosos poemas épicos foram escritos por acadêmicos e poetas sobre essa passagem, mas, quando lá chegamos, tudo o que podíamos ver era o vasto deserto de Gobi derramando-se sem limites em todas as direções, um enorme e inóspito deserto onde não havia sinal de vida ou vegetação! Nenhuma alma viva.

Mas sabe de uma coisa? Quando o vimos, ficamos muito orgulhosas. Disse ao meu grupo: também podemos levar nosso trabalho aos lugares onde os grandes poetas de outros tempos estiveram, é uma honra. De fato, era o que eu pensava.

Montamos nossas tendas num vilarejo em Jiayuguan e nos instalamos. Os únicos técnicos da equipe eram minhas colegas de classe e eu, todas mulheres. Uma das aprendizes de Nanjing tinha apenas dezesseis anos e eu, só dezoito. No campo, nos dividíamos em vários pequenos grupos: reconhecimento e escolha do terreno, observação, mapeamento. Minha equipe era a vanguarda da prospecção: marcávamos os pontos de controle nos quais o pessoal do mapeamento iria se basear para prospectar o terreno.

XINRAN: E foi lá que a senhora conheceu o professor You?

SRA. YOU: Sim, ele também fazia parte da Grande Brigada de Jiuquan. Chegou em 1952 para nos ajudar com a parte de tecnologia. Também era responsável por organizar o trabalho da Liga da Juventude do Partido Comunista e sempre vinha inspecionar nosso trabalho. Eu ainda era jovem, não pensava em namorar, casar ou coisa do tipo. Então um escritor chamado Yu Ruobin (seu nome artístico era Sha Duoling) apareceu por lá; tinha vindo para experimentar a vida que levávamos na Grande Brigada e escreveu uma porção de poemas sobre a equipe feminina de prospecção no deserto de Gobi. Muitos jornalistas da agência de notícias Xinhua também costumavam aparecer para fazer reportagens sobre nossa equipe e tiravam muitas fotografias. Esse escritor, Sha Duoling, me contou a história de You: tinha se formado em física na Universidade de Lanzhou, era um herói trabalhador e profissional de alto nível. E contou que escrevera uma reportagem especial sobre ele, um homem que batalhava tenazmente na construção da mãe-pátria. Sofria de problemas no estômago e, certa vez, tinha desmaiado em pleno campo de trabalho, mas continuou normalmente assim que recobrou os sentidos... um homem cuja ética de trabalho era a toda prova. Comecei a reparar nele e, mais tarde, o próprio You se aproximou querendo amizade.

XINRAN: A senhora ainda se lembra das palavras que ele usou quando a pediu em casamento?

SRA. YOU: Ele não disse aquelas palavras românticas que a gente vê nos livros, apenas me perguntou se eu queria sua amizade, se tudo bem para mim.

Antes de 1990, na China, a expressão "caso amoroso" era vergonhosa, até mesmo imoral e de mau gosto. Quando se dizia que um homem ou mulher estavam "querendo amizade", tratava-se de namoro. No período entre 1930 e 1980, um casal que fosse membro do Partido precisava de autorização para a sua "amizade"; dos anos 50 à década de 80, essa era uma lei não escrita na sociedade chinesa.

XINRAN: E o que a senhora respondeu?

SRA. YOU: A princípio, eu realmente não soube o que responder. Fiquei em silêncio e ele disse: "É muito simples, apenas me diga, você quer ou não? Seja franca". Naquele tempo, eu tinha vários pretendentes, mas aceitei. Por que o escolhi? Tem muito a ver com minha família e a influência das minhas primas mais velhas, que se casaram com estudantes universitários nos anos 20 e 30, todos eles homens muito talentosos: um era professor do Instituto de Economia e Finanças de Shanghai e outro havia estudado literatura na Universidade Sun Yat-sen, em Guandong, tornando-se professor depois da Liberação, e era muito admirado — eram raras as pessoas que frequentavam a universidade, mais raras que chifre de unicórnio ou penas de uma fênix. Então pensei que não podia ficar atrás, e sempre admirara gente com estudo. Nunca tinha ouvido falar de mestrados, doutorados e afins e, embora minha ambição fosse me tornar eu mesma uma estudante universitária, era impossível naquele momento, de modo que era natural que visse um rapaz formado como um bom partido! Os melhores pretendentes entre meus colegas de classe não passavam de egressos de escolas vocacionais, nenhum deles estivera na universidade. Portanto, a formação de You e seus atributos me satisfaziam, mas o principal era o homem em si. Além disso, o tal escritor, Sha Duoling, segundo na hierarquia do nosso grupo e secretário organizacional da Liga da Juventude, me disse: "Um herói trabalhador costuma ser alguém que trabalha duro, e um homem trabalhador é sempre boa coisa".

XINRAN: Então seu casamento foi influenciado pelo Partido, pela organização.

SRA. YOU: Ah, naquela época uma indicação do Partido era como uma garantia, muita gente diria "sim" se recebesse uma! Tínhamos acabado de nos livrar dos casamentos arranjados — qualquer coisa que não fosse decidida por nossos pais era o reino da liberdade! Além disso, eu tinha essa ideia de casar com um estudante universitário, tanto que, quando outros colegas de classe me fizeram propostas, recusei. A dele foi a primeira que considerei, mas não sabia como responder.

XINRAN: E como foi?

SRA. YOU: Ele era um líder — mesmo ao fazer um pedido de casamento. Viu que eu não conseguia dizer nada e falou: "Quer ou não quer? Se não quiser, não é obrigada", desse jeito. Ainda assim não respondi, mas também não o recusei.

XINRAN: E quanto tempo durou o namoro?

SRA. YOU: Não muito. Eu era boba: ele ganhou o título de herói trabalhador (naquele tempo o prêmio eram sempre as *Obras completas de Mao Tse-tung*) mas, na hora de ir buscá-lo, não foi ele mesmo, mandou-me no seu lugar e fui correndo. Tudo isso tinha um propósito, que era testar se eu estava realmente comprometida e mostrar que ele era um famoso herói trabalhador. Depois, quando voltamos de Jiuquan para Xi'an, ele carregou minha mala e a enfiou no caminhão para mim. Nunca moveu um dedo para ajudar minhas colegas, lembro muito bem disso. De volta a Xi'an e ao estudo teórico, num dia de folga fomos a um restaurante fazer um lanche, comer uma especialidade local. Xi'an era um lugar muito atrasado naquele tempo. Não havia carros ou ônibus — fomos de carroça da periferia, fora dos muros da cidade, até o centro.

XINRAN: Que especialidade era essa?

SRA. YOU: Os bolinhos de Xi'an, todos os diferentes tipos, além de *yang-rou-paomo* — cordeiro ensopado servido com temperos e pedaços de pão.

XINRAN: Quando vocês comiam fora, quem pagava?

SRA. YOU: Ele. Eu queria pagar, você sabe, igualdade entre os sexos e tudo mais, mas ele não deixava.

XINRAN: E como foi a cerimônia de casamento?

SRA. YOU: Disso eu me lembro. Antes de nos casarmos, a Divisão de Petróleo e o Escritório Central de Mapeamento de Beijing queriam treinar um grupo de pessoas em prospecção aérea, para melhorar a qualidade e aumentar a velocidade da pesquisa. Meu nome estava nessa lista. Mas os líderes disseram: "Você vai se casar em breve e não precisa ir". Eu nunca achava que tinha aprendido o bastante, sempre sonhara com um diploma universitário; com uma chance dessas, não podia dizer não. Então falei: "Não importa, posso ir assim que me casar. Voltarei quando terminar o curso". Já era a primeira mulher da China a liderar uma equipe feminina de prospecção, queria ser também integrante da primeira equipe de prospecção aérea do país. Os novos programas de treinamento, naquele tempo, eram mantidos em segredo. Já tinha ouvido a expressão "prospecção aérea", mas não sabia se era feita em voo ou por terra. Não fazia ideia. Supunha que, se era aérea, provavelmente significava ter de voar. Queria muito decolar para o céu; queria ser a primeira mulher a fazer um voo de prospecção na Nova China. Como estava indo para longe para estudar, minhas colegas disseram: "Garanta o casamento agora mesmo, antes de partir, pois uma relação estável beneficia os estudos" — e, assim, nos casamos. Na foto do casamento, ainda estamos vestidos com as roupas do trabalho de campo, mas comprei cachecóis novos para a ocasião, ambos da mesma cor e modelo, e usamos rosáceas pregadas aos nossos trajes. Nossos colegas fizeram uma vaquinha e nos compraram um jogo de cama e alguns doces, foi um casamento muito simples.

XINRAN: Houve as tradicionais brincadeiras de casamento?

SRA. YOU: Claro — naquele tempo, casamentos eram os grandes eventos da vida social. Tivemos de cantar uma música. Alguns dos colegas geofísicos dele, mais velhos e experientes do mundo, estavam um pouco mais exaltados. Eu sabia a Ópera Shaoxing e cantei um pedaço apenas, o trecho "Liang Shanbo e Zhu Yingtai", e não muito bem. Quando era jovem, eu costumava cantar na comunidade e participava de um coral. Depois que tirei as amídalas fiquei rouca.

XINRAN: A senhora foi mesmo estudar assim que se casou?

SRA. YOU: Fui, sim.

XINRAN: Durante quanto tempo?

SRA. YOU: Dois anos no total. Ele acabou sendo mandado a Moscou por dois anos enquanto eu estava estudando — foi para lá em 1956.

XINRAN: Quanto tempo vocês viveram separados?

SRA. YOU: Três anos, ele só voltou em 1958.

XINRAN: E a senhora foi visitá-lo?

SRA. YOU: Na *União Soviética*? Não, naquele tempo isso era impossível, a permissão para ir ao exterior era bastante restrita. Além disso, já tínhamos nosso primeiro filho àquela altura. Quando You voltou dos seus estudos, em 1958, foi nomeado para a Divisão de Minas em Turfan, na província de Xinjiang; o slogan, ali, era "A galope e a toda a velocidade, marchamos sobre Turfan". Eles cavaram um poço para a prospecção subterrânea do monte Flamejante, o mesmo que aparece no romance *Jornada ao oeste: o nascimento do Rei dos Macacos*, de Wu Cheng'en, naquela parte em que os macacos pegam emprestado o leque da Princesa do Leque de Ferro. Montamos acampamento no sopé da montanha, onde dispúnhamos, como alojamento, de uma casinha de tijolos com um quarto. Não havia ventiladores ou equipamentos elétricos e, no verão, a temperatura média ficava acima dos quarenta e dois graus à sombra, impossivelmente quente, dava para cozinhar um ovo enterrando-o na areia. Dentro de casa também fazia mais de quarenta graus, nossas coisas escaldavam de tão quentes — o ferro das camas queimava. Lugar nenhum se mantinha fresco, tínhamos de molhar as camas e o chão e ao meio-dia fechar as cortinas, que não eram mais que um pano preto, como na câmara escura de um fotógrafo; éramos obrigados a trocar o dia pela noite para sobreviver ali. Ao meio-dia, a hora mais quente, trabalhar estava fora de questão. Nós, as mulheres, deitávamos nas nossas camas ensopadas, e mesmo assim não era suficiente, tínhamos de nos cobrir com toalhas molhadas. Os homens iam até as valas de irrigação e se entocavam debaixo das pequenas pontes, escondidos do calor do sol. Não havia nada mais que pudéssemos fazer no meio do dia. Por sorte, a essa altura o trabalho podia ser feito no alojamento, mas as pranchetas ficavam tão quentes que nossos mapas grudavam nelas. No pior calor durante o dia, tudo o que conseguíamos fazer eram rabiscos sem propósito, com suor escorrendo pelos nossos corpos. E quanto às noites... era impossível dormir ali dentro. Arrastávamos nossas camas para o grande pátio externo e dormíamos ao ar livre. Toda noite, em Turfan, às oito ou nove horas, um vento começava a soprar e não parava até as oito ou nove da manhã, de modo que, se nos mudávamos para fora porque não conseguíamos dormir, tínhamos de tentar pegar no sono em meio a uma tempestade de areias voadoras e pedras que caminhavam, exatamente como é descrito em *Jornada ao oeste*: "A areia levantava voo, as pedras caminhando". Quando ouvi essa história, ainda criança, pensei que o autor exagerava: como poderia haver pedras que caminhassem e grãos de areia voadores? Mas em Turfan experimentamos essas coisas na própria pele, que era castigada pela areia e pelas pedras, doía, e nada podíamos fazer a não ser cobrir o rosto com um lençol fino, mas aí não dava para respirar, era gente entrando e saindo do alojamento a noite toda...

XINRAN: Já é difícil imaginar condições tão duras, quanto mais ter de viver e trabalhar assim. O que vocês comiam?

SRA. YOU: Havia muita uva e melões da variedade hami. Não conseguíamos comer mais que cem gramas da ração de grãos por dia, era calor demais, então sobrevivíamos de frutas. Os melões hami eram tão doces que deixavam a mesa grudenta. Não comíamos as uvas uma de cada vez e sim aos punhados, como se tocássemos uma gaita de boca. [Ela ri.]

XINRAN: Quanto tempo a senhora trabalhou em Turfan?

SRA. YOU: *Aiya*, ficamos anos lá! Chegamos em 1959 e partimos em 1964.

XINRAN: E foram para onde depois disso? Para um lugar melhor?

SRA. YOU: Dali fomos para Ningxia. Nosso alojamento era metade subterrâneo, um buraco no chão, e a outra metade era tenda armada sobre ele. Em Ningxia também há tempestades de areia — lá, durante uma delas, eu não conseguiria enxergar seu rosto a um metro e meio de distância!

XINRAN: Estive num lugar chamado colina dos Gritos — as pessoas têm de berrar umas para as outras, mesmo estando muito próximas, é tanta areia que não conseguem se ver ou escutar quando estão trabalhando juntas no campo.

SRA. YOU: Ao acordar de manhã, a gente encontrava uma fina camada de areia sobre a forração plástica da cama, e também costumávamos achar grãos de areia no meio das nossas *mantou*: iam parar ali enquanto as broas eram assadas e estalavam nos dentes, de verdade, quando as comíamos; só tendo vivido num lugar desses para acreditar. Nas grandes tempestades, nossas tendas ficavam cobertas de areia, tão soterradas que nós, mulheres, não conseguíamos abrir a porta. Um homem precisava vir nos ajudar de manhã. Em Ningxia, éramos separados por sexo, em acomodações segregadas para homens e mulheres, independentemente de hierarquia.

XINRAN: E como os casais faziam?

SRA. YOU: O esquema era o mesmo para os casados: homens viviam com homens e mulheres com mulheres. Maridos e esposas separados.

XINRAN: Então como vocês tiveram filhos?

SRA. YOU: Para ter criança, precisa de um cantinho, né? [risos] E quando chegamos não havia nenhum. Depois um quarto foi providenciado para os casais. A gente precisava esperar numa fila e fazer reserva. [Ela ri novamente.] Meus três filhos foram feitos ali — o mais velho nasceu em 1958, o segundo em 1960 e a mais nova em 1963. Sabíamos que achar petróleo não era tudo na vida, mas tínhamos de servir à Revolução.

XINRAN: "Achar petróleo não era tudo na vida, mas tínhamos de servir à Revolução"? Então vocês deixavam de lado as famílias e os maridos e esposas?

SRA. YOU: Não os deixávamos de lado, mas eles não tinham a mesma importância que têm hoje em dia. Além disso, qualquer um que falasse demais sobre suas crianças e seu marido seria olhado com desdém e acusado de ter uma atitude pouco progressista e ser um pequeno-burguês. Não dava para ser muito exigente sobre nossas condições de vida.

XINRAN: A senhora sentia falta de casa?

SRA. YOU: Muito raramente, estávamos todos sempre muito cansados, ninguém mencionava a saudade de casa ou coisa do tipo. Era levantar e trabalhar com afinco; quando voltávamos para o dormitório, caíamos no sono assim que botávamos a cabeça no travesseiro. Era uma vida simples, e feliz também! As crianças não ficavam conosco naquela época, felizmente — meu filho mais velho cresceu aqui em Hezheng, na cidade natal de You. Quando estava grávida da minha filha mais nova, decidi tirar uma licença e voltei para a casa da minha família. Cuidar das crianças era demais para a mãe de You, eu precisava da ajuda dos meus parentes.

XINRAN: E a senhora não tinha ainda voltado para casa desde que partira?

SRA. YOU: Minha primeira visita à família foi em 1964, dez anos depois de ter ido embora. No mapa, parece que de Xinjiang, no noroeste, até minha casa, em Dong'an, é uma linha reta, mas naquela época não havia estradas nem estações de trem, o único transporte eram grandes caminhões. Quando voltei pela primeira vez, enfiei-me num caminhão com um pessoal de Xinjiang. Ainda me lembro do cheiro forte das capas de couro de cabra que vestiam. Estava muito frio e nos encolhemos em nossos acolchoados, como se o caminhão estivesse coberto por um só deles. Levei minha filha para casa sozinha: fomos de Lami a Lanzhou, onde passamos a noite, e partimos novamente, trocando muitas vezes de trem entre Xi'an e Shanghai. Naquele tempo, os trens de Shanghai para a minha cidade só iam até Jinhua, dali tivemos de embarcar num ônibus e depois numa balsa, mas finalmente chegamos!

Dez anos haviam se passado, e meu pai e minha mãe me olharam como se eu tivesse caído do céu, mas ficaram tão felizes que choraram! Não dormi nada naquela noite. Era verão, sentei com meus pais no pátio central da casa e conversamos até amanhecer, só nós três. Não trouxera presentes de Turfan para eles, afora uns pacotes contendo alguns quilos de uva-passa.

XINRAN: O mais importante era ter lhes levado sua neta.

SRA. YOU: Ah, sim, meu pai saiu gritando pela rua: "Minha filha voltou, minha filha voltou, e ela trouxe minha neta!". Todos os nossos parentes e amigos podiam ouvi-lo.

XINRAN: E eles se queixaram pelo fato de a senhora ter ficado longe tanto tempo?

SRA. YOU: Ah... Não se queixaram.

XINRAN: Não? Mas a senhora não tinha partido dez anos antes sem se despedir direito e ficado aquele tempo todo sem dar notícias?

SRA. YOU: Meus pais sabiam que eu queria ir embora já em 1949, 1950, para me engajar no Exército, mas não fui porque meus irmãos eram pequenos e precisavam de mim. Minha cidade foi liberada em maio de 1949. O professor da escola local era membro do até então clandestino Partido Comunista, embora eu não soubesse de nada, só fui descobrir quando veio a Liberação. O Partido organizou equipes de propaganda de professores e estudantes do último ano. Juntei-me a uma delas e fomos para os vilarejos do campo e vilas de pescadores do litoral lutar contra o imperialismo, o feudalismo e os senhores da guerra locais, ajudando a libertar mulheres de casamentos arranjados.

XINRAN: As pessoas da sua cidade viram as reportagens nos jornais falando da senhora?

SRA. YOU: Sim, em 1954, no *People's Pictorial News*,* no *Diário do Povo*... saíram matérias falando de mim em todos os jornais jovens. Toda a família sabia, os professores também. Lembre-se, era o início dos anos 50 e aquelas notícias causaram sensação nacionalmente. A agência de notícias Xinhua tirava fotografias para a propaganda, mulheres trabalhando em condições precárias davam grandes manchetes e ótimas fotos também. Recebíamos cartas de incentivo do país todo, todos os jovens queriam ser como nós e partiram para o noroeste como voluntários da construção. Todos ávidos por sacrificar nossas juventudes pela mãe-pátria.

XINRAN: A senhora alguma vez chorou, tendo passado toda a sua juventude numa labuta tão dura?

SRA. YOU: Não.

XINRAN: Nunca? Por que não? A senhora tem um corpo de mulher, afinal.

SRA. YOU: Não, na verdade nunca chorei, nem uma só vez. Acho que porque tinha boa saúde, jamais tive qualquer parte do corpo congelada ou me machuquei — boa saúde é uma das minhas virtudes. Além disso, tinha ao mesmo tempo uma obrigação e uma ambição. Quando era estudante em Yan'an, no tempo em que a União Soviética nos servia como modelo, li um livro cuja história se passava num lugar muito, muito frio e distante de Moscou, a história de uma mulher engenheira que labutou, batalhou e foi devotada à mãe-pátria. Também sou uma engenheira, fui uma bolchevique como ela que, muito distante de Beijing, no deserto de Gobi, no Grande Noroeste, lutou pela mãe-pátria. Eu achava que era a versão chinesa daquela mulher.

XINRAN: Ao menos a senhora tinha preocupações?

SRA. YOU: Ah, tive todo tipo de preocupação no trabalho! O que significava ser uma líder da Grande Brigada e como suportei a responsabilidade? Não sei, mas fui a primeira, não havia ninguém para me ensinar. Bem no começo, tí-

---

* Muitos dos jornais e outros meios impressos e on-line chineses apresentam versões em inglês, inclusive de seus títulos — daí a opção por não traduzi-los, exceto para os já consagrados em português, como o *Diário do Povo*. (N. T.)

nhamos de marcar quatro pontos de partida para locais de prospecção por dia. Quando saíamos, pela manhã, o céu podia estar claro a perder de vista, mas um momento depois estávamos no meio de uma tempestade, com luz ruim para a pesquisa, de modo que os pontos marcados não saíam exatos e essa imprecisão afetaria todo o trabalho prospectivo. O plano era terminar nossa missão em dezoitos dias, mas não conseguimos e continuamos trabalhando por um mês. Foram dias de angústia, chorávamos e nos consolávamos juntas. Naquela época levávamos os planos da nação muito a sério; falhar no prazo do projeto era como cometer um crime, e nos sentiríamos todas muito, muito culpadas, profundamente culpadas, se não fôssemos capazes de completar nossa missão.

XINRAN: E a senhora chorou por causa dos problemas em casa?

SRA. YOU: Por causa da família? Não.

XINRAN: Também não chorou por causa das suas crianças?

SRA. YOU: Não, não chorei! As crianças foram criadas por suas duas avós, que as tratavam muito bem, de modo que não me preocupava, não podíamos mantê-las conosco.

XINRAN: A senhora contou essas histórias para os seus filhos?

SRA. YOU: Não com todos esses detalhes, ainda não.

XINRAN: Por que não?

SRA. YOU: Ah... bem, eu disse não com tantos detalhes, não é?!

XINRAN: A senhora não teve chance de falar? Ou não quis? Ou achou que não precisava?

SRA. YOU: Eu... eu não falei, realmente.

XINRAN: E eles lhe perguntaram?

SRA. YOU: Não como você. Eles sabem de alguma coisa. Reclamam por não terem sido criados pelos pais quando pequenos, deslocados no meio de pessoas idosas, sem poder ir à escola direito.

XINRAN: Por quê?

SRA. YOU: Eram os anos 60, a Revolução Cultural, e meu marido estava sendo "combatido", perdeu todos os cargos.

XINRAN: E a senhora, foi combatida também?

SRA. YOU: Não tinha tanto estudo quanto ele. Ele temia que eu não fosse suportar vê-lo punido, então me mandou ficar um tempo no sul. Não estava com ele quando as humilhações e críticas públicas se tornaram piores, senti-me bastante culpada por não ter cuidado dele — 1968 foi o período mais cruel e só voltei no ano seguinte. Depois disso, passamos a morar muito mal, tínhamos de nos espremer numa cama estreita como uma tábua.

XINRAN: Naquele momento, a senhora se ressentiu de algo? De ter se casado com ele? Ou de não ser compreendida pelos outros?

SRA. YOU: Não me arrependi de nada. Pensei: o que pode acontecer de pior? É retornarmos ao campo, ele como lavrador e eu para as tecelagens, e jamais voltarmos a posições de liderança, uma vida tranquila e estável, melhor.

XINRAN: A senhora entende por que tudo isso aconteceu?

SRA. YOU: Posso compreender. Eles o combateram porque tinha estudado na União Soviética. Nossas relações com os soviéticos eram boas e depois se deterioraram, e ele se tornou um lacaio da União Soviética, o fato de ter estudado lá, representando a nação, virou crime. [Ela suspira.]

XINRAN: Tendo passado por tantas mudanças na China, o que a senhora acha que é a maior diferença entre os jovens de hoje e os de antigamente?

SRA. YOU: Os de hoje não se deixam levar pelos movimentos políticos. Nós testemunhamos todo o processo, passamos por tudo aquilo. Primeiro a perseguição aos contrarrevolucionários, mais tarde as campanhas dos Três Anti e dos Cinco Anti, depois os Quatro Expurgos e a Campanha Antidireitista, um movimento depois do outro. Eles não experimentaram essa pressão de espírito nem viram as figuras patéticas de seus pais sobre aqueles palanques.

XINRAN: Os jovens de hoje têm a fé e as aspirações que a senhora teve um dia? Enquanto a escutava, senti que sua história está repleta de espírito heroico, aquelas dificuldades, a exaustão; e sua expressão enquanto falava era tão cheia de orgulho, tratando aquelas árduas condições como se nada tivessem de especial. E os jovens de hoje em dia?

SRA. YOU: Os jovens de hoje em dia... A julgar pelos nossos filhos e pela nossa filha, eles não têm a mesma fé e o mesmo senso de responsabilidade. Em nosso tempo, o trabalho vinha primeiro.

XINRAN: E eles a entendem?

SRA. YOU: Sim, mas hoje me sinto envergonhada e arrependida. Não educamos direito nossas três crianças, já que éramos ambos tão devotados ao trabalho.

XINRAN: Por que a senhora diz que não os educou direito?

Os olhos da sra. You ficaram vermelhos e cheios d'água. Aquele rosto, que até ali mostrara altivez e espírito de luta, desabou, e ela agora mirava as próprias mãos, esfregando-as e torcendo-as com impaciência. Quando voltou a falar, era a voz de uma criança que fizera travessuras.

SRA. YOU: Quando as crianças estavam em idade escolar, vivíamos a Revolução Cultural e, como o pai delas era um "homem mau", não foram aceitas para estudar. Só puderam ir à escola para adultos, muito mais tarde, e acharam aquilo muito difícil. Meu marido e eu tínhamos estudo e expectativas muito altas quanto aos nossos filhos, mas nenhum deles correspondeu, nem mesmo nessa área. Tudo porque havíamos nos enterrado em nossas carreiras, em nome de um futuro que hoje alcançamos, mas nossas crianças acabaram rejeitadas pelo seu tempo.

XINRAN: Se a senhora pudesse viver de novo, a carreira, a família, tudo até aqui, escolheria o mesmo caminho?

SRA. YOU: Eu... eu acho que não tenho arrependimentos de nenhum tipo quanto à minha escolha profissional, apesar das doenças que tenho, dos problemas de estômago e do reumatismo. Quando me lembro do trabalho duro daquele tempo, sinto-me muito orgulhosa, sinto que honrei minha vida, pois uma pessoa que jamais experimentou o trabalho duro e o sofrimento nunca saberá o quanto o trabalho e a vida podem ser doces depois.

XINRAN: Se algum dia seus filhos ou netos lhe perguntarem como aquela garota que tinha medo do escuro e de água se transformou na mulher tão forte e determinada, bem-sucedida e autoconfiante que a senhora é hoje, diria que foi graças ao tempo em que viveu? Ou à sua família? Ou à sua ambição pessoal? Ou à força de vontade?

SRA. YOU: Tem muito a ver com a educação daquela época. A ideia da liberação feminina era muito masculinizada. Eu queria poder fazer as coisas que os meninos faziam. Nas equipes de propaganda, queria me parecer com eles e fazer o mesmo papel. Meu pai me disse que gostaria que eu fosse tão bem-sucedida quanto um rapaz — ele queria que eu fizesse qualquer coisa que um garoto pudesse fazer, era muito severo comigo. Há outras histórias de mulheres chinesas: Hua Mulan entrando para o Exército, Qiu Jin na revolução de 1911 e mulheres comunistas como Song Qingling e Deng Yingchao. Essas mulheres me influenciaram muito — era uma época em que todos imitávamos nossos heróis.

XINRAN: A senhora ainda acredita que crenças e aspirações desse tipo são a coisa certa?

SRA. YOU: Sinto que fiz a coisa a certa.

XINRAN: Mas sabe que muitos jovens dizem que a geração de seus pais foi de uma lealdade tola e, voltando mais uma geração, que seus avós foram não só tolos, como também ignorantes? O que acha disso?

SRA. YOU: A grandeza e a força da China de hoje não caíram do céu, nos foram legadas pelas lutas duras e pelos amargos sacrifícios de gerações passadas, uma após outra. Se não acredita, pergunte a You mais tarde — nossa geração simplesmente tinha mais espírito que a atual.

XINRAN: A senhora tem certeza de que o professor You pensa assim?

SRA. YOU: Posso não ter certeza de outras coisas, mas nós dois sabemos o preço que pagamos naqueles anos em nome do trabalho e da mãe-pátria.

XINRAN: Vocês alguma vez discutiram?

SRA. YOU: Ah, sim, discutimos.

XINRAN: E por quê?

SRA. YOU: Às vezes temos opiniões diferentes, ou não temos a mesma ideia da vida em família.

XINRAN: Da vida em família? Quanto aos filhos? Ou da vida em geral?

SRA. YOU: Ele é do norte, eu sou do sul, às vezes nossos gostos para comida são diferentes — ele gosta de pimenta, eu, de doces —, mas tentamos entrar em acordo sobre as coisas maiores e combinamos manter nossas diferenças nas coisas pequenas.

XINRAN: Quem cede mais, ele ou a senhora?

SRA. YOU: Bem, eu, normalmente... É um milagre ele ainda estar aí, várias vezes escapou por pouco, em acidentes de carro, *aiya*, situações bem complicadas. Uma vez o caminhão em que estava capotou — ele estava indo ajudar outras vítimas e o veículo tombou no mesmo lugar do primeiro acidente; aquele caminhão de barriga para cima, as quatro rodas apontando para o céu, e as pessoas foram saindo cambaleantes da cabine. Ele esteve naquele grande deserto conhecido como mar da Morte — de cada dez pessoas que entram ali, nove jamais retornam. Depois da Revolução Cultural, voltou a ser um grande líder, deve ter recebido homenagens de todos os centros de estudos do mundo, correndo para lá e para cá, voando para todo lado. Só se aposentou com mais de setenta e ainda sobe e desce as montanhas organizando ações para reduzir a pobreza.

XINRAN: Vocês são realmente pessoas muito fortes, tendo vivido vidas assim, cheias de perigo e susto, e sem nunca se queixarem. Como sua companheira, esposa e amiga, se alguém lhe perguntasse que tipo de homem é o professor You, o que a senhora responderia?

SRA. YOU: Ele é muito forte, um amigo muito leal, muito pragmático — durante a Revolução Cultural, não entregou outras pessoas para se livrar.

XINRAN: Ele é um bom marido?

SRA. YOU: Ah... [risos] Ele é um bom marido.

XINRAN [também ri]: E um bom pai?

SRA. YOU: Não mais do que a média, pois nenhum dos nossos filhos realizou muita coisa. Nenhum deles tem os profundos conhecimentos do meu marido ou conseguiu se igualar a ele.

XINRAN: Se eu tivesse de descrever uma mulher como a senhora em três frases, quais seriam, na sua opinião, aquelas que melhor a retratam?

SRA. YOU: Na verdade, não sou muito excepcional. Tenho ambição e lutei.

XINRAN: Mas e como mulher, especialmente?

SRA. YOU: Ah, hum...

XINRAN: Como mulher, esposa, mãe, avó?

SRA. YOU: Não sei o que dizer. Gostaria de me redimir sendo uma boa mãe e avó. Mas não sei se meus filhos e netos são gratos por aquilo de que abri mão para vir morar neste fim de mundo. Também quero frequentar a Universidade para Idosos; quero jogar majongue, participar de concursos de canto, cantar canções, viajar para lugares bonitos. Mas, porque não criei meus filhos como deveria, agora que me aposentei quero compensar com meus netos. Não são ideais grandiosos, mas vêm do coração.

XINRAN: São essas palavras do coração que vim escutar, numa jornada de mais de mil e quinhentos quilômetros. Tenho duas perguntas — e não quero as respostas agora, mas espero que a senhora reflita sobre elas. Uma é: quais foram as três maiores tristezas e as três maiores alegrias da sua vida? A segunda pergunta é: a senhora é tão bem-sucedida, uma dessas pessoas que inventaram uma era; aos olhos das pessoas de hoje, dos jovens, valeu a pena? Por favor, pense nessas questões.

SRA. YOU: Vou pensar; nem vou conseguir dormir, só pensando.

XINRAN: Acho que a senhora já perdeu mais noites do que seria capaz de contar refletindo sobre isso. Na verdade, uma vez que encontramos uma resposta, podemos relaxar um pouquinho e dormir um pouco melhor, pelo menos não seremos perturbados por sonhos angustiados ou noites insones. A senhora pode descansar agora — nos vemos daqui a pouco, durante a refeição.

SRA. YOU: Tente descansar um pouco também, não se esforce demais.

Quando chamei o professor You para a sua entrevista, a primeira coisa que ele fez ao entrar na sala foi se desculpar, à maneira tipicamente chinesa dos "grandes homens", em nome da esposa: por ser "muita ingênua", "tomando o tempo das pessoas sem se dar conta", com sua "tagarelice sem fim" e outros "deslizes" do tipo. Embora recusasse suas desculpas, tampouco o contrariei. A primeira razão por que não o fiz é que não me sentia mais segura para discutir o que era certo e o que era errado nas relações entre homens e mulheres na China; a segunda é que não tínhamos tempo para essa questão sobre "se uma mulher é capaz de ter grandeza, sabedoria e perspicácia perante seu marido", pois mulher nenhuma jamais obteve uma resposta clara desde os primórdios do movimento de liberação feminina. Eu era uma das muitas mulheres que haviam sido "doutrinadas" por esse tipo de homem extremamente bem-sucedido; sabia que, não importava quem fosse, você jamais conseguiria, aos olhos desses homens, se livrar da noção preconcebida das "mulheres e seus maus hábitos".

O professor You era um homem cujo nome evocava muitas honrarias, a maioria das quais no campo da geofísica e do petróleo, mas que também incluíam cargos no governo. Este é outro fenômeno bastante chinês: muitos cartões de visita no país vêm compartimentados em três seções, com as "honrarias e distinções", as altas patentes e os cargos importantes disputando espaço. Às vezes penso que esses figurões devem ter três cabeças e seis braços — de que outra maneira poderiam arrumar tempo na unidade de trabalho para dar conta de tantas existências paralelas? Espera-se que uma pessoa com tantos títulos tenha realizado grandes coisas. Mas, em alguns casos, você irá notar que, em geral, as unidades de trabalho que respondem por esses títulos têm o mesmo endereço e se localizam na mesma ala do mesmo bloco de apartamentos: talvez a sala de visitas abrigue uma organização? E a cozinha e o banheiro, outras duas?

Os títulos profissionais do professor You eram todos de nível nacional, e mesmo assim eu os via como um pouco "vazios"; era um sentimento de que as coisas não se encaixavam; de que não haveria um sucessor que continuasse sua obra. Aquela "fome" da indústria petrolífera da China moderna, sua "sede" geofísica.

Não compreendo a história ou a ciência do petróleo, mas, desde que os Estados Unidos e a Inglaterra invadiram o Iraque, em 2003, vejo a loucura e a crueldade a que tem sido levada a humanidade por causa dele: homens fazendo falar as armas em nome de liberdade e democracia, sem nunca pensar nas crianças que de manhã não sabem dizer se viverão até a noite e ninguém para consolar as mães idosas, abandonadas sem ajuda ou apoio no meio de uma guerra racial; vejo os tais "libertadores", embriagados de petróleo, se apressando em dividir as áreas de exploração "liberadas". O gênero humano pouco avançou desde os saques primitivos, as batalhas religiosas e as lutas de poder do último século; hoje os demônios que brotam da ganância e do desejo apenas acharam um disfarce sob nomes como "justiça" e "democracia". Temo que o petróleo degenere em crime neste país em tão rápido desenvolvimento. Por isso me interessava muito saber o que representavam todos aqueles títulos.

XINRAN: Professor You, quando pela primeira vez ouvi falar do senhor, soube que tinha muitos títulos. Se não se importa, conte um pouco sobre os dez títulos que, particularmente, considera os mais importantes.

YOU: Vou lhe dizer a verdade: só reconheço alguns desses títulos. Fui o segundo na hierarquia e o engenheiro chefe da Divisão de Comando em Prospecção de Petróleo de Yinchuan, vice-diretor da Divisão Nacional de Prospecção de Petróleo e, em 1979, Zhao Ziyang me nomeou diretor do Escritório Nacional. Hoje, embora envergando muitas "distinções", estou aposentado da política nacional. Quando ainda estava na ativa, muitos fatores locais pesaram em algumas das minhas promoções. Por exemplo, uma vez fui nomeado presidente de uma corte judiciária local na Região Autônoma de Ningxia Hui. Quando o pessoal da Divisão de Petróleo descobriu, disse: "Você não pode ir trabalhar no interior — você é nosso!". Então o chefe da divisão foi comigo até o Escritório Regional de Ningxia e conseguiu minha transferência de volta. Mais tarde, o governo de outra província me queria como diretor de sua Divisão de Combustíveis Fósseis, mas a organização do Partido não permitiu e fui reconduzido a meu antigo posto na mesma noite.

Nosso sistema de nomeações está longe de ser perfeito; há falta de profissionalismo e imaginação tanto no planejamento como um todo quanto na maneira como é conduzido e regulado.

XINRAN: Mas, pelo que sei, o senhor se aposentou apenas formalmente — na verdade, não está exatamente aposentado.

YOU: Eu me aposentei em 1990, e teria sido impossível continuar; fomos obrigados a dar lugar aos jovens nos empregos de alto nível — se a nação não cultivar esses jovens, depois será tarde demais. Mas o que você disse está certo: depois que me aposentei, trabalhei como consultor por cinco anos, além de, na prática, ter atuado também por mais cinco anos como chefe da Divisão Nacional de Prospecção. Antes de assumir o posto, via que ninguém tinha coragem para liderar nada, tudo precisava passar pelo chefe — e eu estava nessa posição, portanto tinha poder e condições de usar a divisão para resolver assuntos da área em nível nacional e decidir sobre a cooperação internacional em vários setores diferentes. Então, embora estivesse aposentado, usei esse tempo para fazer ajustes no quadro mais geral do petróleo.

XINRAN: Dá para dizer que, afora seu conhecimento, sua experiência e sua capacidade, uma das razões pelas quais a nação o manteve em atividade foi a disputa acirrada pelo petróleo, assim como a escassez de talentos nessa área, na China?

YOU: Foi um pouco das duas coisas. Sempre trabalhei nessa profissão, ao contrário de muitos funcionários que eram transferidos e obrigados a fazer todo tipo de coisa. Como resultado, eles perdiam qualificação profissional e não tinham chance de melhorar seus conhecimentos. Em determinado momento fui mandado à União Soviética e estudei por dois anos na Academia Estatal de Prospecção Geológica de Moscou. Quando voltei, a nação precisava de pessoas como eu, especialistas formados no exterior. A repartição em que fui alocado trabalhava no desenvolvimento dos recursos do país; precisava desesperadamente de jovens competentes e com a compreensão adequada de certo tipo de análise e dedução. Isso não é algo que se possa obter da noite para o dia. A China ficou para trás por um longo tempo por causa dos movimentos políticos; os estrangeiros correm na frente para se apossar de tudo o que puderem e não vão esperar por nós.

Durante algum tempo, antes da aposentadoria, participei de uma porção de projetos internacionais de intercâmbio e cooperação no gerenciamento global de tecnologias. Mantive uma relação bastante próxima com a Sociedade dos Geólogos Economistas, que cuidava tanto de assuntos acadêmicos como do treinamento básico de talentos. Trabalhamos em parceria com a Associação Euroasiática de Gerenciamento da Terra, na Rússia. Também mantive contatos com a Associação Europeia de Gerenciamento da Terra e fui o representante oficial da delegação chinesa para esse assunto em congressos de pesquisadores, simpósios acadêmicos e encontros internacionais, e assim por diante. Em todos esses eventos e outros similares, fui o responsável pelas delegações chinesas.

Por isso fiquei encarregado do dia a dia administrativo da Associação de Petróleo e liderava o comitê de especialistas em gerenciamento da terra. As estruturas internas da China não combinam com o sistema internacional, que não reconhece nosso tipo de organização. O Estado tinha de admitir que, quando eu me retirasse, não haveria ninguém para cuidar de boa parte dos contatos com o exterior, de modo que me pediram para continuar por mais alguns anos. Mas a terceira razão para ter ficado foi que, simplesmente, eu ainda tinha boa saúde — se fosse dispensado, o que poderia fazer? Pensei que me divertir apenas não faria sentido, melhor seria escrever uns ensaios, talvez fazer alguma pesquisa científica. O trabalho precisava de mim, então continuei a trabalhar, não parei depois daqueles cinco anos e ainda mantenho minhas atividades.

XINRAN: Quando criança, o senhor imaginava que se tornaria o homem que é hoje?

YOU: Jamais. Nasci bem aqui, nesta circunscrição. Embora Hezheng seja um lugar muito pequeno, produziu sete governadores provinciais e nove comandantes do Exército, além de trinta ou quarenta oficiais e mais de cem comandantes de batalhão. Alguns desses foram linha-dura com os ricos e distribuíram aos pobres, mas um outro grupo reunia burocratas capitalistas ou negociantes em monopólios do governo. Ainda que este lugar fosse pequeno e muito pobre, todas as caravanas levando mercadorias para a Índia e o Paquistão tinham de passar por aqui! O Islã é uma força poderosa neste lugar, somos conhecidos como a circunscrição islâmica da China — antigamente todos aqui eram muçulmanos, hoje já não se vê muito isso. No passado, o povo local costumava usar o conflito racial como desculpa para a guerra e outras insurgências — as pessoas mal conseguiam sobreviver! Era assim naquele tempo. Eu olhava para aqueles burocratas, aproveitadores dos monopólios governamentais e funcionários corruptos e dizia para mim mesmo que era impossível puni-los, o máximo que poderia fazer era me tornar professor para educar as crianças e mudar, assim, nossas vidas. A máxima da nossa geração era: "Estude matemática, física e química e nunca faltará comida na mesa nem roupas para vestir!". Naquela época, o ensino médio não era oferecido em parte alguma deste distrito e havia apenas duas escolas, para todas as idades, atendendo à circunscrição inteira. Precisei ir à cidade, a cinquenta quilômetros de distância, para cursar a escola. Saía de casa carregando um punhado de broas enroladas num pano para não precisar voltar por uma semana. A guerra contra o Japão estava no auge e os professores na escola tinham opiniões fortes; era um grupo bastante progressista. Todos tinham vindo de lugares onde houvera batalhas, de modo que nos diziam para estudar muito e garantir nossos futuros.

XINRAN: O senhor escolheu o que cursar na universidade? Ou isso lhe foi imposto?

YOU: Terminei a escola em 1949, quando minha cidade foi liberada, e entrei em física na Universidade de Lanzhou. Não havia ônibus naquele tempo nem estradas decentes, apenas pequenas trilhas nas montanhas. A gente tinha de ir perguntando o caminho e levei um mês a pé, de Hezheng a Lanzhou, para chegar à universidade. Fui eu quem escolhi meu curso; estudei física, mas depois mudei para geofísica. São dois campos completamente diferentes: a física é relativamente prática, mas a geofísica é parte da geologia. Frequentei a universidade na época da Guerra da Coreia. Todos demos nossos nomes para o engajamento na campanha militar "Combater a América e defender a Coreia"; queríamos ir para o front. Mas a universidade não deixou. Nenhum estudante de física, matemática ou química podia se alistar; os outros, sim. Em 1952, a China precisava urgentemente desenvolver sua indústria petrolífera, e gente talentosa era recrutada nas poucas universidades do país para a área de prospecção geofísica. Assim, todos os formandos de todos os cursos de geofísica da China se reuniram em Beijing para uma especialização, exceto pelos poucos que ficaram nas universidades como professores. Éramos apenas noventa no país inteiro (naquela época havia cursos universitários com apenas sete ou oito estudantes): 45 foram mandados para o Departamento de Minas e Produção Geológica, que era chamado de Divisão de Geologia, e os outros 45, alocados na Divisão de Petróleo.

A Divisão de Petróleo testou ponto por ponto nossos conhecimentos e nos deu quarenta dias de treinamento especializado. Na época fiquei chateado. Onde estava tudo aquilo que eu vinha estudando? Era muito simples: a profissão que escolhera e a que então iniciava, quando comecei a trabalhar, eram totalmente diferentes, mas a nação precisava daquele conhecimento técnico, então tivemos de dar nosso apoio; além disso, fazíamos o que o Partido mandava! Foi essa a nossa atitude quando designados e, assim que chegamos à divisão, os líderes nos contaram que a nação estava produzindo petróleo e precisava dos nossos serviços na prospecção geológica daquele recurso. E foi assim que comecei a me tornar "um caçador de petróleo que andou de norte a sul pelos grandes rios da mãe-pátria" — como diz a canção.

XINRAN: Naquela época, o senhor sabia alguma coisa sobre o petróleo chinês?

YOU: Sabia apenas que o estado da indústria petrolífera do país era terrível antes da Liberação. O petróleo era estrategicamente importante como recurso de guerra e, se houvesse outra, estaríamos perdidos sem ele. Então, "procurar petróleo pela nação" se tornou um dever patriótico. A prospecção demanda grande investimento, prazos longos e alto risco; é um trabalho complicado e bastante árduo. Estive envolvido pessoalmente na busca por óleo na China no oeste de Jiuquan, na bacia de Turfan, em Xinjiang, e na bacia de E'erduosi, além de ter sido o encarregado pela prospecção geofísica na bacia de Tarim, também em Xinjiang, na bacia de Erlian, na fronteira com a Mongólia Interior, e na bacia de Jilin, no nordeste da China.

XINRAN: O campo de Daqing já era famoso naquela época?

YOU: Não, estávamos em 1952. Daqing não ficou conhecido antes de 1957.

XINRAN: Agora há pouco, o senhor dizia que a prospecção de petróleo era um trabalho árduo. Pode me dar um exemplo?

YOU: Quando havíamos recém-terminado o treinamento em Beijing, formamos quatro grandes brigadas: Chaoshi, Minhe, Turfan e Jiuquan. Fui alocado nesta última, que naquele tempo estava baseada no campo de Yuman, em Jiayuguan; não havia uma pessoa naquele lugar, nem grama crescia por lá.

Diziam: "Indo embora de Jiayuguan, brilham os olhos de lágrimas: para trás fica a passagem Fantasma, adiante o deserto de Gobi". Aquela área ainda estava fora do mapa na época, só havia saqueadores nas montanhas. Para evitar um encontro com eles, chegamos sob a proteção de uma esquadra de soldados do Exército de Libertação do Povo, em grandes caminhões no estilo soviético. Todos vestíamos roupas largas forradas de algodão, pretas e imundas, amarradas na cintura com pedaços de fiação para evitar que a poeira entrasse. Nas poucas ocasiões em que encontramos pessoas da região, pensaram que fôssemos condenados à reeducação pelo trabalho sob escolta do Exército de Libertação do Povo — naquela estrada com frequência passavam comboios levando condenados a Xinjiang.

O almoço consistia em duas *mantou* por pessoa, que tostávamos no fogo. Não havia com que acendê-lo, então queimávamos esterco de vaca que nós mesmos tínhamos levado; aquecíamos uma garrafa d'água para a hora de dormir. Quando voltávamos do campo, à noite, dormíamos em barracas — não havia onde ficar —, mas mantínhamos o espírito elevado naquele tempo, ninguém se importava com alguma privação. Armávamos as tendas no melhor lugar que pudéssemos encontrar à beira da estrada. Os motoristas que circulavam por ali eram gente mal-intencionada que, se tivesse chance, atacaria as companheiras mulheres, então elas dormiam no meio e os jovens camaradas mais para fora.

Éramos muito puros e idealistas; não importava que as coisas estivessem difíceis, desde que o trabalho não parasse. Mais tarde fui nomeado chefe da equipe de prospecção. Era bastante rígido nas cobranças aos meus subordinados: namorar antes da idade estipulada estava fora de questão — o casamento é da natureza, claro, mas não havia acomodações para casais, marido e mulher não podiam ficar juntos, era como uma prisão. Assim, a regra era que quem se casasse precisaria ser alocado em outro lugar, para não termos problemas domésticos ou com crianças. Afinal, no Exército, os soldados nem tinham permissão de se casar.

XINRAN: Mas as pessoas sempre têm suas necessidades e, como se costuma dizer, a carne é fraca; quando atingiam a idade estipulada, podiam ficar juntas?

YOU: Não, normalmente não; os filhos, se houvesse, teriam de ser mandados de volta para as cidades de origem dos pais. Veja os meus três: um foi para a casa da avó materna, em Wenzhou, e os outros dois vieram para cá, onde tiveram uma péssima educação! As crianças eram deixadas sozinhas em casa. Agora se ressentem porque não tiveram oportunidade de ir à escola, uma chance perdida por minha causa...

O professor You pendeu a cabeça e disse as últimas frases numa voz rouca e baixa, que eu mal conseguia ouvir, como se falasse para si mesmo. Uma vez mais vi a profunda dor e a culpa que sentiam em relação aos filhos aqueles que se sacrificaram em outros tempos. Entre as gerações mais velhas, há muita gente que se sente assim na China, e esse sentimento se apresentou, em maior ou menor grau, nos rostos de quase todos os velhos que entrevistei: no coração, uma ferida aberta por dias e noites de culpa. As crianças tinham se tornado vítimas da devoção ao trabalho de seus pais, seus anos inocentes de infância sacrificados no altar da política. Sou uma delas; meu pai e minha mãe estiveram sempre tão envolvidos com suas carreiras que nunca conseguimos reunir a família toda para comemorar meu aniversário.

XINRAN: Professor You, pelo que sei, até 1980 todos tinham de pedir permissão a seus superiores para iniciar um relacionamento ou se casar. Como um chefe de equipe exigente, por que o senhor foi escolher uma esposa entre as próprias subordinadas? Isso não feria os limites da decência, não foi um abuso da sua autoridade?

YOU: Ah, não, foi uma solução muito boa para o problema. Eu era o encarregado da parte de tecnologia na brigada, de modo que tinha poder para fiscalizar o trabalho em toda parte, e foi assim que nos conhecemos. Ela gostava muito de estudar, mas quase não havia livros e não se conseguiam revistas também. Eu trabalhava na área urbana, onde chegava um pequeno número de livros e jornais, então os levava, mais as revistas, para ela.

XINRAN: Havia muitas moças na equipe de prospecção; por que a senhora You foi a única a atrair sua atenção?

YOU: Ela era um pouquinho mais velha, todas as outras eram mais novas. Naquela época havia uma regra pela qual era preciso ter uma certa idade, senão você ficava sujeito a uma ação disciplinar.

xinran: Não acredito! Deve haver alguma outra razão. Como o senhor pôde considerar somente a idade ao escolher uma esposa?

Intimamente, eu estava indignada com o jeito típico de um "macho chinês", incapaz de reconhecer que sua escolha se pautara por sentimentos de verdade. Suas palavras tinham o tom condescendente de um "marido" que se dirige à esposa, como que se desculpando pelos arrependimentos que teve no casamento.

you: É verdade, ela era um ou dois anos mais velha que as demais, do contrário não poderia ter se tornado chefe de equipe. Era também extremamente séria e responsável no trabalho, de modo que, quando cheguei para fiscalizá-las, tive uma boa impressão dela.

Eu me sentia profundamente indignada pela sra. You: aos olhos do marido que ela tanto admirava, o casamento deles não parecia ter acontecido com base em sentimentos recíprocos, mas ser parte da natureza, assim como a primavera vem depois do inverno e o verão, em seguida à primavera. A essa altura, como uma mulher que viveu e trabalhou na China por quarenta anos, eu deveria estar habituada a esse tipo de julgamento masculino, mas é demais para mim; não consigo "me acostumar" com isso.

xinran: O senhor ainda se lembra de como a pediu em casamento?
you: *Aiya*! Isso... [Ele ri.] Por que você iria querer ouvir isso?
xinran: Quero saber como sua geração vivia no dia a dia — pessoas como o senhor, devotadas à mãe-pátria e obedientes ao Partido em tudo.
you: Naquele tempo, todos éramos muito simples, diferentes das pessoas de hoje, não entendíamos nada de romantismo — pessoas trabalhadoras e ideologicamente progressistas eram as primeiras a nos tocar o coração. Ela foi a primeira chefe de uma equipe de prospecção em nosso país, um trabalho muito duro, e se saiu muito bem. Certa vez, ficou doente, com um resfriado,

comprei algumas coisas e fui visitá-la, cuidar dela, e assim, gradualmente, fomos nos afeiçoando. Não falei nada a ela sobre querer casar, apenas lhe escrevi uma carta. Nela, eu dizia: "Precisamos cuidar um do outro; se você deseja que eu cuide de você, eu cuidarei por toda a sua vida". Éramos relativamente simplórios, nada sofisticados como as pessoas de hoje em dia, com suas conversas românticas sobre sentimentos.

XINRAN: Isso não é ser simplório, chama-se devoção persistente ao trabalho, não é? O trabalho acima de tudo?

YOU: Bem, é.

XINRAN: Para o senhor, que foi tão firme quando "combatido" pela Revolução Cultural, a incompreensão e a negação daquilo pelo que lutava doeram?

YOU: *Hai*, doeram, é verdade. Durante a Revolução Cultural, os guardas vermelhos fizeram buscas na nossa casa enquanto apenas assistíamos e não ousávamos dizer uma palavra. Sentia que aquilo era moralmente errado e não entendia em nome do que o faziam. Mas, na época, simplesmente acreditávamos que qualquer coisa que Mao Tse-tung dissesse tinha de estar certa! Quanto mais durou aquilo, pior ficou, ninguém ousava falar e as acusações eram muito graves. Havia dois problemas comigo: um era que eu trouxera um rádio da União Soviética quando fora estudar lá; ninguém tinha rádio naquele tempo, nem mesmo relógio de pulso, de modo que os oficiais camponeses pensavam que eu era um agente secreto usando aquele rádio russo para me comunicar com estações inimigas.

XINRAN: E o senhor não explicou?

YOU: Explicar? Aquelas pessoas não tinham mais que alguns dias de escola, não entendiam o que eu dizia. Era realmente uma situação do tipo "um acadêmico encontra um soldado, tem razão, mas não consegue se fazer entender". A seu tempo, me mandaram para uma mecânica, obrigando-me a trabalhar consertando ônibus e caminhões, e acabei entendendo bastante de veículos motores, era capaz de fazer coisas com eles que outras pessoas não conseguiriam.

XINRAN: Durante quanto tempo o senhor foi perseguido?

YOU: Mais de dois anos.

XINRAN: O senhor acha que mudou depois de ter sido denunciado?

YOU: Um pouco. Antes disso, eu era muito franco, dizia tudo o que pensava; ousava criticar tudo, até mesmo as Três Bandeiras Vermelhas [a linha geral do Partido na construção do socialismo, o Grande Salto Adiante e as Comunas do Povo], tudo. Depois, disse a mim mesmo: "Não cometi nenhum crime, foram injustos comigo, mas não vou trair meu Partido por causa disso". Então, por um longo tempo depois de ter sido denunciado, pouco falei.

XINRAN: Até hoje?

YOU: Hoje estou um pouco melhor. Às vezes não fico nada satisfeito com algumas das políticas, mas ainda assim tenho de me alinhar aos meus chefes quando falo aos trabalhadores; como um líder e um camarada, é meu dever.

XINRAN: Quais são, na sua opinião, as três maiores diferenças entre a China antes da Liberação, depois, entre os anos 50 e os 80, e dos anos 80 até hoje? Se os jovens de hoje lhe perguntassem como deveriam encarar essa história, que conselho daria a eles?

YOU: Bem, agora... Não dá para dizer com certeza, isso ainda não amadureceu. Penso assim: as pessoas deveriam trocar impressões com os ex-integrantes da Guarda Vermelha e sua geração e aceitar as lições da Revolução Cultural. Temos a responsabilidade de guiar esses jovens, pois experimentamos mais aspectos da vida que eles; os jovens têm contato apenas com as camadas mais superficiais da sociedade, mas minha experiência não é apenas da superfície, e sim do miolo. Nossa geração deveria debater ideias sobre o desenvolvimento da China com os antigos guardas vermelhos e a nova geração de oficiais.

Vou lhe dizer o que penso a respeito dos três períodos da história que você mencionou. Uma grande mudança aconteceu em nosso país depois da Liberação — não se comparam os sistemas de governo antes e depois. Primeiramente, o esquema de propriedade era diferente: sob o Partido Nacionalista, tínhamos um sistema capitalista, mas depois da Liberação a propriedade passou às mãos do povo. Em segundo lugar, as relações pessoais mudaram. Por que, com a Liberação, as pessoas comuns imediatamente responderam ao chamado do Partido Comunista? Antes, as relações eram do tipo capitalista, entre escravos e seus donos, essa é a grande diferença entre os capitalistas e o Partido Comunista. A terceira coisa foi a mudança nos meios de produção: no passado, a gente trabalhava para os donos do capital, mas agora trabalhamos para nós mesmos. Assim, no período depois da Liberação, o povo acreditava que o presidente Mao estava liderando a China na travessia dos Três Grandes Montes do imperialismo, do feudalismo e do capitalismo burocrático; havia grande entusiasmo na sociedade e a confiança na nação crescia; no mínimo, as pessoas comuns passaram a acreditar em si próprias.

Depois desse período, veio uma série de grandes mudanças políticas, que levaram a várias tragédias responsáveis por fazer o país ficar para trás internacionalmente e pela queda no padrão de vida da população. De fato, os danos mais significativos à China foram causados por movimentos políticos tacanhos e ignorantes, que corroeram o autorrespeito que o país acabara de redescobrir depois da Guerra do Ópio. Essa é também uma das razões pelas quais a China atual tem essa obsessão por coisas estrangeiras.

XINRAN: O senhor acha que essa situação resultou de falta de conhecimento ou inabilidade política, ou se deveu às condições econômicas?

YOU: Os prejuízos infligidos ao povo e às empresas não controladas pelo Estado entre 1958 e o fim da Revolução Cultural são impossíveis de calcular. Acredito que esse erro histórico se deveu primordialmente à falta de conhecimento dos líderes. Depois de um longo período de revolução, a luta de classes era tudo o que conheciam, nada sabiam sobre produção e, no fim, cometeram erros políticos. Não posso dizer muita coisa sobre o antidireitismo, as tendências e o movimento de direita, pouco me envolvi com isso, mas meu palpite é de que se tratava de uma batalha política, de uma luta de poder. A principal razão era que os líderes não tinham o conhecimento necessário para administrar um país — naquele tempo, quase ninguém no governo entendia realmente de economia. Deng Xiaoping e outros tinham estudado na França, mas não ocupavam posições importantes e, pessoalmente, acho que Zhou Enhai também nunca ocupou. Há todo tipo de razões pelas quais a China sofreu uma crise de identidade ao final do período dos Três Grandes Montes, mas o que pesou mesmo foi o conhecimento falho dos líderes. Ninguém ousava dizer isso no passado, mas havia um entendimento tácito; na verdade ainda não há abertura suficiente para discutir o assunto.

O povo chinês ainda mantém a perseverança: se erros foram cometidos, serão corrigidos. A sorte do país não foi das piores, realmente; assim que saiu da prisão, Deng Xiaoping reabilitou os fatos e reverteu todos os julgamentos equivocados sobre as pessoas que tanto haviam contribuído para a Revolução.

XINRAN: Do ponto de vista privilegiado de um administrador público de alto nível, o senhor ainda mantém essas mesmas preocupações sobre nosso desenvolvimento? As áreas administrativas e de planejamento do governo ainda mostram um conhecimento limitado do cenário internacional?

YOU: Na minha opinião, existem limitações — não é todo mundo, claro, mas estão fazendo um esforço para acertar. Penso que não será preciso muito trabalho para isso. Por exemplo, Deng Xiaoping implementou o processo de reforma e abertura [pelo qual a China se abriu ao Ocidente], o que contribuiu grandemente para o desenvolvimento econômico do país, mas em termos de nação, como um todo, surgiram desequilíbrios e vários lugares ainda têm muitos problemas. Veja as zonas de indústria pesada do nordeste e a grande expansão da economia na região oeste — são questões de longo prazo, que não podem ser resolvidas num dia. A nova geração de líderes é muito determinada; ampliou a Grande Região Noroeste, incorporando as prósperas metrópoles de Chongqing e Chengdu à porção ocidental. Urumqi era uma cidadezinha com apenas duas ruas, agora é a maior cidade do noroeste e, depois dela, será a vez de Yinchuan [a capital de Ningxia, uma das regiões muito pobres e áridas nas quais os You trabalharam na prospecção de petróleo]. Em outras palavras, seguindo as diretrizes implantadas por Deng Xiaoping, Jiang Zemin conseguiu nos levar a um certo nível de desenvolvimento e agora temos uma oportunidade para restabelecer o orgulho nacional perdido com os movimentos políticos e a Revolução Cultural.

Mas, objetivamente falando, Jiang Zemin e os líderes e oficiais antes dele tinham severas limitações no planejamento da economia, faltava-lhes conhecimento da sociedade global. Confio mais nos líderes atuais, Hu Jintao e Wen Jiabao. Por quê? Porque estão atuando para atender a questões das quais o povo sente realmente que está necessitado. Primeiro com a "Sociedade Harmoniosa",* um conceito que já foi estendido às relações internacionais; nós, chineses, perdemos muito tempo e desperdiçamos vidas com nossas escaramuças internas e os conflitos externos. A segunda coisa é a ideia de que "o povo é a solução": em nossos milhares de anos de história o poder sempre era a solução, razão pela qual nunca respeitamos verdadeira e sinceramente o povo comum. Mas foi a terceira coisa que conquistou a maioria dos corações: a atenção aos camponeses do país.

---

* A ideia de "Sociedade Harmoniosa" foi lançada pelo presidente da China, Hu Jintao, numa tentativa de combater as cada vez mais sérias desigualdades e divisões na sociedade chinesa.

No passado, o Partido e o governo tinham uma música e uma coreografia que mostravam os camponeses como a solução, mas na realidade eram eles que sofriam mais! Agora está muito melhor, boa parte dos problemas dos camponeses em lugares pequenos como Zhendeng foi resolvida. A zona rural por aqui sofreu uma mudança generalizada, tornando-se altamente produtiva, ao passo que antes eram semeados trigo, feijão e outras culturas com baixo rendimento; as sementes de girassol, que não rendiam mais que alguns *jiao*, agora são vendidas por três iuanes e cinquenta *fen* o quilo. Isso aumentou o padrão de vida dos agricultores. Muita gente da cidade acha que não tem nada a ver com os camponeses, mas não é assim! Nos centros urbanos, são os camponeses migrantes que constroem as casas e fazem os trabalhos menos qualificados. Se não se levar em consideração essas pessoas, que são a vasta maioria da população, para resolver os problemas da China, não vai dar certo. Você nunca vai me ver vistoriando com os oficiais aquelas "zonas experimentais avançadas", conferindo "relatórios modelo" ou coisa do tipo. Só quero mesmo é visitar as bases, ouvir o que esses camponeses que jamais abandonam suas terras têm a dizer. A China é uma grande nação agrícola; sem os camponeses como seu alicerce, a paisagem da nação que construímos com tanto sofrimento não se manterá estável ou harmoniosa. Se eles não tiverem uma vida decente, nossa autoconfiança como nação será vã e vazia. É responsabilidade nacional levar harmonia, bem-estar e igualdade ao povo.

XINRAN: Tenho três questões finais. A primeira: os jovens de hoje consideram que, das duas gerações anteriores, uma foi tola e ignorante e a outra, de uma lealdade tacanha. O que o senhor acha disso? Eles estão certos?

YOU: De que ângulo devo olhar essa questão? Esses jovens têm um nível de cultura avançado? O que sabem de história e do que é preciso para construir uma nação? Acho que estão errados.

XINRAN: A segunda: se pudesse escolher, viveria novamente sua época?

YOU: Vamos passar essa, você fala de algo impossível.

XINRAN: A terceira pergunta, então. O senhor pode me contar uma ou duas coisas da sua infância das quais se lembra bem?

YOU: Essa é uma pergunta fácil para mim; jamais esqueci, até hoje, as coisas da minha infância. Vou lhe dar dois exemplos. Quando estava no primário, nossa escola só possuía catorze uniformes, de modo que era preciso ser um bom aluno, um dos dez melhores da classe, para entrar para o Exército dos

Meninos, gente que amava o estudo e o trabalho. Eu queria muito um uniforme; era feito de um pano cáqui, parecido com o das roupas importadas, do tipo que os soldados americanos usavam. Mas, para vestir aquele uniforme, era preciso deixar um depósito de três iuanes. Refleti muito e, finalmente, com lágrimas nos olhos, implorei à minha família pelo dinheiro. Era uma sensação boa vestir aquele uniforme! Todos os dias, no término das aulas, o Exército dos Meninos saía antes, abrindo caminho, seguido pelos demais estudantes, o que realmente nos deixava realizados. Quando chegava em casa, eu rapidamente tirava a farda, dobrava-a com cuidado e guardava. Essa é uma das marcas mais profundas que a infância me deixou.

A segunda teve a ver com a guerra contra os japoneses, quando recolhemos donativos para os soldados que estavam no front e todas as famílias fizeram um esforço por eles. Porém, mais tarde, numa fala do chefe da delegacia local, em que ele mexia e agitava os braços, vimos que estava usando algumas das coisas que tínhamos doado. Pensei: *aiya*, fomos enganados, não mandaram nossas doações para o front, ficaram com tudo para eles! Naquele momento decidi: se algum dia me tornasse um alto funcionário, jamais seria corrupto. São essas as duas marcas mais profundas daqueles anos.

XINRAN: Professor You, o senhor guarda algum desejo irrealizado?

YOU: Ah, desejos irrealizados... na vida pessoal, sim. Sinto-me, mais do que qualquer coisa, envergonhado e culpado por meus filhos. Não lhes dei a oportunidade de uma educação decente. É meu grande arrependimento.

XINRAN: Mas há esperança com seus netos.

YOU: Sim! Há esperança com meus netos! Dedicamos nosso tempo a eles agora, mas é do tratamento aos meus filhos que mais me arrependo!

Nesse momento, ouvimos uma voz vinda do pátio chamando para o jantar.

E assim concluímos aquele dia de entrevistas. Rezei pelo casal de idosos, pedindo que aquelas confidências pudessem lhes trazer um pouco de paz e conforto. Eles realmente tinham dado tudo pela China — a própria juventude, as oportunidades perdidas que os filhos poderiam ter na vida; quantos pais e mães no mundo sacrificariam a felicidade das próprias crianças no altar de um partido político ou de uma nação?

Na manhã seguinte, antes de partirmos, tive outras duas longas discussões com o professor You durante uma caminhada matinal e um piquenique na hora do almoço. Basicamente, ouvi sua análise acerca da atual situação do petróleo no país.

XINRAN: Professor You, nos limites do que pode ser revelado, o senhor poderia me falar em linhas gerais sobre os primeiros recursos petrolíferos descobertos na China?

YOU: Antes de 1949, o país tinha muito pouco óleo; havia apenas três campos de exploração em três lugares. Um deles era o poço de Yanchang, no norte de Shaanxi, uma antiga jazida, aberta nos anos finais da dinastia Qing. Outro era o de Yumen, em Gansu, e o terceiro, o de Dushanzi, em Xinjiang, que tínhamos acabado de começar a explorar com a ajuda dos soviéticos, sem ainda ter iniciado a extração. No total, os três não chegavam a produzir 150 mil toneladas por ano.

Até a Liberação, dependíamos principalmente da companhia americana Mobil; éramos dependentes como nação. Depois da Liberação, por razões políticas, só importávamos petróleo dos soviéticos. Eles nos auxiliaram no desenvolvimento de uma indústria petrolífera; foram os soviéticos quem sugeriram recrutar os estudantes de física do país para a prospecção geológica por petróleo, e assim fez o governo chinês, de modo que os níveis de produção aumentaram um pouco nos primeiros dez anos depois da Liberação; com a descoberta do grande campo de Kelamayi, fomos de 150 mil a 500 mil toneladas.

Naquele momento, quando o Ministério do Petróleo organizou sua Conferência Anual sobre Prospecção, eram apenas em torno de cem os especialistas ali presentes. Vários geólogos foram alocados em Daqing, no nordeste; naquela época, o trabalho na área era muito difícil, é impossível descrever o quanto era árduo. A liderança mandou que resistíssemos até colocarmos Daqing em funcionamento! Foi duro, mas continuamos com o trabalho.

Depois de termos aberto Daqing, descobrimos o campo de Shengli, em Shandong, e o campo do Norte. Foi quando a prospecção geológica no país de fato ganhou impulso e a indústria petrolífera começou a se desenvolver; vieram os anos 60 e a China não precisou mais importar, o que só voltamos a fazer na década de 80, quando nos vimos em desenvolvimento acelerado demais. Nos anos 70, a produção havia aumentado novamente, para aproximadamente 700 milhões de toneladas. Dava para suprir facilmente nossas necessidades e começamos a exportar para a Coreia do Norte e o Japão.

XINRAN: Vi uma reportagem, recentemente, sobre a possibilidade de que um oleoduto russo-japonês venha a passar pelo território chinês. É correto pensar que isso tem forte ligação com o futuro do abastecimento de petróleo no país?

YOU: A melhor opção para a China seria o transporte via oleodutos, ou seja, trazer o recurso dessa forma de países vizinhos, reduzindo assim nossa dependência do petróleo da Ásia Central e via estreito de Málaga. A negociação do duto Archangelsk—Daqing, que ligaria a China à Rússia, fracassou em circunstâncias misteriosas no último minuto, o que lançou uma sombra sobre a perspectiva de um oleoduto como estratégia para o petróleo chinês.

XINRAN: O senhor acredita que essa "derrota" se deveu à pressão dos Estados Unidos e do Japão, ou foi uma manobra russa? Ou a culpa foi dos nossos negociadores?

YOU: Dá para dizer que foi tudo junto. O petróleo é uma questão política agora, como mostram claramente as relações internacionais, e é algo muito perigoso.

XINRAN: Quando a China passou a ter planos de exploração na África? E quando iniciamos relações diplomáticas com o Oriente Médio? Quando foi que as reservas de petróleo da região passaram a nos interessar?

YOU: Mais de cinquenta por cento do que importamos vem do Oriente Médio; faz muito tempo que aquela se tornou uma região com alta demanda tanto de óleo quanto de armas. A Ásia Central responde por cerca de trinta por cento e depois vem a África, que produz aproximadamente vinte por cento do total de importações de óleo cru da China. Estamos agora, oficialmente, tentando entrar em algumas "áreas paralelas e ocupadas". A investida maior é em duas frontes: uma é a África, em particular o Norte africano; a outra é a América do Sul, lugares como Cuba.

Dentro de alguns meses, haverá um encontro reunindo os chefes de governo de 48 nações africanas em Beijing. Será um fórum para a cooperação entre China e África, do qual resultará um plano para o período de 2007 a 2009 que garanta a parceria entre as regiões na questão do petróleo. Nossas relações diplomáticas com os países africanos completaram seu cinquentenário em 2006, coincidindo com o décimo aniversário da entrada oficial da Companhia de Petróleo da China na produção em larga escala de óleo e gás na África. Nossos líderes esperam, o quanto antes, chegar a uma situação em que a economia do continente se torne indissociável do investimento chinês em petróleo. As reservas africanas podem se tornar a fonte de energia da China.

XINRAN: Por que todas as cabeças no mundo do petróleo fazem planos para a África?

YOU: Se você percorrer, num atlas, o golfo da Guiné em direção ao sul, verá um grupo de países africanos todos marcados com o sinal do petróleo — entre os quais a Guiné Equatorial, o Gabão e o Congo, até chegar em Angola, no sul. Há toda uma série de campos com rico potencial recém-descoberto no deserto do Saara, no norte da África, no Sudão, que fica na África Ocidental, e no Chade, na região central do continente.

Na história africana, o petróleo é o sucessor do ouro, do marfim e dos escravos; é tido como mais um dos tesouros "negros" do continente. Por décadas, praticamente todos os magnatas do petróleo no Ocidente têm feito altos investimentos na região. Em dez anos, a Petróleo da China manteve 44 projetos de prospecção em vinte países, treze dos quais no Norte e na porção ocidental.

Pouco antes de o preço do barril começar a subir, a África se tornou outro reservatório de óleo para o mundo, possível sucessora do Oriente Médio. Mas, depois de décadas de exploração, quanto de território virgem ainda resta lá para ser desbravado? Contra gigantes como ExxonMobil, Shell, Total e outras, que chances tem a Petróleo da China de encontrar algo? Esse é realmente um desafio à tecnologia de prospecção e à capacidade de transporte da China.

XINRAN: Nossa capacidade de prospecção o preocupa?

YOU: Em muitos aspectos, a Companhia de Petróleo da China já alcançou padrão internacional (em setores como os da teoria do gás natural em bacias e vales, da tecnologia integrada em prospecção, das imagens de alta definição de reservas petrolíferas e assim por diante. A prospecção de petróleo na China ainda está num estágio intermediário de maturação e nossas reservas, em seu máximo valor bruto e num período de crescimento estável), mas a dificuldade de exploração cresce com o tempo. De maneira geral, os principais campos do país estão entrando em declínio, e conseguir um nível de produção constante fica cada vez mais difícil.

Nossa demanda por petróleo está nas nuvens e isso tem sido apontado como uma das principais razões para a alta considerável nos preços internacionais do petróleo em anos recentes. A China se tornou o segundo maior consumidor de petróleo do mundo, passando o Japão e ficando atrás apenas dos Estados Unidos; estima-se que em menos de dez anos nosso consumo diário cresça de 6 milhões para 11,5 milhões de toneladas. Nossas reservas são seriamente limitadas e em catorze anos podem estar esgotadas. Essa dramática transformação, de nação exportadora de petróleo no passado para uma das grandes importadoras, já se tornou um gargalo para o desenvolvimento do país. A previsão é de que em 2020 pelo menos sessenta por cento do que consumimos precisem ser importados. Elevar nossa capacidade de prospecção a um nível competitivo em face da alta tecnologia já alcançada por outras nações não será tarefa simples em catorze anos.

XINRAN: Se não formos capazes de resolver o problema da exploração, o senhor teme pelo transporte do petróleo importado?

YOU: Nossa frota de navios-tanque no Extremo Oriente é lamentavelmente pequena; não dá conta das importações sempre crescentes. Mais de noventa por cento delas precisam ser feitas por mar e, por sua vez, noventa por cento do petróleo embarcado é transportado por navios estrangeiros. O que leva a outra questão ainda mais séria: o fator humano — são pessoas encarregadas da segurança nacional na questão do petróleo. Para assegurar nossas reservas energéticas, a Companhia de Navegação da China está construindo uma frota de navios-tanque de primeira linha.

XINRAN: Além dos problemas com a prospecção, a exploração e o transporte por mar, o senhor vê outros desafios urgentes para o petróleo chinês?

YOU: Nossa diplomacia nessa área me preocupa; podemos ficar de lado e deixar que os outros países briguem entre si. Mas nossa estrutura interna e nossas organizações são motivo de preocupação. Em 1998, como parte das reformas que o país realizou na indústria petrolífera, a antiga companhia encarregada foi dividida nas três que temos hoje, na esperança de que isso estimulasse a competição. Mas até agora não há sinais dos resultados previstos, não se desenvolveu um ambiente competitivo, foi justamente o contrário: criou-se um monopólio, com as três companhias avançando sobre os campos de influência que dividiram entre si. O governo deveria estar alerta para evitar isso; os grupos petrolíferos poderiam manipular o mercado para coagir o governo.

Quando concluíamos as entrevistas para este livro, vi uma matéria na CNN: em 27 agosto de 2006, o Chade, uma das nações africanas emergentes por causa do petróleo, subitamente ordenou que duas das gigantes do setor — a americana Chevron-Texaco e a companhia de petróleo da Malásia — deixassem o país. A reportagem afirmava que o real interesse por trás da decisão do governo era abrir caminho para a petrolífera chinesa Sinopec; com toda a probabilidade, tratava-se de "guardar lugar" para a Sinopec no Chade. Analistas ouvidos diziam que, se aquilo fosse verdade, significaria uma grande mudança nas relações políticas em todo o continente. Espero que, em consequência, não estejam se armando novamente os mesmos campos de batalha vistos no Oriente Médio e a região não se transforme na "bola da vez" para a indústria armamentista.

Ao telefonar à sra. You para uma checagem final do meu texto, ela me disse que ainda estava refletindo sobre minha duas difíceis questões: "Quais foram as três maiores tristezas e as três maiores alegrias da sua vida? A senhora é tão bem-sucedida, uma dessas pessoas que inventaram uma era; aos olhos das pessoas de hoje, dos jovens, valeu a pena?".

5. Acrobata: a filha de um contrarrevolucionário que ganhou a medalha nacional

Yishujia, em cima, nos anos 50.

Em turnê na América do Sul, década de 90.

YISHUJIA, *de sessenta anos, uma famosa acrobata, entrevistada em Qingdao, na província de Shandong, costa leste da China, movimentada região portuária colonizada por alemães antes da Primeira Guerra e, mais tarde, por japoneses. O pai de Yishujia foi rotulado de contrarrevolucionário e encarcerado por cinco anos, deixando os cinco filhos para serem criados pela mulher, o que levou Yishujia a entrar para uma trupe itinerante de acrobatas antes de completar doze anos. A Revolução Cultural mudou a natureza de suas performances, mas a arte sobreviveu. Ela se tornou uma acrobata nacional de primeiro nível, se apresentou por toda a China como uma "artista de valor" e percorreu vários países como embaixadora da cultura chinesa. Seu filho, Hu, é mágico e músico profissional atuando na Inglaterra.*

Hu é mágico profissional, além de tocar saxofone e um instrumento de sopro tradicional chinês, chamado *suona*. No primeiro minuto de uma conversa com ele, tem-se a sensação de que os 3 mil anos de etiqueta praticados na China ainda subsistem no mundo: sua curiosidade educada pelos conhecidos, suas mesuras graciosas e sua modéstia calculada. Ali pelo segundo minuto, é difícil acompanhá-lo: você tem de se concentrar muito para seguir o caminho tortuoso de sua fala, afastando cuidadosamente os adjetivos e organizando todas as sentenças subordinadas numa sequência lógica até descobrir a "intenção crua" de seu verbo. Mas, no terceiro minuto, tudo se torna subitamente claro, dá vontade de ir atrás das palavras, enquanto ele já reserva espaço na própria mente para o que o interlocutor tem a lhe dizer. Era o que ele antecipava nos dois minutos anteriores, preparando o terreno com toda aquela cortesia. Jamais imaginei que a moderna sociedade chinesa, arrasada e embrutecida pela política, pudesse produzir um "chinês autêntico", um homem de menos de quarenta anos em quem os costumes tradicionais da China permaneciam em estado de pureza, um jovem capaz de emergir imaculado do ambiente fast--food ocidental.

Conversei com Hu a respeito dos sentimentos e das perdas experimentados pelos chineses que migram para o Ocidente. Esperava compreender melhor os valores da nova geração de jovens do país que saiu para ganhar a vida no exterior. Mas tudo o que ele me passou foi uma indelével sensação de responsabilidade: culpa por não ter conseguido salvar o pai, angústia por sua incapacidade de cumprir as obrigações em relação à mãe viúva, vergonha porque a cultura chinesa verdadeiramente refinada e elegante não tem reconhecimento no Ocidente. Para falar a verdade, em mais de uma década morando na Inglaterra, poucas vezes eu encontrara um jovem compatriota com tal peso de responsabilidade.

Há algum tempo buscava uma oportunidade para entender esse amigo "autêntico", mas era muito difícil. Para mim, sua personalidade era como uma fortaleza construída sobre a idade, a época e o gênero; era complicado para uma mulher da geração da mãe dele penetrar seu "reino de causas e efeitos". Foi então que, um dia, ele me contou que sua mãe vinha à Inglaterra visitá-lo, que ela não falava inglês nem tinha a menor ideia de como andar por Londres, e se não seria possível que eu a apresentasse a alguns amigos chineses.

A mãe de Hu, Yishujia, era uma acrobata nacional de primeiro nível e uma das poucas detentoras da medalha Oito de Março por Conduta Modelo.* Era difícil de acreditar que, com seu andar ágil e gracioso, ela fosse uma mulher de mais de sessenta anos. Dava para notar imediatamente a energia e o entusiasmo jovens que haviam ficado dos anos de treinamento. Na primeira vez que nos encontramos, seu sorriso e seu jeito tranquilo me fizeram imaginar que levara uma vida sossegada e confortável, uma sorte rara durante o último século na China. Deixei passar completamente o que estava por trás daqueles sorrisos e brincadeiras.

Convidei mãe e filho para passarem o Natal conosco em Londres. No jantar, depois do peru assado, servimos um prato de queijos. Fiquei preocupada, achando que Yishujia não assimilaria um gosto que geralmente os chineses consideram quase insuportável, mas observei-a tirando um pedaço do queijo, depositando-o no próprio prato, depois cortando uma fatia menor e levando-a à boca, sem deixar de sorrir. Nesse momento parei de me preocupar e

---

* Uma valiosa distinção concedida todos os anos, no dia 8 de março (Dia Internacional da Mulher), às mais destacadas trabalhadoras e por níveis: nacional, provincial, da circunscrição e do município.

me voltei aos demais convidados, mas, quando olhei de novo, ela não estava ali. Fui atrás da convidada no banheiro, de onde vinham ruídos abafados de alguém vomitando. Esperei em silêncio do lado de fora até que a porta se abriu e ela apareceu, algumas lágrimas ainda molhando seu rosto. "Estou bem, só estava sendo gulosa e engasguei com alguma coisa, então precisei me aliviar. Fiz você ficar preocupada por nada." Quando ouvi suas palavras, dei-me conta: aquela era uma mulher cujo autocontrole era admirável. Naquela noite, ao me despedir dela e do filho, combinei um dia para que viesse tomar chá comigo. Ela veio na data marcada e me mostrou sua verdadeira personalidade: uma filha que vivera cada dia à espera da mãe; uma chinesa tradicional cujo marido morrera e o filho morava longe; uma acrobata nacional de primeiro nível que batalhara pelo próprio futuro, depois de o pai ter sido acusado de contrarrevolucionário, e crescera junto com a mudança de status de sua arte na China, que havia passado de amadora a profissional; uma mãe que criara uma criança pura e autenticamente chinesa. Era uma história sem o véu da política, despida dos brilhos e ornamentos da vaidade.

Yishujia foi a pessoa mais jovem que entrevistei. Ela concordou em vir a Qingdao, que fica a certa distância de sua casa na cidade de Jinan, porque não queria que "as coisas do passado que emergissem do fundo do mar" agitassem as águas de sua vida presente. Eu esperava que, ao encontrar distanciamento de tudo, ela fosse capaz de acomodar suas infelicidades e seus pesares.

Chegamos a um hotel de veraneio no litoral de Qingdao, na península de Shandong, leste da China, no dia 14 de agosto. Com temperaturas de até 39 graus, fazia um calor atípico em Qingdao, famosa tanto pelos verões frescos e agradáveis quanto pela cerveja local, Tsingtao. Mas o Festival Internacional da Cerveja, evento que acontece ali todos os anos, não parecia ter sido afetado: centenas de milhares de amantes da bebida vindos do mundo todo viravam as noites em festa, apesar da onda de calor, a ponto de algumas pessoas confundirem uma chuva noturna de verão, presente dos céus, com os "rios de cerveja nas ruas".

Realizamos nossa entrevista com Yishujia numa hospedaria do governo à beira-mar. Ela se tornara, para mim, uma pessoa ao mesmo tempo muito estranha e familiar: não era mais a vivaz e animada professora Yishujia de anos passados, sorridente e de riso fácil. Em vez disso, mostrou-se "pronta para a batalha", com todas as respostas preparadas de antemão, como se aquilo fosse um interrogatório político. É a maneira clássica de se comportar dos chineses diante de uma entrevista filmada, e também um estágio de postura "travada" que é preciso superar antes de se conseguir um diálogo franco.

Adotei um tom pausado e cuidadoso e fiz a primeira pergunta de um jeito aparentemente casual.

XINRAN: Professora Yishujia, depois que se aposentou, sobre o que a senhora mais pensava?

YISHUJIA: Revia as lembranças do passado, um pouco de tudo.

XINRAN: Qual é sua lembrança mais antiga?

YISHUJIA: Acho que é da minha mãe me levando para visitar meu pai. Naquela época, ele trabalhava em algum lugar nas imediações de Jinan, e minha mãe me levou e à mais velha das minhas irmãs pequenas para vê-lo, as duas montadas em lombo de burro no caminho através das montanhas.

XINRAN: A senhora se lembra onde seu pai estava?

YISHUJIA: Não me lembro onde era, sei apenas que lá, à noite, dava para ouvir lobos uivando.

XINRAN: De que tipo de família vieram seus pais? Até hoje é um pouco confuso, para mim, o histórico da minha própria família. Sei que meu bisavô era dono de restaurantes em lugares distantes como a Malásia, o Japão e Singapura, que não se chamava Singapura naquele tempo. Mas ninguém da geração do meu avô quis tocar o negócio, preferiram ir trabalhar em bancos ou para as companhias do Extremo Oriente, de modo que os restaurantes foram vendidos. Na geração do meu pai, a família, que era grande, se dividiu em dois grupos: um foi para os Estados Unidos trabalhar para empresas ocidentais, o outro aderiu ao Partido Comunista e ficou na China. E sua família, de que tipo era?

YISHUJIA: Só consigo me lembrar que a família do meu bisavô paterno era do vilarejo de Honsong, na circunscrição de Zhouping, em Shandong. Meu bisavô morreu jovem, com cinquenta anos apenas, e minha bisavó perdeu a visão por causa de uma doença, mas conseguiu criar meu avô e minha tia-avó sem ter se casado de novo. Antigamente, as viúvas jamais se casavam novamente por se manterem fiéis aos maridos mortos. Os filhos só podiam andar de cabeça erguida se sua mãe cumprisse esse dever. Pelo que entendia quando pequena, porque meu tio-avô era formado na universidade, toda a família pôde estudar. Ele era professor. Minha bisavó era quem sustentava todos naquela época, era muito difícil para ela. Uma vez que meu tio-avô começou a trabalhar como professor, levou com ele para Jinan todos os meninos da família, para que frequentassem a escola — os filhos da minha tia-avó, meu pai e meus tios. Dos demais parentes, todos os homens da geração do meu pai também estudaram.

XINRAN: Mais ou menos com que idade a senhora foi para a escola primária?

YISHUJIA: Tinha sete anos.

XINRAN: Como era a escola?

YISHUJIA: Minha escola era a melhor de Jinan — meu tio-avô era professor lá.

XINRAN: Quantos meninos e meninas havia quando a senhora chegou?

YISHUJIA: Eram quarenta ou cinquenta crianças na minha classe, muito mais meninos que meninas.

XINRAN: Com tantas pessoas da sua família frequentando a escola, vocês tiveram problemas com os movimentos políticos depois da Liberação?

YISHUJIA: Naquele tempo, minha família era dona de uma casa grande numa extensa propriedade; tínhamos criação de animais e empregados que trabalhavam na terra. Pouco antes da Liberação, meu tio-avô vendeu boa parte da propriedade. Minha bisavó ficou lívida, bateu nele e o xingou, mas depois viu que ele enxergara à frente: como nossas posses haviam sido vendidas, quando o governo baixou os estatutos de classe, depois da Liberação, fomos classificados como médios agricultores, em vez de proprietários, pelo que poderíamos ter sido perseguidos. E isso não significava apenas perder nossas casas, era uma questão de vida ou morte.

XINRAN: Sempre me surpreende como aquelas pessoas de antigamente eram capazes de perceber para onde ia a sociedade. Meu avô paterno doou parte considerável do seu patrimônio ao governo depois da Liberação: bancos, armazéns, barcos, fábricas, deu tudo pela causa sem reclamar. Muitas das pessoas que, junto com ele, tinham sido rotuladas de capitalistas foram atacadas, seus filhos implicados, o que geralmente terminava em sofrimento ou morte; mas meu avô, afora a década da Revolução Cultural, que ele passou na prisão, viveu em paz até a morte, aos 97 anos, sem que tivesse sua reputação manchada e com os filhos todos vivos e bem.

YISHUJIA: Humm, caso raro.

* * *

Senti que Yishujia estava muito na defensiva com minhas perguntas, então tentei criar um chão comum com histórias sobre a geração dos meus avós: por ocasião da morte do meu avô, uma multidão veio expressar suas condolências, quase mil pessoas em uma semana. Meus tios e tias ficaram espantados, ninguém sabia dizer por que tantos conhecidos do morto tinham aparecido.

YISHUJIA: Ah, eu sei por que nem mesmo sua família soube a razão.
XINRAN: Por quê? [Achei que ela começava a se abrir, mas estava errada.]
YISHUJIA: Diga-me você, gosto de escutar!
XINRAN: Muitas das pessoas que vieram prestar-lhe homenagem se ajoelhavam diante da fotografia dele e contavam suas histórias. Mais tarde, minha tia disse que, vendo aquilo, sentiu remorso por não ter ouvido mais as histórias do meu avô enquanto ele estava vivo. Mas os membros mais jovens da família nunca se atreveram a perguntar sobre essas histórias aos parentes mais velhos, e tampouco estes falam muito do seu passado, especialmente os que, à base de trabalho árduo, braçal, saíram do nada, e achavam que por isso eram de uma classe inferior aos outros. E há ainda aqueles que sentem dificuldade em falar, particularmente os que tiveram ligação com o capitalismo a partir dos anos 50 — a maior parte deles evita a todo custo mencionar o passado.
YISHUJIA: Você tem razão, e esse pessoal é maioria.

Não esperei que ela continuasse, segui falando da minha própria família.

XINRAN: Ajoelhadas diante do retrato do meu avô, algumas senhoras idosas que tinham sido prostitutas nos anos 40 contaram à minha tia que meu avô salvara suas vidas quando o Partido Nacionalista fechou o cerco aos profissionais do crime [o que incluía prostitutas] para limpar a sociedade. Ele as admitira em uma de suas fábricas, dando-lhes a chance de largar aquela vida e aprender uma profissão, o que evitou que fossem executadas como muitas outras na mesma situação.

YISHUJIA: Eu ouvia os mais velhos contarem que o Partido Nacionalista era bastante cruel quando assumiu o poder — fuzilaram pessoas em Nanjing e chamaram aquilo de "limpeza social rigorosa". Depois veio o Partido Comunista, usou as mesmas palavras e fez coisas parecidas. Uma porção de mulheres que tinham sido prostitutas antes de 1949 foi perseguida e morta.

XINRAN: Realmente, entre os anos 40 e os 90, tanto o Partido Nacionalista quanto o Partido Comunista mantiveram políticas muito duras. Acho que talvez 25% da população do país tenha sido maltratada ou condenada injustamente nesse período, mais da metade gente com estudo.

YISHUJIA: Meu pai foi rotulado como um ativo contrarrevolucionário por pouca coisa. Quando saiu de casa para frequentar a escola em Jinan, ele ficou amigo de um membro clandestino do Partido, que não podia revelar ao meu pai sua condição, mas disse: "Se acontecer de eu desaparecer, não fique por aqui, vá para casa". Só que meu pai esqueceu aquilo. Mais tarde, quando o Oitavo Exército Guerrilheiro chegou a Jinan e cercou a cidade, meu pai não podia sair à rua, mas precisava comer. O Partido Nacionalista havia criado uma unidade das San Qing Tuan — as Três Ligas da Juventude — e quem se engajasse nela conseguia trabalho e comida. Assim, em Jinan, muita gente cuja família não tinha muito dinheiro se juntou a essa organização.

XINRAN: As San Qing Tuan, acusadas de serem contrarrevolucionárias nos anos 50? Isso é sério.

YISHUJIA: Ele era apenas um estudante ingênuo naquele tempo, não entendia de política e se engajou por medo de passar fome. Jinan foi liberada depois de três meses, durante os quais meu pai pôde comer, mas ele os amargou uma vida inteira.

XINRAN: Uma vida inteira de sofrimento só por causa de três meses nas San Qing Tuan?

YISHUJIA: Ele não tinha feito nada de errado, não sabia atirar nem queria lutar, era apenas um estudante de arquitetura, mas se tornou um "homem mau", que jamais teria razão no que dissesse, por causa das tais San Qing Tuan. E até hoje não sei exatamente o que era esse negócio, não consigo imaginar o que faziam de tão terrível.

XINRAN: O Partido Comunista tem a Liga da Juventude Comunista, certo? Era o primeiro passo para entrar no Partido e, depois de 1949, você tinha de pertencer aos quadros se quisesses chegar aos cargos importantes do governo.

Da mesma forma, as San Qing Tuan eram a versão do Partido Nacionalista para a Liga da Juventude, o primeiro passo para fazer parte da organização, o que naturalmente a transformou em inimiga do Partido Comunista.

YISHUJIA: Certo, mas, mesmo se tratando de uma organização política, em três meses estava destruída, desapareceu assim que a cidade foi liberada. Meu pai lamentava muito tudo aquilo; se ao menos tivesse se lembrado do que o rapaz lhe dissera, para fugir se não o encontrasse mais, ele teria se livrado... Aí ele se meteu em encrenca novamente logo depois da Liberação, quando o grande prédio do governo municipal estava em construção. Ele era o supervisor, responsável por checar se a obra estava saindo de acordo com o projeto, mas descobriu que a escada que levaria ao porão fora projetada sem corrimão, e ainda que a impermeabilização não era adequada, então se dirigiu aos seus superiores pedindo modificações. Mas os líderes naquele tempo eram oficiais camponeses que tinham lutado e se estabelecido em Jinan, não compreendiam, só lhes interessava o que fosse "maior, melhor, mais rápido e mais barato", além de fazer revolução. Meu pai lhes pediu para interromper a obra até se fazerem os ajustes, mas, se isso significava atrasar a tarefa revolucionária, nem pensar! Então, na inspeção final, um oficial de alta patente que tinha vindo aprovar o projeto quase escorrega e cai porão abaixo — e aquela escada sem corrimão se torna prova contra meu pai, uma conspiração para abater um oficial revolucionário. Ainda por cima, logo apareceram as infiltrações e a impermeabilização virou sabotagem deliberada! Ninguém ousava testemunhar em favor de um contrarrevolucionário naqueles dias, de modo que meu pai foi preso! Nunca vou esquecer esse dia. Aqueles policiais todos invadindo nossa casa, e outros mais no pátio. Meu pai não disse uma palavra, eles simplesmente o levaram e eu nem desconfiava o motivo daquilo. Minha mãe tampouco, pois meu pai nunca discutia os problemas do trabalho com ela. Naquela época, todos eram muito discretos acerca da "disciplina organizacional", era proibido falar do trabalho com a esposa ou a família.

XINRAN: Com seu pai sendo preso na frente de todos, como os vizinhos e outras pessoas passaram a tratar vocês?

YISHUJIA: Alguns foram muito generosos, mantiveram relações conosco, mas, por qualquer coisinha, eu era chamada de filhote de presidiário.

XINRAN: Quanto tempo seu pai ficou preso?

YISHUJIA: Cinco anos, acho, embora tivesse sido sentenciado a vinte. Meu pai nunca aceitou a pena, recorreu e, finalmente, o pessoal de cima mandou alguém para examinar a cena do crime e conferir outra vez o projeto. No fim ele foi reabilitado.

XINRAN: Enquanto seu pai esteve na prisão, como sua mãe fez para ganhar a vida e criar vocês?

YISHUJIA: Ela era vigia numa indústria química administrada pela comunidade; mais tarde, passou a fazer bordados. Tínhamos apenas doze iuanes por mês para comida, roupas e todo o resto numa família de cinco pessoas, era muito duro.

XINRAN: Foi por isso que a senhora começou a trabalhar tão jovem?

YISHUJIA: Minha mãe não teve escolha — saindo de casa para trabalhar, eu seria um peso a menos para a família.

XINRAN: Depois que a senhora saiu, como os outros se mantiveram? Sua mãe falava sobre isso?

YISHUJIA: Só sei com certeza que minha mãe passou por dificuldades extremas, mas ela era uma mulher forte, nunca disse nada. [Lágrimas rolam por sua face.] Sempre que falo da minha mãe me sinto tão triste, ela sofreu tanto! A vida toda, e morreu cedo também...

Ficamos em silêncio por um tempo, mas não parei a filmagem. Ao vê-la chorar na minha frente, vieram-me à mente as muitas outras mulheres que eu havia entrevistado: quantas, na China, trabalharam dia após dia, noite após noite, sacrificando-se para criar os filhos neste deserto de humanidade? Nós, chineses, usamos nossas mães como velas que se derretem para lançar sua luz sobre o resto.

Não continuei com as questões sobre a mãe dela. Sabia que aquele era um assunto muito, muito doloroso.

XINRAN: Sei que a senhora se juntou a uma trupe de acrobatas antes dos doze anos — poderia contar alguma coisa sobre esses primeiros tempos? Como eram os treinamentos? Onde vocês se apresentavam? Como eram os líderes do grupo? Acho que isso deve ter ficado gravado profundamente na sua memória.

YISHUJIA: Bem no começo eu não me apresentava, apenas tinha aulas e praticava minhas habilidades acrobáticas — a cintura, as pernas e o topo da cabeça são muito importantes na acrobacia chinesa. Eu me levantava muito cedo todos os dias; de manhã, depois do café, tínhamos aulas e treino; às vezes íamos para a escola à tarde, outras vezes à noite. Nunca dormíamos o suficiente, vivíamos cochilando — uma vez, numa aula de saltos, dei alguns mortais e caí no sono na mesma hora. Tinha treze anos a primeira vez que me apresentei. Era a coreografia "Caçando borboletas" — ainda me lembro dela. Virei três mortais e por muito pouco não aterrissei fora do palco, onde ficava muito escuro — uma vez que as luzes eram acesas, não se enxergava nada lá embaixo.

XINRAN: Em que tipos de lugares vocês costumavam se apresentar? Como o público reagia?

YISHUJIA: Íamos principalmente à zona rural e às regiões de montanha. Os camponeses não tinham acesso a atividades culturais o ano inteiro e adoravam acrobacias, algo que podiam compreender mesmo sem ter estudo, de modo que praticamente todas as famílias vinham nos assistir, muitas e muitas pessoas. Naquele tempo, não havia luz elétrica no campo, lamparinas gigantes serviam de iluminação para os espetáculos que realizávamos como forma de levar entretenimento aos camponeses e promover as políticas do Partido. Às vezes seguíamos rapidamente para a próxima parada; era fazer dois shows e ir embora, depois mais dois e partir novamente. Todas as nossas coisas viajavam numa grande carruagem, às vezes até mesmo dormíamos nela — aqui e ali dava um solavanco e alguém tomava um tombo. Quase sempre dormíamos no chão; se arranjássemos um quarto, ele não teria janelas, e larvas nos serviriam de companhia. Com o tempo, as condições melhoraram um pouco — conseguimos um trailer, mais tarde viajávamos em caminhões, trens e balsas e, já nos anos 80, depois do processo de reforma e abertura, até tomamos um avião. Quando nos aposentamos, brincávamos que nós, acrobatas chineses, tínhamos experimentado tudo, menos submarinos e o *Shenzhou VI*.* Ha!

XINRAN: A senhora disse que a trupe se apresentou em muitos vilarejos

---

* Shenzhou VI foi o segundo voo espacial tripulado da República Popular da China, lançado em 12 de outubro de 2005 por um propulsor do tipo Longa Marcha a partir do Centro de Lançamento de Satélites de Jiuquan, no deserto de Gobi.

— como eram essas apresentações? Acho que para muitos jovens deve ser impossível imaginá-las: sem um teatro, ou luzes, ou um palco adequado, como vocês levavam os espetáculos?

YISHUJIA: No campo, usávamos os locais de beneficiamento da colheita. Alguns deles, enormes, tinham uma elevação natural como palco, outros não.

XINRAN: Para que esse palco natural?

YISHUJIA: Não sei, para cantar ópera, talvez? A zona rural era bastante pobre, mas ainda assim havia gente que ia até lá para cantar a ópera tradicional, comerciava e cantava ópera ao mesmo tempo — um pouco como ir à feira, eu acho.

XINRAN: Já vi algo parecido, uma grande apresentação de acrobacias em dia de feira — condições nem um pouco apropriadas para uma performance!

YISHUJIA: Tem toda razão! Fazer malabares com os pés, por exemplo: se por acaso o vento estivesse mais forte, eles desviavam para um lado na primeira rajada e aí, vum, em outra direção, era muito difícil! Se as acrobacias fossem com guarda-chuvas, e usando os pés, vum, um sopro de vento e a gente não via mais guarda-chuva nenhum!

XINRAN: Se a acrobacia falhava, como o público reagia?

YISHUJIA: Você tinha de tentar de novo. Se acertasse da segunda vez, ganhava aplausos; do contrário, seria vaiada como uma tola desastrada — os camponeses são gente muito simples, você sabe.

XINRAN: A senhora se acostumou à vida no campo?

YISHUJIA: Naquela época, eu não conhecia nada além da vida com a trupe, não me incomodava realmente. Não era muito confortável no inverno. Sempre tive dores nas articulações desta perna, e por quê? Num ano em que nevou muito e nossa janela não tinha mais que uma veneziana de bambu como proteção, estávamos muito cansadas e dormimos no primeiro canto que encontramos, agarradas em pares para nos aquecer. Um acolchoado não cobria quatro pernas, a minha ficou exposta e congelou, uma loucura como coçava e doía, e agora que estou velha tem me causado incômodo.

XINRAN: O que vocês cozinhavam?

YISHUJIA: Carregávamos nossa cozinha conosco, panelas, tigelas e conchas, óleo, sal, molho de soja e vinagre, tudo, e comprávamos os vegetais disponíveis onde estivéssemos.

XINRAN: Qual foi o lugar mais pobre onde pararam?

YISHUJIA: Não havia lugares ricos naquele tempo. Shangqiu, em Henan, deve ter sido o mais pobre. A esposa de um dos membros da trupe vivia lá e os filhos deles nunca tinham comido carne ou peixe. Os invernos eram extremamente frios e, no Ano-Novo, as crianças eram obrigadas a recolher peixinhos nos canais, para a refeição da noite, a família toda reunida em torno de uma simples panela com sopa de peixe.

XINRAN: Durante quanto tempo vocês fizeram essas turnês?

YISHUJIA: Até a Revolução Cultural. Até ali, íamos à zona rural em determinada época, todos os anos, para as apresentações aos camponeses, mas, iniciada a Revolução Cultural, fomos gradualmente abandonando o campo e nos concentrando em performances revolucionárias na cidade. Em todo caso, nosso salário, pago pelo governo, era o mesmo onde quer que fôssemos — recebi 29 iuanes e cinquenta *fen* por mês durante dez anos, o que hoje em dia mal dá para uma família comer fora!

XINRAN: Quando a senhora pensa nas óperas revolucionárias, elas não lhe parecem ridículas? Eu as acho muito estranhas. Pensei muito nelas ao me preparar para ouvir sua história. Parece-me que é possível inserir slogans revolucionários em espetáculos como óperas, balés ou peças, mas como incluí-los, ou as citações do presidente Mao, num show de acrobacias?

YISHUJIA: Era realmente ridículo, éramos todos uns idiotas. Encenávamos batalhas, ou coisas como a "perseguição ao espião", ou a captura de soldados americanos, esse gênero de entulho revolucionário, sempre envolvendo guerra e matanças. Alguns dos acrobatas tinham belas vozes, então cantavam em meio às demonstrações, mas eu não era um deles. Às vezes usávamos bastões nas acrobacias e simulávamos o Exército de Libertação do Povo em ação. E os solos? Os rapazes faziam grandes saltos mortais, enquanto as moças, ao fundo, completavam a coreografia com saudações aos "10 mil anos de longa vida a Mao Tse-tung!". O talento acrobático basicamente se perdia. Quando visitávamos as unidades do Exército para mostrar nosso apoio, apresentávamos "Em louvor de Men He", pois queríamos estar de acordo com o modelo revolucionário. Esse Men He foi um herói da Liberação, morreu como herói, ajudando as pessoas comuns. Aqueles que faziam o papel do povo no espetáculo tinham de usar a braçadeira da Guarda Vermelha.

XINRAN: Durante a Revolução Cultural, era inevitável, até para os estrangeiros, declarar publicamente sua posição. Quem concordou, sobreviveu, os outros pereceram. Como a senhora se sentiu ao ter de trocar o uniforme de acrobata nacional pelo da Guarda Vermelha?

YISHUJIA: Ninguém ousava ter opinião naqueles dias, simplesmente sabíamos que era preciso manter a imagem revolucionária, era a Revolução Cultural, o que mais poderíamos fazer? E na verdade sentíamos que o uniforme nacional estava velho, e devíamos destruir o antigo e abraçar o novo, de modo que precisávamos vestir algo diferente. Como os jovens de hoje, que usam essas porcarias de roupas para estar na moda, também pensávamos assim, na época.

XINRAN: E qual era a diferença entre as performances dessa época e as coisas que vocês faziam antes?

YISHUJIA: Originalmente era pura arte e talento. Durante a Revolução Cultural, virou demonstração revolucionária e a gente tinha de enfiar falas nos números para promover o pensamento de Mao Tse-tung.

XINRAN: Então nossa arte acrobática tradicional eram apenas os movimentos casados com música, e durante a Revolução Cultural vocês passaram a falar, como numa peça?

YISHUJIA [ri alto]: Sim, era uma falação.

XINRAN: Não consigo imaginar que acrobacias eram essas! Quem dizia as falas? E como? Não é necessário controle respiratório para fazer acrobacia? Dá para controlar a respiração enquanto fala?

YISHUJIA: Os movimentos não interessavam, o importante era gritar os slogans e ter atitude revolucionária. Por exemplo, depois de completar uma acrobacia com bastões, eu dizia: "Revolução não é crime, rebelar-se é justo!", e então passava ao próximo número. Era verdadeiramente ridículo, pensando agora. Naquele tempo, éramos todos lunáticos, alguns realmente loucos, outros fingindo ser; se não fosse, a gente não daria conta da pressão política nem se adequaria à ideologia corrente.

XINRAN: Como uma acrobata nacional de primeiro nível, qual foi sua maior realização na acrobacia?

YISHUJIA: Quanto você entende de acrobacia?

XINRAN: Não entendo, apenas assisti a performances, é um grande mistério para mim.

YISHUJIA: Há quem diga que acrobacia é um nome abrangente para todo tipo de arte que envolva superar os limites do corpo humano. Essa definição não é muito precisa, na verdade. Acrobacia é expressão, adestramento de animais, interpretação, talento com a voz (incluindo imitação de bichos, vozes engraçadas, teatro de bonecos e de sombras e congêneres) e ainda muitos outros diferentes e variados tipos de técnicas e habilidades, como engolir espadas, comer fogo, cortar pessoas ou cavalos ao meio, coisas desse tipo. Por isso, os antigos também se referiam à acrobacia como "teatro estranho", "os cem atos" e "teatro de malabares".

Comparada à acrobacia de outros países, a arte chinesa tem características próprias e especiais: damos bastante importância à cintura, às pernas e ao topo da cabeça, e é a isso que remetem expressões como "movimentos artísticos e luta performática" e "solos da Ópera de Beijing, a arte de usar a cabeça na acrobacia". Buscar estabilidade no risco, repouso no movimento, estranheza no ordinário para chegar à perfeição; o que há de especial nessa arte aparece mais plenamente no espetáculo *gucai*: o artista veste apenas um robe longo, mas é capaz de tirar mil maravilhas dali; a ideia básica é criar vida a partir do nada, peso e leveza lado a lado, guarda-chuvas floridos delicados como papel, bolas coloridas, tudo jogado para o alto a esvoaçar, rodopiar e flutuar.

A acrobacia chinesa é bastante adaptável: dá para montar um palco e fazer o show em praças, teatros, ruas ou quartos de hotel, para cem pessoas ou uma. É o charme único da nossa acrobacia, no que a China é tida como o melhor país do mundo.

Minhas especialidades eram o diabolô, os truques de mágica e os malabarismos com os pés leves e pesados. Com os pés pesados quer dizer usando malabares, com os pés leves, guarda-chuvas. Dá para dizer que minha grande habilidade era com os pés pesados; em segundo vinham os "tambores e gongos da montanha", um número musical que inventei em que tocava com os pés e as mãos, estas mantendo o ritmo e aqueles levando a música. Quando era mais nova, subia no alto de uma pirâmide humana e era lançada junto com os malabares; depois que fiquei mais velha e pesada, passei a me postar mais embaixo na pirâmide; na última década, mais ou menos, era eu quem lançava os outros junto com os malabares!

XINRAN: Quantos espetáculos a senhora fez na vida?

YISHUJIA: Não consigo me lembrar quantos nem o número de lugares diferentes, mas me lembro sim, e com certeza, que apenas na América do Sul fiz mais de quinhentos shows.

XINRAN: A trupe não mantém um histórico?

YISHUJIA: Quase nenhum registro sobreviveu à Revolução Cultural, e esse histórico só foi mantido a partir dos anos 90. É uma tragédia, devo dizer, que todas essas relíquias de cultura tenham sido queimadas; nos palácios da dinastia Tang [618-907 d.C.], a acrobacia era tão importante quanto a música e a dança, do que havia, dizem, vários registros em livros de história. Depois das dinastias Song e Yuan [séculos X a XIV d.C.], essas artes passaram a ser menos valorizadas e a acrobacia se tornou uma profissão humilde, trabalho de gente pobre. Quem registraria a vida dessa gente? Parece que nossa trupe não manteve registros até depois da Liberação. E é uma pena que tenham sido queimados durante a Revolução Cultural, um pecado e uma vergonha.

XINRAN: Antes de vir, consultamos diversas reportagens a seu respeito na mídia. Quantos países a senhora visitou?

YISHUJIA: Bem, fomos ao Japão pela primeira vez em 1981; depois disso, voamos para todo canto: Paquistão, Japão, Estados Unidos, Sri Lanka... onde fica Manila?

XINRAN: É a capital das Filipinas.

YISHUJIA: Isso, Filipinas. Depois ficamos na Colômbia por mais de um ano, mas nunca nos apresentamos na Europa.

XINRAN: Como a senhora reagiu a essas viagens internacionais?

YISHUJIA: Estranhei bastante o Japão e os Estados Unidos, os outros países eram mais ou menos como aqui. A diferença com os americanos era tão grande. As pessoas lá eram mais civilizadas. Vou lhe dar um exemplo prático: nos ônibus ninguém se empurra, formam fila sem precisar mandar. As cidades também eram mais limpas que as nossas — depois de dois meses lá, as solas dos sapatos nem tinham sujado. Hoje em dia nossas cidades estão bem melhores, algumas até mais limpas que as deles. Naquele tempo, sabíamos que a vida no Ocidente era melhor, mas ficávamos furiosos quando os estrangeiros nos perguntavam se na China havia caramelo. "E como poderíamos não ter caramelo? Temos tudo o que vocês têm!" Intimamente, admitíamos que eles eram desenvolvidos e nós, pobres, mas não suportávamos ouvir que os chineses eram maus ou miseráveis. Como posso explicar? Os cachorros não odeiam a própria casa só porque são pobres.

O que a professora Yishujia disse estava muito certo. Eu também tenho sentido muito fortemente a mesma coisa: toda vez que alguém se refere aos problemas da China ou ao lado negro do país, é impossível não rebater — necessitamos ter orgulho nacional. Esse instinto por autorrespeito é tão importante para nós quanto o orgulho de uma mãe que está convencida de que o filho é um gênio antes mesmo de a criança começar a andar. Da mesma forma, todos sentimos que nosso lugar de origem é especial, cada palmo de terra com uma bela história para contar.

XINRAN: A senhora, que esteve em tantos lugares, sente que as pessoas em outros países respeitam a China?

YISHUJIA: Em alguns lugares, não muito. Na América do Sul nos xingavam. Diziam-me que estavam brincando, mas eu podia ver que desdenhavam os chineses. Gostavam de brancos. Nós apenas nos concentrávamos em fazer a apresentação, não nos metíamos muito com outras pessoas, voltávamos aos nossos dormitórios ou ao hotel assim que o show terminava.

XINRAN: Onde os chineses eram mais bem tratados?

YISHUJIA: Os americanos eram muito gentis.

XINRAN: A senhora mencionou ter passado um ano num país.

YISHUJIA: Na América Latina, Colômbia.

XINRAN: Como era a vida lá, no dia a dia?

YISHUJIA: Tínhamos uma apresentação por dia e fazíamos as coisas do cotidiano juntos, em pequenos grupos. Íamos ao supermercado para comprar comida, voltávamos, cozinhávamos e comíamos juntos. Nós, chineses, nos juntamos onde quer que estejamos.

XINRAN: Soube que, até 1995, quando iam ao exterior em visitas oficiais, os chineses recebiam roupas especiais para a ocasião, é verdade?

YISHUJIA: Sim, a primeira vez que viajei, nos anos 80, todas as nossas roupas foram feitas por alfaiates, tudo igual da cabeça aos pés. Também levávamos malas idênticas. A partir dos anos 90, em vez disso, nos davam dinheiro, setecentos iuanes por pessoa.

XINRAN: A senhora começou a trabalhar nos anos 50, e muita coisa aconteceu na história da China entre aquela época e sua primeira ida ao exterior, na década de 80. Pessoalmente, que mudanças a senhora viu em meio a todo aquele caos e agitação?

YISHUJIA: Para falar a verdade, a partir dos anos 80 o país só evoluiu e as coisas ficaram cada vez melhores para nós em todos os aspectos da vida. Em todo caso, como eu antes experimentara a humilhação de ser a filha de um contrarrevolucionário, passei por todos esses movimentos políticos e pelo resto em silêncio.

XINRAN: Fiquei sabendo que a senhora continua envolvida no treinamento de jovens, mesmo aposentada. A senhora acha que existem diferenças entre os alunos de hoje e os de quarenta anos atrás, quando era jovem?

YISHUJIA: As crianças de hoje são mais espertas que as do meu tempo. Antigamente, fazíamos tudo que o professor mandava; hoje, quando ele diz para fazerem algo, as crianças pensam por conta própria em maneiras de evoluir naquilo e, na maioria das vezes, melhoram a técnica do professor. São mais espertas, porém é mais difícil ensiná-las.

XINRAN: Por que é mais difícil ensinar gente mais esperta?

YISHUJIA: Éramos muito obedientes, não ousávamos sair da linha. Agora, as crianças podem ser mais relaxadas, então é mais difícil ensiná-las.

XINRAN: Seus métodos de ensino são os mesmos que os dos seus professores?

YISHUJIA: Não, naquele tempo os professores eram como nossos pais, davam bronca e batiam, mas às vezes comemorávamos o aniversário na casa deles, onde fazíamos nossas confraternizações também com frequência. As relações entre as pessoas mudaram, chegar no horário para dar aula é o suficiente. Existem regras sobre como ensinar, planos de aula para tudo. Era diferente antes, íamos inventando no caminho, havia sempre a possibilidade de algo novo.

XINRAN: A senhora disse que eram usados castigos corporais?

YISHUJIA: No passado, nos treinos de acrobacia, os atletas apanhavam com uma vara. Quando frequentei as aulas, depois da Liberação, os professores não tinham coragem de nos bater muito, mas todos acreditávamos que o castigo corporal era útil ao treinamento. Lembro-me muito bem de uma vez em que, preguiçosa, não conseguia virar um tipo de salto mortal muito difícil, tomei um golpe na bunda e lá fui eu — o professor tinha me dado apenas uma amostra. Usava uma corda com um nó, um instrumento de castigo, e um golpe daquilo doía de verdade.

XINRAN: E hoje?

YISHUJIA: Ainda damos aos alunos uma amostra quando são desobedientes. Por quê? Às vezes estão sendo apenas preguiçosos — se não treinam até acertarem, isso não é um desperdício de juventude e ambição? Então, se algum deles não está disposto a treinar e reclama que está cansado, dou-lhe uma amostra e lá vai ele.

XINRAN: E ninguém se queixa dos castigos, embora sejam contra a lei?

YISHUJIA: Castigo corporal durante o treinamento de uma arte é contra a lei? E desperdiçar tempo e vida, não é? Os jovens de hoje falam sobre "aproveitar a vida" — quantas crianças compreendem o que é realmente a fruição de uma vida humana? Se você não está equipado para a vida, se não tem sucesso no trabalho, se não sabe cozinhar ou fazer o serviço de casa, será capaz de "aproveitar a vida"? Isso é se aproveitar do sangue e do suor dos outros! *Isso* é o que chamo de crime!

XINRAN: Conheço a senhora há algum tempo, mas quase nunca a ouvi falar sobre problemas domésticos.

YISHUJIA: Eu era muito nova quando saí de casa e, como minha família não me dava motivo nenhum de orgulho, ao contrário das famílias dos outros, a trupe era como uma família para mim. Não apenas nós, professores e colegas, convivemos por mais de quarenta anos, mas a trupe também tomou conta de todo o resto: o apartamento onde eu vivia, a escola das crianças, o trabalho, o tratamento médico, todos os aspectos da vida. E, mesmo estando aposentada agora, ainda a considero minha família. Dos anos 50 aos 80, na China, a maior parte dos cidadãos pertencia a uma unidade de trabalho. Afora uma pequena minoria que trocava de emprego ou se mudava para outro lugar para estar com o companheiro ou a companheira, as pessoas permaneciam pelo resto da vida na unidade de trabalho. Uma vez que educação, moradia, assistência médica e até os empregos da geração seguinte eram de responsabilidade da unidade, aquela futura geração tendia a ficar no mesmo lugar e atuar nos mesmos círculos profissionais. Isso deu margem a sérios problemas, à medida que grupos pequenos e fechados começaram a aparecer e a formar quase que monopólios.

XINRAN: Quando a trupe foi criada?

YISHUJIA: Não sei dizer muito sobre a história do grupo. O que sei é que fomos precedidos pela Trupe Mágica de Tianjin, do acrobata Guo Shaoquan, que começou de forma itinerante e terminou em Jinan, onde resolveu se estabelecer. Os filhos de Guo treinaram um grupo de alunos e a trupe se expandiu. Depois da Liberação, foi nacionalizada e inchada com gente inútil — o Partido Comunista enviou líderes, administradores e outras figuras, ainda que não entendessem nada de acrobacia. Pessoas que não sabiam nada foram postas para mandar nas que sabiam — não é típico dos chineses?

XINRAN: Os primeiros truques acrobáticos e de mágica da China tiveram origem na medicina itinerante, a senhora não concorda? Em 1988, um tijolo pintado com duas bigas puxadas por cavalos galopantes foi encontrado numa escavação na cidade de Nanyang, na província de Henan: era o *Retrato do teatro oriental*. Especialistas dizem que é a primeira imagem da acrobacia chinesa, é verdade?

YISHUJIA: Deve ser. As acrobacias costumavam ser feitas num círculo à beira da estrada, e os artistas que realizavam as performances menos importantes vendiam pílulas fortificantes, que no dialeto de Shandong são chamadas de "bolinhas da força". Outros tratavam de ossos quebrados ou faziam massagens, havia muito disso, é difícil lhe dar uma ideia clara assim, de uma vez.

XINRAN: Por que a senhora não encontrou um marido na unidade de trabalho, como a maioria?

YISHUJIA: Naquela época, "apresentar um pretendente" era algo muito popular, as pessoas costumavam apresentar os amigos dos amigos a outros jovens que procurassem um companheiro ou companheira, ao contrário de hoje em dia, quando vão a uma "balada", ou a uma agência de encontros, coisas do tipo, para não falar dos anúncios de solteiros nos jornais, o que jamais teríamos imaginado. Conheci meu marido pelo meu professor. Ele era um soldado que treinava paraquedismo na Décima Terceira Escola da Força Aérea, em Beijing.

XINRAN: Como vocês mantiveram a relação, se estavam em províncias diferentes?

YISHUJIA: Nós nos encontramos uma vez, numa folga em que ele voltou para casa, concordamos que combinávamos e, a partir daí, trocamos cartas. Ele estava no Exército, podia postar as suas de graça; ele me escrevia bastante — eu mandava apenas uma carta para várias dele, pois me preocupava em não gastar.

XINRAN: E quando foi que vocês ficaram juntos, finalmente?

YISHUJIA: Foi mais tarde. Ele entrou para uma unidade da força aérea comandada pelo filho de Lin Biao, Lin Liguo. Depois que a família Lin morreu num desastre de avião, em 13 de setembro de 1971, a unidade toda acabou implicada em seus crimes e foi transferida de Beijing para Bengbu, em Anhui, e não muito depois meu marido seria mandado para casa. Ele se sentiu muito mal com tudo aquilo.

Lin Biao é uma das figuras mais controversas da história chinesa. Até hoje ninguém sabe definir exatamente o papel que desempenhou. Foi um ministro leal? Ou era um criminoso?

A versão oficial diz que, em 8 de setembro de 1971, Lin Biao, então vice-presidente do Comitê de Defesa Nacional e da Comissão Militar Central da Nova China e ministro da Defesa, além de interino de Mao Tse-tung durante a Revolução Cultural, ordenou pessoalmente uma ofensiva contrarrevolucionária, numa tentativa frustrada de assassinar Mao. O plano foi descoberto e, em 13 de setembro, ele decolou em fuga do país e morreu na queda de seu avião em Öndörhaan, na República Popular da Mongólia. A história ficou conhecida como Incidente Treze do Nove. Em 20 de agosto de 1973, o Comitê Central do Partido Comunista baixou uma resolução expulsando-o postumamente. No dia 25 de janeiro de 1981, numa sessão especial da Alta Corte da República Popular da China, foi declarado o cabeça de uma organização criminosa contrarrevolucionária. A velha tradição feudal segundo a qual a família inteira de um criminoso era penalizada pelos crimes de uma só pessoa, à qual me referi anteriormente e que permeia toda a história chinesa até a medula, reapareceu nesse incidente de forma particularmente virulenta. De acordo com os registros que vieram a público, mais de mil oficiais graduados do Exército chinês foram banidos ou implicados, incluindo — para citar apenas alguns — os chefes de pessoal das regiões militares de Chengdu (e seu vice) e Xinjiang e os comissários das regiões de Fuzhu, Wuhan e Jiangxi.* Há quem diga que mais de 300 mil pessoas foram punidas pelos crimes de Lin Biao, e não acho que o número seja aleatório. De fato, até mesmo soldados como o marido de Yishujia, que apenas serviam em unidades locais comandadas pela família,

---

* Para se ter uma ideia da extensão dessas punições, algumas províncias chinesas são do tamanho de um país europeu médio. Algumas das regiões militares mencionadas, como a de Chengdu, cobrem diversas províncias.

acabaram exilados em zonas miseráveis, e as famílias desses soldados tiveram de conviver com uma mancha em suas reputações por causa do episódio, com tudo o que isso acarretava.

XINRAN: A senhora ainda se lembra de como foi seu casamento?

YISHUJIA: Naquele tempo não sabíamos de nada, apenas acertávamos o registro do casamento com o Partido, não eram casamentos românticos como os de hoje. Primeiro recebemos uma carta da unidade dele; em seguida, a autorização da minha trupe; e então, depois do registro, era costume aqui no Norte fazermos um banquete, de modo que alguns colegas com quem eu tinha mais amizade vieram em pares ou trios, em suas bicicletas, até nosso novo apartamento. E assim foi nosso casamento.

XINRAN: Como a senhora estava vestida?

YISHUJIA: Com um traje azul de estilo ocidental, a calça e a parte de cima azuis, muito na moda naquela época.

XINRAN: Depois de casada, a senhora brigava muito com seu marido?

YISHUJIA: Sim.

XINRAN: Quem ganhava?

YISHUJIA: Brigamos até meu marido morrer e nenhum dos dois foi capaz de dominar ou ceder ao outro.

XINRAN: Tendo ido ao exterior e conhecido os chamados gentlemen ingleses e homens de outros países também, quais são as diferenças, na sua opinião, entre os homens chineses e os ocidentais?

YISHUJIA: Não tive contato realmente com nenhum homem ocidental. Mas sinto que posso enxergar dentro dos corações dos homens chineses: não importa o quanto tenham estudado ou sejam bons de papo, a gente sabe exatamente o tipo de homem que são. Mas quem pode dizer com certeza o que se passa na cabeça dos outros, criados a pão de ló?

XINRAN: A senhora espera que seu filho seja como esses estrangeiros? Ou que retenha sua identidade chinesa?

YISHUJIA: Um pouco das duas coisas, eu acho, mas que não se torne muito ocidentalizado. Ainda me sinto mais à vontade com homens chineses.

XINRAN: Na sua vida, a senhora encontrou o homem chinês perfeito, um verdadeiro modelo?

YISHUJIA: Ainda não, talvez ele só exista na minha imaginação.

XINRAN: Não encontrou nenhum ainda? Até hoje? Incluindo seu marido?

YISHUJIA: Depois que meu marido envelheceu, ficou melhor, mas ele não era nada fácil quando jovem. Bebia e fumava, nem sei quantas vezes brigamos por causa disso. E aí, no fim, ele teve câncer e não tentei mais mudá-lo, mas ele mudou mesmo assim.

XINRAN: Quando vocês brigavam por causa do cigarro e da bebida, o que ele dizia?

YISHUJIA: Ele também sabia que era errado. Mas não conseguia se controlar, ia bebendo e bebendo até passar da conta.

XINRAN: A senhora não fez como muitas mulheres e aprontou das suas também?

YISHUJIA: Não, mas como eu gostaria! Uma vez decidi que, se ele ia fumar, eu também fumaria; se ia beber, eu também beberia. Mas nunca consegui convencê-lo, então desisti, não podia mais. Até sonhava que conseguia fazê-lo parar. Tentei de tudo, nada funcionou, aquilo me magoava.

XINRAN: Em que época a senhora acha que conseguiu ser mais íntima do seu marido?

YISHUJIA: Quando namorávamos. Depois que casamos e nosso filho nasceu, as coisas não foram muito bem.

XINRAN: Como eram as brigas?

YISHUJIA: Eu trabalhava e ao mesmo tempo tomava conta da criança, ficava morta, e ele, quando chegava em casa, não me ajudava. Então, nesse momento, senti que não existia afinidade entre nós, não como antes do casamento, senti uma amargura.

XINRAN: A senhora alguma vez conversou com seu marido sobre isso?

YISHUJIA: Não, jamais discutimos isso. Mais tarde, ele se aposentou, eu também, achei que as coisas estavam se ajeitando e, então, em menos de um ano veio o câncer...

XINRAN: E com seu filho, a senhora conversou sobre esses assuntos?

YISHUJIA: Bem, de passagem. Às vezes ele e a namorada brigam e eu digo: "Quando namorávamos, seu pai e eu nunca discutimos nem brigamos, foi só mais tarde, depois que você nasceu, que isso começou; se brigam o tempo todo como namorados, como vai ser a vida de vocês quando casarem?".

XINRAN: Seu marido fez algum último pedido no leito de morte?

YISHUJIA: Ele não disse nada, fui eu quem falei. Ele só queria me mostrar que, nos últimos dias de vida, estava pronto a me escutar.

De novo no território da dor, a professora Yi mais uma vez não pôde segurar as lágrimas. Vendo-a chorar, perguntei-me por que as pessoas nunca têm tempo para os sentimentos quando estão no auge da vida. Será que, de tão entretidas pela vaidade e por coisas materiais, como fama e riqueza, não encontram tempo umas para as outras? Será que de fato apenas a morte desperta o verdadeiro eu de uma pessoa?

XINRAN: Antes de ter seu filho, a senhora queria um menino ou uma menina?
YISHUJIA: Um menino.
XINRAN: Por quê?
YISHUJIA: Eu achava que um menino significava força, boa reputação, as raízes da família. Sei que você vai me dizer que esse é um conceito feudal, fora de moda.
XINRAN: E agora, que seu filho já tem idade para formar a própria família, a senhora espera que ele tenha um filho ou uma filha?
YISHUJIA: Agora tenho ideias mais liberais, tudo bem se for menino ou menina.
XINRAN: Sério?
YISHUJIA: Sério, falo sinceramente.
XINRAN: Na nossa sociedade, muitas pessoas dizem que a geração de seus avós foi tola e ignorante e a de seus pais, de uma lealdade tacanha. Como a senhora vê isso?
YISHUJIA: Não vejo assim. Os jovens se ressentem dos velhos, que desaprovam os jovens, isso é muito normal.
XINRAN: No seu tempo, a senhora aprovava seus pais?
YISHUJIA: Nem sempre. Por exemplo, uma vez minha mãe me viu de roupa nova e perguntou: "De onde veio isso?". Não me atrevi a dizer que tinha comprado eu mesma, pois naquela época entregava todo o meu dinheiro à família, e na verdade meu noivo havia me presenteado. Quando minha mãe

descobriu, ficou muito brava e falou: "Garota boba, você não pode sair por aí gastando o dinheiro dos outros! Os jovens de hoje não se importam com isso, são muito desleixados com dinheiro, até com aquele pelo qual seus pais deram suor e sangue!".

XINRAN: Naquele tempo, as relações entre homens e mulheres eram bastante tradicionais e agora são relativamente mais abertas. Qual das duas coisas a senhora prefere, particularmente, e por quê?

YISHUJIA: Penso que as duas coisas deveriam andar juntas — ser muito tradicional é ser conservador e mal-humorado demais, mas ser muito aberto torna-se incômodo para as pessoas. Na nossa época, os casais costumavam cruzar a rua — ele deste lado, ela do outro. E, para assistir a um filme, sentavam bem comportados; quando a sessão terminava, um dos dois saía primeiro, depois o outro — não podiam ficar perto, pois tinham medo de que os colegas os vissem! E hoje? Está realmente um pouco demais, tão liberado que é uma vergonha, e constrangedor de se ver! É só dar vontade que simplesmente começam a se agarrar, até no meio da rua!

XINRAN: Em toda a vida, quais a senhora acha que foram suas três maiores tristezas e suas três maiores alegrias?

YISHUJIA: As três maiores tristezas? Acho que são de quando eu era pequena e estava aprendendo minha arte, e de quando era ainda menor e meu pai não vivia conosco, e de quando não conseguia resolver as dificuldades com meus colegas. A tristeza do tempo em que eu era pequena, em casa, era porque minha família não tinha dinheiro, não podíamos comprar nem sabão, tínhamos de lavar as roupas com um punhado de sal. E fazia um frio terrível em nossos treinos diários — não havia carpetes naquele tempo, apenas o chão de concreto, e, quando a gente fazia abertura de pernas, tinha de ficar ali e aguentar firme, com todo o peso do corpo, por tanto tempo e sem descanso, que era um pouco demais! E mesmo gente como eu, filha de um condenado da reeducação pelo trabalho, quer melhorar de vida como todo mundo! "Fazer parte da Liga da Juventude Comunista? Quem disse que você pode?" Relacionar-me com os colegas era, quase sempre, uma experiência indescritivelmente frustrante — eles eram realmente capazes de me desanimar.

XINRAN: Quais foram suas três alegrias?

YISHUJIA: Quando o caso do meu pai se resolveu, foi como se uma grande montanha que pesava sobre mim tivesse desaparecido; quando ganhei um grande prêmio nacional e meu salário foi elevado à terceira classe, vi que afinal não tinha gasto tanta energia para nada; e a terceira coisa foi quando me tornei uma artista nacional de primeiro nível — naquele momento, senti que havia conquistado meus maiores objetivos nesta vida.

XINRAN: A senhora tem desejos irrealizados?

YISHUJIA: Chegar a ver meus netos. São coisas assim, muito palpáveis, não tenho nenhuma ambição inatingível.

XINRAN: Que mudanças aconteceram na China, na sua opinião, nos últimos vinte anos?

YISHUJIA: É uma pergunta muito difícil! Há mudanças por toda parte, tudo está mudando. As relações eram diferentes quando eu era jovem. Éramos mais inocentes então, havia conflitos, mas somente pequenos, não eram grandes conflitos. Hoje, as pessoas tentam levar vantagem sobre as outras, é cansativo.

XINRAN: O que a senhora acha que é a causa disso tudo?

YISHUJIA: Acho que ficou especialmente ruim depois da Revolução Cultural, não era assim antes! Agora, as pessoas têm ideias confusas, suas mentes incorporaram maus hábitos e elas nem se esforçam para aprender os bons, tudo o que lhes interessa é o dinheiro, não se importam com os outros. Isso atrasa o país inteiro.

XINRAN: Professora Yishujia, a senhora se arrepende do que viveu?

YISHUJIA: Eu diria que não. Meu pai e minha mãe me deram a vida, isso é parte da natureza, e ela foi difícil e cheia de frustrações, mas não é assim para todos os chineses?

XINRAN: Se a senhora tivesse a vida inteira outra vez, escolheria o mesmo caminho?

YISHUJIA: Não gostaria de passar por tudo de novo.

XINRAN: Por que não?

YISHUJIA: Eu iria querer estudar direito, ir para a escola.

XINRAN: Se alguém lhe perguntasse que tipo de pessoa é a professora Yishujia, o que a senhora diria?

YISHUJIA: Diria que Yishujia é uma pessoa comum, simples e diligente. Só isso.

XINRAN: Milhares, milhões de chineses se sacrificaram tanto pela Revolução, entregando-se a ela tão entusiasticamente, sem pensar em mais nada, como no tempo em que a senhora era jovem e ingênua. Valeu a pena?

YISHUJIA: Naquele tempo, era só mais um jeito de se manter vivo, não faz diferença se valeu a pena. Se você não se comportasse daquela maneira, não comia, não poderia sobreviver. Alguns dizem que de fato não valeu a pena, mas então eu penso: qual a diferença? Todo mundo tinha de sobreviver àqueles anos de algum jeito.

Eu sabia o que Yishujia queria dizer com "todo mundo tinha de sobreviver àqueles anos de algum jeito". Aquela era uma sociedade que ainda sofria de um trauma, mas sua vitalidade e seu espírito não se extinguiram.

Depois da entrevista, Yishujia me mostrou algumas fotos suas de quando "sobrevivia àquela parte da história". Escolheu três fotografias de família e disse: "Meu filho não é tão bonito quanto o pai dele. Você percebe? Não tem o mesmo vigor do pai". "Essa criança não tem o mesmo espírito que nós tínhamos!" São palavras ressentidas que se ouvem com frequência entre os mais velhos na China.

Para expressar minha gratidão pela cooperação de Yishujia com minhas entrevistas e por suas inesquecíveis lições sobre como decifrar o "autêntico chinês" que seu filho é, eu a convidei para uma refeição num restaurante tradicional. Enquanto comíamos, perguntei por que ela insistia em dizer que o filho não tinha o vigor do pai e que tudo era melhor antigamente. Ela respondeu: "Hoje os jovens pensam muito, têm um monte de ideias, mas não realizam o mesmo tanto, e, em sua maioria, tendem a não ser bem-sucedidos. No meu tempo, éramos muito ingênuos, obedecíamos aos nossos pais em casa, nossos líderes no trabalho, todos obedeciam ao Partido e o Partido obedecia a Mao Tse-tung. Todos mantínhamos essa espécie de entusiasmo, éramos como uma grande família, podíamos até discutir e brigar, mas não abandonávamos uns aos outros. Era um tempo em que parecia que um homem sabia fazer qualquer coisa: consertar bicicleta, trocar lâmpadas e interruptores, carregar uma carroça com carvão, até mesmo fabricar alguns tipos de móveis". Quando ela falava do filho Hu, o orgulho em sua voz se misturava ao ressentimento: "Meu filho é atencioso, tem muito bom coração. É muito esperto nos estudos, aprendeu a fazer mágica, a tocar instrumentos e também alguns truques de acrobacia comigo, quando era pequeno; era capaz de aprender o que lhe aparecia pela frente, algumas coisas ele aprendeu sem que lhe ensinassem. Saiu-se muito bem na trupe de acrobatas local, mas estava decidido a conhecer o mundo, não queria uma posição profissional, um salário ou um lar propriamente, estava determinado a ir vagar pelo estrangeiro, estudando e fazendo trabalhos braçais, sem lugar fixo. Está com mais de trinta anos, mas até hoje não se preocupa em ter um emprego decente e formar uma família. Perguntei por que ele tinha de viver uma vida tão sacrificada e ele falou que quer evoluir e ver o mundo real, foi muito claro, realmente, a respeito disso".

Para os chineses que mal "exploraram" o próprio país, é fácil falar em ver o mundo real, mas muito difícil levar isso a cabo. Todo chinês que consegue deixar o país é por uma "razão" clara, seja pela condição econômica, pelo talento, pela habilidade em alguma língua ou porque recebeu uma bolsa, ou por algum outro motivo (quase sempre pessoal). São bastante raros os que podem ir para o exterior apenas para satisfazer um gosto por viagens.

Para a vasta maioria dos chineses que vivem no campo, a verdadeira e genuína "história chinesa no mundo" toma a forma de lendas da espécie mais fantástica, enquanto nas cidades e áreas urbanas ela é encontrada na internet e também nos superficiais "relatos de viagens pelo mundo", segundo os quais é possível dar conta de um país em três dias.

Sempre que volto à China, com frequência visito livrarias de todos os tamanhos em muitos lugares e encontro um bom número desses "relatos". Alguns são escritos por "tartarugas marinhas" (um trocadilho com a palavra chinesa *haigui*, que pode significar tanto "de volta do estrangeiro" como "tartaruga marinha") que passaram vários anos estudando no Ocidente. Em todas as suas andanças e anos de estudo, nunca conseguiram perder o hábito da comida chinesa ou se afastar do círculo de amigos falantes do chinês; para além do material da faculdade, escrito em inglês, pesquisaram tudo em websites chineses para poder escrever; obtiveram seus títulos acadêmicos estrangeiros imersos no ambiente e nas sensações de seu próprio país. A maior parte das descrições sobre cultura nesses "relatos" se parece muito com a ideia folclórica a respeito dos ocidentais apresentada nos livros infantis, mas é suficiente para satisfazer a fome e a sede dos leitores chineses pela cultura do mundo, dando àqueles que não dispõem de tempo ou dinheiro a chance de ter o gostinho de um mundo diferente. Da mesma forma, muitos filhos acreditam que a comida de suas mães é a melhor que podem encontrar em qualquer lugar e, embora quase toda mãe tenha preparado incontáveis almoços e jantares, é bem raro ver uma delas usando aquele chapéu alto e branco dos chefs profissionais.

Eu também fui embora da China porque queria ver o mundo real, um mundo que caminhasse com a história em direção aos dias de hoje, um mundo que pudesse ser tocado, um mundo que não fosse falsificado pela política.

Mas será que ainda veremos um número maior de jovens chineses como Hu, filho de Yishujia, com a coragem e ao mesmo tempo o desejo de olhar o mundo real, e que sejam capazes de sobreviver e florescer a partir de suas raízes chinesas? Isso exige mais do que rabiscar alguns caracteres com um pincel de caligrafia, ou pendurar na parede um ou dois quadros com paisagens, ou decorar a casa com imagens de Bodhisattva Guanyin, ou comer comida chinesa todo dia, ou jogar majongue algumas vezes por semana — ser um chinês ou uma chinesa ainda em contato com suas raízes exige mais que isso.

Na Estrada, Interlúdio 2: Conversando com um colega jornalista sobre o Tibete, costumes tradicionais, fogões boca de tigre e judeus chineses

Depois de Qingdao, voamos até Nanjing, capital de Jiangsu, no sul do país. Numa rodoviária a caminho da província de Anhui, conheci um jornalista da etnia han chamado Tashi. Ele tinha viajado pelo Tibete durante uma década, pesquisando para os muitos livros sobre os costumes tradicionais chineses que publicara, e aproveitei esse encontro casual para beber de seus conselhos, talento e conhecimentos. Por sermos ambos jornalistas, não houve necessidade de muitas preliminares e fomos direto ao ponto, começando pelo tópico que eu pretendia discutir.

XINRAN: Os grupos tibetanos que você conheceu em suas viagens eram formados por que tipo de gente?

TASHI: Não conheci tibetanos de todos os clãs, que são muitos. De maneira geral, a região pode ser dividida conforme três grupos: os amdo, os kangba e os huiba. Os amdo são o povo predominante nas planícies altas do norte do Tibete, perto de Amdo, Qula e Sangxiong, em direção às áreas desabitadas.

XINRAN: O que você chama de norte do Tibete fica para além dos montes Tanggula? Na nascente do rio Amarelo?

TASHI: Não, falo da região ao sul dos montes, ao norte fica a província de Qinghai, com o Tibete ao sul.

XINRAN: Mas grande parte de Qinghai está localizada em terras tibetanas.

TASHI: Falo do Tibete propriamente dito, pois existem enclaves tibetanos em Yunnan, Sichuan, Gansu, Qinghai e até em parte de Xinjiang.

Discutíamos a complexa questão das diferentes sociedades que formam o Tibete. Mudanças de governo ao longo da história e as diversas vertentes religiosas e escolas de pensamento dentro do próprio país resultaram em vários agrupamentos distintos. Descrever o Tibete como uma sociedade única é simplificação e não ajuda a entendê-lo. No meio da conversa, de repente ouvi ressoar uma voz profunda que declamava poemas de Mao Tsé-tung. Por um momento, experimentei uma forte sensação de deslocamento e me perguntei onde estava, mas logo percebi que aquilo era um toque de celular: recentemente, os chineses urbanos mais antenados passaram a pôr canções pop, gravações de Mao ou slogans da Revolução Cultural em seus celulares para substituir os toques padronizados. Além de aumentar a variedade de sons que nos cerca, mais significativamente o que essas pessoas descobriram foi um tipo de humor "no limite" das restrições políticas a que estão sujeitas. Tashi claramente tinha cabeça boa para viagens: assim que desligou, retomou a conversa do ponto onde tínhamos parado.

TASHI: O povo amdo pode ser encontrado em algumas áreas de Qinghai, como Tongren, em parte da Região Autônoma da Mongólia Interior, inclusive no sul de Gansu e também em Maqu, e em parte dos campos de Ela, que incluem os lagos Zalinhu e Elinhu. A região a que chamamos Yushu é povoada metade pelos amdo, metade pelos kangba, e há ainda uma grande faixa virtualmente desabitada, com apenas uns poucos kangba. Eles são bem diferentes dos outros tibetanos, principalmente em relação a seus rituais fúnebres. Formam diferentes grupos linguísticos também: os amdo, por exemplo, dizem "*jiuduomo*" para "oi", mas em lugares como Lhasa, de maioria kangba, dizem "*jiusang*". Deve haver mais ou menos sete grupos linguísticos, mas, de

Assassinado pelo Kuomintang em 1935, o marido de Chen Lianshi, a "Mulher de Duas Armas", ao centro, vestida de preto, é enterrado; na foto menor, Chen Lianshi com o neto, 1948.

Fang Haijun, o último à direita, primeiro chefe da guarda pessoal de Mao Tse-tung, com outros oficiais do Partido, 1937; mais tarde ele se tornaria um alto funcionário, além de fundador da Academia Naval chinesa e comandante de submarinos.

Prospecção de petróleo no norte da China, década de 50 (à esquerda, o sr. You).

O sr. You (ao centro, de sobretudo) posa ao lado de colegas soviéticos e do caminhão deles, década de 50.

Fotos de família do policial sr. Jingguan, à direita e ao centro, com a mulher, os filhos e a avó das crianças, década de 50.

Ônibus de uma linha de longa distância transporta operários, Jiangsu, 1969: qualquer evento comemorativo tinha de incluir uma foto de Mao.

Acrobatas (Yishuja, à frente, à esquerda) se apresentam durante a Revolução Cultural.

O marido da acrobata Yishuja e seu filho (hoje um mágico profissional trabalhando no Ocidente), em base militar de Shandong, década de 70.

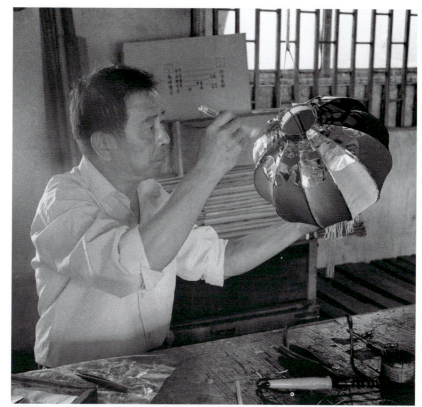

O sr. Huadeng pinta uma lanterna em sua oficina, Nanjing, 2006.

O sr. Changzheng, um sobrevivente da Longa Marcha, é entrevistado por repórteres estrangeiros em Beijing.

Final de tarde, 2006: uma multidão se aglomera na Praça do Povo, em Urumqi, província de Xinjiang, para assistir a um filme projetado em tela grande.

Uma das mais antigas casas de chá chinesas, em Linhuan, província de Anhui, 2006: um homem lê em voz alta para uma audiência formada, na maioria, por idosos, todos homens, de uma geração pouco alfabetizada.

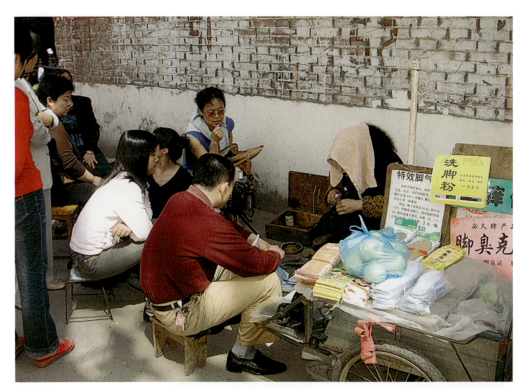

Numa rua de Zhengzhou, 2006, entrevistando a sapateira que a princípio, por timidez, não se deixou fotografar; à direita na foto, instruções sobre como fazer a higiene dos pés.

Uma mulher fabrica pauzinhos de bambu, Ghizhou, 2006.

A general Phoebe e seu marido, cercados de lembranças em casa, Beijing, 2006.

No monumento em homenagem ao Movimento de 4 de Maio, Beijing, 2006.

novo, com variações de região para região. Os tibetanos são um povo nômade, o que cria diferenças linguísticas consideráveis.

XINRAN: Se um tibetano não abrir a boca, você ainda é capaz de descobrir de onde ele é?

TASHI: As roupas dão algumas pistas: por exemplo, os kangba usam grandes adornos vermelhos no peito.

XINRAN: E os cortes de cabelo?

TASHI: Dá para reconhecer de cara o dos anli, por causa da grande pedra preciosa usada pelas mulheres do grupo, mas em alguns lugares ela pode ser um pouco menor; aqui predominam as turquesas, já ali são as ágatas, tudo diferente, e os sapatos também — geralmente é possível diferenciá-los à primeira vista.

XINRAN: Você consegue dizer quantos maridos uma mulher tem só de olhar?

TASHI: Ah, isso não dá para saber apenas olhando. [Ele ri.] O que mais respeito nas mulheres tibetanas é a maneira como dão à luz, ninguém as ajuda, fazem tudo sozinhas. Uma vez vi com meus próprios olhos: uma mulher com a gravidez bastante adiantada, já na hora do parto, chegou à tenda a galope sobre seu cavalo e, assim que deu à luz, saiu dali com o bebê de cabeça para baixo, untando seu corpinho enquanto caminhava; terminou de fazer aquilo e o enfiou dentro da túnica, montou no cavalo e sumiu.

XINRAN: Qual é o número máximo de maridos?

TASHI: Não sei ao certo, por várias razões. Primeiro, porque muitos tibetanos, especialmente aqueles que ainda não tiveram contato com forasteiros, são hostis até aos compatriotas de outros clãs; segundo, porque a língua não permitia comunicação. Nossos modos de vida eram tão diferentes que não acho que tivéssemos algo em comum.

XINRAN: O que você descobriu observando a rotina deles?

TASHI: Não consegui descobrir nada. Não dá nem para imaginar, de tão diferentes que são nossos costumes. Dá para ver que existem famílias, mas como saber quantos daqueles caras são irmãos das mulheres ou seus maridos? Difícil dizer. Por exemplo, as moças solteiras vivem em pequenas tendas brancas onde ninguém entra; se você entrar, não pode sair, tem de se casar com ela. Não é como na Tailândia, onde quanto mais jarros d'água na porta de casa, mais esposas haverá ali. No Tibete há muitos costumes e tradições religiosas diferentes, de modo que é difícil afirmar qualquer coisa com certeza.

XINRAN: Entre os tibetanos, você escutou conversas sobre por que a etnia han quis vir para o país?

TASHI: Ouvi um monte de coisas sobre *isso*, principalmente que queremos roubar os deuses deles. São uma gente cheia de noções preconcebidas.

XINRAN: Alguém mencionou que os han teriam ido ao Tibete atrás das fontes de água?

TASHI: Fontes de água? Que fontes?

XINRAN: O Tibete fornece noventa por cento da água chinesa. Tem sido assim desde as dinastias Qing e Ming, não? Os governantes costumavam dizer que "se a água lá de cima não for limpa, a água aqui embaixo pode lhe custar a vida".

TASHI: Há vários ditados diferentes sobre isso entre os tibetanos kangba e nas regiões de minorias étnicas do planalto de Yunnan-Guizhou. E episódios, ao longo da história, de vilarejos inteiros envenenados por essa água.

XINRAN: Você tinha um guia local?

TASHI: Não, eu andava com o Exército, com a brigada logística que servia Lhasa. E você?

XINRAN: Fui em 1981, mas não à parte sul do Tibete, estive no norte e em Qinghai, e também com o Exército. Era uma desolação só, não tinha gente.

TASHI: Eu sei. Uma vez andei durante 51 dias no Tibete. Fui aos lagos Zalinhu e Elinhu e à nascente do rio Amarelo. A caminhada quase me matou. Era tudo um vazio, sem gente, quase nenhuma alma.

XINRAN: Nunca andei a pé pela região. Respeito tanto os peregrinos das estradas, andando de norte a sul, prostrados ao chão a cada três passos da caminhada, é realmente comovente.

TASHI: Uma caminhada dessas é muito solitária, mas a gente pode refletir; a solidão lhe dá a chance de pensar.

XINRAN: E depois, você pôs no papel seus pensamentos e sentimentos durante a viagem?

TASHI: Sim, publiquei alguns livros sobre as minorias, como *Cocheira* e *Velho poço*. Mas me interessam mais os costumes do povo han que estão a ponto de desaparecer em toda a China.

Quero que você conheça Linhuan e a velha casa de chá em Anhui, para que possa ver a verdadeira e intocada "cultura do chá". A água ali é da mais alta qualidade, o povo local jamais usa água de torneira para o chá; todas as manhãs, antes de o dia nascer, vão a uma fonte buscar, mantendo um estoque para o dia todo.

XINRAN: Essa água é de uma fonte subterrânea de um afluente do rio Huai?

TASHI: Não saberia dizer, mas a cidade foi construída ao lado de um rio chamado Huanshi — havia depósitos militares naquela área antigamente. E perto há uma muralha de terracota com mais de mil anos de história, mas hoje ela está praticamente destruída pela erosão causada pelo vento, mal dá para saber o que é. Um oficial local chamado Chen tem feito um trabalho muito importante lá, chamando a atenção em todos os níveis da sociedade para a preservação do local. O velho chefe Chen tem história, com seus mais de setenta anos, mas os registros oficias da circunscrição dão a ele pouco mais de quarenta. Não falta inventar mais nada neste nosso país, não há nada que não possa ser feito: ninguém acha maluquice transformar um idoso num homem jovem.

XINRAN: E por que o governo local permite tal confusão na ficha desse oficial?

TASHI: Quem pode dizer se isso é verdade ou não? Aqueles funcionários só querem que o velho chefe Chen vá à luta por eles, que lhes dê cobertura por mais alguns anos, não é? Se não fosse por ele no caminho das máquinas, impedindo o trabalho de demolição, mais de mil anos da antiga cultura do chá já teriam vindo abaixo para dar lugar a modernos blocos de apartamentos com aspecto de caixões!

Isso é particularmente do meu interesse. Tenho tentado chamar a atenção de estrangeiros para o renascimento de nossa cultura antiga, de modo a inibir esses funcionários cujo único objetivo é criar a aparência de uma modernização ocidental, obrigando-os a parar com a destruição de locais históricos.

Fiz algo assim, certa vez, a respeito de um bairro judaico em Kaifeng. Há dois lugares na China onde existem comunidades judias: um é Shanghai, onde cerca de 5 mil judeus encontraram abrigo junto à comunidade chinesa local durante a sangrenta ocupação japonesa; o outro é Kaifeng, o mais antigo assentamento judeu e o lugar onde seu sangue é mais puro, já que muitos deles casaram entre si antes de migrar para a China. Os judeus que conheci em Kaifeng contaram que a maioria fugiu dos pogroms czaristas antes da Primeira Guerra, inicialmente para o nordeste do país, mudando-se mais tarde, nas gerações seguintes, para o interior e o sul e ali se estabelecendo. No final dos anos 80, o governo de Kaifeng queria pôr abaixo as antigas ruas judaicas e um ouvinte do meu programa de rádio escreveu me pedindo para convocar a ajuda da mídia. Um grupo de jornalistas e eu investigamos, confirmamos a história e enviamos uma carta conjunta ao governo local dizendo que os judeus chineses eram não apenas uma preciosa fonte arqueológica para o estudo da migração de populações pelo mundo, mas que, além disso, tinham grande valor para a história e para o presente da China, assim como para a pesquisa sobre o desenvolvimento da mais antiga religião ocidental. As velhas ruas da Kaifeng judia eram exatamente o tipo de material necessário à pesquisa nessas áreas, argumentamos: não só não devíamos destruí-las, como precisávamos ajudar a recuperar o esplendor dos costumes e da cultura tradicionais dos judeus; nós, chineses, éramos responsáveis por preservar um patrimônio cultural da humanidade.

E vencemos. As ruas foram salvas. Tashi me contou que tinha ouvido falar do sucesso da nossa campanha e acrescentou: "Se você visitar aquele velho bairro judeu hoje, verá que é muito calmo, incrivelmente tranquilo. Embora as pessoas sejam barulhentas e animadas, vai sentir que o lugar guarda uma quietude peculiar".

XINRAN: Quando procurávamos um lugar para filmar, um amigo me disse que os fogões boca de tigre eram parte da antiga cultura do chá de Linhuan. Eles são encontrados apenas no delta do Yangtze ou são usados em todo lugar?

TASHI: Bem, pesquisei alguns em Shanghai, Nanjing e Anhui. E existem diferenças. Os fogões boca de tigre também são conhecidos como fogões para chá, ou ainda como tendas de água quente — estas são como pequenos comércios, muito comuns na região do delta, que vendem principalmente água para chá. Como o compartimento para aquecer a água se abre na parte da frente, fica parecendo a boca escancarada de um tigre; há uma chaminé atrás como se fosse a cauda levantada. O povo chama de fogão boca de tigre por causa desse desenho. Apesar de que há outra explicação popular bem convincente: engenhocas que desperdiçam muito material combustível são comumente chamadas de "tigres a óleo" ou "tigres a eletricidade"; os fogões boca de tigre consomem quantidades enormes de lenha (até 330 quilos por dia), com o apetite de tigres, daí serem chamados assim.

Um exemplar típico tem três recipientes para aquecer a água na parte de cima, com um orifício para o combustível no centro; e, entre aqueles recipientes e a chaminé, há outros dois para armazenamento. Antigamente havia outros dois tipos de fogões. O "fogão sete estrelas" tinha um grande reservatório, com sete bocas de aquecimento feitas de concreto e tijolo no seu interior, e, na parte de cima, sete recipientes de aço para esquentar a água. No "fogão econômico", a estrutura era feita de folhas de latão, com um grande recipiente de aquecimento no alto; mais tarde, um termômetro e uma torneira foram acrescentados para medir a temperatura e controlar o fluxo de água. As tendas de água quente eram geralmente encontradas na entrada das travessas ou nas vielas de acesso a elas; quase sempre consistiam num cômodo apenas, mas havia as que tinham duas salas e dois pisos, com o fogão instalado à porta da tenda, sua boca apontada para a rua, viela ou travessa em frente. Serragem, carvão ou lascas de madeira queimavam nas entranhas do fogão.

Os fogões boca de tigre e as tendas de água quente de Shanghai se desenvolveram junto com a cidade. Há um ditado local — "De manhã o corpo acolhe a água, de noite a água acolhe o corpo" — que se refere à rotina das pessoas que, pela manhã, iam aos fogões para encher suas garrafas térmicas e tomar o chá, deixando que a delicada fragrância fosse acolhida no estômago; à noite, depois de um árduo dia de trabalho, as tendas eram sinônimo de um banho quente, quando encontravam alívio para o cansaço afundando seus corpos na água. Nessa época, as condições de vida na superpovoada Shanghai dependiam grandemente da prosperidade dos fogões boca de tigre — quase não havia espaço nas cozinhas pequenas e sempre lotadas de então, e aquecer grandes volumes d'água em minúsculos fogões a carvão era um problema sério. Shanghai sempre teve tradição de serviços altamente especializados; ao preço de um *fen* a garrafa térmica, a água era barata, e comprar economizava bastante tempo e carvão. As tendas abriam às seis da manhã e não fechavam antes das onze da noite.

Também em Nanjing (ou "o grande nabo", como ela é às vezes chamada), um lugar que muitos consideram relativamente pouco desenvolvido, um velho morador local, lembrando-se de outros tempos, me contou que, nos bairros onde casas simples se amontoavam, os fogões boca de tigre eram algo indispensável para se viver: os habitantes dependiam totalmente deles para o chá e para ter água quente. Nessa época, o pessoal da cidade não precisava mais dos fogões e os camponeses que chegavam à procura de trabalho puderam experimentar aquilo e começar a entender as diferenças entre a vida urbana e a do campo. Muitas pessoas da zona rural tomavam banho somente uma vez por ano, e sua higiene pessoal consistia apenas em lavar os pés antes de ir para a cama.

A maioria dos fogões nas ruas de Hefei, capital da província de Anhui, não tem permissão de comércio e não foi fiscalizada ou aprovada pelas autoridades. Na maior parte são pequenos negócios familiares, o combustível que usam é serragem, que fica amontoada junto às paredes sem a mais básica precaução contra incêndios, e o entorno é todo de áreas residenciais, vielas estreitas e lotadas de casinhas térreas. É terrível só de pensar — se um pequeno foco começa, um lugar desses vira um crematório, os carros de bombeiro nem conseguiriam entrar nas travessas apertadas, o fogão seria transformado num tigre de verdade, que devoraria as pessoas.

XINRAN: Então há mais uma razão por que são chamados de fogões boca de tigre! São engenhocas parecidas de um lugar para o outro, mas com nomes diferentes nos milhares de dialetos do país. E ouvi ainda outra explicação a respeito: depois da Guerra do Ópio, os exércitos francês e britânico instalaram estações coletivas para o aquecimento de água e uma grande chaminé no teto indicava às pessoas onde encontrá-las nas travessas apinhadas de Shanghai, de modo que "teto" se tornou um sinônimo local para os fogões. A pronúncia inglesa de "teto" é muito parecida com a maneira como os moradores de Shanghai dizem "tigre", e seria por isso a denominação boca de tigre. Mas, na verdade, essa explicação claramente não se sustenta, pois há fogões boca de tigre em lugares onde o exército franco-britânico jamais pôs os pés.

TASHI: Essa hipótese seguramente não pode estar certa. Muito antigamente, durante a dinastia Song do Sul, havia dois grandes generais em Lin'an, hoje Hangzhou: um era Yue Fei, o outro, Liu Ziyu. Yue era um general do Exército oficial e Liu, da milícia local. Bem, ambos foram tirados de seus postos por Qin Gui, um traidor do Império. Liu Zyiu partiu de Lin'an de volta à sua região de origem, Fujian, onde se tornou um funcionário de menor importância e costumava ordenar que seus familiares preparassem palitinhos de massa para serem fritos dois a dois, como se mergulhasse Qin Gui e a mulher dele no óleo fervente, expressando assim sua fúria contra o traidor. E os palitinhos eram fritos num fogão boca de tigre.

XINRAN: Mas os fogões dos quais você está falando não são do tipo que temos hoje, mais usado para esquentar água, não é? Esses que você mencionou agora existem na região de Zhejiang e também em Guizhou, mas parece que são diferentes. Penso que esses costumes tradicionais aparentados não surgem simplesmente do que todos temos em comum em termos de instinto de sobrevivência, mas têm a ver com os mais remotos deslocamentos populacionais, em especial com as necessidades de pessoas com estudo e dinheiro que acabaram banidas de seus locais de origem. Veja as províncias do Sul: Hunan, Hubei, Sichuan, Yunan, Guizhou, Guangdong e Guangxi — eram lugares praticamente desabitados, de mata densa, com arbustos e vegetação selvagem crescendo por toda parte e um clima escaldante. Muitas vezes, naquelas montanhas cobertas de floresta, o calor era o de uma sauna, tão intenso que liberava gás venenoso, de modo que desde tempos muito remotos essas regiões têm sido chamadas de zonas miasmáticas. Na época, eram tão letais que ser exilado ali era só um pouquinho melhor do que receber a pena capital. Essas áreas começaram a servir como zonas de exílio há muito tempo, no Período dos Estados Guerreiros [403-221 a.C.], e depois de dois mil anos recebendo condenados, muito da cultura tradicional do Sul acabou influenciada pela do lado leste do delta do Yangtze, o que poderia explicar por que o sotaque de Guizhou e arredores é tão próximo do encontrado ao longo da bacia do rio Yangtze. As pessoas que ali chegavam se valiam de ideias e sotaque próprios para descrever e divulgar o que viam. De fato, acho que os costumes tradicionais da etnia han não podem mais ser considerados puros depois da dinastia Song do Norte. Você acha possível que os "fogões boca de tigre" que aparecem nos livros fossem assim chamados por aqueles exilados, que escreveram as histórias — e procuravam uma definição para coisas que se assemelhavam a outras, mas não eram exatamente iguais?

TASHI: Pode ser. Muitos dos forasteiros que pesquisam costumes tradicionais em lugares que não lhes são familiares se embarralham com a pronúncia do povo local, confundindo certos caracteres chineses de som parecido, o que tem levado a uma situação de grande confusão em torno dos princípios e definições dos costumes han tradicionais. Falando em contos tradicionais, ouvi dizer que você certa vez entrevistou uma velha prostituta cuja vida daria um livro, é verdade?

XINRAN: Sim, mas descobri que as coisas que ela me contou não correspondem bem à ideia que fazemos da famosa Travessa do Pó de Arroz, em Nanjing. Bem poucas pessoas sabem que existiu uma outra e mais autêntica Travessa do Pó de Arroz, que ficava quase na vizinhança do Templo Confuciano, nessa mesma cidade.

A prostituta com quem conversei por alguns anos a partir da década de 90 era uma velha senhora nascida numa família muito pobre. Foi levada embora de Anhui dentro de um cesto quando tinha apenas alguns meses de vida e uma velha prostituta, fazendo suas compras, a encontrou por acaso, passando a tomar conta da menina desde muito cedo e treinando-a nas artes de servir chá, beber vinho e mordiscar sementes de melão, e antes de completar cinco anos ela foi vendida a um prostíbulo da Travessa do Pó de Arroz. Em seu primeiro dia, mandaram-na polir os jogos de chá e os cachimbos de ópio e a apelidaram de Garotinha das Louças. Ela me disse que o bordel era como um campo de batalha onde os clientes elegiam suas favoritas entre as prostitutas de alta classe, cujo prestígio podia ser aferido conforme usassem ou não taças de ouro ou prata para beber e pelo desenho de suas camas. Antigamente, não se podia pôr qualquer vinho em qualquer taça, assim como não se podia enchê-las demais — significava que o vinho era de má qualidade. Quando ela ficou um pouco mais velha, aos oito ou nove anos, o prostíbulo passou a ensiná-la sobre sexo: as habilidades na cama, a arte de fazer companhia e mordiscar as sementes de melão, triturando-as com os dentes e expondo a polpa para ser depositada na boca aberta do cliente sem que ele tocasse os lábios dela.

Ela me contou uma porção de coisas sobre a higiene pessoal das prostitutas, sobre como excitar um cliente e estar limpa e arrumada depois do sexo para mantê-lo fiel. Naquele tempo, se um homem quisesse entrar nos bordéis famosos, tinha de improvisar uns versos de poesia clássica sobre um mote dado pelo guardião da porta, que não o deixaria passar até que conseguisse cumprir o desafio. A identificação das prostitutas, a carta de vinhos e o cardápio também eram inspirados na poesia clássica das dinastias Tang e Song, de modo que os homens que nada soubessem de poesia não teriam idéia do que estava escrito ali! Ela também me contou sobre uma cama especial, e mais tarde achei algo semelhante em livros de antiguidades. Era uma cama com duas camadas de cortinas: uma, fina como gaze, de tipo diferente conforme a estação, e usada na hora de fazer amor; a outra, de seda, era opaca, para quando se queria dormir; as prostitutas eram muito cuidadosas para acertar o uso das cortinas. Ainda bastante jovem, ela teve acesso a todo o conhecimento vindo de gerações anteriores, sobre os sachês de ervas aromáticas postos no meio das roupas e acolchoados e sobre o incenso que se devia queimar no banho — tudo para evitar engravidar. Ela dizia sentir muita pena que as pessoas, hoje, rejeitem as técnicas naturais de cuidado com o corpo que nos foram legadas por nossos ancestrais e prefiram, em vez disso, gastar altas somas de dinheiro com a pesquisa de métodos contraceptivos mais seguros!

Disse-me que com frequência, quando famílias ricas e poderosas decidiam casar uma filha, mandavam convidar uma "mama" do prostíbulo, uma prostituta refinada e mais velha, para ir com o agente de casamento examinar os pés do futuro genro. A velha senhora me falou: "Os modernos querem saber sua sorte pela leitura das mãos, que grande bobagem! E pensam que sabem de alguma coisa!". Quando ela e suas irmãs examinavam os pés de um homem, conseguiam saber tudo sobre ele, dos pés à cabeça, apenas pelo toque. Tinham todas aprendido essa habilidade com sua "mama".

Pelas três últimas gerações, o bordel vinha elegendo uma mulher a cada geração com talento intelectual, não para pagar as contas, mas para manter um registro completo dos fregueses e seus presentes. De modo que, se caíssem em desgraça, essas "mulheres da poeira e do vento" teriam recursos para fugir e o controle sobre esses bens lhes garantiria proteção quando precisassem. Ela me contou que a responsável da sua geração havia escondido as coisas no poço do quintal. Contou também que cada geração separava um jogo de taças para ser entregue como prêmio à prostituta que tivesse arrecadado mais para o prostíbulo, e se lembrava que uma de suas aprendizes tinha dado indicações do esconderijo.

Mas, quando tentei seguir suas pistas, o lugar já havia sido tomado por uma massa de prédios e arranha-céus.

TASHI: Você voltou a encontrá-la depois disso?

XINRAN: E como poderia? O local onde morava foi demolido, não sobrou nada! Procurei-a por três ou quatro anos pelo único nome que conhecia, aquele pelo qual seus vizinhos a chamavam, Velha Senhora Maçãs do Rosto, mas não existe esse nome em parte alguma dos registros de moradores.

TASHI: Vou tentar lhe ajudar a encontrá-la. Desculpe, preciso atender este telefonema...

A voz de um homem declamando as poesias de Mao Tsé-tung tinha recomeçado seu recital.

6. Casas de chá e pregoeiros: 3 mil anos de histórias e esperanças

O pregoeiro recitando, Linhuan, província de Anhui, 2006.

Uma típica e tradicional casa de chá lotada de homens, Linhuan, província de Anhui, 2006.

SR. WU, *de 75 anos, pregoeiro de uma tradicional casa de chá, entrevistado no norte da província de Anhui, em Linhuan, uma pequena cidade na região centro-leste da China onde, para os moradores locais, o chá é ainda hoje a atividade de lazer mais popular. Cinquenta anos atrás, em Linhuan, não havia ninguém que soubesse ler ou escrever. Dois ou três homens eram enviados à cidade vizinha para saber das notícias e colher informações; em seguida voltavam para anunciar o que tinham ouvido aos frequentadores da casa de chá. O sr. Wu se tornou um pregoeiro aos dez anos. Ele continua a "apregoar ideias e notícias" nas casas de chá. Chen Lei, de 74 anos, luta para preservar esses estabelecimentos na Linhuan antiga.*

Minha conversa com Tashi me lembrou que a primeira vez que ouvi falar dos fogões boca de tigre — essas tendas de água quente que funcionam também como casas de chá — foi em 1995, quando fui a Shanghai a trabalho. Àquela altura restava apenas um exemplar do gênero na região. Os moradores mais velhos me contaram que os fogões tiveram seu auge no início dos anos 50, chegando a mais de 2 mil na cidade. Depois disso, à medida que o abastecimento de água melhorava, o número foi diminuindo ao longo dos anos, especialmente a partir da década de 80, quando quase toda casa passou a ter um banheiro com água quente. Ninguém mais ia aos fogões boca de tigre, e a cena da fila de gente batendo papo enquanto esperava pela água desapareceu junto com eles. Quando tive a chance de investigar o assunto, o último já havia fechado as portas em 2005, embora os velhos bebericando xícaras de chá debaixo de árvores próximas dali tenham me dito que o hábito era herança dos fogões. E isso, por sua vez, me lembrou que muitos dos costumes tradicionais estão sujeitos à história, e com ela vão também desaparecer um dia.

Durante minha pesquisa e "descoberta" dos fogões boca de tigre, escutei a história de um frequentador que costumava se lavar num deles. Havia sido um pequeno negociante a vida toda e mantinha um lugar reservado na tenda, onde comparecia todos os dias. Seus companheiros de banho o chamavam, brincando, de "Número Vinte", mas ninguém sabia seu verdadeiro nome. Alguns anos atrás, "Número Vinte" ficou doente e queria se lavar, então o filho dele, prestativo, preparou-lhe a banheira importada, mas o velho se recusava terminantemente a tirar a roupa. Ao finalmente entender o que o pai queria, o filho o levou pelo braço até a tenda que restava em Shanghai. O velho foi amparado pelos antigos camaradas até seu lugar costumeiro, como se uma multidão de estrelas acompanhasse a lua. Ele parecia ter voltado à vida, sacando um maço de cigarros do bolso da camisa e se sentando para fumar, satisfeito. No dia seguinte, o velho cliente deixou este mundo, com um sorriso no rosto.

À medida que rumávamos para o norte, a partir de Nanjing, a vista da janela do ônibus ia gradualmente mudando da paisagem dos vales do delta do Yangtze para um cenário de "pobres montanhas e solo depauperado". Nosso motorista nos contou que seguíamos o curso de um antigo canal que corre do norte para o sul e carrega 3 mil anos de história dos transportes na China. Havia sido escavado durante o Período da Primavera e do Outono e os Estados Guerreiros (770-221 a.C.) e expandido muitas vezes nas várias dinastias. Até 618 d.C., na dinastia Sui, fora a principal rota de transporte por água da região leste do país, a parte mais populosa da China de então e até os dias de hoje. O Grande Canal alcança Beijing, ao norte, ligando-a à cidade costeira de Hengzhou, e conecta os três grandes rios chineses, o Amarelo, o Yangtze e o Huai. Tem um comprimento total de mais de 1700 quilômetros — 21 vezes a extensão do canal do Panamá —, o que o torna o mais longo canal do mundo. Junto com a Grande Muralha, é um dos dois mais importantes projetos de engenharia da China antiga. A região que cruzávamos tinha se tornado influente em termos políticos, econômicos, culturais e militares nas dinastias Tang e Song, pois um subsidiário do antigo canal, o canal de Tongji, cortava aquele ponto da província de Anhui ao norte do rio Huai. Mais tarde, em 1194, durante a dinastia Song do Sul, o rio Amarelo transbordou e o canal de Tongji assoreou. As áreas em redor entraram em decadência com o fim do transporte pelo canal e a porção ao norte do rio Huai foi gradualmente alcançando o topo da lista dos lugares mais pobres do país. Aquele era nosso destino: Linhuan.

Linhuan nem aparece nos guias turísticos, mas é muito conhecida em toda a China por sua antiguidade. Foi construída originalmente em torno do ano 200 a.C. e, com o tempo, se transformou em local de pouso para mercadores e viajantes que seguiam para o norte ou para o sul ao longo do Grande Canal. As casas de chá do vilarejo eram muito famosas, e mesmo hoje em dia a maioria dos habitantes é adepta da bebida, preferindo um tipo de chá sem folhas chamado *bangbang*.

Quando chegamos à "cidade" (Linhuan não passa de um vilarejo, na verdade), vimos uma espécie de pobreza modernizada: uma rua coberta pela poeira de mil anos. Tudo era empoeirado, das casinhas de barro centenárias até os prédios baixos de alvenaria dos anos 50 e 60, passando pelos sobradinhos dos camponeses, erguidos na década de 80. A rua inteira estava cheia de entulho de construção — parecia que todos em Linhuan "se apressavam no passo do desenvolvimento internacional" para erguer uma casa ou pavimentar uma rua —, mas o que construíam era um arremedo da China moderna. As pessoas se vestiam decentemente, mas não eram asseadas. Pareciam não querer mais do que se manter abrigadas e alimentadas, sem maiores aspirações de felicidade, e seus cachorros magros não tinham forças nem para duas latidinhas à chegada de estranhos. A impressão era de que apenas os galos e as galinhas ciscando na rua em busca de comida tinham alguma energia, mantendo os pescoços esticados incansavelmente e exibindo penas com algum brilho e frescor.

Aqui não havia o ritmo veloz da produção moderna. As pequenas carroças puxadas por burros, usadas por mais de um século, e os velhos carros de tração humana arrastados por décadas tinham sido substituídos por "bong-bongs" — triciclos motorizados, há muito desaparecidos das cidades, com uma pequena cabine para passageiros atrás do assento do condutor — e motos de modelo antigo que faziam muito barulho mesmo paradas. Reações instintivas entram em ritmo de câmera lenta nesse lugar; você demora alguns minutos entre dar a partida e botar a máquina em funcionamento. Mesmo buzinando alto, nosso motorista não conseguia fazer com que as pessoas saíssem do caminho. De tempos em tempos, ouvia-se uma voz que gritava em tom de grande urgência, seguida por uma longa pausa. A gente já tinha até esquecido o que era e outra voz berrava uma resposta.

Isso tudo me lembrou um dos quadros de Dalí, esse estranho, louco e genial artista cuja obra jamais entendi. Talvez ele tenha convivido com o entulho da modernização. Será que foi isso que lhe proporcionou o talento para criar aquelas estranhas obras de arte capazes de estilhaçar velhos hábitos mentais?

Decidi visitar algumas casas de chá antes de minha entrevista com Chen Lei, o homem que eu viera conhecer.

A maior parte das casas de chá de Linhuan mantém seu desenho original, do tempo em que foram construídas, há mais ou menos cem anos. A luz fraca dos cômodos vem principalmente de uma série de acanhadas claraboias, logo à entrada há filas e mais filas de chaleiras grandes de ferro ou alumínio em cima de enormes fogões de sete ou oito bocas interligados e, ao lado deles, um banco comprido que serve de bancada para os apetrechos — xícaras, bules e folhas de chá. O restante do espaço é o salão, que consiste em várias mesas e pequenas cadeiras de madeira e mais bancos compridos. Algumas casas põem mesinhas baixas e cadeiras na rua. E não importa quanto tempo você permaneça na casa: com três *jiao*, o preço de um bule, garante-se o lugar de manhã à noite.

Segundo vários proprietários de estabelecimentos, a maior diferença entre as casas de chá de hoje e as do passado é que antigamente os frequentadores, além de beber o chá, ouviam as notícias e outras histórias, ao passo que hoje tomam a bebida e jogam majongue ou baralho. Outra diferença é que as mulheres as frequentam. Uma vez que quase a totalidade das terras foi compulsoriamente vendida ao governo, os jovens saudáveis foram todos para as cidades em busca de dinheiro. As mulheres mais velhas não têm de tomar conta das crianças pequenas da família, portanto puderam entrar na cultura do chá.

A princípio, eu havia pensado que "ouvir as notícias" significava que os frequentadores se reuniam ao pé do rádio para escutar o noticiário e a ópera chinesa. Mas não era isso. Como aquela área fora pobre não apenas por gerações mas por dinastias, muitos ali jamais tinham ido à escola e eram analfabetos. Alguns homens de cada geração ficavam encarregados de sair do vilarejo para saber de novidades e coisas interessantes; na volta, eles então as contavam e apregoavam na casa de chá. Com o tempo, ser pregoeiro virou um trabalho especial na região.

Tivemos a sorte de encontrar um deles, o velho sr. Wu, que vinha "apregoando e narrando a Revolução" para o Partido Comunista desde os dez anos de idade. Numa conversa informal, percebi que ele estava à vontade e disposto a dar seu show, de modo que decidi ali mesmo, na hora, que faria uma entrevista extra.

XINRAN: Senhor Wu, enquanto esperamos o câmera ajeitar o equipamento, posso lhe fazer um pedido?
WU: Diga lá.
XINRAN: Vamos falar apenas do que vai pelos nossos corações, nada de discurso — palavras vazias ou falsas —, e vamos só conversar, sem "apregoar". E por favor olhe apenas para mim, e não para as outras pessoas. Tudo bem?
WU: Como você quiser.
XINRAN: O senhor sempre morou aqui?
WU: Nascido e criado em Linhuan.
XINRAN: Em que ano o senhor nasceu?
WU: Tenho 75 anos. Estou um pouco surdo, mas não vou mentir para você, mesmo na minha idade. Não sou como certas pessoas que enganam a idade para conseguir uma pensão ou uma esposa jovem.
XINRAN: Não se preocupe pela sua surdez, falo mais alto. Quando o senhor começou a tomar chá?
WU: Meu pai tinha uma casa especializada. Não se conseguia comprar água boa. Ainda muito pequeno comecei a ir buscar água nas fontes — com onze ou doze anos conseguia carregar baldes com uma vara apoiada nos ombros. Quando comecei a tomar chá? Não me lembro.
XINRAN: Durante quanto tempo seu pai manteve a casa?
WU: Muitos anos.
XINRAN: O senhor ainda se lembra de como era? Quantos bules e mesas havia? Quantas pessoas?
WU: Havia uma porção de bules — daqueles antigos, não esse pequenos de hoje. Naquele tempo, as casas de chá eram lugares importantes por estas bandas; tudo o que fosse grande demais para resolver em família ou carregar numa mala vinha parar na casa de chá, e sempre se dava um jeito. Tratos de casamento, brigas de marido e mulher, desavenças entre vizinhos, castigos para os filhos... Era por isso que mulheres e crianças não podiam entrar. Eram assuntos de homem. A menos, claro, que faltassem empregados em uma das

casas, então a mulher do dono podia ficar para dar uma mão. De modo que não vi muita coisa. Que criança se arriscaria a meter o nariz nas coisas do pai naquela época? Seria desafiar a autoridade paterna.

XINRAN: O senhor se recorda do que sua mãe fazia em casa?

WU: Ela cozinhava. Só me lembro dela cozinhando. É o que fazem as mulheres, não é? Cozinhar!

XINRAN: Eram quantos filhos?

WU: Um só, eu era filho único.

XINRAN: O senhor era filho único? Mas não havia a política de filho único ainda.

WU: Era só eu. Não tinha nem irmãs nem irmãos. Por sorte, era menino, senão a linhagem familiar teria se extinguido. Era só eu naquela época, mas agora há quatro gerações da família.

XINRAN: Quantos filhos e filhas?

WU: Hã?

XINRAN: QUANTOS-FILHOS? QUANTAS-FILHAS?

WU: Meus? Quatro filhos e uma menina.

XINRAN: E netos?

WU: Até os filhos dos meus netos já estão adultos!

XINRAN: Como o senhor encontrou uma esposa?

WU: A primeira, não sei. Foi tudo acertado pelos nossos pais e, depois de quatro anos, ela teve um bebê. Não ia dar certo, então encontrei outra. Essa era boa; era uma mulher de valor. Entrei para o Partido em 1954 e ela, em 1955; era uma mulher de valor.

XINRAN: Então o senhor teve duas esposas? Foi casado duas vezes?

WU: Não vamos falar sobre isso, não dava certo com a primeira; ela não tinha uma cabeça progressista, não era uma mulher de valor. Então arranjei outra. A segunda, sim, tinha cabeça boa.

XINRAN: Ela cozinha bem?

WU: Muito bem — bolinhos, panquecas, sabe fazer várias coisas.

XINRAN: Quando seu pai era vivo, a casa de chá era chamada por esse nome ou tinha outro?

WU: Era chamada só assim, casa de chá. Antigamente havia contadores de histórias e cantores-percussionistas nessas casas. O dono vendia chá, eles cantavam, ganhavam por mês, além das gorjetas dos clientes. Hoje em dia, os cantores de ópera só cantam em palcos. Empinam o nariz para as casas de chá — o espaço é pequeno.

XINRAN: Conte-me o que senhor fazia durante um dia, do momento em que se levantava de manhã até a hora de ir para a cama, à noite.

WU: Administrava a casa de chá com meu velho, carregava água. Era todo dia a mesma coisa, o que contar? No início, até a terceira série, eu ia à escola. Como era burro, parei de ir. Disse para o meu pai: "Vou fazer o que senhor me mandar". Ele falou: "Você carrega água, eu cuido do negócio, e aí só o que vai se ouvir neste lugar é o barulhinho do chá sendo bebericado". Perguntei: "E isso tem futuro?". Ele disse: "Se uma casa de chá tem futuro? Ouça o que eu digo, esta casa é onde o pessoal da vila vem falar de coisas importantes. Se alguém disser besteira aqui, os outros vão julgar. É como um tribunal, como a lei. E tem outra coisa boa: as pessoas perdem a cabeça e, em casa, brigam com os filhos ou ralham com as noras, mas, quando vêm à casa de chá, se acalmam, batem papo e riem — uma visita a este lugar é um momento de alegria, uma casa de chá é um bom lugar. Além disso, aqui a gente fica sabendo dos grandes assuntos do mundo lá fora. Senão a gente viveria numa toca, não é?".

XINRAN: E a que horas o senhor e seu pai começavam a trabalhar todos os dias, a que horas abriam a casa?

WU: A casa abria muito cedo, mais ou menos às seis, no inverno, às cinco e pouco, no verão. Púnhamos a água para esquentar e, quando fervia, começávamos a servir os clientes, que chegavam com a luz da manhã. Enquanto houvesse água quente, chegaria gente para tomar chá. Quem estava muito de bem ou muito de mal com a vida vinha mais cedo; os mais velhos também. Levantavam cedo, quando a família ainda roncava. Não havia luz nas casas e ninguém para lhes fazer companhia ou com quem conversar sobre o que tinham sonhado, então vinham bem cedo. E ficavam até as oito ou nove da noite. Apareciam logo depois do jantar, alguns vindos de lugares a oito ou dez *li* de distância. Todo mundo queria vir tomar chá.

XINRAN: Na sua opinião, agora que a vida mudou tanto, e para melhor, e em muitos lugares as pessoas não se interessam mais em manter as casas de chá, por que aqui parece que todo mundo quer abrir uma?

WU: E eu sei? No passado, antes da Liberação, havia apenas duas ou três. Eram muito raras, lugares especiais. Agora há muitas, duas ou três a cada esquina. Muita gente mantém casas de chá, hoje, em Linhuan.

xinran: Tem mais gente que bebe chá hoje, ou havia mais antes?

wu: Acho que agora tem ainda mais. Antigamente, os clientes eram só homens idosos, essa é a verdade. Hoje todos os jovens frequentam as casas de chá. E agora, para ficar até as onze, custa três *jiao*. São três *jiao* por um bule. Antes era mais barato.

xinran: O senhor tomava chá quando era jovem?

wu: Sim, sempre que podia.

xinran: As casas de hoje são como a do seu pai?

wu: A casa de chá do meu velho não era bonita como esta aqui.

xinran: O senhor sabe dizer quantos bules tem a maior casa da cidade?

wu: A maior? Deve ter uns cem ou mais.

xinran: Quantas pessoas cabem juntas na maior casa daqui? Algumas dúzias? Cem? Ou mais?

wu: Umas 150, talvez mais.

xinran: O senhor ainda se lembra de alguns dos versos da sorte escritos à entrada das casas de chá?

wu: Na verdade, não. Sei que todo ano, na Festa da Primavera, fazem novos versos da sorte, mas não sei ler. Às vezes peço que leiam para mim.

xinran: E que versos da sorte o senhor pede que lhe escrevam no Ano-Novo?

wu: São todos a respeito de casas e lugares para tomar chá e sobre pessoas que apreciam isso.

xinran: O senhor sabe alguma coisa sobre como seus pais se casaram?

wu: Alguém os apresentou. Meu pai tinha mais de cinquenta anos quando nasci.

xinran: Seu pai algum dia contou ao senhor a história dele?

wu: Quando estava me dando bronca, ele sempre me dizia que tinha feito de tudo, de fabricar lamparinas a vender arroz e manter a casa de chá, mas que nunca fora uma pessoa de mau coração. Foi sempre um homem bom.

xinran: O que ele gostava de fazer?

wu: Gostava de fabricar lanternas gigantes — fazia todo ano para vender. Fabricar as lanternas e cuidar da casa de chá.

xinran: E o que senhor gosta de fazer?

wu: Faço de tudo. Já vendi arroz e amendoim, cuidei da casa de chá. Vendi um monte de coisas.

XINRAN: Durante a Revolução Cultural, a casa continuou funcionando? Os guardas vermelhos também tomavam chá?

WU: Não podíamos assistir à ópera, mas as casas de chá foram autorizadas a funcionar. Que lei poderia haver contra tomar chá? As casas continuaram abertas, normalmente.

XINRAN: O chá de hoje é igual?

WU: Naquele tempo não tomávamos esse tipo com folhas. O chá agora é melhor. Antigamente, as construções não eram adequadas. Hoje há instalações construídas especialmente para abrigar casas de chá, feitas de tijolo em vez de terra batida.

XINRAN: Há muitos jovens cuidando desses estabelecimentos hoje em dia?

WU: Não muitos. Eles vão embora atrás de dinheiro. A maioria dos proprietários tem sessenta anos ou mais.

XINRAN: Algum dos seus filhos trabalha com isso? O que eles fazem?

WU: Cortam cabelo, vendem arroz e roupas, criam porcos. Mas nenhum é dono de casa de chá.

XINRAN: O senhor e sua esposa moram sozinhos? Ou com os filhos?

WU: Sozinhos. Agora vivemos na Nova Sociedade, é a nova família. Cada um ganha e gasta o próprio dinheiro.

XINRAN: Seus filhos lhe dão algum para se manter?

WU: Eles me dão, mas não quero. Meu neto está indo para a universidade. Vai custar muito dinheiro.

XINRAN: E seus filhos apreciam as casas de chá?

WU: Só um. Ele toma chá todo dia. Os outros não gostam. Dizem que é perda de tempo.

XINRAN: O senhor disse que entrou para o Partido em 1954. No que trabalhava naquela época?

WU: Em 1950, logo depois da Liberação, eu era oficial de segurança. Em 1951, fui escolhido como líder do vilarejo e vice-líder da brigada de produção. Nunca recebi nada. É verdade que entrei para o Partido em 1954 e minha mulher, em 1955 — é tão verdade quanto eu estar sentado aqui.

XINRAN: Seus filhos entraram para o Partido?

WU: Meu segundo filho, sim, quando estava no Exército.

XINRAN: O senhor, sua esposa, seu filho. Com três membros do Partido, vocês podem ser considerados uma família vermelha.

WU: Nem preciso dizer.

XINRAN: Vocês ainda vão às reuniões do Partido?

WU: Não mais.

XINRAN: Se não vão mais, ainda contam como membros?

WU: Não sei dizer ao certo.

XINRAN: Quantos membros o vilarejo ainda tem?

WU: Algumas dúzias, ainda.

XINRAN: No passado, nós, chineses, costumávamos dizer que ter um negócio era coisa de capitalistas. Algum membro do Partido abriu uma casa de chá?

WU: Difícil dizer, não havia muitos de nós.

XINRAN: Como o senhor sabe, agora estamos começando a usar eletricidade e uma porção de novas tecnologias. Estamos nos modernizando. O senhor tem medo que as casas de chá desapareçam?

WU: Tem gente em Hanzhou que toma chá, eu vi. Quando fui até lá visitar meu filho, vi pessoas nas casas de chá tomando chá preto. Ninguém segura os verdadeiros apreciadores. Mas quem toma chá na rua, com os outros, pode se contaminar com AIDS, então ninguém deveria fazer isso, só em casa.

XINRAN: Como o senhor sabe que chá transmite AIDS?

WU: Não foi isso que eu disse! Na verdade, há pessoas contaminadas e doenças que são transmitidas. Podem se espalhar. Assim são as doenças infecciosas.

XINRAN: Depois que largou a casa de chá, o que mais o senhor fez, além do trabalho para o Partido?

WU: Hoje vendo antiguidades. Vou até uns lugarejos comprar bules velhos. Se consigo algum dinheiro por eles, o suficiente para as despesas, é tudo de que preciso — as crianças não querem nada. Sou um sujeito sem estudo, muito pragmático. Não posso ler livros ou jornais, mas me lembro de tudo o que vejo e ouço. Se não fosse assim, por que o Partido me mandaria "apregoar a Revolução"?

XINRAN: Há quanto tempo o senhor vem "apregoando a Revolução"?

WU: Comecei com dez anos. Todos na casa de chá gostavam de me escutar. Eu conseguia transformar numa toada qualquer coisa que tivesse ouvido. Foi assim até os alto-falantes chegarem ao vilarejo. Aí as coisas mudaram. Quando eles começaram a berrar a programação do rádio, só dava para ouvir isso. Eu não podia apregoar as coisas que todos já sabiam, então saía procurando notícias que o rádio não tinha dado. Continuei a fazer minhas toadas depois que me tornei membro e oficial do Partido, mas não tanto quanto antes.

XINRAN: Como o senhor descobria as notícias que o rádio não dava?

WU: E precisa perguntar? Todo mundo sabe que o rádio nunca fala sobre deuses e previsões; isso é superstição. E não fala sobre o que a polícia faz de errado, não é? Ou sobre as secas e os desastres naturais, ou as enchentes do rio Amarelo que matavam tanta gente. Era só "luta de classes" o dia inteiro, mas, como éramos todos pobres por aqui, não conseguiríamos achar um inimigo de classe mesmo que quiséssemos. Ele tinha de ser rico. Você continuaria aqui se fosse rica? Seria como alguém morrer de fome usando um pote de ouro como penico!

XINRAN: Mas, se o senhor só falava desse tipo de coisa, ninguém tentava impedi-lo?

WU: Ninguém se incomodava comigo — e quem aparece por aqui? Se viessem nos vigiar, o que iriam comer? Aqueles funcionários tão preocupados com a luta de classes não aguentariam passar fome!

XINRAN: O senhor tem 75 anos e tanta história para contar que precisamos nos concentrar em algo. Pode me contar sobre as três coisas mais dolorosas e as três maiores alegrias da sua vida?

WU: Isso é fácil. Nunca fui tão feliz quanto na época em que vendia arroz. Ganhava um iuane por tigela e conseguia vender até quinhentas num dia, de verdade. Fiz muito dinheiro com meus *zhuangmo* também — são pães grandes e sólidos do tipo que se come no nordeste. Essa foi minha primeira grande alegria. A segunda é que trabalhei a vida inteira pela Revolução, mas nunca tomei um centavo do dinheiro público. Quero ser uma pessoa de bem. Entrei para o Partido em 1954. Fui à delegacia para assumir o posto de oficial de segurança, não tive medo. "Um revolucionário deve desconhecer o medo; se você é medroso, nem pense em revolução." Não tenho uma terceira alegria. A família, meus filhos e minha filha, não contam.

XINRAN: E a maior tristeza?

WU: A maior tristeza? Há pessoas no governo que agem de forma imprudente. Não saio por aí apregoando, mas intimamente não aprovo. Os oficiais camponeses de antigamente eram melhores que os de hoje. Não se pode dizer isso abertamente.

Pela minha experiência de entrevistas na zona rural, podia sentir que ele não estava sendo totalmente sincero. Devia haver outras coisas que o fizeram infeliz. Mas o velho sr. Wu mudou de assunto e seu rosto imediatamente assumiu a expressão de "felicidade" de um ator no palco.

WU: Nada me deixa triste. Eu brinco e canto. Um homem feliz terá longa vida. Quanto mais feliz, mais viverá; quanto mais angustiado, mais rápido morrerá.

XINRAN: Se tivesse a vida pela frente de novo, o senhor viveria do mesmo jeito?

WU: Não é uma resposta fácil. Se fosse viver minha vida de novo, eu teria séculos de idade! Isso não é possível.

XINRAN: Não, se o senhor tivesse a *mesma vida* outra vez, ainda assim ficaria por aqui cuidando da casa de chá do seu pai, ou iria morar em outro lugar? O senhor se arrependeu do que viveu ou acha que valeu a pena?

WU: Valeu a pena.

XINRAN: Muitos estrangeiros dizem que a China é muito pobre, e este lugar de fato é. O senhor vive na miséria aqui, vale a pena?

WU: Este lugar não está entre os mais pobres. Quando o presidente Mao era vivo, logo depois da Liberação, estava. Mas agora? Não é pobre.

XINRAN: Muita gente aqui não ganha nem três *jiao* por dia e o senhor acha que isso não é pobreza?

WU: Não somos pobres hoje, sério. Lá atrás, em 1949, 1950 e 1951, éramos. O presidente Mao estava fazendo a Revolução naquele tempo. Não havia ônibus, era pouca gente, aquilo era pobreza de verdade. Estrangeiros? Digo que são eles os pobres. Quando fui a Hangzhou, vi as calças que usam, com furos por toda parte, e o cabelo deles, todo sujo. Isso não é ser pobre? Por que ser assim?

XINRAN: O senhor prefere Hangzhou ou Linhuan?

WU: Para morar, Hangzhou é melhor, claro. Mas aqui não é tão ruim. A vida dos camponeses piorou desde tempos mais antigos. Quem mandou nascer em família camponesa, para trabalhar o dia inteiro no barro e no esterco?

XINRAN: O senhor e sua mulher discutem?

WU: Nunca briguei ou discuti com ela desde o dia do nosso casamento, nem mesmo a xinguei.

XINRAN: Comparando vocês dois, o senhor foi mais bem-sucedido que ela, ou o contrário? Quem teve mais méritos como revolucionário?

WU: Ela tem mais valor que eu. É uma trabalhadora modelo, a primeira mulher membro do Partido no vilarejo. Está um ponto acima de mim.

XINRAN: O senhor ainda se lembra da cerimônia de casamento?

WU: Estava chovendo no dia — ela chegou numa liteira.

XINRAN: E vocês fizeram um banquete?

WU: Éramos muito pobres então, não tínhamos terras ou uma casa ainda, nada, e minha família era a mais pobre.

XINRAN: Há alguma coisa que o senhor gostaria de fazer e ainda não fez?

WU: Não, já fiz tudo, um homem deveria ter essa consciência.

XINRAN: Quantos anos tem a pessoa mais velha do vilarejo?

WU: Mais de noventa.

XINRAN: Vem muita gente de fora visitar este lugar?

WU: Sim.

XINRAN: O senhor tem ideia de por que essa gente vem?

WU: Temos uma porção de lugares históricos por aqui, mas muitos, como o Templo do Deus da Cidade e aquele a leste dos limites do vilarejo, foram postos abaixo. Já se foram. As pessoas vêm porque ouvem falar, mas não há mais muita coisa para se ver.

XINRAN: Se alguém lhe dissesse que sua casa de chá está velha demais e lhe pedisse para construir uma nova, o senhor estaria disposto?

WU: Com uma oportunidade de escolher entre o velho e o novo, quem escolheria o velho?

XINRAN: O senhor aprecia esse tipo de casa de chá, no estilo antigo, ou prefere as novas?

WU: É claro que as antigas são melhores que as novas, que nem parecem casas de chá.

XINRAN: E por que eu vim até aqui? O senhor sabe?

WU: Não, não sei.

XINRAN: Porque Linhuan preserva a cultura das casas e do chá e a cultura tradicional chinesa. Ou seja, no futuro, mais e mais pessoas virão visitar sua casa de chá. O senhor gostaria de receber visitantes?

WU: Gostaria. Até mesmo estrangeiros! Vou entoar um pouco de história para que você acredite em mim. Não estou mentindo, visitantes são realmente bem-vindos. Escute com atenção, fui eu mesmo que compus esta.

Rufem os tambores, ouvidos a postos,
Cheguem, camaradas, ouvir o que lhes mostro
A Batalha de Huaihai vou lhes contar
É do que este pregoeiro vai hoje lhes falar

No primeiro dia do primeiro mês do ciclo primeiro
Em Yan'an, sob Mao Tse-tung, o Timoneiro,
Duzentos homens bravios, um exército inteiro

No segundo mês, Lin Bocheng liderou muito soldado
Contra o dragão que Xuzhou tinha atacado

No terceiro mês, terceiro do ciclo terceiro
Os soldados de Deng Xiaoping, o Novo Timoneiro,
Atacaram e cercaram Jinan
E suas tropas ocuparam Tianfushan

No quarto mês, oitavo do ciclo quarto
A conquista da Estação Zaozhuang em pleno parto
Vencemos não apenas a batalha
Mas três regimentos inimigos, cobrimos com mortalha

Insuportável o calor da batalha no sexto mês,
Chian Kai-shek, consumido pelo medo,
Recolheu dali homens e armas de uma vez

XINRAN: O senhor recita tão bem! Temos de aplaudi-lo em agradecimento.

* * *

Os camponeses que tomavam seu chá ficaram surpresos com minha sugestão: o que havia para aplaudir? Por que agradecer?

Estava na hora da minha entrevista com Chen Lei, portanto tive de deixar a casa de chá e o animado velho sr. Wu. Antes de partir, perguntei a ele onde morava e a que horas se levantava todo dia, dizendo-lhe que pretendia aparecer por lá antes de ir embora. Quando ouviu isso, a descrença ficou estampada no seu rosto, mas ele disse, educado: "Não precisa se incomodar, obrigado!".

Sentei com Chen Lei, o herói que preservara o antigo vilarejo de Linhuan, no jardim da estação de rádio. Conversamos por um longo tempo, até que escurecesse e distinguíssemos apenas sombras.

Enquanto isso, os grandes alto-falantes da emissora entraram em ação nas horas marcadas e interromperam nossa conversa. Numa das vezes foi para lembrar os moradores de obedecer às normas de funcionamento da feira, no dia seguinte; noutra, foi para convocar alguém a que viesse buscar alguma coisa na emissora. Noutra ainda, reprisou-se o noticiário de rádio e, em seguida, veio um programa de ópera, que foi interrompido quando Chen Lei gritou algo que não consegui compreender. Mas nada disso nos impediu de conversar à vontade.

Ele vestia camisa polo verde-escura e calças marrons de algodão. Tinha a aparência de um homem capaz e vigoroso, mas as rugas em sua testa denunciavam perseguições e mudanças de muitos anos. O olhar era profundo e pensativo, carregado da dignidade acumulada em setenta ou oitenta anos de vida.

XINRAN: Contaram-me que Chen Lei não é o nome que seus pais lhe deram. É verdade que o senhor trocou de nome?

CHEN: Em 1960, quando trabalhava numa fazenda, tive essa ideia. Queria ser notado como se nota um trovão no céu claro, então mudei meu nome para Chen Lei, que significa "trovão".

XINRAN: O senhor mudou de nome sem consultar seus pais? Nós, chineses, dizemos que nossos pais nos dão a vida, e que nossos nomes são o símbolo dessa vida que nos foi dada. Trocar seu nome por conta própria deve tê-lo marcado com uma péssima reputação, quase como se o senhor tivesse cometido um crime terrível.

CHEN: Bem, não. Meus pais devem ter ficado preocupados, mas quando viram que eu poderia realizar grandes coisas... E, em todo caso, estava feito, não havia por que esquentar a cabeça.

XINRAN: Pode nos contar que tipo de gente eram seus pais?

CHEN: Os dois vinham de famílias pobres. Eles eram trabalhadores manuais, consertavam bicicletas para sobreviver. Éramos oito filhos, cinco meninos e três meninas. As coisas eram bem difíceis para a minha família. Dependíamos do trabalho de consertar bicicletas do meu pai. Mais tarde, entrei no ensino médio; minha família não podia arcar com meus estudos na escola superior, então comecei a trabalhar. Na verdade, há várias razões por que mudei meu nome para Chen Lei. Em 1960, eu era cheio de ideias. Queria mudar tudo para melhor, elevar nosso padrão de vida. O tempo que fiquei no regimento de artilharia de Nanjing mudou minha cabeça: o que eu poderia fazer para mudar a vida da nossa zona rural abatida pela pobreza?

XINRAN: E *como* o senhor poderia mudar o lugar onde nasceu?

CHEN: Não sabia, a princípio. Trabalhei muito, e não fui o único, mas Linhuan não melhorava. Éramos muito pobres por aqui, desesperadamente pobres.

XINRAN: Nenhum dos seus superiores ajudou?

CHEN: Até a década de 80, meus superiores não se ocupavam de outra coisa a não ser a luta de classes. Se não fosse de esquerda, você não sobreviveria. Além do mais, todo mundo era pobre; ninguém achava que éramos mais pobres que os outros! Mais tarde, apenas alguns anos depois do processo de reforma e abertura, um jornalista apareceu. Não tirou fotos das ruas, casas e lojas recém-construídas, preferiu se concentrar nas velhas casas de chá caindo aos pedaços, e aí me dei conta de que tínhamos uma cultura original, própria, que era um atrativo em meio à decrepitude, algo que estava desaparecendo em outros lugares.

XINRAN: Foi por isso que o senhor se meteu no caminho das equipes de engenharia do governo, determinado a impedi-las? Não fosse essa sua atitude, as velhas casas de chá de Linhuan e os muros que limitam a cidade teriam sido postos abaixo, não é verdade?

CHEN: Guardamos centenas de milhares de anos de história aqui em Linhuan, e a cultura das dinastias Shang e Zhou.* No noroeste da cidade, temos os resquícios de um velho muro de terra batida do Período Primavera e Outono.** É uma muralha que desenha um quadrado com 1 550 metros de extensão de leste a oeste, 1 409 metros de largura do norte para o sul, entre sete e quinze metros de altura, 36 a sessenta metros de largura na base e três a oito metros no topo, cercando uma área de 2,7 quilômetros quadrados. Tem quatro portões, torres de observação e faróis de sinalização. O muro de terracota de Linhuan é atualmente o único desse tipo remanescente na China. Numa comparação com o Ocidente, ele é tão grande que poderia cercar seis Vaticanos! Linhuan tem alguns milênios de história e cultura, mas e a cultura viva? Como toda essa história pode se refletir na cultura de hoje? A questão é manter o movimento. Foi o transporte pelo Grande Canal que possibilitou a cultura do chá em Linhuan. Comecei a pensar em como usar essa cultura original, que ainda preservamos aqui, para aproximar Linhuan do resto do mundo, de modo que o povo local possa sobreviver do intercâmbio cultural.

As casas de chá à moda antiga que temos aqui no norte são completamente diferentes das do sul. As daqui servem cuias de chá, as de lá são apenas para degustação. Servimos aos bules. Antigamente, podia-se tomar chá o dia todo por cinco *fen* — era só chegar assim que a casa abrisse as portas e levar o que sobrasse ao ir embora. Se havia algum problema envolvendo terras, uma discussão entre uma esposa e uma sogra ou qualquer tipo de desavença, todos diziam: "Vamos para a casa de chá resolver isso!". Esses estabelecimentos se tornaram centros de notícias e cultura para a sociedade local.

A coisa mais importante que temos feito é preservar as duas ruas do centro velho, a rua do Prego e a rua do Paralelepípedo, e suas duas casas de chá. A característica peculiar dessas duas construções são os telhados de "telha única"; eles formam uma superfície lisa, as telhas não se sobrepõem umas às outras. Quando o pessoal que cuida de prédios antigos no Instituto de Arquitetura viu as casas, perguntou: "Esses telhados de telha única não têm goteiras?". Dissemos: "Não, não têm!". Geralmente se começa o telhado com uma cama-

---

* Dinastia Shang: 1600-1046 a.C.; dinastia Zhou: 1046-256 a.C.
** Período Primavera e Outono: 770-476 a.C.

da normal de telhas sobrepostas, que depois são recobertas com as do outro tipo, comuns por aqui desde tempos muito remotos. Mostramos ao pessoal do Instituto de Arquitetura que era fundamental preservar essas duas ruas. Se não fizermos isso agora, pouco a pouco elas vão desaparecer e, uma vez que se forem, não haverá outras. Hoje sobraram aproximadamente 5600 metros quadrados do centro antigo, todo ocupado por velhas casas construídas com pequenos tijolos verde azulados feitos a partir da argila local. Só isso já faz um grande museu de arquitetura antiga.

XINRAN: É verdade. A cidade em si é um enorme museu da cultura arquitetônica antiga, como Roma. Senhor Chen, enquanto o senhor falava, fiquei tentando imaginar. Afora o que todo mundo já sabe sobre essa cultura e esses resquícios da antiguidade que sobrevivem por aqui, o que mais existe? Tem alguma outra coisa que possa vir a se tornar uma riqueza, algo que viesse melhorar a vida do povo de Linhuan? Quantas pessoas moram aqui?

CHEN: São 88500 habitantes na grande Linhuan e 21 mil na parte antiga.

XINRAN: E que percentual da população tem estudos?

CHEN: Difícil dizer. Temos vários professores, e havia também um velho acadêmico *xiucai*. Ainda mantemos aqui um local onde os candidatos a *xiucai* prestavam os exames nacionais nas dinastias Ming e Qing.

XINRAN: A cidade tem mais jovens e pessoas de meia-idade ou mais idosos?

CHEN: Mais idosos.

XINRAN: E são eles a garantia de sobrevivência das casas de chá?

CHEN: Todos os velhos de Linhuan têm algo a dizer sobre a história, é verdade. Essa é a riqueza dessas casas.

XINRAN: Também vivi sob outra forma de pobreza, por isso sei que ela faz as pessoas mudarem sua maneira de pensar. Quantas casas de chá restaram em Linhuan?

CHEN: Dezesseis. Elas costumavam ser chamadas de fogões boca de tigre. Agora as chamamos de *tangzao* — fogões compartilhados. Eles se ligam uns aos outros para aquecer as chaleiras — eram usadas chaleiras de ferro antigamente, agora são de alumínio. Um dia, alguém reparou que acender cada fogão individualmente era muito desperdício, mas com um balde próximo de um dos fogões aquecidos dava para aproveitar o calor. Isso economiza bastante. Há muito tempo que somos pobres neste lugar. O presidente Mao não dizia que "a pobreza muda a maneira de pensar"? É verdade; sem novas ideias, é impossível sobreviver.

XINRAN: Linhuan tem 4 mil anos de história. É correto afirmar que é impossível recuperar o estilo original das antigas construções ao longo do rio Huai usando os materiais de hoje?

CHEN: Temos pensado nisso também. Casas diferentes exigem materiais diferentes. Por estas bandas usamos muito os tijolos de olaria. No começo eles eram verde azulados, feitos em fornos especiais — a melhor cerâmica sai desses fornos. Mais tarde a qualidade da argila foi afetada pela poluição. Depois houve enchentes de grandes proporções na região às margens do rio Huai. O rio tinha muito areia, que acumulou quando a água invadiu tudo. Mas, com cuidado no processo de extração, ainda é possível encontrar argila de boa qualidade. Volte no ano que vem e você vai ver, tudo estará diferente outra vez. Basicamente tudo voltará a ser como era, e usando os materiais originais. Estamos consertando o antigo para trazê-lo de volta.

XINRAN: No passado, esses fogões compartilhados serviam para banhos também, como os fogões boca de tigre de Nanjing e Shanghai?

CHEN: Não, eram apenas para o chá. O pessoal toma chá e bate papo, discutindo assuntos velhos e novos, gente comum conversando sobre suas coisas. Quem tem um filho ou uma filha rebeldes, leva-o à casa de chá para uma mediação das desavenças. Ali a resolução é garantida, tudo ficará bem e você não tem de pagar advogados ou carregar o problema para o tribunal.

XINRAN: E que proporção da população é frequentadora, quanto do seu tempo essas pessoas gastam nas casas de chá?

CHEN: Não posso lhe dar um número exato, mas pelo menos metade das pessoas de meia-idade e a maioria dos homens idosos, além dos meninos, que começam a frequentar muito novos — às vezes aparecem até uns bem pequenos. Quando era criança, eu costumava frequentar para ouvir os contadores de histórias. Não conhecíamos a palavra "notícia", mas aqueles que iam para longe fazer negócios, na volta, sempre passavam pelas casas de chá para "apregoar as novidades". Era como contar histórias. A gente escutava toda espécie de coisas esquisitas ali. O velho sr. Wu, que você entrevistou hoje, começou a "apregoar" nas casas quando tinha dez anos. Em Linhuan, esses estabelecimentos eram o que o pessoal da cidade hoje chamaria de "centros de mídia e notícias".

XINRAN: Esse tipo de coisa continuou durante a Revolução Cultural?

CHEN: As novidades ainda eram entoadas, mas ninguém falava de política —ninguém ousava. E todo dia tinha alguém para recitar as obras do presidente Mao.

XINRAN: Pelo que o senhor conhece dos que se ocupam das casas de chá, quais foram as maiores dificuldades e as maiores alegrias na vida dessas pessoas?

CHEN: O maior sacrifício é ter de abrir todos os dias com o nascer do sol e só fechar à meia-noite, passar o dia inteiro preparando chá e reabastecendo os bules dos clientes, trabalho quase escravo por uma renda tão pequena, suficiente apenas para o básico. Mas a felicidade dos proprietários desses estabelecimentos é que todo mundo vai lá, eles conhecem gente, escutam as novidades e veem um pouco do mundo.

XINRAN: E o senhor percebe muita diferença entre as casas de chá que existiam antes da Liberação e as que vieram depois?

CHEN: São quase iguais. Como somos muito pobres, ninguém por aqui quer mexer nessas coisas. A maneira antiga de fazer é assimilada das gerações anteriores.

XINRAN: As casas não foram influenciadas por todas essas mudanças de governos e regimes?

CHEN: Não. Eles fazem suas reformas, nós bebemos nosso chá. Nada mudou.

XINRAN: Houve casos, durante a Revolução Cultural, de pessoas sendo advertidas ou delatadas pelo que falavam nas casas de chá?

CHEN: Não, muito poucos. Naquele tempo, todo mundo estava de sobreaviso.

XINRAN: E os apetrechos de chá, são os mesmos de quando o senhor era criança?

CHEN: São basicamente os mesmos. Mas no meu tempo as mesas eram compridas de madeira. Agora passaram a ser menores e quadradas. Têm suas vantagens também. Grupos pequenos podem tomar chá e jogar baralho.

XINRAN: O senhor teme que, com as pessoas hoje sujeitas às armadilhas materialistas da vida moderna, as casas de chá também sejam substituídas por coisas mais modernas?

CHEN: Antes da Revolução Cultural, havia duas casas de chá; agora são dezesseis. Dá para ver por aí que a cultura do chá também mudou. E logo outras casas vão abrir. Cada uma tem duzentos bules. Em dezesseis casas, isso dá mais de 3 mil. Não vai ser fácil substituir tudo isso.

XINRAN: E os bules e xícaras modernos, podem influenciar a cultura das casas de chá? O senhor não se preocupa que a cultura da qual fala seja mudada e as pessoas passem a usar bules bonitinhos com palavras estrangeiras impressas neles?

CHEN: De jeito nenhum. Caracteres estrangeiros e chá simplesmente não se misturam!

XINRAN: Na infância, o senhor tomava o chá em cuias ou xícaras?

CHEN: Eram pequenas xícaras sem alça, pequenas cuias.

XINRAN: Agora mesmo eu estava tomando numa dessas.

CHEN: Não existem mais aquelas bem pequenas, como aparadores de ovos, que eram usadas uma vez — é preciso encomendá-las especialmente. Muitos dos fornos em que as cuias e xícaras sem alça eram produzidas pararam de funcionar. Estamos preparando a volta da louça de terracota. Queremos a verdadeira cultura local, da terra, que inclua literalmente o barro daqui. Queremos preservar a real, genuína e autêntica cultura do chá.

XINRAN: O senhor acha que os jovens apoiam sua iniciativa?

CHEN: Alguns sim, outros não.

XINRAN: Existem jovens que dizem que suas ideias e as coisas que o senhor está fazendo são tolas e ignorantes?

CHEN: Sim, muitos! E isso inclui alguns dos funcionários locais. Não conseguem enxergar que essas relíquias antigas são nosso tesouro. Há aquele ditado sobre pedir esmola com uma tigela de ouro, mas nós estamos segurando a tigela e esmolando comida. Por que não se encontra uma maneira de desenvolver nossa própria riqueza cultural e dar-lhe boa serventia? Não, preferem ir atrás do lixo cultural do Ocidente.

XINRAN: Qual a opinião dos seus filhos sobre o senhor arriscar a vida para proteger esses locais históricos?

CHEN: Eles têm lá as opiniões deles. Só acho que nossa geração tem uma responsabilidade com a preservação das coisas antigas de Linhuan. Não podemos interromper a linhagem, devemos continuá-la. Senão, o legado será perdido nesta geração.

XINRAN: O senhor já pensou que esses seus conhecimentos e sua consciência deveriam permanecer com a próxima geração, não apenas a cultura do chá? Que suas ideias de preservação dos monumentos antigos precisam ter continuidade também?

CHEN: Precisam, mas todo mundo tem ideias diferentes, e cada um toma o próprio rumo.

XINRAN: O senhor acha que consegue convencer seus filhos?

CHEN: Antes, ninguém da família me apoiava, velhos ou novos. Agora me apoiam, mas o que vai ser quando eu for embora, não sei.

XINRAN: Os velhos tomando chá — notei que há uma espécie de contentamento em seus rostos que não se vê em outros lugares. Tanto os chineses como os ocidentais de hoje vivem tensos e com pressa, todos procurando uma boa vida no futuro, sem tempo para "vivenciar" o próprio espaço como seres humanos. Essas pessoas mais velhas de Linhuan não são ricas — são muito pobres, na verdade —, mas vivem muito tranquilamente a "versão" delas de uma boa vida. Isso me leva a pensar: o que é uma boa vida? Nosso chá chinês põe os nervos no lugar, não é verdade?

CHEN: Sim, o chá *bangbang* de Linhuan traz calma ao coração. A muralha do centro antigo da cidade permite às pessoas de hoje dialogar com o espírito dos antigos, gente que viveu há mais de mil anos. E o povo de Linhuan também deseja entender o mundo.

XINRAN: Para mim, o senhor parece ser o esteio da cultura local, contribuiu muito para tudo isto aqui. Mas, falando do lado pessoal, em toda a sua vida, quais foram as maiores alegrias e as coisas mais dolorosas que lhe aconteceram?

CHEN: Os velhos dizem que passar por decepções e sofrer é boa sorte; comer, beber e vagabundear, numa vida de prazeres, não é. Há muitas coisas que me fazem sofrer. Por exemplo, quando saio aqui do vilarejo para alguma reunião e vejo que esses arquitetos estão construindo prédios e arranha-céus ao lado de lugares históricos, vandalizando o cenário original, fico nervoso, sinto uma amargura por dentro. Todos esses locais de cultura do passado sendo destruídos e postos abaixo para nunca mais!

XINRAN: Qual é, na sua opinião, a maior diferença entre as crianças de antigamente e as de hoje?

CHEN: Determinação e valores. O senso de valores deles é diferente do meu. Meus valores dizem respeito a mudar nossa situação de pobreza e atraso, aumentar nosso padrão de vida. As pessoas, hoje, são muito capazes profissionalmente e sabem viver, mas não têm ética de trabalho. Na minha atividade, a parte difícil vem antes, o prazer e a liberdade vêm depois, simplesmente continuo lutando, contra os céus e a terra, contra pessoas. Às vezes só contra elas. Se esmorecer, será meu fim.

XINRAN: Como é a briga com os funcionários? Ouvi várias histórias interessantes sobre isso.

CHEN: Foi por causa dessa rua. Na época, uma estrada ia passar por aqui e eu estava determinado a não me entregar. Escrevi o rascunho de uma petição e levei ao chefe da circunscrição para que ele assinasse. Depois a levei à cidade, à capital da província, e pedi ao Escritório do Patrimônio Cultural que me apoiasse. Também fui ao Departamento de Construção. O pessoal tentou me convencer a não fazer todo esse barulho, mas persisti. Hoje, esta é uma área de preservação histórico-cultural; não se pode escavar aqui para construir estradas. Sem cultura, haveria estrada mas não pessoas. Esta é uma cidade antiga, e ainda assim a estamos destruindo. Não podemos fazer isso. O chefe do Departamento de Construção disse que estava tudo acertado para a obra, não dava para mudar, mas eu o combati com a razão. Disseram isso e aquilo, mas respondi que uma cidade antiga deveria ter a aparência de uma cidade antiga.

XINRAN: E o senhor venceu!

CHEN: Sim, e não se trata apenas de eu não gostar de perder, também despertei as pessoas à minha volta.

XINRAN: Também ouvi dizer que existe uma diferença entre sua idade real e a que aparece no seu registro, como é isso?

CHEN: Não sei de onde veio isso! O pessoal do Comitê de Construção diz que sou um aposentado precoce, que sou muito jovem, e, segundo meu registro, faria só 48 este ano. Fico pasmado. Não pus isso lá, então quem foi? Quem teria mandado fazer meu registro desse jeito? Fui ao comitê. Lá me disseram para ir ao Departamento de Construção da Província, que me respondeu para continuar como estava, trabalhando alguns anos mais pela preservação dessas ruínas antigas, pois os funcionários locais ainda precisavam aprender umas coisinhas comigo. Não podiam me deixar parar tão cedo.

XINRAN: Então quantos anos o senhor é mais jovem nos registros em relação à sua idade verdadeira?

CHEN: Mais de vinte anos!

XINRAN: Agora há pouco o senhor falou que, não interessa o quanto mudassem o país, os governos ou a política, com exceção do período da Revolução Cultural, as casas de chá sempre mantiveram sua cultura tradicional, o que inclui debates de todo tipo. O que o pessoal fala de Mao Tse-tung?

CHEN: Para ser honesto, raramente se discute Mao Tse-tung. Acho que as pessoas têm lá suas opiniões, mas a maioria morre de raiva do discurso arrogante e vazio, das propinas e da corrupção que vemos hoje. Comparado a isso, elas acreditam que Mao fez um bom trabalho.

XINRAN: E qual é sua opinião sobre Mao?

CHEN: Penso que ele foi um líder nacional e também um ser humano. Não existe a perfeição humana, é preciso ser realista. A contribuição de Mao para o desenvolvimento do país nunca poderá ser apagada: ele superou os Três Grandes Montes do imperialismo, do feudalismo e do capitalismo e construiu a Nova China. Na época, nenhum outro poderia ter trazido estabilidade a um país caótico como era o nosso. Mas houve problemas também. O Grande Salto Adiante, em 1958, marcou o início de uma espécie de arrogância dentro do Partido Comunista e levou à dura década de 60. E ele lançou a Revolução Cultural, que resultou em dez anos de caos. Embora essas coisas tenham sido reparadas mais tarde, o preço foi alto. É como escolher uma esposa — muitos agem por impulso e acabam estragando suas vidas, mas não admitem que erraram.

XINRAN: Isso nos traz à minha próxima pergunta: quando e como o senhor conheceu sua esposa?

CHEN: Em 1960. Eu trabalhava como oficial intendente da Fazenda Leiongzhuang, ela trabalhava na secretaria de ensino médio. Ela me foi apresentada e nos casamos. Naquele tempo, na zona rural, a uma certa idade casar era tão natural quanto o sol nascer no leste e morrer no oeste. Ninguém ligava muito para "sentimentos" ou "empatia" ou "compartilhar ideais e seguir o mesmo caminho".

XINRAN: O senhor se lembra do casamento?

CHEN: Sim. Custou cinco iuanes. Muito simples — compramos apenas uma caixa de cigarros, alguns doces e foi isso. Foi bom.

XINRAN: Com uma personalidade como a sua, o senhor não acabou sendo perseguido durante a Revolução Cultural?

CHEN: Não. Havia várias facções na Revolução Cultural. Faziam a gente aderir a essa ou aquela e, aceitando ou não, você sempre acabava do lado errado. No fim, eu e mais dois montamos nossa própria facção.

XINRAN: O senhor conversou com seus filhos sobre essa época?

CHEN: Eles sabem de alguma coisa.

XINRAN: Quando souberam, como eles reagiram?

CHEN [risos]: Não engoliram.

XINRAN: Soube que o senhor tem um problema sério de estômago. Deveria se tratar com um bom médico o quanto antes. As velhas casas de chá de Linhuan o querem com a saúde dos quarenta anos!

CHEN: Mao Tse-tung certa vez disse: "Só se deve escutar metade do que dizem os médicos — quanto à outra metade, eu digo a eles o que fazer!".

Mal consegui dormir naquela noite. Um sentimento opressivo, como se faltasse espaço, invadiu meu coração. Estava ao mesmo tempo comovida pela "paz e bondade em cada xícara de chá" que o povo de Linhuan conseguira extrair de sua pobreza e admirada da persistência de gente como Chen Lei, por gerações buscando um futuro para a sua cidade e a verdadeira riqueza de sua terra. Cochichei essas coisas todas para as baratas e os mosquitos que insistentemente "exploravam novo território" para cima e para baixo sobre meu corpo. Acho que o sangue correndo em minhas veias naquela noite saciou muitos desses insetos que acompanharam os camponeses da China através dos tempos.

No dia seguinte, às cinco e meia da manhã, meia hora depois do horário em que velho sr. Wu dissera que se levantava, eu estava batendo à sua porta.

Ele preparava o café da manhã e ficou genuinamente surpreso por eu ter mantido minha palavra, mas, entusiasmado, me fez entrar em sua casa, um quarto de depósito adaptado. O cômodo parecia um antiquário ou uma loja de bugigangas, cheio de curiosidades do tempo em que seu dono colecionava notícias: um ímã de Buda, uma estátua em argila de Bodhisattva Guanyin, latas de biscoito, peônias de plástico, um cachimbo comprido de jade branco para fumar ópio, uma caixinha de rapé de ágata, um jogo de chá barato e uma penteadeira de compensado. Na parede oposta, uma grande coleção de retratos que ia de Mao Tse-tung, Liu Shaoqi, Zhou Enlai e Deng Xiaoping a Jesus, a Virgem Maria, o Deus da Prosperidade, um Buda rindo e os pais e avós do sr. Wu. Ele disse que aqueles eram todos "deuses" nos quais nem bem acreditou nem desacreditou. Sua esposa ficou de lado, sorrindo mas sem dizer nada. Era difícil vê-la como a primeira mulher membro do Partido em Linhuan ou como aquela excepcionalmente competente chefe da brigada feminina.

O velho sr. Wu, sua esposa e eu nos sentamos em pequenos banquinhos quadrados no pátio externo. Disse a eles que algumas coisas haviam ficado nas entrelinhas durante nossa entrevista do dia anterior e, por isso, eu viera especialmente para outra, agora informal.

Ao ouvir isso, o velho sr. Wu de repente se ajoelhou na minha frente e desatou a chorar.

"O governo confiscou os 10,2 *mu* de terra alocados para mim. Estava tudo acertado — eu ia receber mais de 60 mil iuanes pelo terreno, a serem pagos integralmente em dez anos. Era o trato. Ia receber 6 mil por ano, mas já faz sete anos e ainda não recebi seiscentos iuanes. Não me dão dinheiro nem terra. Isso me deixa louco! Fui aos responsáveis no governo municipal e no governo da circunscrição e ao tribunal, mas ninguém me escuta, só as pessoas que não têm poder nenhum e, assim que termino de falar, dizem: "Muita gente está com esse problema, ainda não chegou sua vez de resolver". Até hoje não consegui uma explicação.

"Cadê o dinheiro? Está nas mãos da brigada de produção. Dizem que pegaram emprestado. A brigada de produção precisava de recursos para abrir canais e estradas e não vi mais um *fen*! Sou um camponês sem dinheiro e sem terra. Estou velho e não consigo trabalhar muito. Como minha mulher e eu vamos sobreviver? É o que mais dói. Queria comprar um gongo e ir a Beijing apregoar minha insatisfação. É tão injusto!

"Tenho sido maltratado, tendo trabalhado todos esses anos, cinquenta como membro do Partido. Lá atrás, na Reforma Agrária, só me foram alocados três *mu*! Passaram-se mais quarenta anos até receber esses dez *mu*, e eu sobrevivia dessa terra. Sete anos e nada de dinheiro! É um tratamento muito injusto. Fui enganado! Os funcionários de hoje não são como os do meu tempo. Se fizessem isso, o presidente Mao cortaria suas cabeças!"

Sentada em frente ao velho sr. Wu, apertando nas mãos a "queixa formal" que ele pagara a alguém para redigir, meu coração doía. Esses camponeses, que achavam que os jovens ocidentais eram pobres por aderir à moda dos "jeans de mendigo" e que fazer trabalho pesado e mal remunerado na cidade era "aproveitar a vida e ganhar muito dinheiro", não tinham informação e conhecimento básicos para viver este tempo. Mas jamais haviam reclamado melhores condições de vida aos ricos e poderosos que os levaram à bancarrota. E no entanto os "pais e mães funcionários" que se mantêm até hoje apenas porque os camponeses seguiram trabalhando em vez de largar as enxadas para se dedicar à Revolução e à luta de classes nunca, em seus banquetes diários, pararam para pensar no preço pago em suor e sangue pelo povo da zona rural.

Os camponeses do país têm sido tratados como parte da paisagem, coisas que ninguém nota. Todos se preocupam com o derretimento das calotas polares, com o desaparecimento dos tigres da Ásia, com o deserto que engole áreas verdes, até mesmo discutem interminavelmente acerca da combinação correta de vitaminas em cada prato de comida. Mas quantos protestam por uma melhoria nas condições de vida dos camponeses da China? Quantos levam em consideração as tigelas de sopa rala de vegetais com uns grãos de arroz que, nas áreas mais atingidas pela pobreza no país, ajudam a aliviar a fome? Quantos se disporiam a ler histórias como "As crianças da moringa" ou "O rei macaco" para os filhos de agricultores pobres que nem sabem de que lado abrir um livro ou de que ponto da página começar, de modo que aqueles pequenos corações, cujo primeiro laivo de consciência se fez em dias e noites de fome, frio e doença, pudessem ter direito a perspectivas e lembranças bonitas como todos nós? Quantos se dão conta de que, para começar a ajudar esses camponeses sem estudo e abatidos pela pobreza, seria preciso arrancar o poder das mãos de funcionários locais que, por sua vez, também não estudaram e simplesmente não compreendem as leis?

A China se tornou forte, a China se levantou, mas não podemos nos apoiar nos ombros dos camponeses para que o mundo admire nossa estatura. Não podemos regar a árvore de nosso orgulho nacional com o sangue e o suor deles.

7. Mantendo a tradição do artesanato: os lanterneiros de Qin Huai

Os irmãos Huadeng em sua oficina, em Nanjing, década de 50.

Entrevistando o lanterneiro sr. Li em sua oficina, 2006.

SR. HUADENG, *nascido em 1934 de uma família pobre de lanterneiros e hoje dono da oficina de Qin Huai, e Li Guisheng, de noventa anos, mestre lanterneiro, e seu antigo aprendiz, Gu Yeliang, entrevistados em Nanjing, capital de Jiangsu, no leste da China, às margens do rio Yangtze. Conta-se que o primeiro festival de lanternas aconteceu ali em 1372, na primavera, por ordem do imperador Zhu Yuanzhang, para celebrar tanto a chegada do Ano-Novo quanto a prosperidade do país. Essa tradição passou de geração a geração por séculos, mas entrou em decadência no início do século XX. Em 1985, o festival foi ressuscitado. O sr. Li é o mais velho lanterneiro e, junto com o sr. Huadeng, quer inspirar uma nova geração a continuar uma tradição ancestral.*

Na comunidade chinesa, muitos repudiam a forma como o diretor de cinema Zhang Yimou tem apresentado a China a plateias estrangeiras em filmes como *Lanternas vermelhas* e *Herói*. Acham que o diretor estimula o apetite ocidental pelos primitivos e exóticos costumes tradicionais chineses, que são uma relíquia do passado. Ele estaria entregando o ouro ao mundo desenvolvido ao mostrar o vergonhoso atraso de parte do país. Em outras palavras, estaria esfregando nossas simpáticas caras chinesas no rabo dos ocidentais!

Não sei se esses críticos têm alguma noção de quanto o resto do mundo compreende a China.

Em minhas andanças de uma década fora do país, tenho lido a imprensa de língua inglesa diariamente. Tenho realizado pesquisas e feito perguntas sobre coisas que me inquietam em visitas a inúmeros países. Aprendi algo em que não acreditava antes e preferia não acreditar agora: as impressões sobre a China pelo mundo, hoje, se parecem com as primeiras impressões dos bebês — limitam-se ao que o peito da mãe oferece. Sabem que esse peito existe mas, incapazes de uma reflexão mais esclarecida, não conseguem distinguir sua forma. Quanto à intensidade com que sua atenção é capturada por ele, bem, têm alguma prática em reconhecer e reagir a isso, mas não conseguem diferenciar o peito do leite em si.

Entre os 6,6 bilhões de habitantes do globo, o 1,3 bilhão da China é uma enorme "população desconhecida". O conhecimento sobre o país é tão pequeno que se compara a uma fração localizada algumas casas além da decimal.

Algumas das noções equivocadas a respeito da China: no mundo desenvolvido, as pessoas não acreditam que tenhamos aeroportos internacionais servindo mais da metade do país ou piscinas para natação há mais de um século; erroneamente, acham que para nós, como para elas, a dominação militar é algo necessário para se chegar à paz; países não desenvolvidos nos são gratos pelo leite fresco que lhes enviamos, embora não estejam convencidos de que é tão fresco quanto poderia ser.

Enquanto o mundo todo aprende a entender a China, os filmes de Zhang Yimou têm difundido a história chinesa e mostrado aos estrangeiros o colorido de nossas tradições populares. Também oferecem a essas plateias o gostinho de uma cultura de 5 mil anos, ainda que apenas como os bebês veem o peito da mãe.

Muitos estrangeiros com quem conversei sobre isso me contaram que tiveram suas primeiras impressões a respeito da China pelo filme *Lanternas vermelhas*. A propriedade majestosa da família Qiao, a refinada elegância de sua decoração, as roupas fascinantes usadas pelas mulheres, as cerimônias e regras que governavam a vida da família e a classe à qual pertenciam os Qiao — tudo no filme era muito diferente de qualquer outra coisa no mundo. O que esses estrangeiros dizem ser mais difícil de compreender é a horrível relação de ciúme e ódio entre os membros dos clãs; o mais fácil são as lanternas vermelhas representando as paixões desses personagens!

Ficam impressionados com o fato de que os chineses ainda convivem com a arte tradicional no dia a dia e confessam, corando de vergonha, que para eles a preservação desse tipo de folclore e dos costumes tradicionais se limita a expô-los em museus. Os chineses, ao contrário, transformam esse tipo de arte em parte da vida, uma tradição preservada na própria rotina das famílias.

Lembro-me, durante uma discussão numa de minhas leituras públicas, de um professor australiano que, exaltado, se levantou para responder a um jornalista que havia acusado a China moderna de estar confusa acerca de sua identidade e de tratar sua cultura com descaso. Ele disse: "Ensino história numa universidade. A cultura nacional e os costumes tradicionais jamais vão desaparecer num país que tem um diretor de cinema como Zhang Yimou, capaz de enxergar esse tipo de cultura como cosmopolita. Ao adotarem uma língua franca para interpretar o mundo, as pessoas verão a cultura tradicional chinesa como parte do espírito daquele povo, o que também terá peso importante em convencê-las de que o mundo precisa da China, necessita respeitá-la e com ela coexistir".

Concordei totalmente com ele. Obrigado, Zhang Yimou!

Foi por isso também que escolhi as lanternas de Qin Huai, entre incontáveis artes tradicionais, para figurarem como um dos capítulos deste livro. Em meio aos altos e baixos da história da cultura chinesa, essas lanternas se destacam como um farol colorido.

À medida que civilizações agrícolas se transformam em modernas civilizações, muitos modos de vida tradicionais e manifestações folclóricas são negligenciados e desaparecem. As pessoas sempre acordam para esse fato pela obviedade dolorosa de que não devia ter acontecido, mas aí já é tarde demais para fazer alguma coisa.

Em anos recentes, na China, cada vez mais se ouvem apelos para que antigas construções sejam salvas e velhos costumes, preservados. "Velharias" que sobreviveram, no último século, à sanha destruidora do que é antigo na busca de substituí-lo pelo novo e moderno agora merecem o respeito de acadêmicos e especialistas em arte como relíquias culturais da China antiga. As artes tradicionais que dão testemunho de nosso passado são reivindicadas por "velhos tolos". Cores berrantes não são mais creditadas ao mau gosto dos camponeses e os lençóis floridos, no estilo dos usados nos vilarejos, se tornaram itens da moda para gente da cidade. Os tradicionais paletós vermelhos à moda dos mandarins viraram figurino popular em casamentos, e lanches com hora marcada e "grandes cuias" para compartilhar o chá em grupo ressurgiram, de manhã à noite, nas travessas e avenidas de qualquer grande cidade. Aquelas a que se convencionou chamar de lanternas em estilo camponês mais uma vez decoram os lugares onde nasceram os ancestrais da gente do campo.

O reaparecimento e a crescente popularidade das lanternas de Qin Huai, em Nanjing, são um sinal dessa tendência.

O Festival de Lanternas Yuan Xiao remonta à dinastia do Sul (420-589 a.C.) na antiga Nanjing, capital da província de Jangsu, na margem sul do rio Yangtze. A partir de meados da dinastia seguinte, a Tang, os lanterneiros passaram a ocupar a área próxima à ponte Da, no extremo norte da rua Pingshi, constituindo originalmente a "cidade das lanternas de Yuan Xiao". O primeiro imperador Ming, Zhu Yuanzhang, que estabeleceu a capital do império em Nanjing, era um grande entusiasta das lanternas. Ele reuniu ricos comerciantes para construir a nova capital e revigorou seu esplendor decorando-a com lanternas. No festival de 1372, por ordem do imperador, 10 mil lanternas d'água foram acesas no rio Huai. Ele também ordenou que o festival anual durasse dez dias, transformando-o no mais longo do gênero na história da China. Menções às lanternas em peças e romances dão uma ideia desse antigo espetáculo.

As lanternas sempre foram muito populares porque são baratas, bons presentes para levar em visitas a amigos e símbolos de boa sorte. Com a turbulência política que se seguiu ao fim da dinastia Qing e à instalação da República, em 1911, o empobrecimento da população de Nanjing levou à decadência dos festivais. Quase acabaram de vez durante a Revolução Cultural, e apenas em 1985 o Festival Anual de Lanternas de Qin Huai foi reabilitado pelo governo municipal. Embora, ao longo da história, várias vezes a tradição das lanternas tenha sido abalada, elas são um costume tradicional do qual o povo de Nanjing se recusou a abrir mão. Como uma tocha que fosse passada adiante a cada geração, essa parte de nossa herança cultural foi mantida viva pelos moradores da cidade até os dias de hoje.

Há um ditado popular em Nanjing: "Se não foi olhar as lanternas no Templo Confuciano, você passou em branco o Ano-Novo; se não comprou uma, você não teve um bom Ano-Novo".

Com a ajuda de meus antigos colegas da Rádio Jiangsu, localizei algumas das pessoas que deram ao povo de Nanjing seu bom Ano-Novo — um grupo de veteranos lanterneiros de Qin Huai. Foram alguns meses realizando entrevistas por telefone e acabamos escolhendo quatro pessoas. Duas delas eram os irmãos Huadeng, que, embora tenham escolhido seguir cada um o seu rumo no momento em que ganharam fama, começaram trabalhando juntos para continuar a tradição da família no artesanato das lanternas. Os outros dois entrevistados, o mestre Li e seu aprendiz Gu, foram apresentados um ao outro e tornados sócios por um "édito governamental", mas acabaram, ao longo dos anos de trabalho em parceira, tornando-se amigos, e hoje são como pai e filho.

No fim, o mais velho dos irmãos Huadeng recusou, de forma educada mas firme, o pedido de entrevista, de modo que só pudemos visitar a oficina de lanternas do irmão mais novo.

No dia 24 de agosto de 2006, de manhã cedo, a caminho da oficina, nosso motorista nos presenteou com um discurso irado sobre o ritmo de reconstrução das vias de Nanjing. "Veja só como eles estão dificultando a vida dos motoristas! Você nem acredita: faz vinte anos que dirijo em Nanjing e agora não sei o caminho! Juro que na semana passada sabia, mas agora estou em dúvida! Ouvi no rádio que um viaduto pequeno que estava em reparos ali ainda não foi reaberto e a reconstrução do maior, perto daquele, começa esta semana, então está fechada para o tráfego. Como é que se pode escolher um caminho, me diga? Você me deu um endereço que qualquer um por aqui conhece, mas como é que eu vou saber quais vias estão em reparos e quais estão abertas? Comprando um mapa? É brincadeira! Os mapas não informam sobre os reparos! Devo ir ao escritório de planejamento da cidade e checar o programa de reparos das vias para ter um mapa atualizado? É querer demais. A gente não sabe nada do que acontece na China hoje em dia, não é? Os planejadores vivem mudando de ideia a mando dos chefes deles. Você não viu na TV e nos jornais? Eles entregam os projetos nas mãos dos políticos, que pensam que sabem tudo e incluem o que bem entendem. Se for um político com um pouquinho de cérebro, é possível que algumas das características originais da cidade sejam preservadas; mas, se for um pau-mandado, a gente vai acabar morando numa lata de lixo!"

Nenhum de nós ousou discutir, pois seria botar lenha na fogueira e, além disso, o motorista tinha muita razão no que dizia. Acho que qualquer um ao volante de um carro na China concordaria com ele.

A rigor, a Fábrica de Lanternas Dragão de Jiangman, do mais jovem dos irmãos Huadeng, não era exatamente uma fábrica, era mais uma oficina. Parecia um galpão abandonado, ou o pátio de um desmanche, com todo o espaço disponível ocupado por lanternas em processo de ganhar vida. Da menor de todas — uma do tipo coelho, a palma da mão de uma criança de dois anos em largura — à maior, a do tipo dragão, elas preenchiam os duzentos metros quadrados do galpão. Os artesãos, uma meia dúzia, estavam ocupados na difícil tarefa de fabricar as lanternas e nos cumprimentaram com um aceno de cabeça. O sr. Huadeng nos conduziu até um cubículo atulhado que lhe servia de "escritório". Sete ou oito documentos que pareciam fichas de relatório pendiam de pequenos clipes na parte de baixo de uma janela localizada acima da escrivaninha. Sobre ela, um telefone coberto com um bordado, um ventilador elétrico barulhento a ponto de atrapalhar a conversa e uns álbuns antigos de fotos, com protetores de canto, esperando por nós. Fora isso, não havia quase nenhum outro artigo de escritório na mesa. Atrás da cadeira em que o sr. Huadeng se sentou, prateleiras cheias exibiam modelos de lanternas, enquanto um sofá gasto, obviamente destinado aos visitantes, ficava do lado oposto à janela, espremido junto às prateleiras. Na fábrica toda, era o único lugar onde os convidados podiam se sentar.

A previsão do tempo indicava que naquele dia o forte calor bateria nos 41 graus — o ventilador crepitava como se estivesse pegando fogo. Como precisávamos gravar e filmar a entrevista, não houve alternativa senão desligá-lo. Logo começamos todos a suar em bicas, e o sr. Huadeng parecia estar sendo entrevistado debaixo de uma chuvarada.

XINRAN: Senhor Huadeng, quando o senhor começou a aprender a arte das lanternas?

HUADENG: Nasci em 1934 e tudo o que me lembro é que nossa casa era cheia de lanternas. Os homens da família, meu pai e meu avô, quando não estavam na rua vendendo vegetais, estavam fazendo lanternas; e as mulheres, minha avó e minha mãe, além de cozinhar e lavar a roupa, também as fabricavam. Cada canto da casa era cheio de lanternas. Nos festivais, eram nossos brinquedos, enfeites, até mesmo nosso assunto com as visitas. Até os dez anos, acho que eu pensava que todo mundo ganhava a vida fazendo lanternas. Só mais tarde é que fui entender que esse é um negócio esporádico. A gente não conseguia vendê-las durante o ano todo, embora fossem a principal fonte de renda da família. No resto do tempo, nos virávamos com o dinheiro que meu pai ganhava comprando vegetais no atacado para vendê-los na feira. Mas era o dinheiro das lanternas que pagava nossas roupas e as despesas da casa e dos mais velhos. Então, no Ano-Novo chinês, os adultos da casa pegavam as lanternas que tinham fabricado durante o ano inteiro e iam vendê-las no Templo Confuciano. Quando completei dez anos, meu pai começou a me ensinar como fabricá-las. No início eu fazia os modelos mais populares, como as do tipo coelho ou lírio d'água. Nunca parei desde aquele tempo.

XINRAN: E quando foi que seu pai começou?

HUADENG: Não sei. As crianças não tinham permissão para perguntar aos adultos esse tipo de coisa. Só sei que meu pai aprendeu com meu avô. Como eles costumavam dizer, éramos uma família lanterneira, vendíamos artesanato. Todo tipo de atividade artística ou manual era considerado menor que a do mais reles funcionário, comparava-se a ser um pedinte ou artista qualquer — cantores, acrobatas, adeptos das artes marciais e outros. Claro, era o que se dizia antigamente. Quando tinha dez anos, para ajudar na renda da família, meu pai nos pegou pela mão, meu irmão mais velho e eu, e nos ensinou a fazer as lanternas. Contou-nos como aquela técnica fora passada de geração a geração. Ainda me lembro dele dizendo que, se vendêssemos vegetais, comeríamos aveia; se vendêssemos lanternas, comeríamos arroz; e se vendêssemos boas lanternas, e muitas, comeríamos porco ou pato.

XINRAN: Ele contava histórias sobre a família e sua arte?

HUADENG: Na maior parte do tempo ele falava sobre como fazer boas lanternas. O que queríamos saber era como fazê-las em grande quantidade, e de boa qualidade, para podermos comer carne de porco e pato. Sonhávamos em comer pato naquele tempo. É a mais deliciosa especialidade de Nanjing! Hoje, as pessoas diriam: "O que sabe um garoto de dez anos?". Mas eu era esperto para a idade. Não existe aquele dito: "Uma criança pobre aprende rápido a ser chefe de família"? Durante nosso aprendizado, meu pai costumava me contar como o pai dele fora severo ao ensiná-lo. Meu pai dizia que, se não seguisse as regras, a gente não conseguiria se sair bem.

XINRAN: Ele batia no senhor?

HUADENG: Toda hora, de verdade, o tempo todo. Poucas vezes ele não fez isso. Na hora de fechar a armação da lanterna, usávamos tiras de papel, não barbante. A gente pegava uma tira retorcida e bem comprida e apertava, assim, em volta da estrutura principal, feita de bambu. Havia uma regra: era o número de voltas que a tira de papel tinha de dar em torno da armação, mas às vezes eu trapaceava. Dava dez voltas quando deveriam ser doze. Aí a gente punha pingos de uma goma para colar a lanterna. Quando meu pai vinha conferir o trabalho, ele tirava a goma e contava as camadas da tira. "Eu disse para dar doze voltas e você deu dez, seu sacaninha preguiçoso!", ele xingava e me batia. As outras crianças gritavam: "O moleque está fritando no bambu de novo!". (Ele batia na gente com ripas de bambu.) Meu pai sempre dizia: "Bom artesanato se faz calibrando as mãos e a vontade". Nas palavras dele: "Outros podem vender uma lanterna a um iuane, mas, se você fizer uma melhor, consegue vender a sua a um iuane e cinquenta *fen*. Elas precisam ser benfeitas". Costumávamos priorizar as lanternas cata-vento em vez das mais complicadas, como as do tipo avião, e ele dizia: "Se os outros vendedores não conseguirem girar os cata-ventos deles, você consegue vender os seus por cinco *fen* a mais". E agora tenho participado de competições dessa arte, até representei Nanjing no campeonato nacional de artes em papel — pipas e lanternas, e mesmo recortes, tudo isso é considerado arte em papel — e minha lanterna comemorativa acabou estampada numa edição especial de selos nacionais. Devo esse sucesso todo nesse ramo às lições severas que recebi do meu pai lá atrás. E também porque treinei minha habilidade durante muitos anos. Não foi simplesmente sorte.

XINRAN: O senhor conseguiu fama sem precedentes como um grande mestre das lanternas tradicionais chinesas. Sua técnica foi passada adiante para algum dos seus familiares?

HUADENG: Não sei se choro ou rio ao ouvir essa pergunta. Sou apaixonado pela arte das lanternas, montei esta oficina há seis anos, mas nunca ganhei um centavo com ela. Estou aposentado agora. Recebo todo mês minha pensão de mil iuanes. Apenas quero garantir que a fábrica não feche, por isso continuo lutando. Quando estava procurando alguém que assumisse meu lugar, falei com minha filha e meu genro. Disse a eles: "Vocês não deviam trabalhar para outras pessoas ou sentar-se em frente a computadores em escritórios. Não serão tão bons quanto eu, se fizerem isso. Somente as tradições populares são para o mundo. Minhas lanternas são uma arte que os estrangeiros gostariam de dominar, mas não sabem como. É uma técnica reconhecida internacionalmente. Nossas artes tradicionais são tão especiais que vocês deveriam atrair os estrangeiros para ensiná-los, em vez de correr atrás deles". Minha filha escutou e, então, só me fez uma pergunta: "Pai, o senhor ficou rico? Vive melhor que as outras pessoas?". Não consegui responder nada. Todos esses anos, debaixo de chuva ou de sol, em tempos difíceis ou prósperos, só o que fiz foi perseguir meu amor pela arte tradicional. E isso, também, porque queria fazer algo pelo meu país, herdando o talento dos meus antepassados, mas o que tenho para mostrar? Nadinha. Mesmo meus filhos não compreendem. Às vezes penso que os tempos mudaram — os mais jovens têm o direito de fazer as próprias escolhas, a vida se modernizou também. Mas a cultura tradicional não pode simplesmente ser jogada nos livros de história e esquecida. Às vezes penso que decepcionamos nossos ancestrais, que nos legaram milhares de anos de cultura popular.

XINRAN: Pelo que sei, o governo tem tentado resgatar essas artes tradicionais de Jiangnan que vinham se perdendo, como o artesanato das lanternas. Por exemplo, em 1985, relançaram o Festival de Lanternas de Qin Huai depois de um longo hiato. Pela sua experiência, é apenas propaganda ou existem medidas reais sendo tomadas?

HUADENG: O que posso dizer? É difícil explicar. Os funcionários locais chegaram para mim e disseram: "Velho Huadeng, estamos muito satisfeitos que o senhor tenha montado essa oficina e esperamos que ela esteja indo bem. O senhor está recuperando algumas tradições ainda mais antigas e, usando técnicas modernas, vai fabricar lanternas muito mais bonitas e artísticas". Fiz o que eles mandaram durante seis anos, lançando corpo e alma no projeto, mas o que recebi em troca? Minha lanterna foi estampada nos selos nacionais e o Correio chinês me enviou quinhentos iuanes por isso. Deduziram quinze da postagem, então recebi 485. Quando ouviram falar que minha lanterna tinha ido parar nos selos, as pessoas me disseram: "Huadeng, meu velho, dessa vez você se deu bem!". Mas ninguém sabe que recebi apenas quinhentos iuanes, menos do que aqueles oficiais do governo gastam num jantar. Mas os selos correram o mundo, e essa é uma honra que dinheiro nenhum pode comprar. Se tivesse ganho 200 mil iuanes, poderia ter comprado uma casa e me mudado da atual, que é tão pequena que não entra nem mais uma agulha. Poderia ter comprado um carro, então não precisaria mais ficar na fila do ônibus, com tempo bom ou ruim, para ir trabalhar. Não pedi dinheiro nem ao governo central nem ao municipal. Por que não? As lanternas às quais devotei toda a minha vida, as que decoram o Templo Confuciano, circulam pelo mundo inteiro estampadas em nossos selos. E não fui apenas eu que tornei isso possível. É o resultado de anos de labuta árdua de todos os artesãos de lanternas de Nanjing. Por que me importaria com 200 mil iuanes? Minha riqueza não é material. Ela me foi dada pelos meus antepassados.

XINRAN: Durante toda a vida, o senhor suou sangue para levar adiante essa maravilhosa tradição, e no entanto sua filha lhe pergunta quanto dinheiro todo esse trabalho lhe rendeu. O senhor não sabe se ri ou chora, sente uma dor da qual não consegue se livrar. Acha que todos os lanterneiros de Nanjing e da China sentem o mesmo?

HUADENG: Não sei quanto a outros lugares na China, e aqui em Nanjing existem apenas mais um ou dois como eu, que se dedicaram meio século a fabricar lanternas. Não temos nem o poder nem o direito de obrigar os outros a estudar nossa arte — eles precisam comer e criar os filhos, e hoje em dia o pessoal prefere jogar majongue e ir dançar também. Não há praticamente ninguém disposto a gastar horas suando em bicas num buraco como este aqui, perdendo tempo com uma antiga arte tradicional. Existem aqueles que estão desempregados, não têm estudo e não conseguem outro emprego, e que poderiam trabalhar conosco para ganhar um dinheirinho. Esse trabalho que faço é solitário. As pessoas não o respeitam ou o compreendem. Em 1984, para o Congresso da Juventude Sino-Japonesa, foi programada uma exposição de lanternas em Nanjing e o Departamento Municipal de Cultura me pediu para projetá-la. Queriam que eu fizesse as tradicionais lanternas lírio d'água no formato mais sofisticado da flor de lótus. Fui até o Parque dos Lagos Xuanwa para observar as flores de lótus, pois pretendia dar às lanternas sua forma natural. Na época, não podia comprar uma câmera fotográfica. Não era como hoje, quando, com uma câmera digital, você tira algumas fotos e traz para estudá-las. Elas não existiam ainda. Simplesmente tive de ir até o parque e olhar os tanques de lótus, quase caí no lago tentando observar mais de perto uma muda. Fui pego pelos guardas do parque, que tentaram me multar, mas expliquei que não estava de baderna, só queria desenhar as flores, e, além do mais, de onde tiraria dinheiro para pagar uma multa? Eles me perguntaram se o governo não estava me pagando, já que tinha me encomendado as lanternas. Disse que não, fazia aquilo por dever patriótico. Só recebi um dinheirinho para os materiais, no início, mas nenhum pagamento pelas lanternas. E ninguém acreditou que eu pudesse ter sido tão tolo! Coisas como essa me aconteceram inúmeras vezes, e inúmeras vezes eu me entristeci com elas, e muito. Às vezes, quando algo assim acontece, gosto de fumar um cigarro e pensar um pouco, e fico tão mergulhado nesses pensamentos que o cigarro se consome todo e não me dou conta até que tenha queimado meu dedo.

XINRAN: O que mais o fez sofrer na vida? E o que lhe deu mais prazer?

HUADENG: A coisa mais difícil é inventar novos desenhos de lanterna. O projeto é o mais complicado. Fazer uma de lírio d'água ou de lótus, um dragão ou um leão, nada disso é difícil. Complicado é imaginar formas. Se não for bem projetada, a lanterna não funciona. Antes de fabricar um novo formato, é preciso desenhar um molde simples e anotar as medidas. Não dá para começar a fazer até ter tudo projetado. Você não consegue comer nem dormir enquanto desenha algo novo, pois se errar terá perdido todo o trabalho e os materiais. Outro sofrimento é não ser compreendido. As pessoas não entendem nosso trabalho, especialmente as mais jovens. Se a gente já tem um certo nome nesse ramo, então, é pior. Os amigos e a família lhe perguntam de onde você tira dinheiro. Digo que estou fazendo isso e aquilo. Eles respondem: "Mas você faz esse negócio há anos! Ainda está nisso? A China mudou completamente! Por que você não muda?". É realmente doloroso quando as pessoas não compreendem, porque aí elas não dão apoio. A terceira coisa que me causa muito sofrimento é uma situação como a atual; administro uma oficina pequena, com dez empregados, e de repente estamos atolados de trabalho — por causa das Olimpíadas de 2008. Nanjing está esperando um grande dragão de 2008 metros de extensão, e o governo municipal quer que a gente encontre vinte ou trinta artesãos para isso. Onde vou arranjar todo esse pessoal? Disse a eles que não posso pagar empregados temporários. Quando você contrata pessoas mas não tem dinheiro para pagá-las, o que espera? Que elas passem algumas semanas sem comer? O governo não me ajuda a treiná-las ou mantê-las, não tenho apoio nenhum, e isso sempre me deixa triste. Não estou reclamando, mas os funcionários locais chegam para mim e dizem: "Agora, então, velho Huadeng, o senhor faz tal e tal coisa e nós ajudaremos nisso e naquilo, vamos pôr a prefeitura no negócio. Minha nossa, suas instalações são muito pequenas, vamos reunir oficiais de todos os escalões para resolver isso. Afinal de contas, o senhor é um 'cartão de visitas' do distrito de Qin Huai, estampou um selo nacional e Nanjing não via uma coisa assim há séculos! Então todos queremos ajudar o velho Huadeng!". Você está vendo nossas condições de trabalho — isto aqui é como uma oficina de cem anos atrás, não é? Acho que até pior. E outra coisa — vão botar este lugar abaixo; logo, logo vamos ser removidos. Ninguém nem veio dar uma olhada aqui. A gente não consegue apoio nenhum. Fazem festas para homenageá-lo, mas ninguém quer ajudar no trabalho. Sinto-me meio só. De fato, sou muito sozinho.

XINRAN: Para o distrito, a cidade, o país inteiro está tudo ótimo — mas, quando seu desenho foi escolhido para o selo nacional, o senhor recebeu apenas quinhentos iuanes, e ainda foi descontado. Se a autoridade local de Qin Huai ou o governo municipal de Nanjing pretendem usar ou encomendar ao senhor as lanternas, ou se lhe pedem para projetar uma exposição para decorar a cidade, eles lhe pagam?

HUADENG: Sim, pagam os custos quando precisam de cenário para uma apresentação, ou se querem as lanternas para um evento municipal.

XINRAN: E o que eles pagam cobre os custos?

HUADENG: Claro que não! Por exemplo, às vezes faço um par de lanternas do tipo lírio d'água para dois jovens que estão se casando. É um trabalho muito minucioso, mas cobro apenas cinquenta iuanes cada lanterna, cem pelas duas. Se as lanternas forem feitas a pedido da autoridade de Qin Huai, temos de baixar um pouco o preço porque, embora não estejamos diretamente sob sua alçada na hierarquia municipal, é melhor manter boas relações. E mesmo assim não temos apoio quando precisamos. Temos de nos manter por conta própria, estamos muito isolados. Não ria de mim por dizer isso. Às vezes não vendo nada durante três meses, fico sem ganhar um centavo, mas ainda preciso pagar os empregados, e também não posso deixar de pagar o aluguel, a eletricidade e a água, não é? É tão difícil. Mas tenho esperança de que um dia nossa arte tradicional terá reconhecimento público.

XINRAN: E por que o senhor acha que não tem reconhecimento? Quando fazíamos nossa pesquisa e contatamos a Rádio Jiangsu e outras entidades nacionais sobre o artesanato tradicional, as primeiras pessoas que nos foram recomendadas em Nanjing foram Li Guisheng e o senhor e seu irmão — será que isso não significa reconhecimento público? Enquanto o senhor falava, agora há pouco, sobre se sentir isolado, pude ver nos seus olhos como é isso. A arte das lanternas de Qin Huai foi legada ao senhor pelo seu pai e pelo seu avô, tem uma vitalidade que sobreviveu ao longo dos anos, não é? Por que hoje, quando mais pessoas do que em qualquer época puderam frequentar a escola e a vida está mais civilizada e moderna, não se respeita e se abandona uma tradição que remonta a mais de mil anos? Por que ela é ignorada pelas pessoas e pelo governo?

HUADENG: "As flores crescem no jardim, mas seu perfume só é sentido do lado de fora" — é esse o tipo de reconhecimento a que você se refere. Falando de forma mais simples: o artesanato tradicional chinês é todo exportado. Na China, o governo só mostra algum interesse pelos famosos ou por aqueles de cujo talento possa fazer bom uso. Mas fazer a diferença, para pobres artesãos, não é fácil. A autoridade local de Qin Huai só foi notar minha existência depois que minha lanterna ganhou o concurso nacional e apareceu no selo.

Não é que nós, artistas, não concordemos e não possamos fazer um trabalho melhor. Não é isso. Desde os anos 80, a TV estatal vem todo ano filmar as lanternas e nos qualifica como artesãos "deliciosamente rústicos". Não ficamos muito felizes de ser chamados de "rústicos", mas rimos do "deliciosamente". Na região de Jiangman, esse é o tipo de atmosfera entre as pessoas comuns durante o Festival da Primavera: elas se deliciam completamente com os prazeres locais.

É a época das lanternas, mas sua fabricação não tem um período determinado. Ninguém nos ajuda durante três estações do ano — a gente tem de esperar até o Festival da Primavera, quando o governo é obrigado a criar um clima de festa, e aí a carga de trabalho é muito pesada. Temos de sobreviver o resto do ano, não podemos mandar os empregados mendigar comida durante nove meses. E tem outra coisa — as feiras tinham normas próprias de funcionamento antigamente, com espaço disponível para os estandes de artesanato. Mas agora esse espaço é como ouro em pó — você até consegue um estande, mas é cobrado, e precisa vender muito para cobrir a despesa e ter algum lucro.

Quando vendemos na feira do Templo Confuciano, os mandachuvas do governo municipal e da autoridade local sempre vão me visitar. "Como estão as coisas este ano, velho Huadeng?" "Bem! Obrigado por se preocupar e ajudar!" "Como vai indo este ano?" "Ah, bem, bem! Muito obrigado por perguntar." Mas é só fachada. O que mais dá esperança, mas depois deixa a gente desolado, é ouvir: "Se tiver algum problema, vá me visitar!". Problemas? Visitar você? E onde posso encontrá-lo? Estou prestes a ser desalojado destas instalações e não tenho para onde ir. Disse para a autoridade local que, se realmente formos removidos e não tivermos para onde ir, vou ser obrigado a fechar a oficina. Afinal, posso me virar com minha pensão. Vou ficar em casa fazendo o que quiser, sem me preocupar mais em como vai ser a decoração das festas em Nanjing!

XINRAN: O senhor mostra um desejo ardente pelo que faz, uma forte determinação. Quantos jovens estão hoje sendo treinados aqui no artesanato das lanternas?

HUADENG: Nenhum, nem um único!

XINRAN: Isso o preocupa? O senhor se inquieta com o fato de que sua arte, seu conhecimento, e a fé que deposita nisso, desapareçam?

HUADENG: Vou lhe dizer a verdade. Costumava me preocupar, mas parei desde que montei a oficina. Mas talvez esteja errado em pensar assim.

As lanternas de Qin Huai existem há milhares de anos e outras pessoas, o governo, o país não se preocupam, por que eu deveria? Dá para dizer que o rumo da minha vida está nas minhas próprias mãos, mas o destino das lanternas de Qin Huai não é determinado por nós, artesãos. Está nas mãos dos administradores públicos. O artesanato de Qin Huai é o "cartão de visitas" da história de Nanjing e da arte na República Popular da China. Se reconhecerem o valor desse "cartão de visitas", as lanternas de Qin Huai permanecerão, e até mesmo atingirão novas alturas. Mas, se forem negligenciadas, significa que nossa era terminou.

Anos atrás, falei aos funcionários da área de cultura que havia dez séries diferentes de lanternas de Qin Huai. São estes os tipos comuns: avião, coelho, lírio d'água, leão e assim por diante, mas hoje muitos deles são uma tradição perdida, ninguém mais sabe como fabricá-los. Havia uns poucos velhos artesãos que sabiam, mas eles já morreram. Ainda quero fazer minha parte para que as lanternas de Qin Huai sobrevivam, mas aí penso: depois que eu me for, a tradição pode morrer, e não estou a fim de me preocupar!

XINRAN: Mas isso não o angustia?

HUADENG: Não adianta nada ficar angustiado. Quando eu passar para o outro lado, o Rei dos Subterrâneos não vai me mandar fazer umas lanternas para ele porque aqui em cima não consegui resolver o assunto. Ele não pode dizer isso, então não há com que se preocupar. Não me importo de estar velho, sinto mesmo que já atingi meu máximo. Dê uma olhada nas lanternas que faço. Nunca fui tão bom nisso quanto hoje, e se, a essa altura, consigo levar um pouco de felicidade à vida das pessoas comuns com estas duas mãos, é ainda melhor. Quanto ao destino das lanternas de Qin Huai, não é alguma coisa que nós, artesãos, possamos resolver reclamando aqui ou esbravejando acolá, entende o que eu digo?

XINRAN: Se tivesse oportunidade, o senhor gostaria de acolher alguns aprendizes estrangeiros?

HUADENG: Claro. Posso ensinar qualquer um que queira aprender!

XINRAN: Mas não lhe incomodaria entregar a outros países uma arte tradicional passada ao senhor pelos seus antepassados?

HUADENG: Não há nenhuma razão por que a arte chinesa não deva cruzar fronteiras nacionais. Mas doces sonhos e conversa fiada não vão nos manter vivos! Estou sozinho nisso, e tudo o que posso fazer é levar esta oficina, dando emprego a uma dúzia de trabalhadores, e insistir com as pessoas sobre a arte tradicional. Isto aqui é um "pequeno empreendimento nacional". Pago todos os meus impostos e não engano meus clientes, apenas sobrevivo da minha arte.

Não tenho grandes ambições. Se puder somente levar adiante a tradição do artesanato de lanternas e ajudar meu país acolhendo alguns trabalhadores desempregados, já fico satisfeito. Dou o meu melhor e é tudo que posso fazer. Claro que adoraria ter uma fábrica com duzentos empregados e dez oficinas, cada uma dedicada a estudar uma das dez séries de lanternas e registrar tudo, de modo que a próxima geração pudesse aprender como fazê-las. E montar uma oficina para treinamento em que alguns artesãos pudessem desenvolver novos projetos, atualizando a ciência e a tecnologia da antiga arte lanterneira, além de estender os períodos de exposição, para dar maior expressividade à arte de Jiangnan. Melhor me calar, senão meus empregados vão dizer que estou sonhando de novo! Enfim, como eu ia dizendo, ficaria feliz de qualquer jeito em divulgar essas coisas a estrangeiros e ver as lanternas chinesas de Qin Huai fincarem raízes e florescerem em outros países. Por que não? Ninguém chegou para mim e disse: "Velho Huadeng, o senhor só pode ensinar chineses, estrangeiros, não". Ninguém me falou isso, então estou livre para fazer o que quiser. Sou um "liberal" agora, administro uma empresa privada. Pago meus impostos, mas sou um "liberal", e se quiser fazer alguma coisa, posso fazer.

XINRAN: O senhor passou por tantos altos e baixos na sua vida. Gostaria de lhe perguntar: se a tivesse de novo pela frente, escolheria o mesmo caminho?

HUADENG: Se tivesse de viver minha vida outra vez, diria ao Rei dos Subterrâneos: "Na última vida fui um lanterneiro. Será que posso ser a mesma coisa na próxima?". Porque acho as lanternas tão bonitas! Olhe para elas, são obra das nossas próprias mãos: o lírio d'água parando delicadamente de pé, o coelhinho gracioso como se fosse vivo, o espírito daquele dragão! Sinto-me tão bem olhando para essas lanternas...

XINRAN: Mas e quanto aos seus sofrimentos? Seus filhos não querem aprender com o senhor, o governo não o apoia, as coisas não vão muito bem. O senhor não tem arrependimentos?

HUADENG: Não, nenhum. Sinto que trabalhei duro por mais de sessenta anos, para no fim criar naturalmente a lanterna de lótus; e ainda representei o país com meu selo, levando as lanternas de Qin Huai ao mundo, de modo que me sinto honrado, feliz e orgulhoso.

XINRAN: Como sua filha e seu genro reagiram quando souberam do selo?

HUADENG: Ficaram felizes, bem felizes, mas ainda assim observaram que eu não tinha ganho nenhum dinheiro com isso. Mas realizei coisas que bilhões de pessoas que nadam em dinheiro não conseguiram. Você não pode comprar do Correio chinês o direito de ter sua obra estampada nos selos, pode? Não paguei a eles. Cheguei lá pelos meus méritos.

XINRAN: E o que seus filhos dizem disso?

HUADENG: Nada! Gostaria realmente de aproveitar o momento e gritar a eles que venham aprender comigo a arte das lanternas, que se beneficiem de eu estar no auge e poder ensiná-los.

XINRAN: Tirando o fato de que as lanternas não lhe renderam nenhum dinheiro, indicando aos seus filhos que essa não seria uma boa maneira de sobreviver, o senhor encontra outras razões que eles possam ter tido para não querer sucedê-lo?

HUADENG: Claramente tem a ver com aquilo que os jovens de hoje querem para as suas vidas. Eles estão em busca de dinheiro, não de arte. É um problema comum na China. Tinha dez anos quando comecei a aprender com meu pai. Hoje em dia, ninguém com dez, ou mesmo com vinte anos, escuta se você tenta ensiná-lo o que é certo e o que é errado!

Quando jovens vêm à minha oficina procurar emprego, digo a eles: "Não, meu jovem amigo, você entendeu errado. Não fazemos trabalhos manuais aqui; ensinamos uma arte. Se ficar, você será um aprendiz. Não posso lhe pagar milhares de iuanes, pois eu mesmo ainda não consegui ganhar um *fen* com o negócio, mas aqui você pode aprender a arte lanterneira". Ao me ouvirem dizer isso, eles viram as costas e vão embora.

Toco esse negócio há seis anos e ainda não consegui comprar roupas decentes ou bons sapatos. Meu celular é de segunda mão e, aos olhos das outras pessoas, mal estou conseguindo sobreviver, mas não me arrependo. Sinto que o que conquistei está além de qualquer expectativa. Minha obra foi estampada nos selos chineses!

XINRAN: Existe alguma diferença no quanto os chineses se interessavam e apreciavam as lanternas quando o senhor era jovem em relação aos dias de hoje?

HUADENG: Do tempo em que aprendi a arte das lanternas com meu pai até o Grande Salto Adiante, em 1958, íamos ao Templo Confuciano vendê-las todo ano. Depois da Liberação, a gente ia até a câmara de comércio local de Qin Huai para se registrar e o governo mandava pôr barbantes na rua Jinling, para pendurar as lanternas, e montava estandes. Meu pai pegou o estande número 1, outro pegou o número 2, e ninguém nos cobrava nada, entende o que eu digo? O governo fazia esforços e enviava pessoal para nos ajudar.

A feira de lanternas do Templo Confuciano remonta à dinastia Ming. É famosa em toda a China. Do mesmo jeito que os pequenos comerciantes de Shanghai, quando queriam fazer dinheiro, se amontoavam junto ao Templo do Deus da Cidade, em Nanjing íamos ganhar algum na feira do Templo Confuciano. Vendemos lanternas ali por anos e anos e o governo local nunca nos cobrou por isso. Hoje em dia, não posso contar com a ajuda de nenhum departamento. Acabaram de inventar uma instrução segundo a qual os lanterneiros terão de pagar mil iuanes por estande. Depois que o festival foi relançado, em 1985, nossa fábrica sempre participava, mas para ter dois estandes já são dois mil iuanes de custos! Depois há os salários e a alimentação dos empregados, além do gasto com o local de armazenamento e o transporte das lanternas. Ficava caro demais, de modo que, nos últimos dois anos, não estivemos presentes.

Vou calcular para você os custos de uma pequena lanterna lírio d'água comum, do tipo em que um empregado novo começaria trabalhando, para vender por dez iuanes a unidade. Se começar a trabalhar em agosto, ele ou ela terá fabricado trezentas lanternas quando o Festival da Primavera chegar. Se nenhuma se extraviar, trezentas a dez iuanes cada rendem 3 mil iuanes. O custo do estande é de mil iuanes, de modo que, uma vez pago, sobram 2 mil iuanes. As despesas da oficina, água e eletricidade, e mais as taxas do negócio têm de sair desses 2 mil. Cada empregado ganha no mínimo cem iuanes por mês, o que dá quinhentos em cinco meses. Aí tem o material que compramos: réguas, papel, goma, borracha etc. Isso custa, no mínimo, cinquenta iuanes por mês. São outros 250. Alimentação? A mais barata que se pode conseguir deve chegar a uns cinquenta iuanes, não é? Agosto a dezembro são cinco meses de salários. Em média, eles são de duzentos iuanes por mês! Não dá nem cinquenta iuanes por uma semana de trabalho de cinco dias! Dez iuanes por dia, menos de dois por hora! Quem aceita trabalhar por isso? Acho que é um fator importante na decadência das lanternas de Qin Huai. Os artesãos precisam levar em conta a própria vida e o talento que têm, não é?

XINRAN: Lembro de o senhor ter dito que sua esposa o apoia nessa empreitada, é isso?

HUADENG: Sim.

XINRAN: Quando e como o senhor a conheceu?

HUADENG: Depois da Liberação, nós dois trabalhamos numa gráfica por um tempo. Tudo era muito simples naquela época ou, como os jovens de hoje diriam, éramos muito bobos. Passávamos muito tempo juntos e o sentimento foi crescendo.

Ela tivera uma vida dura, e conhecidos me contaram que a mãe dela tinha sangrado até a morte no parto, então o pai entregou a menina e a ignorou a partir dali. As pessoas que a criaram eram muito pobres também. Vestiam dois pares de calças finas, uma sobre a outra, e era tudo o que tinham para se manter aquecidos no inverno. Até hoje ela odeia o Ano-Novo porque, quando era pequena, para que a família tivesse o que jantar naquela noite, tinha de sair recolhendo no lixo as raízes podres de vegetais. Numa dessas vezes, ela foi mordida por um cachorro de rua. O que ela mais gostava naqueles dias era ficar do lado de fora das casas sentindo o cheiro bom do jantar dos outros. E até hoje tenta descobrir o nome da mãe dela.

Bem, minha mãe também morreu jovem — e o fato de ambos sermos órfãos nos aproximava —, de modo que não havia velhos ou crianças de quem eu precisasse tomar conta em casa. Naquela época quase não tínhamos renda nenhuma mas, como eu não precisava ajudar a família, pude dar uma mão à minha mulher. Não tiramos fotos do casamento nem tivemos um banquete. Casamento significava simplesmente conseguir uma roupa nova, pegar a certidão, ir à fábrica distribuir uns doces e só, estávamos casados.

XINRAN: E ela aprendeu com o senhor a arte lanterneira?

HUADENG: Eu a influenciei um pouco. Na verdade, ela aprendeu comigo, às escondidas, durante a Revolução Cultural. Naquela época, as lanternas pertenciam a uma categoria a ser "eliminada", a das práticas que fizeram parte do modo de vida feudal, mas ainda as fabricávamos em segredo. No Ano-Novo, levávamos algumas pequenas para vender nas vielas ao redor do Templo Confuciano e, assim que aparecíamos, não sobrava nada, todas eram compradas por gente mais idosa.

Era proibido fabricar ou vender lanternas durante a Revolução Cultural, mas nunca parei. Todo mundo sabia que meu pai era pobre e nosso histórico de família, perfeitamente "vermelho", de modo que não me preocupava que alguém resolvesse "fazer a Revolução" contra mim. Quando, na minha unidade de trabalho, ficaram sabendo, disseram: "Jovem Huadeng, por que você continua fazendo lanternas? Elas são coisa do passado, e estamos todos destruindo o velho para construir o novo. É perigoso continuar a fabricar as lanternas e vendê-las na feira do Templo Confuciano, não é?".

Passei por muitos movimentos políticos durante minha vida. Todos de caráter nacional, mas que não nos diziam respeito, como o Expurgo dos Contrarrevolucionários, em 1954, o Movimento Antidireitista de 1957, a Revolução Cultural, que enviou jovens intelectuais para regiões remotas da zona rural, esse tipo de coisa. Mas nunca parei de fazer as lanternas. Nunca imaginei que fazer a Revolução significasse se livrar da tradição dos festivais! Sempre pensei que o fato de eu não ter estudo foi a razão pela qual tive coragem para continuar com meu artesanato às escondidas, pois não fazia ideia do que feudalismo, capitalismo e revisionismo significavam. Não sabia nada dos princípios partidários nem entendia o que os revolucionários queriam dizer com "o novo". E eu não era o único. A maioria das pessoas comuns tinha tão pouco estudo quanto eu. Quantos daqueles revolucionários antitudo, com seus movimentos contra isso e contra aquilo, realmente entendiam alguma coisa? Fazer a Revolução era apenas um pretexto para se aproveitar. Se os tais movimentos tivessem de fato sido bons para a China, não teríamos continuado pobres por tantos anos. As pessoas hoje em dia não seriam tão obcecadas por dinheiro e não ignorariam as artes tradicionais. E não haveria gente como eu, a quem só restou uma nora disposta a aprender comigo a arte lanterneira!

XINRAN: O senhor e sua esposa discutem muito no trabalho?

HUADENG: Sim, muito.

XINRAN: E quem ganha?

HUADENG: Ela, claro! Por quê? Porque um camarada homem precisa ceder um pouco, senão não terá um bom casamento. Pois, quando uma camarada mulher está exaltada, ela teima e não volta atrás. Eu cuido da tecnologia e do desenho, ela é responsável pela produção. Muitas vezes temos discordâncias e ela me diz: "Estamos trabalhando duro há seis anos nesta oficina e nunca pus um *fen* no bolso. Se fosse sua empregada, eu ganharia quinhentos iuanes por mês, o que dá seis mil por ano, e em seis anos eu teria enchido os bolsos com trinta mil, mas você não me deu um único *fen*!". Ela está certa, sabe. A cada Festival do Barco do Dragão, presenteamos cada um dos empregados, mesmo que tenhamos prejuízo e não estejamos vendendo nada ou ganhando um único *fen*. Nos feriados sempre compro presentes para todos, mas nada para nós. Por que não? Porque presentear os empregados é agradá-los e se comunicar com eles... Minha mensagem ao lhes dar uma lata de óleo ou alguns ovos de pato é de que eles têm um dever de amor para comigo! Cuido de cada *fen* como se fosse um iuane, e de cada cem iuanes como se fossem 10 mil, mas gasto dinheiro, sim, no que é importante. Nosso futuro não pode depender do governo, ou de príncipes ou de oficiais da corte. O seguro que temos somos nós mesmos.

XINRAN: Posso lhe fazer mais algumas perguntas? O senhor pode escolher respondê-las ou não. Desde que chegamos à China, viajamos de Beijing a Guiyang, depois a Chengdu, Xinjiang, Gansu, Qingdao, Anhui e agora Nanjing, de onde partiremos para Henan, Beijing, Shanghai e a região entre os rios Amarelo e Yangtze, percorrendo o país do oeste para o leste, e temos ouvido muitas opiniões diferentes. Gostaria de saber a sua. Primeiro, o senhor se sente confiante na maneira como nossa sociedade está se desenvolvendo agora, ou tem suas dúvidas? E a segunda questão: o que sente, em particular, em relação ao presidente Mao? Pois temos visto o rápido desenvolvimento urbano da China, prédios públicos extraordinários, um glamour cada vez maior associado ao país e a melhoria do padrão de vida, mas também a preocupação de muitos quanto ao fato de que nossas mais elementares tradições culturais têm sido negligenciadas. O que o senhor pensa de tudo isso?

HUADENG: São questões políticas, e realmente não quero dizer nada sobre isso. Somos artistas populares — como o nome diz, o povo nos respeita. Na verdade, somos apenas lanterneiros, quase pedintes. Ganho bem pouco dinheiro com meu artesanato. Prefiro não me envolver em política. Quem são os bons, quem são os maus, não quero comentar. Sinto aqui dentro que precisamos tomar todas as precauções para preservar a arte tradicional das lanternas e mantê-la viva. É a única maneira de fazê-la florescer e dar frutos. Se não a cultivarmos com todo o cuidado, se a negligenciarmos, ela pode desaparecer completamente.

XINRAN: E quanto ao presidente Mao e o que ele fez, qual é sua opinião pessoal? Às vezes, o senhor sabe, havendo aqueles que o amam e aqueles que o odeiam, sinto que entendo por que ele deixou certo tipo de marca na história chinesa: foi um líder moldado pelo seu tempo. Também sinto que, por sermos mais jovens, e por isso não tão ativos quanto o senhor, nossas impressões sobre o presidente Mao não são tão incisivas quanto as suas. Qual é, na sua opinião, o ponto de vista geralmente mais aceito sobre ele?

HUADENG: Vou dizer apenas uma coisa: o presidente Mao foi bom, é tudo o que vou dizer, nada mais. Porque se trata de política e nós, artistas populares, temos opiniões próprias sobre algumas coisas. Hoje estou velho, portanto, claro, sei um bocado de coisas, mas não se deve opinar demais sobre esse tipo de assunto.

XINRAN: Por que o senhor disse que o presidente Mao foi bom?

HUADENG: Quando ele era vivo, a distância entre ricos e pobres não era tão grande, e essa era a maior vantagem para as pessoas comuns. Havia pobreza, mas vivíamos confortavelmente. Se um trabalhador de uma fábrica do Partido Comunista ficasse doente, o sindicato lhe mandava frutas. Agora não existem mais fábricas do Partido Comunista. O serviço foi todo terceirizado, aqui e em todo lugar, tudo ficou confuso. Claro, existem diferenças de princípio entre empresas estatais e empresas privadas, mas as estatais não são mais como há dez anos. Algumas coisas foram jogadas para debaixo do tapete. E hoje não digo mais nada sobre isso. Afinal, quero continuar trabalhando! Vocês, grandes repórteres, não deviam dar atenção a gente ignorante como nós, que só fala besteira!

XINRAN: Não, o que o senhor disse vai realmente direto ao ponto. Acho que todos deveríamos começar a dizer a verdade e fazer o governo escutá-la. Se ninguém disser a verdade, e ninguém der ouvidos a ela, nós, chineses, continuaremos a ser engambelados por mentiras e nossa sociedade não evoluirá. Acredito que nós, das gerações mais jovens, precisamos que gente mais velha como o senhor nos diga onde vamos mal. Precisamos aprender sobre o passado e entender a tradição e as artes populares com os mais velhos. É a única maneira de nos aproximarmos do resto do mundo sem perder o respeito por nossa própria cultura e nossas tradições nacionais. O senhor não concorda?

HUADENG: Todo jovem chinês, hoje em dia, pensa como você. Mas só pensar não adianta. Logo todos aqueles que compreendem a cultura e a arte antigas terão ido embora, e com quem vão aprender os que quiserem estudá-las? Quase todos os velhos artesãos aprenderam seu ofício com familiares — não existem livros ou registros escritos. Quando morrerem, levarão tudo com eles, e toda a cultura tradicional descerá junto à sepultura. Quem se preocupa com isso hoje? Quem se importa se é tarde demais? Ninguém!

XINRAN: Mestre Huadeng, acredito, honestamente, que existem outros chineses que pensam como o senhor. Do contrário não haveria esperança para as nossas tradições nacionais, não é? Entre os funcionários do governo, muitos também amam a cultura tradicional. Juntos podemos ajudar a que outros aprendam essa cultura. Só é preciso que recebam a orientação correta. Não são deuses — apenas cresceram numa época em que há política demais e cultura de menos —, mas ainda assim são chineses e as artes tradicionais são parte integral de suas vidas, só não se deram conta disso. É como os velhos, muito sensíveis às mudanças no clima porque, em resposta a elas, suas juntas doem. Mas, quando somos jovens, não ligamos muito para isso.

HUADENG: Você tem muita razão no que diz, só tenho medo que seja tarde demais. O tempo não espera por ninguém, e os velhos artesãos não podem esperar até os cem anos! Agora venha ver como se fabricam as lanternas!

Depois que me despedi de Huadeng, mais uma vez me senti muito comovida com o que tinha visto e ouvido. Depois daquele tour pela região do rio Yangtze, dei-me conta de que cada um dos chineses que conhecêramos era tão dedicado quanto o sr. Huadeng, lutou como ele e sentiu o mesmo pesar. Como muitos de seus compatriotas, Huadeng ouvira mentiras demais, muita arrogância e discurso vazio para acreditar que houvesse esperança para a sua arte. Isso é o que me dói mais. Como chinesa, a coisa mais difícil de aceitar é que não acreditemos uns nos outros.

Em nossa investigação sobre as lanternas de Qin Huai, também entrevistamos o mestre lanterneiro e seu aprendiz que passaram a trabalhar juntos por ordem de funcionários do governo local: Li Guisheng e Gu Yeliang.

As entrevistas foram realizadas na oficina dos dois, um pátio em estilo típico de época. Chegamos por uma travessa atulhada de roupas postas para secar, emergindo de repente num pátio pequeno, de uns cem metros quadrados, cercado de construções por três lados e fechado por um muro. As construções eram caixotes rudimentares do tipo tradicional quando se trata de oficinas de artesanato. Do portão de entrada não se enxergava nada do interior escuro e, não fosse o barulho do triturador elétrico e do ventilador e a conversa entremeada de risadas das mulheres, não saberíamos que havia gente trabalhando ali. Debaixo de uma árvore com 101 anos de idade, no centro do pátio, repousava na sombra uma pequena pilha de lanternas lírio d'água em produção. Montamos o equipamento para a entrevista junto aos beirais de onde pendiam as lanternas prontas e onde o sol brilhava, proporcionando-nos não apenas a luz necessária, mas de novo provando-se uma eficiente "máquina de suor", de modo que depois de algumas horas estávamos de novo ensopados. Até nosso entrevistado, posicionado diante das lentes, estava ocupado demais limpando o suor que lhe escorria para os olhos para ter alguma veleidade acerca de sua "imagem". Li Guisheng era um velhinho muito correto, com um jeito muito correto de se sentar e falar, e um estilo ainda mais "correto" de expressar suas opiniões. As enormes diferenças de geração quanto a como mestre e discípulo encaravam a arte lanterneira ficaram bem claras em suas respostas — não é que discordassem, mas ficou patente que pertenciam a eras distintas.

Estávamos preocupados que o sr. Li, de quase noventa anos, não suportasse o calor escaldante, então nos limitamos a falar, nas perguntas que lhe fizemos, sobre fatos históricos com os quais havíamos nos deparado em nossa pesquisa e sobre as tradições orais dos lanterneiros da região de Jiangnan. Quanto à situação atual de sua arte, o velho senhor não economizou o verbo.

LI: Gerações mais antigas, inclusive a minha, sempre consideraram a arte lanterneira como um meio de se manter alma e corpo unidos, uma habilidade a ser respeitada e uma técnica que nos esmerávamos para aperfeiçoar e a geração seguinte levaria adiante. Não o que é hoje, só ostentação. Agora, se o artesanato vira tecnologia, então a ciência pode dar uma mão para que ele acompanhe seu tempo. Ostentação é ser "falso", e a tradição pode acabar destruída pela falsidade. Já não destruímos tanto? Mas hoje muita gente sem talento é "falsa" para fingir que tem algum.

São tantos os jovens de hoje que desdenham a tradição e consideram o artesanato um negócio menor. Na minha opinião, seria mais verdadeiro dizer que simplesmente não entendem a tradição. É assustador pensar que as pessoas não compreendem o próprio legado cultural. Alguém que passa a vida toda trabalhando em algo de que não gosta vive numa prisão, não é? Mesmo que ganhe dinheiro, você estará apenas se valendo disso — como é moda dizer hoje em dia — para construir a própria jaula.

Não entendo de computadores, não dirijo e nunca subi num avião, mas não permiti que a arte dos meus antepassados fosse destruída. Continuei aquilo que os mais velhos me legaram. Tenho mostrado a antiga tradição das lanternas a esse pessoal que entende de computadores, anda de carro e voa para lá e para cá.

Não tenho dinheiro para comprar um caixão de ouro, mas muita gente poderá ir para o céu levando a lembrança das lanternas que fiz!

Escutando o que o sr. Li dizia, refleti que, quando crianças, fomos todos doutrinados pelo Partido Comunista a "naturalmente" nos sacrificarmos pela nação. Por que esse tipo de educação nunca conseguiu produzir a tenacidade com que aquele homem amava seu país e seu povo? Por que as pessoas da geração mais jovem, educadas para priorizar o bem público sobre os lucros privados e pensar nas outras antes de em si mesmas, se tornaram tão egoístas? Será que 5 mil anos de cultura popular conseguiriam prevalecer sobre cinquenta de lavagem cerebral e um século consagrado aos deuses do Ocidente?

O discípulo "oficialmente imposto" a Li Guisheng, Gu Yeliang, aparentemente quebrara aquele corrente de idolatria ao dinheiro. Gu, um homem de seus quarenta anos, nos contou sua história.

GU: Comecei a aprender o artesanato de lanternas aos oito anos com outro mestre. No Ano-Novo, montava um estande com minha família para vendê-las. No início dos anos 80, quando a feira do Templo Confuciano recomeçou a funcionar, os vendedores trabalhavam no meio da rua. O espaço dos estandes não era fixo, de modo que todos chegavam na noite anterior para garantir seu lugar para o dia seguinte. Certa vez, numa noite de Ano-Novo, minha família e eu nos revezamos em turnos. Vi as outras pessoas e suas famílias celebrando, enquanto tive de passar a noite inteira tomando conta do estande na feira. Mas naquele ano tiramos quinhentos ou seiscentos iuanes vendendo lanternas.

Meu avô me ensinou uma canção de ninar que era muito popular na época: "*Venha brincar com a lanterna, menino. Não ligue para a roupa de festa vermelha e verde, é só trazer a vela vermelha!*". Meu pai também contava que, quando ele era pequeno, as crianças adoravam as lanternas tanto quanto bombinhas de pólvora, roupas e chapéus novos. A cada ano, a euforia pelo pisca-pisca das lanternas lhes trazia felicidade por séculos. Mas, hoje, a velha Nanjing suspira tristemente: "A variedade de tipos de lanternas diminui todo ano!".

As pessoas não sabem que são 21 passos diferentes para fabricar uma simples lanterna lírio d'água. A gente trabalha um ano inteiro e nem ganha muito. Venho de uma família de lanterneiros e comecei muito cedo a aprender essa arte, e agora que é a vez da geração do meu filho, ninguém quer aprender! Há alguns anos, a maioria dos lanterneiros vivia na área em redor do portão principal do Templo Confuciano. Éramos uns 260. Trabalhávamos todos juntos e éramos amigos, convivíamos socialmente. Fomos removidos por causa das obras e agora estamos espalhados. Quem vai gastar trinta ou quarenta minutos num ônibus, carregando sacolas e pacotes, para fazer uma visita? Em toda Nanjing, ainda existem uns 110 lanterneiros, a maioria na faixa dos quarenta anos, mas são cada vez em menor número as lanternas tradicionais feitas com tiras de bambu, papel e cola. A feira está cheia de lanternas de plástico saídas das fábricas. Antes havia mais de trezentos tipos de lanternas, mas hoje só sobraram uns vinte. Somente os artesãos na casa dos oitenta ou noventa anos sabem fazer lanternas em formatos como leão, avião e unicórnio. Há tempos sabemos que essas técnicas vêm desaparecendo. Dou emprego a apenas uns vinte lanterneiros aqui.

Mas o sr. Gu, que é também um representante local no Congresso do Povo, é como milhões de chineses de sua geração que não perdem tempo reclamando de que as coisas não são mais como antigamente. Ele acha que tudo é possível e acredita não ser tarde demais. Quer montar um museu para expor toda a variedade das lanternas de Qin Huai e lançar um grande festival para cultivar a arte lanterneira tradicional. Também pretende oferecer cursos. "Quem estiver desempregado só precisa ter vontade de aprender, ficaríamos felizes em ensinar os segredos da fabricação de lanternas."

Eu queria saber mais sobre as diferenças de geração entre o mestre lanterneiro e seu discípulo.

* * *

XINRAN: Senhor Gu, o senhor se dá bem com seu professor, o mestre Li Guisheng?

GU: Como posso dizer? Quando me tornei seu discípulo, não foi por ser parente nem porque vim implorar que me acolhesse como aprendiz. Em vez disso, foram os oficiais do governo que, gentilmente, nos tornaram sócios. Depois que o Bando dos Quatro foi desmantelado, em 1976, o governo municipal permitiu que alguns de nós, artesãos, fabricássemos e vendêssemos nossas lanternas na feira do Templo Confuciano. Em 1984, uma associação dos lanterneiros foi criada em Nanjing, e o sr. Li se tornou seu presidente. Eram 24 membros e eu era o único jovem entre eles. Naquele ano, não sabíamos se haveria um segundo ou um terceiro festival dedicado às lanternas de Qin Huai ou Jing Ling. Projetei e fabriquei algumas lanternas novas e, quando o chefe do Escritório Cultural as viu, perguntou: "Quem fez essas?". Responderam: "Foi o jovem Gu". "Tragam-no aqui." Então ele me disse: "Você é um jovem talentoso. Vá e se apresente ao mestre Li Guisheng, e aprenda tudo que puder com ele".

XINRAN: E ele perguntou antes ao mestre se concordava?

GU: Não, não perguntou. A palavra de um oficial era a lei — todo mundo sabia disso! Além do mais, meu mestre se inquietava por não ter um sucessor. Vi que ficou realmente satisfeito com aquela "interferência governamental".

XINRAN: Então suponho que o senhor conhece mais que ninguém a história de vida de Li Guisheng.

GU: Bem, sim — um pouco mais que a maioria das pessoas, enfim. Na verdade, ele sempre relutou muito em falar sobre sua vida, pois diz que os outros costumam dar uma interpretação moderna às coisas que aconteceram no passado, ficando a quilômetros de distância da verdade. Sempre disse que só aprendeu o artesanato das lanternas porque a família dele era pobre, e que era um meio de manter corpo e alma unidos. Na época em que aprendeu, ninguém considerava aquilo uma arte ou coisa parecida. E aprender a técnica que os mais velhos da família legavam a ele foi simplesmente algo tão natural quanto o sol nascer no leste e se pôr no oeste. Naquele tempo, ele conta, ninguém pensava muito nisso. Era apenas uma questão de dominar uma profissão e ter uma habilidade, usando-as para ganhar algum dinheiro. Quanto àquilo ser "cultura popular" ou "arte tradicional", e a levar adiante e desenvolver as tradições culturais e tudo mais, disso ele nada sabia. Só foi ler a respeito mais tarde, nos artigos que escreveram sobre ele. Mas sei que se importa com o lado artístico e, sendo um bom mestre, sempre que fazemos algo novo, passa por ele.

XINRAN: E o que fez o senhor se tornar lanterneiro?

GU: Meu pai também fazia lanternas. Fabricadas durante o ano inteiro, elas se empilhavam dentro e fora da nossa casa, esperando para serem vendidas nas festas de Ano-Novo. Fazíamos de todos os tipos, mas eu nunca havia me empolgado muito com aquilo até o dia em que ouvi falar que o governo municipal de Nanjing dera de presente uma lanterna unicórnio de Li Guisheng numa visita ao Japão e ganhara em troca duas televisões coloridas! Pensei que aquele negócio certamente tinha mais futuro do que simplesmente vender lanternas na feira! Ainda era pequeno, mas tinha grandes ideias.

XINRAN: Agora há pouco, seu professor me contou o quanto o preocupa que a arte lanterneira possa desaparecer. Como o senhor vê isso?

GU: Ele tem razão, até certo ponto. Muito poucas pessoas se interessam por isso, hoje em dia. Vejo assim: para assegurar a preservação das lanternas de Qin Huai, antes é preciso preservar a técnica usada na sua fabricação e registrar o conhecimento dos mais velhos. Já propus que o governo crie um museu da lanterna para expor a técnica e permitir o intercâmbio no estudo acadêmico do tema. Poderíamos atrair a atenção do público e criar interesse entre as pessoas com oficinas práticas e outras coisas. Dividiríamos os 1 700 anos de história da arte lanterneira em diversos períodos — partindo da dinastia Han Ocidental, passando pela dinastia Tang, pelos mongóis, pelas dinastias Ming e Qing, até a República, em 1911, e finalmente a República Popular — e exporíamos exemplares de cada período, assim como as ferramentas usadas para fabricá-los. Depois, haveria uma escola associada ao museu, que promoveria uma espécie de educação patriótica e daria às crianças oportunidade para entenderem essa arte tradicional. Intercâmbios acadêmicos internacionais poderiam ser organizados a fim de criar laços entre o artesanato de lanternas e costumes tradicionais no exterior. Estivemos na Alemanha dando cursos, e em breve também iremos à Inglaterra. Poderíamos ir a outros países da Europa para promover esse intercâmbio com os artesãos de lá. Em Nanjing, precisamos fazer crescer os festivais lanterneiros, atraindo os chineses e visitantes estrangeiros para a terra das lanternas.

XINRAN: Penso que o artesanato de lanternas é extremamente precioso — para Nanjing, para a China, na verdade para o mundo todo. Mas como vislumbrar a transição das oficinas precárias nas quais as lanternas são hoje fabricadas para o cenário que o senhor acaba de descrever? Quem pode pavimentar essa estrada para o futuro? Há alguma coisa pela qual vocês, lanterneiros, podem lutar por conta própria? Ou precisam da ajuda do governo? Ou ainda de ajuda internacional?

GU: Os artesãos não dispõem dos recursos financeiros para vencer essa batalha sozinhos. Um museu como esse precisaria de 3 mil metros quadrados de espaço e custaria pelo menos 2 ou 3 milhões de iuanes. Quem pode investir todo esse dinheiro? Teria de ser o governo ou um investimento conjunto de algumas empresas. O governo poderia ceder o prédio, os investidores fariam a reforma e nós, artesãos, entraríamos com o material que temos recolhido ao longo dos anos e a nossa técnica. Dividiríamos os lucros, assim como os riscos. O importante seria não perder de vista as características populares e o estilo tradicional desse artesanato. Do contrário, não faria sentido.

E se pudéssemos publicar livros descrevendo exatamente como as lanternas são fabricadas, com ilustrações, e explicando cada técnica separadamente — por exemplo, os 21 passos necessários para se fazer uma lanterna lírio d'água —, então, pelo menos, quando estivéssemos mortos e enterrados, esses livros poderiam ser um registro permanente para as próximas gerações, uma maneira de passar adiante a cultura tradicional de Qin Huai. É como vejo as coisas.

XINRAN: O senhor falou, ainda há pouco, sobre aprimorar a técnica das gerações mais velhas à medida que desenvolve sua arte. Pode nos dizer quais o senhor sente que são as principais diferenças entre as pessoas da sua geração e as mais velhas?

GU: Diria que existem algumas diferenças. Antigamente, faziam as lanternas para unir corpo e alma, enquanto nós as fazemos mais pelo interesse e pelo prazer de uma tradição cultural.

As lanternas de Qin Huai são uma tradição festiva e, se classificarmos esse tipo de arte em duas vertentes, a estática e a dinâmica, elas se encaixam na primeira vertente.

Se compararmos os materiais usados hoje e aqueles de trinta anos atrás, houve grandes mudanças e inovações: as tiras de bambu foram substituídas por arame e o papel colorido, por seda. Em outra época, todas as lanternas eram feitas de papel. Uma lanterna desse material, pendurada do lado de fora, estraga com a primeira chuva. Agora usamos materiais e técnicas modernos — ainda fazemos as mesmas tradicionais lanternas de Qin Huai, mas você pode deixá-las expostas por quatro ou cinco anos e tudo bem. Os modelos antigos, como o avião e o leão, hoje aparecem menos, e mais recentemente os modelos tingidos ganharam popularidade, de modo que os novos desenhos de lírio d'água e lótus, e também abacaxi e outros, gradualmente se tornaram os preferidos na decoração de festas e na celebração de feriados.

Houve mudanças administrativas também. Nas gerações mais velhas, era geralmente o chefe da família quem gerenciava o negócio. O artesanato de lanternas sempre foi administrado como negócio de família, e o esquema de trabalho ainda é muito primitivo. Mas, agora, temos feito experiências com linhas de produção e métodos cooperativos, o que deve aumentar nossa produção e melhorar a qualidade das lanternas também.

E agora tenho algumas perguntas, mas não sei se posso fazê-las.

XINRAN: Se for pelo futuro das lanternas, pergunte!

GU: Você vive e trabalha no exterior. Na sua opinião, os estrangeiros apreciam as lanternas de Qin Huai? E os jovens chineses vivendo lá, estariam interessados em aprender essa arte tradicional?

XINRAN: Neste momento, não sei que respostas eles dariam a essas perguntas. Mas acredito que muitos estrangeiros apreciam realmente a cultura tradicional chinesa. Como o senhor disse, a cultura popular pertence ao mundo. Meu livro levará suas perguntas aos meus leitores, ouvintes e amigos. Espero que a resposta quanto ao interesse que despertam as lanternas de Qin Huai seja dada por mais e mais visitantes vindo a Nanjing.

8. Por montanhas e pastos: uma testemunha da Longa Marcha

O sr. e a sra. Changzheng vestindo uniformes do Exército de Libertação do Povo em seu casamento, em 1947.

Renovação dos votos matrimoniais, 1997.

SR. CHANGZHENG, nascido em 1916 e uma testemunha da Longa Marcha, entrevistado em Beijing, capital da China. O sr. Changzheng se alistou no Exército Vermelho quando era um adolescente, juntou-se à Longa Marcha em 1934 e, ao longo do caminho, perdeu muitos de seus camaradas. Ele descreve a fome e as privações, a travessia dos montes Nevados e dos "pântanos da morte". Não consegue entender por que as novas gerações questionam a Longa Marcha. Ele e a esposa estão casados há quase sessenta anos e têm cinco filhos; um dos netos mora na Inglaterra.

Em 2006 lembrou-se o sexagésimo aniversário da Longa Marcha do Exército Vermelho dos Camponeses e Trabalhadores Chineses, e mais uma vez a dúvida sobre se ela realmente aconteceu provocou acirrados debates.

Nasci numa família de militares — meus pais dedicaram a vida ao Exército. Cresci cercada de histórias sobre a Longa Marcha, a começar pelas de família, que envolviam oficiais veteranos entre os parentes do lado paterno, passando por aquelas que meus colegas de escola me contaram sobre seus pais e avós, até as dos livros de história nos quais estudávamos. E havia também o obrigatório Dia da Memória da Longa Marcha, a cada cinco anos. Nunca me ocorreu duvidar da existência do evento, da mesma forma que não duvidaria de registros dos momentos marcantes de minha própria vida. No entanto, quando, com vinte e poucos anos, comecei uma busca por minha identidade e pela identidade nacional através da história, deparei-me com relatos conflitantes — até mesmo quanto às pessoas envolvidas nos acontecimentos e a lugares e datas em que ocorreram. Diante de "registros" tão confusos da história, passei a investigar o que era verdadeiro e o que era falso naquilo em que até então acreditara.

As dúvidas mais interessantes que ouvi se resumem às três questões abaixo:

A Longa Marcha realmente percorreu 25 mil *li*?*
Qual foi o envolvimento de Mao Tse-tung nela?
"A Longa Marcha de resistência ao Japão no norte da China" era uma política do Partido Comunista, na época?

*A Longa Marcha realmente percorreu 25 mil li?**

Conversando com vários combatentes do Exército Vermelho e historiadores do Partido da geração mais velha, e também com a nova geração de especialistas na história chinesa, ouvi diferentes versões.

A maioria das testemunhas que entrevistei dizia acreditar que a marcha percorreu aquela distância, ou até mais. Antigos comandantes do Exército afirmaram que ela fez idas e vindas, além de alguns desvios. Quando a marcha partiu da Zona Central Soviética,** em Jiangxi, ninguém sabia aonde ir. As coisas não aconteceram como são apresentadas hoje, com líderes, planos e rotas. Em outubro de 1933, o Kuomintang (KMT) mobilizou quase 1 milhão de soldados para atacar uma a uma as bases rurais controladas pelo Partido Comunista Chinês (PCC), e outro meio milhão responsável por uma missão especial na Zona Central Soviética. O chefe do PCC, Bo Gu (seu verdadeiro nome era Qin Bangxian), resolveu acatar a sugestão de Li De (como era chamado o alemão Otto Braun, um conselheiro militar enviado pelo Comintern)*** e fez dessa uma batalha decisiva entre o KMT e o Partido. Decidiram-se por um ataque preventivo contra o KMT e mobilizaram todo o Exército Vermelho numa guerra total. Mas havia apenas em torno de 100 mil soldados regulares naquela

---

* 12.500 quilômetros.
** A Zona Central Soviética, também conhecida como Soviete de Jiangxi, constituiu um governo independente estabelecido pelo Partido Comunista na província de mesmo nome, no sudeste da China, entre 1931 e 1934.
*** Li De foi o nome chinês dado a Otto Braun, o conselheiro alemão enviado pela Internacional Comunista, em 1934, para assessorar o Partido Comunista Chinês. Mais tarde, naquele mesmo ano, Braun, Zhou Enlai e Bo Gu se tornaram os comandantes do Primeiro Exército e passaram a tomar todas as decisões, apesar da oposição a suas táticas por parte dos líderes revolucionários Mao Tse-tung e Peng Dehuai. Boa parte do Exército Comunista acabou dizimada por conta da doutrina de Braun, que pregava ataques frontais contra o Exército Nacionalista, em número bem maior e mais bem equipado.

área e mais algumas dezenas de milhares de guerrilheiros, que foram completamente abatidos logo que a batalha começou. Em 10 de outubro de 1934, com a Longa Marcha prestes a partir, o Exército Vermelho Central não tinha certeza alguma sobre que rumo tomar e, mesmo durante o trajeto, a maioria dos soldados não fazia ideia de seu destino. Simplesmente se lançaram num voo cego.

Soldados que participaram da marcha me disseram: "Andamos em zigue-zague, indo e vindo, por muitas rotas diferentes e constantemente recuando. Fizemos isso para confundir o inimigo, de modo que não antecipassem nosso trajeto, especialmente no mês de janeiro de 1935, depois que o Exército Vermelho havia conquistado Zunyi [no sul] e o Comitê Central do PCC convocou a Conferência Ampliada do Politburo". A Conferência de Zunyi destituiu Bo Gu e Li De de seus poderes de liderança e determinou que Zhang Wentian tomaria o lugar de Bo Gu no Partido e nos assuntos políticos e Zhou Enlai seria o comandante militar, com Mao Tse-tung como segundo na hierarquia. (Logo depois disso, formou-se o triunvirato militar Zhou Enlai, Mao Tse-tung e Wang Jiaxiang.) Dali em diante, os soldados do Exército Vermelho adotaram táticas de ataque pelos flancos em sua marcha para o oeste, muitos deles cruzando quatro vezes o rio Chishui e duas ou três os montes Daxue. Em outubro de 1935, o Exército Vermelho Central, rumando direto para o norte, chegou à cidade de Wuqi Zhen, então chamada de circunscrição de Wuqi, na província de Shaanxi. Foram os primeiros a completar a Longa Marcha. O Segundo Exército, formado em outro estágio da marcha, em 1935, empreendeu uma jornada de 20 mil *li*, unindo-se em 1936 ao Primeiro e ao Quarto Exércitos no Forte de Jiangtai, na circunscrição de Jingnin, província de Gansu (hoje Ningxia). Em seguida, Zhang Guotao, que se opusera à "Rota para o Norte" do Comitê Central, liderou o Quarto Exército em direção ao sul, em 1936, rebatizando-o como Exército da Rota Oeste. Zhang Guotao imaginou que conseguiria invadir a União Soviética, mas, no curso da longa e árdua caminhada, sofreu perdas desastrosas nas mãos do senhor da guerra local, Ma Bufang, e suas tropas de muçulmanos hui. Os soldados não arriscavam paradas para descanso e muitos morreram de exaustão. O exército inteiro acabou aniquilado, com apenas 436 sobreviventes.

Acadêmicos especialistas na Longa Marcha dizem ser plenamente possível que a distância total percorrida tenha chegado aos 25 mil *li*. Entre as razões para afirmarem isso está o fato de que o Exército de Libertação do Povo não era formado simplesmente pelo Exército Vermelho, pelo Oitavo Exército Móvel e pelo recém-criado Quarto Exército, mas por uma miscelânea de exércitos de minorias diversas, locais e nacionais, e remanescentes do KMT que se entregaram e passaram para o outro lado. De modo que, argumentam, a ideia da Longa Marcha não pode ser limitada ao trajeto realizado pelas três principais forças do Exército Vermelho: o Exército Vermelho Central, isto é, o Primeiro Exército; o Segundo Exército, formado pelo Segundo e pelo Sexto Batalhões do Exército Vermelho; e o Quarto Exército por si só (não havia o Terceiro na época). Em vez disso, o conceito e a distância de Longa Marcha deveriam também levar em conta todos os trajetos menores feitos por tropas como o 25º Exército, o Quinto e o Sexto Batalhões do Exército Vermelho e outros soldados.

Qual foi o envolvimento de Mao Tse-tung na Longa Marcha?

Eu era muito nova na época da Revolução Cultural, mas me lembro de ver um velho acadêmico de pé, sobre uma plataforma, sendo "combatido" e espancado quase até a morte pelos guardas vermelhos por espalhar o "boato vil" de que a Longa Marcha não havia sido liderada por Mao Tse-tung. Não sei se o professor escapou vivo, mas o "crime" que cometera sempre voltava em minhas lembranças. Por que teria ousado afirmar que a gloriosa conquista da Longa Marcha não fora conduzida por Mao? Nos meus anos de repórter em busca da verdadeira China, essa pergunta me cutucou ainda mais à medida que descobria outras coisas. Acadêmicos e outros foram denunciados pela Guarda Vermelha por questionarem fatos históricos tidos como praticamente "imutáveis", por exemplo, Mao Tse-tung ter liderado a Longa Marcha. Mas, se fosse verdade o que afirmava aquele acadêmico, então qual teria sido o envolvimento de Mao nesse evento? Em anos recentes, livros de memórias, autorizados pelo processo de "abertura" da China, lançaram nova luz sobre o tema.

O guarda-costas de Mao Tse-tung nessa época era Wu Jiqing. Em 1983, a Imprensa Popular de Jiangxi publicou suas memórias, *Do lado de Mao Tse-tung*, nas quais ele recorda que não pôde requisitar suprimentos quando a Longa Marcha partiu porque o nome de Mao não constava da relação de colunas e formações militares do Comitê Central. Wu Xiuquan, o intérprete de russo de Li De, em seu *História da minha vida*, publicado pela PLA Press em 1984, escreve: "No início, planejavam abandonar Mao Tse-tung, e de fato o haviam excluído do núcleo de liderança do Comitê Central, mandando-o fazer o trabalho de investigação".

Outro guarda-costas, Chen Changfeng, em seu *Com o presidente Mao na Longa Marcha* (PLA Press Arte e Literatura, 1986), registra: "Da Conferência de Gannan, em 1931, ao começo da Longa Marcha, em outubro de 1934, Mao ficou numa posição muito complicada. Embora fosse o presidente do Governo Central da República Soviética da China, enfrentou circunstâncias bastante adversas, submetido à crítica constante e a tratamento injusto. Fez diversas propostas que se provaram corretas e eficazes, mas que foram condenadas como 'ultraempiristas', 'alinhadas aos agricultores ricos', 'recuo conservador' e 'oportunismo de direita'. Em pouco tempo, foi mesmo destituído do posto".

No entanto, das *Memórias de Kang Keqing*, de 1993, extrai-se o seguinte trecho: "Ele [Zhu De] andou pela sala, e então se aproximou de mim para dizer em voz baixa: 'Acabaram de decidir pela vinda de Mao Tse-tung. Nossa única esperança é tê-lo conosco'. Perguntei sobre Chen Yi e ele balançou a cabeça: 'Já foi decidido que deve ficar na Zona Soviética e continuar a batalha, e essa decisão não pode ser alterada'".

Finalmente, enquanto realizava estas entrevistas na China, escutei o seguinte relato: "Rede Xinhua, Nanchang, 8 de agosto de 2006. Historiadores do Partido Comunista confirmaram publicamente a seguinte informação: a lista inicial de participantes da Longa Marcha não incluía o nome de Mao Tse-tung. Quando, em setembro de 1934, foram tomadas decisões cruciais acerca de que oficiais deveriam ir e quais deveriam ficar, Bo Gu e Li De, encarregados de decidir, inicialmente se posicionaram contra a permissão a que Mao partisse com o Comitê Central e as principais forças do Exército Vermelho e, em meados daquele mês, o despacharam para o trabalho de investigação. Às vésperas da Longa Marcha, a questão sobre se Mao deveria ou não ir não dizia respeito meramente ao problema de sua segurança individual, mas também aos destinos do PCC e do Exército Vermelho. Mao Tse-tung somente se incorporou à Longa Marcha depois que Zhou Enlai intercedeu firmemente em seu favor e conseguiu convencer Bo Gu e Li De".

"A Longa Marcha de resistência ao Japão no norte da China" era uma política do Partido Comunista, na época?

"A Longa Marcha de resistência ao Japão no norte da China" como uma política do Partido Comunista se tornou um dogma tanto nos livros escolares que usei quanto na propaganda, e na verdade foi motivo de orgulho nacional para gerações de jovens membros do Partido. Porém, descobri mais tarde que, no que concerne ao "norte da China", existe diferença entre o nordeste e o noroeste, e os japoneses desceram para o sul pelo nordeste, enquanto a Longa Marcha de 1934-6 rumou para a província de Shaanxi, no noroeste.

Na noite de 7 de julho de 1937, o incidente da ponte Marco Polo (Lugouqiao) ocorreu logo a sudoeste de Beijing. A guerra total foi desencadeada quando o Japão se lançou a uma invasão da China em larga escala. Em 17 de julho, Chiang Kai-shek, o chefe do comitê militar do Kuomintang, tornou pública a Declaração de Lushan: "Uma vez iniciada a guerra, qualquer pessoa, jovem ou velha, no norte ou no sul, deve assumir sua responsabilidade em resistir ao Japão e defender nossa pátria". Em 12 de dezembro, 50 mil soldados japoneses entraram em Beijing, capital da província oriental de Jiangsu, então quartel-general da resistência nacionalista contra o Japão, e iniciaram o Grande Massacre, que durou uma semana e matou cerca de 300 mil, entre soldados e civis. Demorou até a primavera de 1938 para que o Exército japonês conseguisse avançar pela parte oeste da província de Shanxi e, ao final daquele ano, havia alcançado, pela margem oposta do rio, o norte da província vizinha, Shaanxi, embora sem forças para cruzar o Amarelo.

Por outro lado, o que se pretendia com essa história de "a Longa Marcha de resistência ao Japão no norte da China" era permitir aos membros do PCC que descansassem e recuperassem o fôlego, e aquela acabou se revelando uma região segura e autossuficiente como base da resistência armada ao Japão que veio mais tarde. Essa foi, acredito, uma das razões pelas quais, depois de 1940, o PCC pôde gradualmente se tornar a principal força do país a combater o Japão.

Em 1940, o Oitavo Exército Móvel lançou, sob o comando do general Peng Dehuai, a Ofensiva dos Cem Regimentos contra 40 mil japoneses e as tropas sob seu controle, resultando em perdas para o inimigo de mais de 20 mil homens; em 1941, o nacionalista general Xue Yue, que já havia infligido pesadas baixas ao Exército Vermelho, aniquilou 50 mil japoneses na Terceira

Campanha de Changsha. Essas vitórias inflaram o moral dos chineses na luta contra o invasor japonês, e houve um fortalecimento gradual de outras forças, que não eram controladas nem pelo PCC nem pelo KMT, como as Forças Guerrilheiras Mongóis Antijaponesas.

Entretanto, Mao Tse-tung não ficou nada feliz com a Ofensiva dos Cem Regimentos porque, como resultado dela, os japoneses voltaram os olhos à retaguarda, onde até então se mostravam militarmente fracos — a parte da China controlada pelos comunistas. Os japoneses combateram as táticas de guerrilha do PCC, eliminando a milícia local ao se valerem do antigo Sistema de Administração de Vizinhança, ainda do tempo do Império, pelo qual acirraram os controles de governos locais sobre a população. Com o objetivo de restringir a ação do Oitavo Exército Móvel, criaram áreas isoladas e adotaram um tipo de tripla política "arrasa quarteirão", na base do "matar todos, saquear tudo e queimar o resto", o que resultou em massacre tanto de soldados quanto de civis no norte do país. O Oitavo Exército Móvel teve severas baixas; o comandante de seu quartel-general, Zuo Qan, perdeu a vida, enquanto o vice-chefe de pessoal, Peng Dehuai, corajosamente furou o cerco e a unidade foi obrigada a bater em retirada da região.

Facções diferentes podem reinventar as razões da Longa Marcha visando a fins políticos particulares, mas as consequências não se discutem: do processo da marcha e de todos os benefícios que dela advieram, o PCC emergiu com renovada autoconfiança, alicerçou sua organização em bases firmes e teve tempo para treinar unidades militares regulares. Todos os principais líderes da República Popular da China, como Mao Tse-tung, Zhou Enlai, Liu Shaoqi, Zhu De, Chen Yun e Deng Xiaoping, participaram da Longa Marcha, assim como nove dos dez marechais de campo — a exceção foi Chen Yi.

Durante os dois anos da Longa Marcha, as várias forças que constituíram o Exército Vermelho travaram batalhas em catorze províncias e cobriram uma distância total de 25 mil *li*. Cruzaram algumas regiões remotas habitadas por minorias nacionais, assim como pela etnia han, e enfrentaram perigos naturais como grandes rios, montanhas nevadas e pastos; escaparam de cercos de centenas de milhares de nacionalistas e de exércitos locais e conseguiram superar as divisões causadas pela briga entre as facções de Mao e Bo Gu e entre o Primeiro Exército e Zhang Guotao. A partir dali, um novo núcleo de líderes comunistas, com Mao à frente, foi gradualmente sendo formado.

Em agosto de 1980, Deng Xiaoping disse, numa entrevista à repórter italiana Oriana Falacci: "A Conferência de Zunyi, em 1935, convocada durante a famosa Longa Marcha, consolidou a liderança do camarada Mao Tse-tung no Partido e no Exército. Marcou a formação da primeira liderança real do PCC. As anteriores tinham se revelado tanto imaturas quanto instáveis".

E quando a filha de Deng Xiaoping, Maomao, perguntou ao pai como tinha sido a Longa Marcha, ele respondeu: "Não paramos de marchar!". Acredito ser essa a mais instintiva, comum e verdadeira noção a respeito desse evento.

Uma de minhas ambições era encontrar um sobrevivente da Longa Marcha que houvesse "vencido o percurso". Procurava alguém que o tivesse feito a pé, não um general que percorrera o caminho no lombo de um cavalo. Não era uma tarefa simples — de dezenas de milhares que tomaram parte no evento, apenas alguns ainda estavam vivos, e um número ainda menor havia feito o percurso completo.

Tive sorte. Yan, uma garota chinesa que estava estudando no Reino Unido, veio a mim em busca de ajuda para levantar a bibliografia sobre história e cultura da China que usaria em sua dissertação. Quando me ouviu falar deste livro, e que estava procurando um velho soldado que tivesse caminhado toda a Longa Marcha, ela me pediu, até exasperadamente, que entrevistasse seu avô materno, que tivera exatamente aquela experiência. "Quero que as pessoas saibam que meu avô deu sua contribuição e conheçam as coisas às quais sobreviveu", ela disse. "Alguns pensam que ele é só um pau-mandado do Partido dando sermões patrióticos, mas sei que faz isso porque realmente acredita no que diz. No início da Longa Marcha, muitos desertaram do Exército Vermelho, mas ele não era desse tipo, marchou até o fim". Por não querer decepcionar essa jovem, tomamos nota do personagem como um possível entrevistado.

No dia 2 de setembro de 2006, visitamos o avô de Yan em Beijing. Conversei com o velhinho e com a esposa dele, e depois com suas duas filhas — a mais velha era a mãe de Yan. O sr. Changzheng era uma figura imponente, com um rosto redondo e bochechas rosadas. Falava abundantemente e pontuou nossa entrevista com gargalhadas e demonstrações ocasionais de trechos de canções revolucionárias de sua juventude. Não é à toa que se diz que a música é um dos depósitos da memória.

Não havia tido tempo hábil para pesquisar a história do velho soldado, de modo que comecei com aquela que, para os chineses, é a mais comum e inofensiva da perguntas.

XINRAN: O senhor já comeu?
CHANGZHENG: Sim, já.
XINRAN: Qual foi o cardápio de hoje?
CHANGZHENG: Macarrão chinês à moda de Beijing, com picadinho de porco e molho de feijão.
XINRAN: Qual é seu prato predileto?
CHANGZHENG: Como de tudo.
XINRAN: Então qual era seu prato predileto quando criança?
CHANGZHENG: Quando criança? Sou do norte da província de Sichuan. Éramos pobres na minha infância, por isso não tínhamos muito o que comer.
XINRAN: O senhor poderia me dizer quantos anos tem?
CHANGZHENG: No dia 10 de novembro deste ano completo noventa. Nasci em 1916, nas montanhas da região norte de Sichuan.
XINRAN: O senhor frequentou a escola?
CHANGZHENG: Em Sichuan, sim. Fui para a escola primária durante um ano e meio. A escola era longe de casa e o professor, muito severo. Se a gente não tivesse a pasta escolar em ordem, ele batia na mão. Se não acertasse a caligrafia, também. Se fizesse bagunça, a gente ia até ele, mostrava o traseiro e levava umas palmadas. Fiquei apavorado e, depois de um ano e meio disso, corri para casa e nunca mais voltei. Em casa, eu costumava cortar a grama e juntar lenha. Quando tinha treze anos, o Exército Vermelho veio até o vilarejo. Quem apareceu em casa foi o líder de uma das Unidades de Propaganda, de Henan, tentando me recrutar. Mas eu não sabia nada sobre a força. Sabia que os nacionalistas xingavam e batiam na gente, mas não tinha ideia de como era o Exército Vermelho, de modo que não consegui me decidir. Ele veio três vezes e, depois da terceira, me levou até a cidade para dar uma olhada. A força tinha uma companhia de atiradores, mostraram-me as metralhadoras e ainda me deram uma tigela de arroz, e com carne junto. No norte de Sichuan só comíamos carne no Ano-Novo chinês.

Cheguei em casa e disse à minha mãe: "O Exército Vermelho não é ruim

— vi as metralhadoras deles, lá tem arroz, e carne também; quero me alistar". Minha mãe não tentou me impedir e assim, com treze anos, entrei para o Exército Vermelho e fui embora.

XINRAN: Quantas pessoas havia na sua família nessa época?

CHANGZHENG: Minha irmã mais velha, meu irmão e minha irmã mais novos e eu, éramos quatro.

XINRAN: O senhor disse que vocês eram pobres. Muito pobres?

CHANGZHENG: Faltava comida. Todos os dias nossa preocupação era comer, e foi porque nunca tive o suficiente para me alimentar que disse à minha mãe que queria me juntar ao Exército Vermelho. Lá havia comida, então minha mãe concordou.

Logo que entrei — isso foi em 1929 — não me puseram para lutar. Quando tinha quinze anos, fui recrutado pela primeira vez. O líder da Unidade de Propaganda disse: "Você pode chamar seus colegas de escola e os amigos com quem brincava para também se juntarem a nós". Então comecei a conversar com eles e uma nova companhia foi formada a partir do nosso vilarejo. No começo, eu não tinha um revólver ou qualquer tipo de arma de verdade. Transformávamos ripas em lanças de artes marciais amarrando um facão na ponta. Daquela vez, a batalha envolveu duas companhias do Exército Vermelho contra um batalhão do KMT. Avançamos e matamos, matamos, até termos exterminado o batalhão inimigo. Foi a primeira vez que lutei.

XINRAN: O senhor teve medo? Do sangue, de ficar ferido, da morte?

CHANGZHENG: Não, não tive medo. Era um menino corajoso e, além disso, éramos muitos, não apenas um ou dois, de modo que não fiquei com medo. Depois daquela batalha, deram uma arma para cada um de nós. Então começamos a entrar em batalhas por toda parte. Cruzamos Sichuan de cima a baixo massacrando o inimigo à nossa porta. Depois fomos para Jiuzhaigou. Fomos alojados com os camponeses locais e fiquei com febre alta. Aí começaram os bombardeios do KMT e a cabana onde eu estava foi atingida em cheio. O susto foi tão grande que a malária foi embora e fiquei bom!

XINRAN: E quando o senhor se juntou à Grande Marcha?

CHANGZHENG: Deixei minha cidade em 1934.

XINRAN: O senhor cruzou a ponte Luding [sobre o rio Dadu, na província de Sichuan] durante a marcha?

CHANGZHENG: Claro que sim. Eu levava um enorme baú nos ombros, então cruzar a ponte foi muito difícil. Não havia proteção lateral, ficava muito complicado caminhar por ela. Eu via que as pessoas adiante de mim iam cair e queria ajudar, mas meu superior não deixava. Ele nos disse que em hipótese alguma começássemos a correr ou seria o caos e muita gente cairia. Alguns dos companheiros caíram, foi muito triste.

Não podíamos viajar durante o dia, só à noite. Certa vez soubemos que dois generais e suas tropas, marchando atrás de nós, tinham sido atacados. Os únicos sobreviventes haviam sido os dois. Eles subiram uma montanha e encontraram um templo, e um apoiou o outro sobre os ombros para escalarem o muro. O de cima puxou o primeiro e os dois generais se esconderam atrás de uma grande imagem de Bodhisattva. Quando os fiéis terminaram de queimar o incenso e foram embora, eles o usaram para se aquecer. Foram espertos e mais tarde alcançaram o resto das tropas.

XINRAN: O senhor sabia que, no Ocidente, muita gente diz que boa parte do Exército Vermelho não aderiu à Longa Marcha?

CHANGZHENG: Besteira. Todos os soldados regulares da força se juntaram à marcha. Alguns se desgarraram ou se perderam pelo caminho, morreram ou simplesmente desapareceram.*

XINRAN: Quantos perderam a vida na Longa Marcha?

CHANGZHENG: Todos os batalhões envolvidos — o Primeiro, o Segundo e o Sexto Exércitos — perderam muitos soldados, mas não sei exatamente quantos. No final, dizia-se que, de centenas de milhares, tinham sobrado apenas 30 mil. Não posso dar números mais precisos que isso, e acho que ninguém pode.

XINRAN: Algum dos seus camaradas mais próximos morreu ao longo da marcha, e se sim, o senhor o viu morrer com os próprios olhos?

CHANGZHENG: Morreu, claro. Todo sobrevivente da Longa Marcha perdeu companheiros. Um primo meu, jovem, que carregava as armas e a munição e estava sempre na linha de frente dos ataques. Não morreu lutando, mas marchando. Quando voltei para casa, a esposa me perguntou onde ele estava. Falei que tinha morrido há muito tempo e ela chorou...

XINRAN: Algumas pessoas também afirmam que a distância percorrida

---

* Na verdade, algumas unidades não participaram da Longa Marcha, mas evidentemente que um soldado não poderia saber de tudo o que acontecia no Exército inteiro.

não foi tão longa quanto os alegados 25 mil *li*. O senhor, que esteve lá, deve saber a verdade sobre isso.

CHANGZHENG: Se somar o quanto cada um percorreu, definitivamente dá tudo isso. Em alguns lugares, refizemos os próprios passos diversas vezes, chegamos a cruzar as montanhas e os pastos três vezes. Percorremos realmente toda essa distância, a prova foi o estrago sofrido pelos meus pés. Muitos dos sobreviventes terminaram com pernas avariadas e pés como estes aqui. Veja.

Vi um par de pés que é difícil descrever: as solas deformadas eram um amontoado de cicatrizes. Seus pés pareciam feitos de pedaços díspares de pele de diferentes idades.

CHANGZHENG: Por que cruzamos as montanhas e os pastos três vezes? Bem, Zhang Guotao não se dava bem com os líderes do Comitê Central e tirou o Quarto Exército de sua base. Os nacionalistas nos perseguiram, fugimos, e foi assim que acabamos cruzando três vezes as montanhas e os pastos. Foi uma experiência terrível, abominável, algo que não dá para esquecer pelo resto da vida!

Atravessamos a passagem Lazi Kou e chegamos ao monte Jiajing. Estava ensolarado lá embaixo, mas, quanto mais subíamos, mais inclemente era o vento. Chovia também, e era granizo, e assim que chegamos ao topo começou a fazer um frio insuportável. Todos pusemos nossos quepes — se aquelas enormes pedras de granizo acertassem nossas cabeças, ia doer de verdade. Como escalar estava muito complicado, tivemos de descer novamente, o que foi mais difícil ainda. Alguns dos companheiros não se cuidaram direito, rolaram para baixo e morreram! Fico muito, muito triste quando me lembro dessas coisas. Nunca sabíamos quem seria o próximo. Havia uma antiga canção folclórica sobre o monte Jiajing que dizia:

Monte Jiajing, monte Jiajing,
Onde pássaro nenhum voa,
Onde os macacos não vão,
Só os Imortais dali descem para o mundo.

O topo do monte fica 4 mil metros acima do nível do mar, de modo que tínhamos de ser mais valentes que os Imortais para conseguir escalar. Muitos morreram porque não havia trilhas na montanha. Seguíamos os rastros de animais.

Quando cruzamos os pastos, já não tínhamos o que comer. A comida desidratada acabou e tivemos de arrancar grama e comer pasto. Quando não havia nada mesmo, comíamos couro. Era horrível, horrível mesmo, muito duro. Anoitecia e dormíamos ao relento. Uns camaradas acharam uma toca e dormiram nela. Não conseguiam acordar de manhã, de modo que tivemos de amarrá-los aos cavalos e puxá-los para fora. Eles pareciam sonâmbulos, vi com meus próprios olhos.

Depois das montanhas e dos pastos, começou a batalha. Não tínhamos nos alimentado nem dormido direito e precisávamos lutar, você acredita? Ganhamos aquela também.

Como lutamos bem, deram-nos o que comer, dormi um pouco e em seguida chegamos a Gansu. Lá enfrentamos outra batalha, no monte Wuliang. Os nacionalistas tinham uma divisão de cavalaria e, no primeiro dia de combates, meu comandante me disse: "Você vai liderar uma equipe de reconhecimento". Então, à noite, fui checar as condições do terreno. Na segunda noite, levamos escadas de corda e invadimos. Os soldados da cavalaria nacionalista estavam acampados ali e acabamos com eles! Depois, seguimos para Guilin [no sul] e nos juntamos ao Primeiro Exército. Isso foi em 1936, e não sei dizer quantos de nós, a essa altura, estávamos em estado deplorável, muitos dos oficiais inclusive, era de dar pena. Ninguém que nos veja hoje consegue acreditar que aqueles soldados tomariam a China inteira!

XINRAN: Na época o senhor acreditava?

CHANGZHENG: Não sabia muito sobre o quadro mais geral. Meus superiores me tratavam bem e, aonde quer que fôssemos, éramos bem tratados pelos pobres também. Eu achava que aquilo era uma prova de sua anuência. Assim que nos incorporamos ao Primeiro Exército, partimos direto para Yan'an.

XINRAN: O senhor sabe por que o Exército Vermelho foi a Yan'an? Por que o local foi escolhido como base?

CHANGZHENG: Ninguém vivia no Grande Noroeste e o inimigo não chegara até lá também, de modo que poderíamos descansar e nos reorganizar.

Tantos haviam morrido na Longa Marcha que precisávamos disso. Tínhamos uma canção:

A batalha é árdua,
Mas estamos lutando
Para construir a base do noroeste.
Vamos superar todas as dificuldades,
Vamos vencer o inimigo,
Vamos destruí-lo.

Em Yan'an não tínhamos o apoio de moradores, então tivemos de nos virar. Era um lugar tão pobre que nem mesmo Chang Kai-shek [e o KMT] queria combater lá. Passamos a produzir nossa própria comida e nossas roupas. Toda manhã, as tropas subiam a montanha de enxada na mão, limpando terreno para a lavoura. O solo era bastante duro e alguns tipos de vegetação tinham de ser arrancados por duas pessoas. De dia preparávamos a terra e de noite fiávamos e tecíamos o algodão. Havia uma outra canção que dizia:

À plantação, à plantação,
Os soldados no front precisam comer.
Tecendo algodão, tecendo algodão,
E lá no front terão o que vestir.

Ninguém, hoje em dia, acreditaria nas privações que sofremos.

Em Yan'an, tive um furúnculo anal que não sarou direito, então fui consultar o médico canadense Norman Bethune.* Falei que não queria anestesia geral, pois precisaria ficar afastado muito tempo. "Não se preocupe", ele disse, "opero às oito e às nove você vai estar novo." Eu era apenas um soldado, mas ele foi muito simpático: curou minha doença e diminuiu a dor para que eu não sofresse mais como antes. Muitos dos meus camaradas foram curados pelo dr. Bethune. Era um bom homem.

---

* Cirurgião canadense nascido em 1890, em Ontário. Depois de uma visita à União Soviética, filiou-se ao Partido Comunista e, em 1938, chegou à China, onde se tornou um herói por seu trabalho dedicado e veio a falecer em 1939.

XINRAN: O senhor viu Mao Tse-tung em Yan'an?

CHANGZHENG: Várias vezes as tropas encontraram os líderes naquela época, de modo que não me lembro exatamente das datas e dos lugares. Mas Mao Tse-tung apareceu para uma palestra no curso de treinamento da guarda, ainda hoje posso me lembrar. Ele disse: "As atribuições da guarda são extremamente importantes. Vocês hoje são responsáveis pela segurança do Comitê Central do Partido e do povo de Shaanxi e Guansu, mas no futuro farão isso por toda a China". Ao final do curso, Zhou Enlai também veio falar conosco. Uma vez, durante o treinamento, houve um ataque aéreo de trinta ou mais aviões inimigos. Éramos uns trezentos ou quatrocentos e nos escondemos em cavernas, ajudando uns aos outros. Quando saímos, Yan'an tinha sido arrasada e todos aqueles pobres velhinhos e crianças, ficado sem suas casas.

XINRAN: O senhor pode me contar de quem fazia guarda em Yan'an?

CHANGZHENG: De Kang Shi'en.

XINRAN: Kang Shi'en? O homem que foi vice-presidente do Conselho de Estado nos anos 80 e morreu em 21 de abril de 1995?

CHANGZHENG: A-hã.

XINRAN: E quando o senhor foi embora de Yan'an?

CHANGZHENG: Veio a ordem de desmobilização, mas pensei comigo: o que vou fazer se voltar para a pobreza da minha cidade? Então não me desmobilizei. Saí de Yan'an com o resto das tropas e cruzei o rio Amarelo, abrimos caminho pela passagem Zhangjiakou, depois pelo rio Rehe, até chegarmos à região Nordeste, de onde fui para Chengde. Eu e minha velha esposa nos casamos em Jilin, no Nordeste, e depois do casamento partimos com as tropas para Tianjin, onde nossa filha mais velha nasceu.

Lembro de uma construção enorme em Tianjin, que abrigava uma loja de departamentos e era a residência de um importante oficial do KMT. Nossas bombas haviam destruído o prédio. As pessoas na rua nos diziam: "Essas bombas devem ter olhos!". Depois de tomarmos Tianjin, fomos para Shijiazhuang, e dali a Beijing.

XINRAN: Senhor Changzheng, posso interrompê-lo um momento? O senhor diz que abriu caminho pela passagem Zhangjiakou. Em qual exército estava então?

CHANGZHENG: No Exército de Libertação do Povo, que começou com o Oitavo Exército Móvel, porém mais tarde todas as unidades passaram a ser chamadas pela sigla ELP: o Oitavo Exército Móvel, o Novo Quarto Exército e outras tropas também.

XINRAN: O senhor estava com o Quarto Exército de Campo naquela época? Pelos lugares e batalhas que o senhor mencionou, aparentemente lutou pelo Quarto Exército de Campo, de Lin Biao.

CHANGZHENG: Isso — era o Quarto Exército de Campo.

XINRAN: Quem eram os comandantes?

CHANGZHENG: Os generais Wang Ming e Wang Zhen. Em Yan'an, também havia sido o general Wang Ming. Era ele o comandante quando preparávamos terreno para a lavoura, e foi também quem nos conduziu ao nordeste.

Quando a República Popular da China foi instalada, participei da cerimônia de sua fundação em Beijing. Não havia árvores ou trilhas diante da Porta Tiananmen naquela época e assisti ao evento de cima de uma elevação no lado oeste. Depois de terminada a cerimônia, fui ao subúrbio de Dongbeiwang. Dali, peguei um trem para Hankou, depois Guangxi e o Vietnã. Em seguida fui a Shanghai, Tianjin, Qiqihar e à Manchúria. Tínhamos um velho amigo do Exército que estava trabalhando lá como oficial. Ele me perguntou se eu gostaria de fazer uma viagem à União Soviética. Respondi que não poderia ir, ainda estava vestido com meu uniforme do Exército. Mas fui enviado para lá mesmo assim. Quando o pessoal ficava sabendo que eu fizera parte do Exército de Libertação do Povo, era muito bem tratado. Não entendia nada do que os comandantes diziam, exceto por um deles, que falava chinês.

Estive em trânsito a maior parte da minha vida, indo de lá para cá. Voltei com o Exército a Beijing, depois Nanjing, depois Zhenjiang. Então arranjei um emprego civil e me mudei para Tianjin.

XINRAN: Quando o senhor deixou o Exército?

CHANGZHENG: Em 1956. Fui transferido de Tianjin para o setor de prospecção de petróleo, como pesquisador, no que hoje é a Lubrificantes Grande Muralha, parte da Sinopec. Trabalhei ali até a aposentadoria. A primeira vez que fui a um campo de petróleo, o pioneiro poço de Daqing, disse ao meu chefe que nunca havia visto uma torre de prospecção e gostaria de ver uma. Ele me disse para ir. Então, naquela noite, fui. Fiquei na base da torre, onde passei a noite com um acolchoado que me deram, observando atentamente a perfuração. O campo de Daqing realmente dava o seu melhor pela China. Se não fosse por ele, nossos veículos não andariam nem nossa indústria poderia se desenvolver. Os americanos, os britânicos, até mesmo os soviéticos haviam tentado nos dominar. Eram tempos muito difíceis, mas conseguimos sobreviver. Nunca pensamos que a vida seria feliz como é hoje; naqueles anos 50, quem imaginaria que fôssemos passar do pasto às televisões e geladeiras? Naquele tempo, nossa ideia de uma boa refeição ocidental eram as batatas e a carne assada da União Soviética!

XINRAN: Como o senhor conheceu sua esposa?

CHANGZHENG: Nós nos conhecemos no nordeste. Chegando lá, quase todos os meus companheiros de Exército encontraram parceiras e se casaram, então me apresentaram a ela. Isso foi em 1947. No dia em que nos casamos, eu tinha acabado de chegar à casa dos pais dela, quando alguém gritou: "Os aviões, os aviões estão vindo!".* Puxaram-me para dentro da casa e corremos para o celeiro, onde nos casamos com aqueles aviões largando bombas sobre nossas cabeças. Minha mulher não tinha um vestido de noiva, não tínhamos absolutamente nada. Mas nunca mais nos separamos.

XINRAN: Quantos filhos vocês têm?

CHANGZHENG: Cinco. Nossa filha mais velha, uma segunda filha, depois um filho, então uma terceira filha e nosso filho mais novo.

XINRAN: Qual a diferença entre a vida deles e a que vocês tiveram quando jovens?

CHANGZHENG: Não sei. Sou apenas um soldado. Foi minha mulher quem fez a maior parte do trabalho. Ela criou as crianças.

XINRAN: Vocês discutem? Brigam por alguma coisa?

CHANGZHENG: Não brigamos por nada. Ela sabe o quanto sofri na Longa Marcha e os problemas de saúde que ficaram, é muito boa para mim. Agora que estou velho, faz tudo por mim. Compra comida, atende telefone, traz recados, é a enfermeira, a cozinheira e assim por diante. Precisa dar conta de muita coisa.

XINRAN: Pelo que sei, o senhor não ficou parado depois que se aposentou e ainda dá aulas de educação patriótica. É verdade?

CHANGZHENG: Sim, é verdade. Ensinei no primário, no secundário, até na universidade — dei aulas na Universidade de Qinghua, por exemplo. Foram mais de 430 palestras. Mais de 130 mil pessoas as frequentaram, e ainda me lembro em quais escolas fui falar.

---

* Aviões das forças nacionalistas.

XINRAN: Por que o senhor gosta de contar sua experiência a essas pessoas?
CHANGZHENG: Preocupo-me quanto às novas gerações nos entenderem. Sofremos tantas privações, tantos morreram. Quero que as gerações mais jovens, ao crescerem, lembrem esses camaradas sacrificados. Eles morreram para estarmos aqui hoje e não podem ser esquecidos.
XINRAN: Se seus filhos lhe perguntassem quais foram as piores e as melhores coisas que aconteceram na sua vida, o que o senhor diria?
CHANGZHENG: O que me faz mais feliz é olhar para os meus filhos e netos. Minha segunda filha também tem um neto, meu bisneto, de modo que a quarta geração já chegou. Minha infância pode ter sido difícil, mas hoje sou muito privilegiado. Isso me faz lembrar uma canção que conheço. [Ele começa a cantar a plenos pulmões]:

Nossa infância se perdeu nas águas da amargura,
Seguimos o Exército Vermelho e lutamos por toda China. Hey!
Irrompemos numa selva de armas. Hey!
Atravessamos uma chuva de balas. Hey!
Cruzamos as montanhas e os pastos. Hey!
Fiamos e tecemos nossas roupas. Hey!
Sobrevivemos no meio das chamas e da fumaça de pólvora. Hey!
Nosso espírito permanece iluminado. Hey!
Nossas armas não envelhecem nem morrem. Hey!
A Nova China floresce.
A caminho das Quatro Modernizações.
O amor está por toda parte na China
E nunca vamos esquecer a bondade do Partido Comunista. Hey!

XINRAN: O senhor canta bem! Lembra de outras canções?
CHANGZHENG: Tem aquela, "Rio Amarelo":

O vento geme,
Os cavalos relincham,
O rio Amarelo troveja...
O rio Amarelo troveja,
Tropas em armas avançam,

São tantos heróis enfrentando os japoneses...
Defendemos a China, defendemos o rio Amarelo,
Defendemos as montanhas chinesas, defendemos a China.

XINRAN: Seus filhos também cantam essas músicas?
CHANGZHENG: Não, nunca as aprenderam direito.
XINRAN: O senhor diz que as coisas eram difíceis no passado. Sua geração sofreu muito. Qual foi o pior sofrimento? E aquilo que mais lhe deu prazer?
CHANGZHENG: E *como* foi difícil, mas foi pelo nosso país. O Partido e a China cuidaram bem de nós. Veja, quando a República Popular foi instalada, participei da cerimônia. Todo ano, no Festival da Primavera, vou ao Grande Salão do Povo. Fui entrevistado por repórteres de outros países e por pessoas do Museu do Exército. Uns repórteres canadenses apareceram aqui para uma entrevista. Eles me disseram: "O senhor não pode ir ao Canadá, mas sua foto pode".
XINRAN: Suas canções também irão a muitos lugares do mundo, e todos poderão ler o que dizem as letras das músicas que o senhor acabou de cantar.
CHANGZHENG: Que pena que não possam me escutar cantá-las.
XINRAN: Se o senhor pudesse viver sua vida de novo, como a viveria? Escolheria ter a mesma vida?
CHANGZHENG: Claro.
XINRAN: Continuaria escolhendo seguir o Partido Comunista e sofrer todas aquelas privações?
CHANGZHENG: Ha! Se soubesse antes, claro que não. Mas, se não tivéssemos passado por tudo aquilo, haveria paz hoje? Lutamos dia após dia, então é claro que todos sofremos. Mas graças a nós a China parou de guerrear, de modo que o sofrimento valeu a pena. Do contrário, nossos filhos e netos passariam de novo pelo que passamos quando crianças. A China se desenvolveu e mudou enormemente; o tipo de desenvolvimento que jamais tivemos antes.
XINRAN: Como o senhor sabe que a China mudou tanto?
CHANGZHENG: Gosto de acompanhar as notícias, assisto ao noticiário da televisão, leio a revista do Partido, *Qiushi*, e os jornais — *Worker News*, *Diário do Povo*, *Beijing News*, *Beijing Times* e *World of the Elderly*. Minha vista é boa, consigo ler perfeitamente as letrinhas pequenas. O que mais gosto é a *Qiushi*.
XINRAN: Por quê?

CHANGZHENG: Porque é publicada pelo Comitê Central e fala de muitos temas.

XINRAN: O senhor contou a seus filhos e netos as histórias de quando era jovem?

CHANGZHENG: Sim, contei. Eles conhecem a maioria delas. Meus filhos e netos vêm me ver aos sábados e domingos. Minhas crianças todas sabem como se comportar direito.

XINRAN: Que tipo de gente o senhor gostaria que fossem no futuro?

CHANGZHENG: Bem, depende dos talentos de cada um.

XINRAN: O senhor está com noventa anos. Ainda tem desejos irrealizados?

CHANGZHENG: Noventa anos... Não, não tenho desejos irrealizados. Minha saúde é muito boa e todas as manhãs saio para fazer exercícios e outras coisas, todo mundo diz que facilmente vou passar dos cem.

XINRAN: Se tivesse tempo e energia, o que o senhor mais gostaria de fazer hoje?

CHANGZHENG: Manter a forma. Todos os dias, ao sair, pego minha bengala de cabeça de dragão, que ganhei no Grande Salão do Povo. Ando pelo menos 5 mil passos diariamente, o que dá 50 mil passos a cada dez dias. Não estou contando vantagem. É para ficar em forma de verdade, viver um pouco mais, ver a China mudar. São coisas que me farão ainda mais feliz. Vou dormir às nove da noite, levanto às seis e tomo meu café. Depois de comer, saio para fazer meus exercícios e minha caminhada. Contei a um repórter da Associação para a Amizade China-Japão: "Andei 25 mil *li* na Longa Marcha e agora já caminhei outra Longa Marcha de 25 mil *li*".

XINRAN: O senhor sabe onde está sua neta Yanyan?

CHANGZHENG: Não tenho bem certeza. Às vezes ela me escreve.

XINRAN: Ela está na Inglaterra.

CHANGZHENG: Ouvi dizer, mas não sei nada mais. A avó se mantém a par do que ela está fazendo, eu não.

XINRAN: O senhor contou que viu o presidente Mao. Sabia que muitas pessoas estão dizendo que ele cometeu erros? O senhor concorda?

CHANGZHENG: Posso lhe dizer que o presidente Mao era um homem com a mente muito aberta. Quando estávamos trabalhando na lavoura, ele também plantava. Quando cuidávamos dos nossos vegetais, vimos o presidente Mao fazendo o mesmo. Pense nisso... um presidente, cuidando da lavoura como qualquer outro camponês. Mas ele de fato foi negligente com algumas coisas. Nem mesmo ficou atento à esposa, Jiang Qing. Ele costumava dizer: "As mulheres são como o clima — não podem ser controladas". Mas era um homem excepcional.

XINRAN: Os funcionários, hoje em dia, são como antes?

CHANGZHENG: Claro que não, não são nem um pouco como eram os de antigamente. Todo dia a gente vê isso no noticiário. Hoje, os oficiais nada fazem além de "comer, tirar, extorquir e pedir". No passado, fossem altos funcionários ou oficiais comuns, eles seriam punidos se fizessem algo errado.

XINRAN: Eram tão corruptos naquele tempo quanto hoje?

CHANGZHENG: Muito poucos eram. Acho que é porque agora não têm muito com que se preocupar e têm um bom padrão de vida. Alguns funcionários adotam uma atitude errada em relação a suas funções — fazem muito pouco e se acham muito bons. Comem e bebem até cansar em banquetes gigantescos — não consigo me acostumar com isso. Pediram-me para dar uma palestra na Universidade de Shanghai e, depois, me convidaram para um jantar. Falei: "Não vou comer a comida de vocês. Quando estava na Longa Marcha, comíamos raízes e couro, e foi sobre essas privações e batalhas que falei aqui hoje. Se agora aceitar esse banquete, nenhuma das minhas histórias significará alguma coisa, não é?!".

XINRAN: Quantos sobreviventes da Longa Marcha com sua idade ainda existem no mundo?

CHANGZHENG: Se você somar os de todos os vilarejos e cidades da China, calcula-se que só sobraram uns 2 mil de nós, no total.

Acompanhei-o até o quarto ao lado, onde ele ia descansar. A esposa de Changzheng observou as mãos do marido segurando a bengala de cabeça de dragão e me disse: "Essa bengala tem rádio e alarme — tem tudo. Ele a ganhou numa cerimônia no Grande Salão do Povo. Sua vida não foi fácil. Acho que você viu os pés dele. Tantas cicatrizes — todas da Longa Marcha. Sua vida não foi fácil, nada fácil". Então ela se sentou para conversar comigo.

XINRAN: Ele acabou de me contar como a senhora cuida bem dele. A senhora é responsável pelas principais tarefas da casa, certo?

ESPOSA DE CHANGZHENG: Sim, faço tudo sozinha aqui em casa, mantenho tudo arrumado, não preciso da ajuda de ninguém.

XINRAN: Posso lhe perguntar quantos anos a senhora tem?

ESPOSA DE CHANGZHENG: Tenho 77. Sou treze anos mais nova que ele. Casamos quando estávamos no Exército. Eu também era soldado. Foi em 1947.

XINRAN: Gostaria de saber, se possível, como a senhora conheceu seu marido.

ESPOSA DE CHANGZHENG: Eram tempos difíceis. As camaradas mulheres que não tinham estudo, como eu, não podiam pensar nessas coisas, de modo que nossos superiores achavam nossos pares para nós! Pense só nisso — uma diferença de treze anos.

XINRAN: E o que a senhora sentiu quando o viu pela primeira vez?

ESPOSA DE CHANGZHENG: Não importava o que eu pensasse, tínhamos de fazer o que os superiores mandavam.

XINRAN: A senhora tinha namorado na época?

ESPOSA DE CHANGZHENG: Não.

XINRAN: Não?

ESPOSA DE CHANGZHENG: Bem, a disciplina no Exército era muito severa, de modo que não havia nada desse tipo. Éramos da unidade de veículos, sempre em trânsito e muito ocupados.

XINRAN: Onde a senhora se alistou?

ESPOSA DE CHANGZHENG: Em Jilin, onde minha família vivia.

XINRAN: Em 1947?

ESPOSA DE CHANGZHENG: Éramos uma família muito pobre. Meu pai, a cunhada e a irmã mais velha dele se alistaram. Depois disso, ele me falou: "Guying, você também vai. A vantagem é que eles nos dão as refeições". Minha avó discordou. Ela disse: "Você já deve ter visto como a vida dos soldados é difícil. Não é para moças! Se todos vocês se alistarem e o KMT atacar, toda a família morre!". Minha mãe também não queria que eu fosse. Mas fui mesmo assim. Não fazia muito tempo que estava no Exército quando meu superior me apresentou ao meu marido. No começo não gostei muito, pois não entendia o que ele falava.

XINRAN: Quantas pessoas da sua faixa de idade se alistaram pelas mesmas razões?

ESPOSA DE CHANGZHENG: Várias. Mas faziam uma seleção muito criteriosa antigamente. Não deixavam entrar quem fosse de família rica. Eu havia feito seis anos de escola primária no nordeste, mas aí os demônios japoneses atacaram e não pude continuar estudando. Tornar-me soldado era uma outra maneira de sair de casa, não é? Pois foi assim que fui embora do meu vilarejo.

XINRAN: O que fazem seus cinco filhos?

ESPOSA DE CHANGZHENG: Minha filha mais velha trabalhava na Lubrificantes Grande Muralha, mas agora está aposentada. A segunda filha serviu o Exército durante 21 anos; ainda é médica em Sichuan. O outro, igualmente aposentado agora, também trabalhou na fábrica de lubrificantes. A quarta, depois de ter vivido numa comuna durante a Revolução Cultural, está até hoje no Hospital de Beijing. O mais novo também se tornou membro de uma comuna. Nenhum deles foi rebelde, como os filhos de outras famílias, são todos gente decente. Quando eram pequenos, não me deram preocupação. Eu trabalhava fora e ainda os criava. Como era uma oficial do Exército, pude ter uma babá. Mais tarde, a gente tinha permissão para levar as crianças para o trabalho. Em 1955, com excesso de pessoal no Exército e o país enfrentando dificuldades econômicas, houve cortes e fui dispensada. Não podia mais ter uma babá, então passei a cuidar das crianças.

XINRAN: A que benefícios a senhora tem direito hoje?

ESPOSA DE CHANGZHENG: Recebo do Departamento Nacional de Administração Civil, mas é meio complicado. Depois que deixei meu posto, realizei o que se chama de "trabalho de apoio aos dependentes do Exército" durante 25 anos, mas nunca ganhei um *fen* por isso, exceto nos dois últimos anos, quando me pagavam uma quantia pequena, 21 iuanes por mês. Dediquei a vida toda ao Exército e não recebi quase nada. O governo deveria dar emprego a ex-integrantes da força como eu. O Departamento Nacional de Administração Civil tem normas para os soldados desmobilizados, pagam a eles algumas centenas de iuanes mensalmente, mas ninguém sabe direito quando devo receber, de modo que estou sem renda no momento. Mas, de qualquer modo, temos a casa do meu marido e as crianças são muito boas conosco. Está tudo bem, não tenho do que reclamar.

Sou uma pessoa muito inquieta e, se quero fazer uma coisa, não me importa que vá dar trabalho. Os netos me ligam e dizem: "Vovó, arranje alguém para ajudá-la, eu pago". Mas ainda posso fazer tudo sozinha, não quero uma empregada. Faço as compras, cozinho e limpo eu mesma, contratar alguém não vai me poupar das preocupações.

XINRAN: Que tipo de criação a senhora deu aos seus filhos?

ESPOSA DE CHANGZHENG: Quando eu era criança, como éramos muito pobres, nunca tivemos agulha e linha, então nunca costurei. Mas, depois que tive meus filhos, passei a fazer isso também. Punha-os na cama e começava a trabalhar. Isso significava deixar tudo brilhando, varrer o chão, lavar... e costurar as roupas deles também. A cada inverno, a família toda precisava de duas mudas de roupa. Eu forrava as peças e ia fechando as costuras devagar. Quando ficavam prontas, e com tudo arrumado e limpo, ia dormir. Na noite seguinte, fazia tudo de novo. Não tirava a sesta como todo mundo. Não sabia usar a primeira máquina de costura que tivemos, mas tinha certeza de que podia aprender. Treinei usando pedaços de tecido, trapos velhos, e foi assim, com retalhos, que aprendi sozinha.

XINRAN: Há uma outra pergunta que gostaria de lhe fazer. Visitei muitos casais, mas foram poucos os maridos, como o seu, a expressar uma opinião tão positiva sobre as esposas. Então queria ouvir o que a senhora pensa sobre algumas coisas, considerando que a diferença de idade entre vocês dois é de treze anos. Quando envelhecem, as pessoas provavelmente pensam mais sobre o que aconteceu no passado, e quanto mais distante no tempo, mais fácil para elas é lembrar. Sobre qual parte da sua vida a senhora mais pensa? Sua infância, seus pais ou as dificuldades para criar os filhos?

ESPOSA DE CHANGZHENG: Não penso em nada, não tenho nenhuma opinião sobre isso.

XINRAN: Observando outras pessoas, ou olhando para os filhos, a senhora nunca pensa sobre sua mãe? Não pensa no tempo em que era pequena?

ESPOSA DE CHANGZHENG: Ah, sim, penso. Eu era a única menina na família, tinha dois irmãos mais velhos e um mais novo. Quando entrei para o Exército, as moças podiam ganhar algum dinheiro fazendo limpeza. Economizei e comprei coisas para dar a eles quando voltei para casa. A coisa de que mais me ressinto é minha mãe não ter vivido o suficiente para desfrutar nossa boa sorte. Vivemos bem agora, mas ela não está aqui. Penso muito nela.

XINRAN: Qual foi a última vez que a viu?

ESPOSA DE CHANGZHENG: A última vez foi quando ela tinha 83 anos. Morreu logo depois. Não suporto pensar nisso. Meu marido estava no Exército e tínhamos melhorado de vida. Queria que ela viesse morar conosco, mas ela não quis. Dizia que era muito antiquada: como tinha um filho, não era certo ir morar na casa da filha. Minha mãe tinha seus princípios e não queria incomodar. Meu pai trabalhava nas ferrovias e podia viajar de graça, de modo que sempre vinha nos ver, e minha mãe apareceu algumas vezes para resgatá-lo e levá-lo para casa. Mas, toda vez, mal chegava, já ia embora com ele. Mais tarde, ele ficou muito velho e se aposentou e eles não vieram mais.

XINRAN: A senhora alguma vez soube como eles se conheceram?

ESPOSA DE CHANGZHENG: Naquele tempo, era tudo arranjado pelos pais. Foram os velhos que juntaram os dois — nunca tinham se visto antes do casamento. Quando minha mãe falava sobre isso, às vezes, era sempre contra esse jeito de fazer as coisas.

XINRAN: A senhora ajudava sua mãe quando era criança? Como?

ESPOSA DE CHANGZHENG: Cozinhando, fazendo enchimentos e capas para acolchoados, lavando, esse tipo de coisa. Estava sempre cansada, sempre bocejando. Meu pai dizia: "Sempre cansada desse jeito, você nunca vai terminar esse acolchoado. E se não terminar, com o que vamos nos cobrir à noite?". Eu não dava atenção, continuava trabalhando bem devagar. Tinha tão pouco para comer quando era criança que estava sempre com fome, e por isso ficava tão cansada. Então minha mãe desistiu e disse que eu podia ir e me tornar um soldado, salvar minha vida. Na minha casa era assim.

XINRAN: A senhora alguma vez conversou com seus filhos sobre como era antigamente?

ESPOSA DE CHANGZHENG: Não, não conversei.

XINRAN: Por que não?

ESPOSA DE CHANGZHENG: Porque isso me deixa muito triste. Além disso, meus filhos nunca desperdiçaram dinheiro ou comida como fazem os filhos de outras pessoas. São bons meninos e nunca foram motivo de preocupação.

XINRAN: Se alguém lhe perguntasse qual foi a época mais difícil da sua vida, o que a senhora diria?

ESPOSA DE CHANGZHENG: A pior época foi quando morava com meus pais, antes de entrar para o Exército. Para poder frequentar a escola, eu tinha de ir para a lavoura na hora mais quente do dia, em pleno verão. Não queria ir. Minha mãe falou: "Você vai fazer isso para poder ir à escola, não vai?". Então fui. Naquele tempo, os meninos iam à escola, mas ninguém se preocupava com as meninas. Minha mãe era uma mulher de valor, criava porcos e os vendia, e mantinha umas galinhas. Lembro que quando era criança, antes da Liberação, havia os saqueadores, terríveis, morríamos de medo. Vivíamos numa pequena casa e eles tentaram entrar. A porta estava fechada e, no meio da noite, eles a forçaram, foi bem assustador. Éramos tão pobres então que nem ao menos podíamos comer bolinhos no Ano-Novo. Lembro, ainda criança, que os demônios japoneses vieram e mataram o gado. Penduraram as carcaças, que ficaram cobertas de moscas, mas ainda assim algumas pessoas comeram os restos de carne. Se porcos e galinhas morriam, ninguém se importava e também os comia; se não fizesse isso, a gente passava fome.

XINRAN: Seu marido nos contou as privações pelas quais passou. Alguma vez ele conversou com a senhora sobre isso?

ESPOSA DE CHANGZHENG: Às vezes fala sobre a Longa Marcha. Na verdade, ele não precisa dizer nada — basta ver seus pés, suas unhas. As veias são totalmente pretas e as unhas, grossas, de tanto caminhar. Também fui soldado, então sei pelo que ele passou, e foi tudo pelo país.

XINRAN: A senhora acha que valeu a pena essa entrega durante tantos anos?

ESPOSA DE CHANGZHENG: Ah, sim. Se aquela geração não tivesse feito o sacrifício, e ainda tivéssemos sobre nossas costas aquilo que o presidente Mao chamava de "os Três Grandes Montes", feudalismo, imperialismo e o KMT, onde estaríamos hoje? Definitivamente acho que valeu a pena.

XINRAN: A senhora considera que os jovens de hoje entendem o que sua geração fez e pelo que passou?

ESPOSA DE CHANGZHENG: Alguns sim, mas outros não.

XINRAN: Há mais alguma coisa que a senhora gostaria de contar? Se tivesse outra vez a vida pela frente, ainda formaria uma família com o senhor Changzheng?

ESPOSA DE CHANGZHENG: Meu velho é um bom homem. Nunca brigamos por nada, nos damos muito bem. Só discutimos uma vez. Foi em Guangxi, quando o escritório dele era em casa. Nossa filha mais velha se desentendeu com uma amiga e ele começou a gritar com ela, mas não deixei. Só aquela vez brigamos, nunca mais aconteceu. Eu devia ter uns 22 anos. Em 1997, fizemos cinquenta anos de casados, e no próximo ano serão as bodas de diamante. É difícil acreditar que estamos juntos há sessenta anos.

XINRAN: Ele ainda tem as bochechas rosadas, uma boa voz e um coração forte. Mérito seu.

Não consegui encontrar ali as respostas às minhas perguntas sobre a Longa Marcha. Com sorte, se essas pessoas sobreviverem até o dia em que haja verdadeira liberdade de expressão na China, então talvez possamos comprovar ou não algumas dessas histórias do passado. Mas talvez já fosse tarde demais: os velhos tinham levado com eles a "verdade sobre ontem" e isso era mais uma perda para o povo chinês.

A "Longa Marcha matrimonial" daqueles dois soldados do Exército Vermelho, no entanto, era um sucesso que me fez ir adiante.

9. Depois de perseguições e adversidades, um tempo abençoado: a mulher general nascida nos Estados Unidos

Chicago, 1933.

Com a general Phoebe e seu marido Louis, Beijing, 2006.

GENERAL PHOEBE, uma oficial nascida em 1930, e seu marido, Louis, ex-secretário do prefeito de Shanghai, entrevistados na capital, Beijing. A general Phoebe nasceu em Columbus, Ohio, e voltou para a China com os pais, ambos acadêmicos, antes da guerra com os japoneses. Entrou para o Exército de Libertação do Povo, em 1949, como instrutora do Instituto de Línguas Estrangeiras e membro de uma unidade secreta para "relações internacionais". Foi presidente do instituto antes de se aposentar. Seu segundo casamento, com Louis, que ela conhecera anos antes, se concretizou depois que os dois trocaram 160 cartas de amor, que mais tarde foram publicadas como exemplo de uma relação perfeita. O casal se vê como parte da "mais privilegiada das gerações".

No século xx, a China passou pelo caos da guerra e do dissenso político, o que levou o país e seu povo, depois de quase cem anos dessa experiência, à exaustão, e sua infraestrutura, à beira da paralisia. Em 1981, um grupo de economistas internacionalmente conhecidos previu, numa publicação do governo chinês, que levaria pelo menos um século para que a China superasse sua pobreza. A previsão atraiu considerável atenção: feriu a autoestima chinesa e provocou profunda indignação popular, despertando a reflexão séria e o trabalho duro há muito dormentes nas ações de governo. Digo isso porque não foram precisos trinta anos, a partir daquele momento, para que o país se alçasse à posição de superpotência emergente, com isso arrastando para si os olhares do mundo.

De onde veio esse entusiasmo? Alguns dizem que foram os camponeses, até então irremediavelmente atrelados ao cultivo primitivo, que alimentaram as aspirações políticas da China. Presos à terra por gerações, puderam migrar para as cidades graças às reformas de Deng Xiaoping. A mão de obra barata ajudou a derrubar os rígidos constrangimentos da economia planificada. No processo, uma elite acostumada a "banquetes no céu" foi "reeducada".

Outros dizem que o Exército e os acadêmicos ressurgiram para redimir a sociedade chinesa, imobilizada pelas mortais lutas internas de poder. Outros, ainda, reparam na ascensão de um novo e historicamente determinado período na China, que seria parte indissociável dos ciclos dinásticos. Há também quem veja esse período como um novo ramo que cresce do tronco da grande civilização chinesa. E, finalmente, os que afirmam ser apenas um repique depois de anos de miséria extrema.

Mas, na minha opinião, o entusiasmo é resultado da acumulação de autoestima, sabedoria e extrema bravura, cultivadas ao longo de 5 mil anos de civilização por uma gente que aprendeu o que significa felicidade e como alcançá-la.

Nos meus anos de formação, conheci uma mulher que havia transformado adversidade em determinação, indignação em esporte, dedicação em responsabilidade e as vicissitudes da vida nos fragmentos de cores brilhantes de um caleidoscópio.

Um ano atrás, conversando pelo telefone sobre como cada uma de nós se sentia em relação à China atual, mencionei o projeto deste livro e que chegava, naquele momento, à fase final de entrevistas. "Venha nos visitar", ela disse, entusiasmada. "Venha escutar as histórias de uma dupla de velhinhos da mais privilegiada das gerações."

A "mais privilegiada das gerações"?

Pelo que sabia dela, e julgando por padrões normais, ela fora privilegiada em muitos sentidos, mas também sofrera a dor de muitas injustiças, o que dificilmente a tornaria parte de uma "geração privilegiada".

Nas entrevistas que fiz em minhas viagens pela China, as pessoas me contaram sobre seu orgulho, vi que estavam confiantes e senti sua autoestima, mas até ali nada ouvira sobre a "mais privilegiada das gerações". Na verdade, poucos de meus entrevistados haviam usado a palavra "privilegiado" ao falarem de si mesmos.

Minha amiga ocupa uma posição importante, de modo que eu precisava evitar a suspeita de que estava atrás de informações confidenciais. A seguir, a história dela, numa versão editada dos artigos escritos por Xueneng Tu, repórter especializado em assuntos militares, para o jornal on-line *Keji-Ri Bao*, em julho de 2002.

Primavera de 1996, Estados Unidos.

Um carro modelo sedan acelerava na estrada de Maryland a Columbus, Ohio, Estados Unidos. Nele ia a mulher general; a filha, Lan, estava ao volante. Seu destino: o lugar onde a oficial nascera, 66 anos atrás.

Assim que o carro estacionou, a general agilmente desembarcou e parou nos degraus de entrada da maternidade. Uma brisa lhe soprava o rosto e ondulava algumas mechas de cabelo. Ela não aparentava ter mais de sessenta anos, com sua postura ereta e seus movimentos ágeis. "Foi mesmo há 66 anos?!" O rosto da responsável pela visita à maternidade traía intensa emoção. Quando ouviu que aquelas pessoas haviam viajado meio mundo para ver o local de nascimento da velha senhora, ficou muito surpresa.

"É, faz 66 anos", sorriu a general, num autêntico e arrastado sotaque americano, contemplando o hospital diante dela.

Uma pasta recheada lhe foi entregue. Na primeira página, a marca de um pezinho em vermelho provocou forte impressão. "Nossa, é incrível!" Agora era sua vez de mostrar admiração, sentimento que se fez acompanhar de uma profunda gratidão.

O arquivo sobre a chinesinha nascida ali 66 anos antes era surpreendentemente abarcador. A funcionária do hospital as conduziu até a ala onde havia o registro de sua primeira mamada — o quarto ainda servia como uma das alas da maternidade e exalava um cheiro adocicado de leite.

A data era 28 de dezembro de 1930. Quando a futura general veio à luz nesse cantinho do mundo, seu pai lhe deu o belo nome de Phoebe, a deusa grega da Lua, "aquela que brilha", e a aspiração dele era que a filha, como o brilho do luar, irradiasse aconchego e felicidade a todos a seu redor.

Num dia de outono, três anos mais tarde, ela retornou à China com seus pais ilustres. O pai, doutor em psicologia nos Estados Unidos, foi nomeado pelo governo professor da Escola Central de Política de Nanjing. A mãe a matriculou numa escola primária administrada por americanos, na qual ela se saiu excepcionalmente bem. Ao completar a primeira série, ouviu do professor: "No próximo ano, você vai direto para a terceira".

Aí veio o incidente da ponte Marco Polo, em 7 de julho de 1937, que consolidou a invasão japonesa, e de um dia para o outro tudo mudou. Com a ocupação de Nanjing, a família de Phoebe pegou a estrada, junto com milhares de outras famílias chinesas, formando uma triste e interminável procissão de refugiados, constantemente se mudando em busca de segurança. Primeiro, foram a Changsha, mas mal tiveram tempo de se familiarizar com a nova casa e precisaram fugir para a pequena vila de Zhijiang Xian, no oeste da província de Hunan. Não muito depois, tomaram um barco até Chongqing. Na fuga, não importava onde estivessem ou as dificuldades de sobrevivência, Phoebe nunca deixou de estudar. Cursou o primário em sete escolas diferentes.

Seis anos de ginásio e ensino médio se seguiram, e Phoebe novamente pulando de uma escola a outra em cinco lugares diferentes. O primeiro ano do ginásio em Chongqing seguido de um período na província de Fujian; o segundo ano em Nanping; o terceiro em Jianyang; e o primeiro do ensino médio em Jian'ou. Com a vitória da resistência contra o Japão, a família fez o tão esperado caminho de volta a Shanghai, onde Phoebe continuou o terceiro ano.

Na primavera de 1947, a futura general entrou para o Departamento de Línguas Estrangeiras da Universidade de Fudan, em Shanghai. Estudante dedicada e conhecida por seu entusiasmo com a política, ela se filiou ao Partido Comunista Chinês aos dezoito anos e se atirou de corpo e alma na luta pela Liberação travada em Shanghai.

Antes do recrutamento do Exército de Libertação do Povo do ano de 1955, quase nenhuma mulher soldado era alocada em funções de combate — trocavam o vestido por um uniforme, mas não recebiam patente militar. O mesmo aconteceu com Phoebe; porém, em reconhecimento a seu histórico e habilidades profissionais, foi autorizada a ficar na função de professora do Instituto de Línguas Estrangeiras, administrado pelo ELP. Cinco anos depois, tornou-se a mais jovem mulher a dirigir a seção de ensino e pesquisa de uma escola militar.

Em 1983, Phoebe foi promovida ao cargo de vice-diretora do departamento de treinamento do instituto. Ao receber do presidente da entidade a notícia da promoção, antes de seu anúncio público, quis argumentar. "O senhor deve estar brincando!", reagiu. Quatro anos mais tarde, outro inesperado "feliz acontecimento" a apanhou de surpresa, ao ser informada de que seus superiores queriam promovê-la a vice-presidente do instituto. Ela riu e soltou a mesma tirada: "Vocês devem estar brincando!". Foi o impulso de modernização dos militares que elevou a general Phoebe a postos dessa importância. Ela acredita que a chave para o aprendizado de línguas está no ambiente linguístico: se o ensino de idiomas estrangeiros não for aberto ao intercâmbio cultural, não funciona. Ela lutou para ampliar e fortalecer programas de intercâmbio, pelo aumento do número de estudantes chineses patrocinados pelo governo no exterior e por mais investimento em professores e material didático.

A general Phoebe é uma educadora do primeiro time, com dez coleções de livros editadas, incluindo *The English Language Reading Course*, que se tornou um guia largamente utilizado em todo o país no ensino avançado de inglês e recebeu do Instituto do Exército de Libertação do Povo o primeiro prêmio em excelência educacional.

Por quase meio século de vida, Phoebe foi entusiasticamente devotada ao ensino. Dedicou-se aos alunos e, em troca, conquistou seu amor e admiração. Ao final de cada ano, eram três dias festivos em sequência — o Natal em 25 de dezembro, o aniversário dela, no dia 28, e o Ano-Novo, em 1º de janeiro. Cartões lindamente decorados choviam sobre ela como confete e, à medida que a general reconhecia os nomes e lia suas calorosas mensagens, muitas vezes se comovia até as lágrimas.

Em setembro de 1988, a Comissão Militar Presidente Deng Xiaoping a promoveu à patente de brigadeiro.

Em 27 de julho de 1984, o primeiro marido da general Phoebe morreu. Abalada, depois de 28 anos de uma relação cheia de afeto, sua dor era indizível. No caminho de volta de Luoyang a Beijing, ela exortou a si mesma: preciso ser forte, preciso ser forte. Dizia consigo que, quando encontrasse seus superiores e camaradas, não devia chorar de jeito nenhum. E, quando vieram visitá-la, ela de fato mordeu o lábio e se segurou. Porém, assim que todos saíram e ficou apenas ela, quando olhou para a sala vazia e lembrou das conversas e risadas que compartilhara com Mei Xiaoda, agora coisas do passado, ela chorou lágrimas de amargura.

Depois de quase dez anos de viuvez respeitosa, a general reviu por acaso, num reencontro de soldados, um velho amigo de escola, Louis [Lu Yi]. Quarenta anos antes, ela havia liderado um grupo de estudos na Universidade Popular do Norte da China, do qual participavam seu falecido marido e Louis, com quem ela agora é casada. Louis foi dispensado do Exército por razões médicas, em 1952, e alocado num emprego em Shanghai. Quando se reencontraram, os dois eram viúvos.

O dia 15 de novembro de 1992 é uma data a ser lembrada por ambos, Louis e a general Phoebe. Marca o florescimento de uma amizade que, durante dois anos, motivou uma troca de cartas de Luoyang a Shanghai entre os dois velhos camaradas.

Um ano tem 52 semanas e, com uma carta por semana, cada um chegou a enviar 52 cartas por ano. Mais de cem no total, ou mais de duzentas, os dois somados, em dois anos. A general e Louis trocaram mais de duzentas dessas cartas... "Quando um casal tira a sorte grande de um encontro desses, casual, e floresce uma intimidade verdadeira, um começa a sentir falta do outro se estão longe." Cada uma daquelas cartas transbordava de planos e ideais, cada palavra a expressar sentimentos sinceros e verdadeiros. O resultado das mais de duas centenas delas, e mais alguns encontros, foi que Phoebe e Louis se casaram. No final de 1993, a mulher general se tornou novamente uma noiva em Beijing.

A vida de casados tem sido boa. Dá para dizer o quanto são felizes pelo cartão conjunto que distribuem: "Buscamos a perfeição de caráter. Nossos corações sempre jovens. Nossos corpos ainda saudáveis. Com luz no coração encaramos nossa velhice".

Em setembro de 2006, visitei a Vila dos Oficiais, em Beijing, para ouvir a história dessa "velha senhora da mais privilegiada das gerações". Não nos víamos havia bastante tempo, mas os sentimentos que compartilhávamos sobre a atual situação da China logo tomaram o lugar das amenidades. Mais tarde, ficamos as duas surpresas pela maneira sem reservas como enveredamos por uma profunda discussão. Ela disse com um sorriso que isso também era o resultado de um anseio por felicidade.

XINRAN: Tia, de todas as pessoas que entrevistei em vinte anos, a senhora é a que me conhece melhor. Por anos tenho me voltado para a senhora tentando aprender sobre a vida e a China. Todas as nossas conversas foram estimulantes para mim e, sob sua orientação cuidadosa, incorporei uma espécie de fé, que ecoa aquela da sua geração, no sacrifício feito por amor. Também acredito que a senhora entende o que estou fazendo e por quê. Estou convencida de que será nossa obrigação responder aos mais jovens caso aconteça uma ruptura entre gerações. Sinto que tenho uma responsabilidade pessoal nisso, que alguns poderão considerar ingênua ou risível. Quando os jovens de hoje envelhecerem, talvez sintam que foram uma geração perdida. Poderão nos culpar, mesmo sem entender por que fazem isso. Isso já aconteceu na história recente: muitos jovens chineses não acreditam que seus pais tiveram um passado de glórias nem reconhecem os valores que as gerações passadas tinham em alta conta, e podem chegar ao ponto de não encontrar meios para confirmar o que aconteceu a seus pais no passado.

Por exemplo, nos últimos anos, comprei todas as novas edições de livros de história chineses e descobri que oitenta por cento do material são relatos da história pré-1949 e só os vinte por cento restantes são dedicados ao que aconteceu depois. Os dez anos da Revolução Cultural quase não têm espaço nenhum, contemplados com apenas algumas linhas bastante vagas. Entendo que algumas verdades históricas podem evocar emoções dolorosas a alguns, mas é sobre fatos que falamos aqui. Não deveríamos nos apressar a julgar o passado como certo ou errado, mas é preciso conectá-lo ao presente.

Acredito que, para tomar forma e ganhar continuidade, a história é indissociável da formação social e familiar. A formação escolar é muito limitada, apenas o início do processo. O que estou tentando fazer é introduzir, numa sociedade que permaneceu congelada por milhares de anos, a discussão de novos temas, "jatos de água fresca", de modo a permitir a contrapartida dessas gerações que assistiram a mudanças dramáticas ao longo dos últimos cem anos; contracorrentes da história, da verdade, dos valores e crenças de uma outra era.

Passei muitos anos conversando com os mais velhos em diversas partes da China. Estive nas salas de estar de famílias com oito carros para três pessoas; estive em banheiros da zona rural com tantas larvas pelo chão que não havia onde pôr o pé; petisquei à mesa de famílias vivendo com alguns *jiao* per capita por dia; e bebi champanhe nos terraços de mansões à beira-mar. É assim que os chineses vivem hoje em dia, coexistindo numa sociedade multifacetada.

Como ser objetivo sobre este país, explicá-lo, analisar causas e efeitos? Gostaria de ouvir suas opiniões. E também gostaria de entrevistar seu marido, pois vocês vêm de ambientes sociais tão distintos — a senhora cresceu numa família de intelectuais influenciados pelo Ocidente; seu marido, num clã de comerciantes mais ao estilo confuciano. Ambos numa era de dramáticas transformações, e eu gostaria muito de saber o que têm em comum e no que são diferentes.

GENERAL PHOEBE: Isso não será problema. Ele não vai recusar, eu o conheço.

XINRAN: Tia, primeiramente gostaria de lhe perguntar sobre sua mãe.

GENERAL PHOEBE: É a pessoa de quem mais me lembro. Meu pai era o responsável por nossa única fonte de renda, e era quem tomava as decisões, mas minha mãe era o coração da família e fazia os planos. Há muitas histórias sobre a família dela. Seu pai pertencia à elite acadêmica de Hanzhou. Se você olhar para a árvore genealógica da família, vai ver que meu bisavô e seus descendentes foram todos destacados acadêmicos e professores, de modo que o estudo era uma tradição familiar. Quanto ao meu avô, teve a infelicidade de perder o pai muito cedo. A riqueza da família decaiu e, ainda muito criança, ele teve de se desfazer de muita coisa para se manter.

Ele e as irmãs mais novas tinham de se sustentar. Meu avô ganhou uma bolsa do governo para um curso de professor primário, que foi o que ele se tornou, enquanto minha tia-avó aprendeu a bordar e sobrevivia disso. Ela teve uma vida bem interessante. Quando tinha dezesseis anos, ainda durante a dinastia Qing, antes da instalação da República, foi contratada como empregada da família de um importante funcionário — seu cargo seria equivalente, hoje, ao de presidente da província de Zheijiang. Ela era muito bonita e se tornou uma das esposas do funcionário. Também era esperta, e teve filhos com ele. Então caiu o Império e veio a República, mas ela ainda era uma dama respeitável — a revolução não a afetara e, mesmo com a República, as propriedades da nobreza dinástica estavam protegidas. Ela não apenas manteve o status social, como ganhou mais liberdade. Usou seus contatos para se estabelecer, em Shanghai, com uma escola de ensino médio para meninas, que se chamou Escola de Ensino Médio Kunfan para Moças. Tornou-se uma educadora como o resto da família.

Meu avô materno, além de professor, virou um devotado cristão, mas se casou com uma devotada budista. As duas religiões coexistiram pacificamente na família. Quando minha mãe era pequena, meu avô a levava à igreja, aos domingos, e dali ela acompanhava a mãe ao templo budista para rezar e queimar incenso. De modo que as crianças cresceram sob influência das duas crenças. Esse tipo de situação nas famílias era, na verdade, resultado da maneira como a China mudara entre a dinastia Qing e a República. Em Shanghai, naquele tempo, o cristianismo era uma "moda estrangeira" — minha mãe e seus irmãos eram jovens e facilmente influenciáveis por novas tendências e ela se tornou cristã. Eram uma família muito ocidentalizada.

Meu avô teve três filhas em sequência, então o quarto bebê foi um menino e o quinto, outra menina. Ele decidiu que todas as filhas iriam para a universidade — fariam pelo menos a graduação. As três mais velhas estudaram economia, e todos se formaram. Na sala de estar da família havia quatro figuras usando chapéus de formatura em grandes fotografias penduradas uma ao lado da outra — minha tia mais velha, minha mãe, a terceira irmã e meu tio. A tia mais velha nasceu em 1905, num tempo em que muito pouca gente se formava na universidade. Ela, as irmãs e o irmão estavam entre os primeiros formandos. A tia mais nova cursou inglês, mas não numa faculdade. Meu avô gostaria que tivesse estudado e se formado, mas não tinha dinheiro suficiente, e ela jamais teve essa chance. Isso se tornou o arrependimento da vida dos meus avós. Eles realmente mereciam ter fotografado os cinco filhos com aqueles chapéus.

XINRAN: Fale-me sobre a família do seu pai.

GENERAL PHOEBE: Meu avô paterno era bastante ocidentalizado. Meu bisavô andava pela província de Anhui durante a Rebelião de Taiping, não sei exatamente onde esteve antes disso. Por ocasião da revolta, ele foi embora de Anhui e encontrou trabalho em Shanghai, mas não tinha boa saúde e morreu relativamente jovem.

Minha bisavó era de Suzhou e uma bordadeira talentosa. Suzhou era economicamente desenvolvida naquele tempo. Quando chegou a Shanghai, a única ambição dela era que os filhos estudassem inglês. Essa mulher, que tinha os pés atados segundo a tradição,* precisou alugar um carrinho de mão para circular pela cidade procurando uma escola que ensinasse inglês. Meu tio-avô se tornou um importante funcionário do Departamento de Impostos de Shanghai e meu avô, que não dominava tanto o inglês, montou uma firma de contabilidade na cidade.

Por tudo isso, minha família era um pouco diferente das dos meus colegas de escola. Havia muito poucos resquícios do feudalismo entre nós e, além

---

* A tradição das ataduras nos pés das meninas chinesas, que causam deformidades ósseas a ponto de lhes dificultar a locomoção, tem como propósito manter os pés pequenos — conforme um padrão de beleza feminina aceito do século X até o século XX, e ainda respeitado, mas em menor grau. (N. T.)

disso, Shanghai era uma cidade muito ocidentalizada, não apenas em termos religiosos, mas também, por ser portuária, quanto à cultura em geral, à comida e assim por diante. Meus avós gostavam da comida ocidental e desde pequena eu achava divertido acompanhá-los nessas refeições. Naquela época, conheci muitas famílias feudais, algumas muito ricas também, que eram bem mais retrógradas que a nossa. Meu pai frequentou a Universidade de Fudan e foi excelente aluno. Ele fez os exames de admissão para vários estudantes e os ajudou a garantir suas vagas...

XINRAN: E isso não era considerado fraude?

GENERAL PHOEBE: É da natureza humana, sempre haverá quem faça esse tipo de coisa. Um efeito colateral da bondade e da vontade de ajudar.

XINRAN: Como seus pais se conheceram?

GENERAL PHOEBE: A irmã do meu pai e minha mãe eram amigas, e minha tia os apresentou. Eles começaram a namorar, minha mãe se formou e em seguida meu pai ganhou uma bolsa para estudar nos Estados Unidos. Então, eles primeiro se casaram, depois partiram como estudantes internacionais.

XINRAN: Um tio do lado do meu pai fez a mesma coisa — foi aos Estados Unidos estudar com uma bolsa do governo nacionalista.

GENERAL PHOEBE: Sim, meu pai tinha essa bolsa do governo. A família ficou muito contente e completou o valor para que eles viajassem de primeira classe, uma lua de mel de um mês a bordo do navio. Nasci não muito depois que eles chegaram aos Estados Unidos. Minha mãe não pôde continuar os estudos de economia. Meu pai fez o mestrado em Harvard e seguiu para Utah, para o doutorado. Minha mãe fez um curso de educação infantil na mesma faculdade do meu pai, e fui o primeiro objeto de estudo dela, de modo que tive a melhor educação possível.

Realmente não consigo expressar o quanto ela me influenciou. Era uma mãe bem incomum, e todos nós, seus filhos, nos tornamos pessoas confiantes e otimistas. Havia respeito, não fomos crianças reprimidas.

XINRAN: E o que sua mãe fez depois disso?

GENERAL PHOEBE: Continuou sendo esposa e mãe, parindo outros filhos. Meus pais tinham uma ótima relação, muito harmoniosa e afetuosa, um pouco ocidentalizada também. Nós nos divertíamos muito, menos minha mãe, na verdade. Ela era uma mulher culta que sentia que seus talentos haviam se perdido por conta das obrigações familiares.

De fato, ela se incomodava muito com a administração da casa, cuidando e alimentando as crianças. A casa estava sempre bem decorada; mesmo quando moramos num barraco com paredes de reboco, como refugiados em Sichuan — nem papel de parede havia, na época, naquele lugar —, ela deu um jeito de decorar a casa. Comprou papel verde brilhante, recortou uns círculos e criou uma parede florida ao lado da mesa onde fazíamos as refeições. Algumas paredes eram cheias de flores, outras ganharam desenhos diferentes, e todo o ambiente parecia bem "ocidentalizado". Às vezes era difícil acreditar que morávamos num simples barraco! Eu adorava decorar as paredes com ela. Ela também fazia todas as minhas roupas. Quando era criança, eu adorava Shirley Temple. Minha mãe copiava tudo o que ela usava, de modo que nós, meninas, tínhamos diversos modelinhos Shirley Temple.

Ela costumava nos contar histórias — era muito boa nisso — de Balzac a Tarzan, e conseguia nos fazer chorar com elas. Cantava, tanto em inglês como em chinês, e era mesmo comovente. Era uma mulher tão inteligente, mas de fato só podia exibir essa inteligência e seus talentos nos limites do lar. Mais tarde, quando refleti sobre isso, dei-me conta de que ela não poderia ter sido feliz ali.

XINRAN: A senhora acha que ela foi infeliz a vida toda?

GENERAL PHOEBE: Ela pôde aproveitar mais depois da Liberação, dedicando-se às suas coisas. Ela e meu pai se amavam muito, e ele a entendeu e a apoiou. Os três mais velhos de cinco filhos começavam a sair de casa para trabalhar e estudar; minha mãe, que era muito culta, encontrou uma profissão e fazia seu trabalho extremamente bem. Trabalhou numa creche, num sistema de cooperativa e bem longe de casa — só podia voltar uma vez por semana. Então foi meu pai quem tomou conta da minha irmã e do meu irmão mais novos.

Esse pai era quase um completo desconhecido para mim. Quando eu era pequena, nem uma coisa simples como escovar meus cabelos meu pai fazia, mas cuidou dos dois mais novos, fazia tudo para eles! Ele costumava dizer "*sorry*" [em inglês] quando falava sobre o pouco que fez na criação dos mais velhos.

XINRAN: Deve ter compreendido, com a experiência de tomar conta dos seus irmãos caçulas, que mulher maravilhosa era a esposa.

GENERAL PHOEBE: É verdade. Minha mãe *era* uma mulher incrível. Seu maior triunfo foi nossa educação. Seu comportamento conosco era muito racional. Antes de sair de casa, não me dei conta de que ela era assim, mas ela chorou quando voltei para visitá-los. Quando parti, ela não deixou que eu notasse sua desolação. Mas nunca interferiu nas nossas vidas. Ainda muito pequenos já fazíamos nossas coisas. Ela era muito organizada e prezava o bom comportamento. Quando retornamos à China, trouxemos conosco uma prática muito interessante: eu costumava beber um copo de água gelada em todas as refeições, um hábito que adquirimos nos Estados Unidos. Anos mais tarde, meus irmãos mais novos ainda diziam, antes de começarmos a comer: "Quero um copo de água gelada, Phoebe", e eu enchia um copo para eles, que respondiam obrigado.

Minha mãe me apontava como o exemplo que ela queria que os mais novos seguissem. Ela nos preparou para enfrentar sozinhos as dificuldades, não as enfrentaria por nós. Hoje em dia, se uma garotinha cai, a mãe diz: "Que chão malvado!". Acho meio bobo, é como dizer que a culpa nunca é da criança. É preciso explicar a uma criança pequena por que ela caiu. Em 1935, minha mãe publicou um livro chamado *Seu bebê bonito e saudável*.

XINRAN: Em chinês ou em inglês?

GENERAL PHOEBE: Em chinês. Foi meu pai quem fez as ilustrações.

XINRAN: A que sua mãe se dedicou depois que se aposentou?

GENERAL PHOEBE: Depois da Liberação, ela começou a trabalhar na creche, enquanto meu pai ensinava psicologia na Universidade Normal do Leste da China. Então, o Instituto de Pesquisa Educacional de Beijing transferiu meu pai, como o resto da família, para a capital. Minha mãe foi obrigada a largar o emprego na creche; e morreu logo depois. Tinha 64 anos.

XINRAN: Tão jovem! Ela morreu do quê?

GENERAL PHOEBE: De uma hemorragia cerebral. Estava sob muita pressão. Era a época da Revolução Cultural. Os professores universitários eram tratados como animais, aguentavam os piores ataques. Os guardas vermelhos conduziam todos os professores e acadêmicos até o campo de esportes e os faziam se ajoelhar. Era demais para a minha mãe.

XINRAN: E seu pai?

GENERAL PHOEBE: Meu pai viveu até os 84 anos.

XINRAN: Ele sobreviveu à Revolução Cultural.

GENERAL PHOEBE: Sim, sobreviveu. Era psicólogo, e na China os psicólogos passaram por dificuldades. Ele havia retornado ao país para ajudar na luta contra os japoneses, mas já era difícil apenas sobreviver durante a Guerra Sino-Japonesa, quem iria se importar com psicólogos? Do ponto de vista acadêmico, ele sofreu enormes limitações. Depois da Liberação, a China estava sob influência dos soviéticos, que ignoravam a psicologia, de modo que meu pai não teve alternativa senão trabalhar em experimentos pavlovianos, isto é, voltado a questões fisiológicas. Mas foi somente cinquenta anos depois de seu retorno à China, durante as reformas que promoveram a abertura do país, quando ele já tinha mais de setenta anos e estava aposentado, que finalmente obteve reconhecimento acadêmico em sua área e se tornou muito famoso como psicólogo. Apesar da idade, concentrou todos os seus esforços no treinamento de pesquisadores nos níveis de mestrado e doutorado. De modo que os anos finais de sua vida foram muito agradáveis. Ele também lecionou na área de psicologia sexual, até então tabu na China.

XINRAN: Desculpe interrompê-la, mas sou uma autodidata no campo da psicologia de massas, e meus muitos anos trabalhando na mídia me mostraram que há uma sede pelo assunto entre os chineses. Para muitas teorias da psicologia ocidental, é bastante difícil encontrar aceitação na China por conta de distorções que por muito tempo vêm se desenvolvendo nesta sociedade. Mas o país precisa muito dessa ciência para ajudar a diminuir os atritos entre os diferentes elementos que aqui convivem. A psicologia sexual, em especial, é urgente na solução de enormes problemas.

GENERAL PHOEBE: Um pesquisador dessa área foi o último dos orientandos do meu pai, que lhe dizia: "O nível que você atingir em seus estudos será, certamente, o mais alto do país nessa área!".

XINRAN: Seu pai alguma vez discutiu com a senhora o futuro da psicologia na China?

GENERAL PHOEBE: Sim, discutiu. Ele sentia que, embora a China tivesse se desenvolvido muito rápido desde as reformas, e a psicologia fosse agora totalmente reconhecida, com muito mais gente interessada nos cursos da área, ainda ia demorar um bom tempo para chegarmos ao nível dos países desenvolvidos.

XINRAN: Como filha de um psicólogo, o trabalho dele a convenceu da importância dessa ciência para a sociedade chinesa?

GENERAL PHOEBE: Sem dúvida! Ele foi psicólogo e todos os seus cinco filhos chegaram ao ensino superior. Tornei-me professora de inglês; meu irmão estudou engenharia mecânica e, mais tarde, se dedicou à engenharia de equipamentos para deficientes; minha irmã é atriz de cinema; a mais nova é médica; meu irmão caçula trabalha com computadores. Meu pai era capaz de levar uma discussão sobre o campo profissional de cada um de nós, e quase sempre entendia mais do assunto.

Estudei línguas e tinha de admitir que ele sabia mais que eu. Frequentou uma escola primária administrada por ingleses em Shanghai, por isso seu inglês era extremamente competente. Leu uma porção de livros em línguas estrangeiras quando era jovem, o que tornou seu conhecimento do inglês muito mais profundo que o meu. Como fui para a escola durante a guerra, obviamente não tive a sólida formação dele.

Quando meu irmão começou a projetar os equipamentos para deficientes, uma ideia do meu pai teve grande influência sobre seu trabalho: ele dizia que o processo psicológico se convertia em processo fisiológico e este, em processo físico, de modo que, ao criar membros artificiais e aparatos eletrônicos e mecânicos, meu irmão pôde usar o mesmo princípio. Devo acrescentar que, àquela altura, ele era, nessa especialidade, o engenheiro de maior proeminência na China, mas meu pai ainda o superava.

XINRAN: Que impressões a senhora guarda mais fortemente da infância?

GENERAL PHOEBE: Minha infância foi bastante atípica, pois nasci nos Estados Unidos e lá vivi até o início da Guerra Sino-Japonesa. Meu chinês não era muito bom naquela época mas, quando retornamos à China e eu ouvia as pessoas dizerem que gostariam de me ver falando inglês, ficava assustada e não ousava dizer uma palavra. Falei para a minha mãe: "Será que eles pensam que eu sou uma boneca?". Eu era bem pequena.

Fui filha única até os seis anos. Embora minha mãe fosse uma educadora e fizesse de tudo para eu não ficar muito sozinha, em casa não tinha companhia, de modo que fiquei radiante quando uma prima veio nos visitar. Isso, claro, tinha muito a ver com a personalidade característica de uma criança solitária que adorava ter gente animada por perto: ainda que tivesse muitos amiguinhos na escola, em casa era só eu.

Meus irmãos mais novos, com diferenças de dois ou três anos entre eles, logo se enturmavam. Eu não fazia parte dos grupos porque era seis anos mais velha e, como minha mãe deliberadamente me destacou como modelo para eles, olhavam para mim mais do que nunca como uma adulta. Virou uma coisa meio ridícula — quando os pequenos choravam, não chamavam pelo pai ou pela mãe, mas pela irmã mais velha. Era assim lá em casa: eu era a Irmãzona.

Quando era pequena, meu pai era professor universitário e, antes da Guerra Sino-Japonesa, professores universitários viviam muito bem. Na volta à China, tínhamos em Hanzhou uma pequena casa que ocupava o terreno sozinha, no estilo ocidental, além de outra em Nanjing, e meu pai era conduzido ao trabalho num riquixá especial, do tipo que andava fazendo "clenc, clenc".

Mas nos tornamos refugiados com o início da guerra. Foi um baque para a nossa educação. Frequentei primeiro a Escola Americana, onde continuei quando chegamos a Lu Shan, mas dali partimos em fuga para dois lugares diferentes, um depois do outro, em Hunan. Fiz as contas: em seis anos de escola primária, passei por sete escolas, sem nunca ter me fixado em nenhuma. E simplesmente sobreviver foi ficando cada vez mais difícil à medida que avançávamos para o interior. Chegamos a morar em lugares muito distantes, como Chongqin, num tempo em que não havia a facilidade dos aviões, como hoje. A fuga para a segurança envolvia viagens complicadas.

Quando penso nisso, hoje, vejo que as dificuldades da infância foram de grande serventia para mim mais tarde. Nosso padrão de vida caiu dramaticamente com o início da guerra, e pudemos entender o que era a vida no campo. Vivíamos na periferia de Chongqing, no limite com a zona rural, vendo de perto a pobreza extrema das aldeias chinesas. Nunca experimentara nada assim — nem nos Estados Unidos, nem na cidade grande. Meus sentimentos em relação àquilo me afetaram fortemente — acho que, de algum modo, me sentia responsável. Sentia que nosso país era ruim, atrasado, pobre e permitia que estrangeiros nos abatessem. Então comecei a participar de várias ações de auxílio às vítimas da guerra, como a coleta de agasalhos no outono e coisas desse tipo.

Nossas vidas mudaram tanto, e foram mudanças que afetaram toda a nação. É por esse motivo que, até hoje, os mais velhos na China ainda remoem a raiva contra os crimes cometidos pelos japoneses setenta anos atrás. Ainda sinto esse ódio. O povo japonês praticou um grande mal contra os chineses.

Meu pai dava aulas em Nanjing naquele tempo e, quando tivemos de fugir, deixamos nossa casa aos cuidados de um puxador de riquixás. O braço dele foi decepado durante o Massacre de Nanjing, em dezembro de 1937. Ficamos muito tristes quando soubemos. Ele era completamente inocente, era só um trabalhador braçal, o que tinha feito de errado?

Sobre a Guerra Sino-Japonesa, nossa geração inteira, especialmente os muito pobres, dirá que experimentou na pele o horror. Até hoje, quando vejo a bandeira japonesa, me sinto mal; minha mente está repleta de imagens sangrentas que simplesmente não consigo esquecer, por estarem profundamente entranhadas em minha consciência.

Quando a guerra acabou, eu tinha quinze anos. Finalmente voltamos para Shanghai. Nosso padrão de vida era muito pior do que quando havíamos morado na cidade anteriormente. Embora meu pai fosse professor, éramos muito pobres. A inflação era terrível e acabamos como pedintes, nossa rotina diária, uma tristeza só. Eu estava no ensino médio e não tinha sapatos para ir à escola. Usava umas sandálias de palha — sapatos de pano eram um luxo.

Os aniversários, em nossa família, sempre foram muito animados, e um ano, no meu, minha mãe quis me dar um presente, mas não podia comprar nada. Então ela cortou um pedaço do pano de algodão azul do bolso de uma peça de roupa velha, desfiou os cantos e bordou algumas florezinhas em redor, usando linha vermelha. Sem esforço, seus dedos hábeis transformaram aquele pedaço de bolso num lindo lenço, um presente de aniversário do qual jamais esqueci.

A verdade é que ainda éramos vistos como privilegiados naqueles dias. Muitas, muitas pessoas viviam pior, para não mencionar as que morreram de fome.

Nossa pobreza teve grande impacto sobre mim. Eu me sentia inferior, mesmo frequentando uma escola de ensino médio bastante conhecida em Shanghai — ela se chamava Escola de Ensino Médio Xiangwen e era ligada ao Instituto Católico. Meus primos também iam para essa escola e estávamos no mesmo ano, mas me sentia inferior a eles em todos os sentidos — nas roupas, na comida que levava para o almoço. Mas tinha notas melhores que as deles, o que me consolava um pouco e era motivo de orgulho.

Morávamos na Universidade de Fudan, no bairro de Jiangwan, em Shanghai, e minha escola ficava bem longe, no centro, então me mudei para a casa da minha avó. Uma tia também morava ali, uma mulher bastante avançada que sempre conversava sobre ideias progressistas. Eu havia tido contato direto com a pobreza e visto o quanto nossa sociedade era injusta, de modo que era bastante receptiva à doutrinação dessa tia. Mas nos mantinham sob rígido controle na escola e éramos pouco incentivadas a ter iniciativa própria.

Depois que entrei na Universidade de Fudan, a atmosfera melhorou e os estudantes, ali, eram bastante ativos. Era exatamente como meu pai costumava contar de seus tempos na Universidade de Qinghua, quando ele e os colegas se tornaram militantes e consideravam os nacionalistas extremamente corruptos. Como nós, estudantes universitários, que, depois da vitória sobre os japoneses, sentíamos que o país acabara destruído pelo inimigo por causa da corrupção que assolava o governo. Primeiro, funcionários aproveitadores enviados a Chongqing pelo KMT para assumir no lugar dos japoneses tinham se apropriado de toda a riqueza usando a inflação galopante como desculpa. Quando eu estava na universidade, meu pai recebia o salário e tinha de correr às compras antes que os preços da comida e de outros itens de uso doméstico subissem e ele não pudesse mais comprá-los. Depois da vitória sobre o Japão, grandes quantidades de comida foram distribuídas, enlatados do Exército americano, aquelas latas verdes enormes com carne pronta para consumir. Gostávamos de comer aquele negócio e podíamos estocar as latas. Então minha mãe comprou muitas e, quando os preços subiram e outras pessoas passavam fome, ainda tínhamos carne. Corríamos para converter nossas economias em *silver dollars*,* pois eles mantinham o valor — tanto as moedas com a efígie de Yuan Shikai quanto aquelas em que aparecia a imagem de Sun Yat-sen. Quando meu irmão e eu ajudávamos meu pai com as compras, tínhamos de carregar muito peso, pois eram necessárias grandes sacolas de dinheiro. Era comum ver as pessoas carregando o dinheiro para as compras em sacos pendurados a apoios de ombro.

Em Shanghai, vi com meus próprios olhos gente morta de fome ou que tinha congelado de frio — era algo comum. Como poderia continuar com meus estudos? Simplesmente não conseguia. Alguns dos meus colegas na Universidade de Fudan vinham de famílias muito pobres, e muitos de nós protestamos nas ruas contra a fome. O Partido Comunista era muito forte então e todos liam os livros do presidente Mao clandestinamente. Procurávamos um meio de salvar a China, porque muitos começavam a se dar conta de que Chang Kai-shek era um inútil e não governava bem o país. Quando tinha dezoito anos, entrei para o braço clandestino do Partido na universidade.

---

* Ainda no século XIX, o Congresso dos Estados Unidos autorizou a emissão dessa variante do dólar, com o intuito de impulsionar o comércio com o Oriente, a China em especial. (N. T.)

XINRAN: O que a senhora estudou em Fudan?

GENERAL PHOEBE: Inglês. Mas os tempos eram tão turbulentos que praticamente não estudava. Os alunos estavam constantemente fazendo greves e envolvidos em outras atividades dentro e fora do campus. Estávamos todos num estado de grande ansiedade. O que faríamos do nosso país? Àquela altura, as regiões liberadas pelo Partido Comunista se expandiam, e muitos estudantes torciam para que também fôssemos liberados logo e, qualquer que fosse o governo a assumir, se encerrassem os combates e a economia pudesse voltar a funcionar.

Nossa geração teve bem pouca oportunidade de estudo. Como poderia aprender alguma coisa cursando a escola primária enquanto fugíamos? As escolas eram tão precariamente equipadas que jamais consegui abandonar o hábito de economizar papel. O papel não era tão branco quanto hoje, era um papel escuro, tipo reciclado, que chamávamos de "papel de cocô de cavalo". Rasgava quando tentávamos escrever nele a lápis e absorvia e espalhava a tinta se tentássemos escrever a caneta. Conseguir um lápis de qualidade era motivo de alegria. Quando vejo, hoje, as máquinas fotocopiadoras despejando folhas com apenas algumas palavras impressas de um lado só, e o outro em branco, isso me dói. Ainda mantenho o hábito de usar os cantos das folhas para anotações. É um costume que acho difícil mudar porque vivi outros tempos. Em termos materiais, estávamos sempre apertados, e pior, isso aconteceu numa época em que eu começava a me dar conta dessas coisas — dos doze ou treze anos até os dezessete ou dezoito.

XINRAN: Sei o que a senhora quer dizer com "hábitos". Não entendia antes, até a primeira vez que realizei uma entrevista numa pequena aldeia, Yuanyang, na província de Henan, em 1989. O vilarejo era muito pobre, conheci crianças que nunca tinham visto um brinquedo. Então peguei as folhas do meu caderno e fiz alguns origamis em forma de coelhinho de presente para elas. Quando, anos mais tarde, voltei lá...

GENERAL PHOEBE: Elas ainda tinham os coelhinhos.

XINRAN: Sim, tinham, junto com retratos do presidente Mao e da Deusa da Misericórdia. Fiz menção de pegar um dos coelhinhos ao falar da minha primeira visita, anos antes, e uma criança pequena me impediu, dizendo: "Não toque. Meu pai me contou que um visitante de muito longe um dia apareceu e nos deu isso". Chorei de emoção: para mim eram apenas brinquedos de papel que eu, casualmente, tinha feito para eles, mas, para toda uma geração de camponeses que jamais recebiam visitantes do mundo lá fora, e jamais haviam visto o mundo para além de sua aldeia também, significava muito, pois eles viviam num canto esquecido da China. Muitas crianças da zona rural nunca viram uma folha em branco e limpa, por isso, a partir dali, adquiri um novo hábito: recolher folhas usadas e transformá-las em blocos de todos os tamanhos e formatos para, quando fosse ao campo, dá-los às crianças. Concordo totalmente que, a menos que tenha experimentado e visto a pobreza com os próprios olhos, a gente não consegue entender o que é ser pobre e não sabe como ajudar.

GENERAL PHOEBE: Era assim em toda a China, naquele tempo — por isso aquela era a chamada velha sociedade — e nós nem estávamos entre os mais sacrificados.

XINRAN: E o que seus filhos pensam desse hábito de economizar papel?

GENERAL PHOEBE: Como pais, nossa referência para a criação dos filhos foi principalmente o Exército. Quando eles estavam na escola, íamos e voltávamos do trabalho duas vezes ao dia, de modo que pudéssemos estar juntos no café da manhã, no almoço e no jantar, repassando algumas coisas que precisavam ser ditas, e à noite ainda tínhamos de voltar para o trabalho. Não dispúnhamos de muito tempo para ficar com as crianças — na verdade não tínhamos muito tempo para nada naqueles dias — porque todo mundo andava muito ocupado no trabalho, parecia que era a coisa certa a fazer pelo país. Tínhamos apenas o domingo de folga, e só metade do dia. Tomávamos o banho da semana — que levava duas horas — e em seguida eu tinha de me reunir com os principais oficiais do departamento e organizar o trabalho da semana seguinte. Essas lembranças me doem profundamente, mas não dá para voltar no tempo. Hoje, as pessoas se preocupam demais com o trabalho e não têm tempo para família. Com um padrão de vida mais alto do que tínhamos, elas simplesmente entregam os filhos à escola ou arranjam quem cuide deles. É ainda pior para as crianças, que algumas vezes não veem os pais durante a semana toda. Realmente me preocupo com elas quando vejo isso acontecer. Essas crianças estão crescendo e precisam da família e dos pais de um jeito que jamais vão precisar novamente. Muita gente trabalha para ter uma vida melhor mas, quando consegue isso, descobre que no processo perdeu todos os bons momentos com os filhos e a família, e a correria toda perde o sentido e vira uma tragédia. A dor dessa perda nunca será compensada.

XINRAN: Nas entrevistas que fiz, quase todos os pais disseram sentir essa dor — isto é, não proporcionaram aos filhos a vida familiar e a relação de amor que deveriam ter proporcionado, nem atenderam às necessidades deles, e isso era o maior arrependimento de suas vidas. É alguma coisa que muitos da nossa geração ainda buscam. Alguns de nós até mesmo procuram por esse amor e esse aconchego no trabalho ou nos amigos. Quantas vezes sonhei que era de novo uma criança pequena e meus pais faziam festa para a sua filhinha...?

A expressão até ali serena da general Phoebe se desfez e, com ela, seu ar de autoconfiança e perspicácia. Seus olhos ficaram rasos d'água e ela engoliu em seco, como se engasgasse com o sofrimento que a tomava. Também fiquei angustiada — aflorava a lembrança dessa família e desse amor materno pelos quais eu ainda procurava — e ambas ficamos em silêncio por alguns momentos, dando o tempo necessário para amenizar a intensidade de nossas memórias.

XINRAN: Desculpe, tia.
GENERAL PHOEBE: Tudo bem, isso é excelente, pois mostra que não estamos completamente anestesiadas, que não perdemos nossa capacidade de sentir. Tínhamos poucas oportunidades para nos expressar verdadeiramente naquela vida que levávamos. Não se preocupe, está tudo bem, continue com as perguntas.
XINRAN: A senhora presenciou a Liberação de Shanghai? Ainda se lembra de algumas cenas daquele dia?
GENERAL PHOEBE: Foi uma época interessante. No dia 27 de maio de 1949, a cidade de Shanghai foi liberada. No dia 25 de maio, os soldados já haviam ocupado alguns pontos da periferia, de modo que, embora a cidade ainda não estivesse completamente tomada, na área onde vivíamos basicamente já ocorrera a Liberação.

Antes disso, em 25 de abril, no meio da noite, a polícia do Exército Nacionalista ocupou todas as universidades de Shanghai para prender elementos comunistas, como eram chamados. Primeiro, levaram todos os líderes estudantis para o refeitório e puseram espiões para circular entre eles e identificar membros do PCC, que foram então arrastados dali e atirados na prisão. Houve prisões em massa anteriores à Liberação. Nas universidades mais conhecidas, como Fudan, Tongzhi e Shanghai Jiaotong, grandes grupos de estudantes foram capturados e encarcerados. Como eu não morava no campus, nada me aconteceu, provavelmente nem estava na lista negra. Mas nosso bairro também foi invadido e subi no telhado com um vizinho para me esconder. Meus irmãos foram conferir se a polícia e o Exército estavam prendendo pessoas e se precisaríamos de um plano de fuga.

Depois das prisões em massa, não houve mais aulas na faculdade e o braço clandestino do Partido se tornou bastante ativo. Os membros da organização mantinham contato próximo e nossa tarefa era lutar pela Liberação e ir ao encontro dela quando chegasse a hora. Na clandestinidade, o Partido Comunista Chinês em Shanghai mobilizou todos os setores da sociedade — trabalhadores, camponeses e comerciantes —, com os trabalhadores à frente. Os estudantes eram uma força a se levar em conta também. Não tínhamos telefones na época, mas usávamos o Shanghai Park Hotel, então o prédio mais alto da cidade; hoje não se pode vê-lo, ficou minúsculo na multidão de arranha-céus. Combinamos um código: ao verem a sinalização branca do alto do prédio, todos se encaminhariam imediatamente para um local de reunião previamente acertado. Nosso trabalho era de propaganda, mas alguns de nós também atuávamos como vigilantes, tomando conta de locais estratégicos para a nossa cultura e dos arquivos nacionais.

No dia 24 de maio, Shanghai assistiu às cenas de uma farsa, pois o KMT havia organizado desfiles para celebrar a vitória de suas Forças Armadas, pondo as tropas na rua. Achamos aquilo muito engraçado e gritávamos para eles: "O fim de vocês está próximo! O que pensam que estão fazendo celebrando vitória?". Na verdade, eles tentavam disfarçar sua rendição.

XINRAN: Ouvi falar das paradas da vitória dos nacionalistas em Shanghai nessa época, às vésperas da Liberação, mas nunca consegui o relato de uma testemunha ocular. Entrevistei um velho morador da cidade que me contou a respeito, mas disse que as coisas andavam muito confusas por aqueles dias — todos diziam que o PCC estava prestes a tomar a cidade, mas eram os nacionalistas que ocupavam as ruas. Disse a ele que não podia ser verdade: se insistia que eram as tropas do KMT desfilando, e não os comunistas, como podia afirmar que fora o PCC a liberar Shanghai? Ele admitiu ter ficado muito confuso sobre o que aconteceu na época. Mas a senhora está me confirmando que o que ele contou era verdade.

GENERAL PHOEBE: Sim, no dia 24 as ruas estavam cheias de soldados nacionalistas, mas amanheceram, no dia 25, tomadas pelas tropas do Exército de Libertação do Povo, cada soldado carregando uma arma pendurada ao ombro. Mas não invadiram a casa de ninguém. Isso causou ótima impressão aos habitantes da cidade.

XINRAN: Foi um grande contraste?

GENERAL PHOEBE: Uma piada circulava por aqueles dias: dizia que os soldados do Exército de Libertação do Povo não sabiam o que era uma descarga de banheiro, mas não queriam incomodar os moradores perguntando para que servia e pensaram que era para lavar o arroz, e fizeram isso mesmo. Não sei se é verdade ou apenas lenda urbana, mas a moral da piada é que os comunistas eram completamente diferentes dos soldados do KMT. Muitos desses soldados apareciam para pedir coisas emprestadas que jamais devolviam; se um soldado comunista fosse à casa de alguém e emprestasse algo dali, devolveria imediatamente.

XINRAN: A senhora achava, como muitos, que os comunistas fossem "caipiras"?

GENERAL PHOEBE: Não, não achava.

XINRAN: Então não teve a impressão de que os soldados, totalmente imundos e com seus uniformes em farrapos, fossem só camponeses sem educação?

GENERAL PHOEBE: Não, ao contrário — nós os achamos muito educados. Os soldados nacionalistas eram bastante estúpidos. Apanhavam dos oficiais. Víamos isso acontecer, os soldados sendo castigados a cassetetes, ajoelhados no meio da rua pedindo misericórdia. Presenciei essas coisas quando era criança, mas com os soldados do Exército de Libertação do Povo não havia nada desse tipo.

XINRAN: Deve ter sido uma mudança dramática para os moradores de Shanghai. Num dia eram os soldados do KMT; no dia seguinte, as tropas do ELP e o Partido Comunista. Quanto tempo levou até que toda a cidade tivesse mudado de um sistema para o outro?

GENERAL PHOEBE: No amanhecer do dia 25, minha tia ligou para a minha mãe e contou que Shanghai tinha sido "liberada". (A família dessa tia era tida como muito rica — administrava um banco privado.) Ela usou deliberadamente a palavra "liberada" e eu sabia que o termo não constava do vocabulário nacionalista, o que mostrava como muitas pessoas aceitaram imediatamente aquela enorme mudança. Corremos para o portão da frente, claro, e o pessoal saiu às ruas e viu que tudo estava em ordem. O ELP não bateu nem tirou nada de ninguém e se comportou com decência. Antes o PCC fizera alguma propaganda, mas as pessoas comuns viram com os próprios olhos a prova definitiva de como agiam.

Bem, aí trabalhei por muitos e muitos anos no Instituto do Exército de Libertação do Povo. O Exército pertence ao povo — esse é um princípio que o permeia de cima a baixo.

XINRAN: Antes de começarmos a entrevista, conversávamos sobre como a China é resultado, como país, de circunstâncias muito particulares. Não temos uma religião nacional; adotamos o budismo, o cristianismo ou o Islã, aceitando todos eles, embora tenham aparecido mais de mil anos depois de crenças e filosofias dos nativos chineses. Um país sem religião nacional pode facilmente virar uma miscelânea confusa de crenças, na falta de um princípio norteador. Ou seja, de uma noção vertical da história, em outras palavras, de um entendimento que seja produto de normas morais amplamente aceitas e imutáveis e de crenças comuns. Na China, "cada Filho do Paraíso carrega o próprio séquito" e essa base moral muda a cada novo imperador que assume o trono, mudando também a maneira como as pessoas julgam o que é bom e o que é mau. Essa pode ser uma das razões por que o chinês é tão rico em adjetivos, mas também o motivo pelo qual a língua e a própria cultura são tão fechadas a influências externas e a nação, em si, tão desconfiada da crença religiosa.

Tenho pensado sobre o fato de que a China experimentou cem anos de mudanças nas dinastias e nos regimes políticos. Depois do fim da dinastia feudal Qing, o país nunca parou de mudar — passou de Império a República em apenas alguns anos, e a mudança do KMT para o PCC também ocorreu rapidamente. A mudança de regime foi rápida especialmente nas cidades. É como a senhora disse: a paisagem política de Shanghai mudou em 24 horas. Na sua opinião, como foi possível para as pessoas comuns lidar com mudanças tão velozes?

GENERAL PHOEBE: O povo não se importa. Muda a dinastia ou o imperador, para nós continua a mesma coisa. Qualquer um pode ser imperador, desde que não nos impeça de cuidar dos nossos negócios.

XINRAN: Então as pessoas "se acostumaram" a essas transformações exatamente como as gerações anteriores?

GENERAL PHOEBE: Acho que se acostumaram e não se importavam. Era assim: "Obedeço a qualquer autoridade que seja boa para mim".

XINRAN: Na China, a autoridade política é como uma espécie de deus para muita gente do povo.

GENERAL PHOEBE: A autoridade é muito importante, e não apenas para a nação, mas para a família também. O patriarca da grande família chinesa é uma autoridade que não pode ser desobedecida pelos demais membros. A família sem uma figura de autoridade rapidamente se desintegrará; pode haver desunião entre os filhos e netos, alguns começarão a brigar entre si. O cabeça de uma família é basicamente quem faz as regras. Se ele ou ela tiver sabedoria e discernimento, poderá lidar com todos os problemas nas relações familiares e garantir que as futuras gerações tenham regras para seguir — as quais consigam tornar indissolúveis os laços familiares, mantendo próximas as gerações. Quando a autoridade fraqueja, alguns dos membros da família podem involuntariamente procurar uma nova autoridade, o que por sua vez pode trazer conflito. É muito interessante que possamos ver, na história nacional, o ressurgimento de uma consciência da cultura tradicional da grande família chinesa, na medida em que a noção de vida familiar está entranhada no tecido mais profundo da vida do país.

XINRAN: E, com a Liberação de Shanghai, como o poder do novo governo se impôs na Universidade de Fudan, onde a senhora estudava, e como foi recebido pelos estudantes?

GENERAL PHOEBE: Quando o PCC tomou o poder, nosso braço clandestino ainda não havia se assumido, mas a organização estava bastante forte e ativa. Todos sabiam quem eram os membros do Partido. Naqueles dias, e naquele ambiente em particular, eles eram geralmente modelos de conduta. De modo que, para se tornar membro, era preciso ser uma pessoa excepcionalmente virtuosa. Você tinha de demonstrar carinho e preocupação genuínos pelo povo e, sendo estudante, precisava ser melhor aluno que o resto. E apenas pessoas com capacidade técnica excepcional podiam entrar. Diferentemente de hoje, quando gente medíocre, sem talento real, pode se filiar também. Todo membro do Partido tinha o poder de atrair os outros para si. Quando um deles falava, nós o escutávamos — claro, porque sabíamos que, entre as coisas que diriam, estavam as instruções de escalões mais altos do PCC que eram do interesse da gente comum. Logo os moradores de Shanghai perceberam como a vida ficara mais fácil sob a nova liderança.

XINRAN: Na época da Liberação, mais ou menos quantos membros tinha o braço clandestino do Partido na Universidade de Fudan?

GENERAL PHOEBE: Não sei ao certo, pois essas figuras tinham de se manter incógnitas, mas a verdade é que parte considerável dos estudantes estava entre os membros.

XINRAN: Então, com Shanghai liberada, a sociedade local encontrou tranquilidade. Uma transição até mesmo natural.

GENERAL PHOEBE: Exatamente.

XINRAN: Nenhum dos estudantes alimentava dúvidas sobre o novo governo?

GENERAL PHOEBE: Nunca nos ocorreu duvidar, pois a única oposição aos membros do PCC era a Liga da Juventude dos Três Princípios do Povo. Eram pessoas más, que tinham atitudes desagradáveis e influência social deletéria. Shanghai foi liberada depois de Beijing, de modo que recebíamos como boas e muito encorajadoras as notícias que chegavam de lá. Ninguém queria ficar parado; dizíamos a nós mesmos que era preciso participar da reconstrução e trabalhar para fortalecer novamente o país. Era o que sentíamos, realmente, não queríamos estudar.

XINRAN: E os professores?

GENERAL PHOEBE: Meu pai era professor e, quando chegava em casa, nos contava como eles estavam reagindo. O Partido, claro, fez um bom trabalho: apenas alguns dias depois da Liberação, o prefeito comunista de Shanghai, Chen Yi, falou aos intelectuais da cidade no Grand Cinema. Vários professores compareceram e ficaram satisfeitos e muito reconfortados. O prefeito Chen foi bastante claro acerca das suas esperanças quanto ao futuro e ao convite que lhes fazia naquele momento. Não ouviu queixas, na verdade estavam todos ansiosos por ajudá-lo! Acho que foi por isso que minha família apoiou meu alistamento no Exército.

XINRAN: Quando a senhora decidiu se alistar? Foi difícil deixar a família para trás? A senhora pensou no quanto seus pais ficariam preocupados?

GENERAL PHOEBE: Para ser honesta, não. Reconstruir o país passara a ser tarefa pessoal de cada um, e era a razão pela qual meu pai e minha mãe haviam retornado dos Estados Unidos, juntando-se à campanha contra os japoneses.

XINRAN: E seus irmãos e irmãs?

GENERAL PHOEBE: Meu irmão, que era seis anos mais novo, ao me ver entrar para o Exército, falsificou a idade para se alistar também. Mais tarde, abandonou a carreira por problemas de saúde e se tornou um acadêmico. Meu outro irmão e minhas irmãs eram muito jovens na época. Entrei para a força em julho de 1949. Como instrutora, a princípio, e em seguida o Partido me fez prestar um exame escrito. Só depois fui saber que era para o Ministério do Exterior, que estava recrutando... Tínhamos todos sido escolhidos por gente que já havia sido recrutada, por critérios de excelência e realizações em várias áreas. Queriam nossos serviços para a criação da Academia Diplomática Militar da China.

XINRAN: O sistema todo de treinamento de diplomatas militares foi montado por esse grupo, não foi?

GENERAL PHOEBE: Não todo. O precursor do Instituto de Línguas Estrangeiras do Exército de Libertação do Povo foi a Unidade de Treinamento em Línguas Estrangeiras do Comitê Militar do PCC, instalada em 1938, em Yan'an. Em agosto de 1949, ela se estabeleceu oficialmente como instituto em Beijing e nosso grupo compôs o primeiro corpo de instrutores. Éramos uns quatrocentos, mais ou menos cem de Shanghai, outros de Beijing, Nanjing e outros lugares, mas a maioria da minha cidade. O instituto era chamado, então, de Universidade Revolucionária, parte da Universidade Popular Revolucionária do Norte da China. A Seção Um era a Escola do Partido, a Seção Dois atendia os diplomatas, havia uma terceira seção e a nossa era a Seção Quatro. Os comunicados e as instruções, começando pela explicação do que era uma foice, aconteciam num enorme campo de esportes.

XINRAN: Foi nessa época que a senhora conheceu seu marido?

GENERAL PHOEBE: Os dois homens com quem me casaria e eu trabalhávamos na mesma seção. Claro, naquela época, mesmo percebendo que os dois eram muito gentis comigo, não me dei conta de que ambos me amavam. Louis havia frequentado a Faculdade St. John, em Shanghai, e se apresentou no instituto com um diploma de lá. A maioria de nós foi alocada no Ministério do Exterior. Como eu disse, fomos especialmente recrutados e então informados de que nossa unidade estaria diretamente subordinada ao ministério. Não sabíamos disso naquele momento, mas ela deveria tratar de "relações internacionais"...

XINRAN: O local do seu nascimento e o histórico de uma família emigrada pesaram contra no trabalho e na carreira?

GENERAL PHOEBE: Todo mundo sabia que eu era nascida nos Estados Unidos, deixei bem claro desde o início, e não havia nada de ilegal nisso.

XINRAN: Em trinta anos, entre as décadas de 50 e 80, foram vários os movimentos políticos na China que reprimiram os intelectuais e impuseram punições a muitos chineses repatriados e suspeitos de colaborar com os imperialismos americano e britânico. A senhora não sofreu nenhuma acusação injusta?

GENERAL PHOEBE: Na verdade, não. Éramos protegidos, em certo sentido. A Revolução Cultural foi simplesmente ridícula: fui chamada de acadêmica influente e reacionária, o que era uma glória. Nunca me considerei uma acadêmica, muito menos alguém influente. Achei engraçado me tacharem de "reacionária".

XINRAN: Então a senhora recebeu ataques?

GENERAL PHOEBE: Naquele tempo, estávamos morando no complexo de Hongxingyuan, em Zhangjiakou, e os guardas vermelhos pregaram grandes cartazes atacando os "Quatro Grandes Diamantes". Meu marido e eu éramos dois desses quatro alvos, e os cartazes pregados na nossa casa visavam principalmente a mim, uma investida violenta contra minha "ficha criminosa" e minhas opiniões políticas. Depois disso, fomos levados sob escolta armada para um período de reeducação pelo trabalho na Escola de Oficiais de Hubei. Não estava apta a nenhuma daquelas tarefas, então me puseram para cozinhar! Aprendi e fiz coisas ótimas, não foi um grande sofrimento. Até aprendi a matar porcos — matei muitos!

XINRAN: Mas como a senhora se sentiu com o que estava acontecendo? Enganada? Indignada? Descobri que muitas pessoas mais velhas que viveram um inferno naquele tempo e sobreviveram para ver uma época mais tranquila se divertem explicando o que aconteceu, na verdade porque falam da perspectiva não de então, mas de hoje. O que quero realmente saber é como a senhora se sentiu na época.

GENERAL PHOEBE: Quais eram meus sentimentos mais íntimos? Era exatamente como acontece quando eclode uma revolução. Primeiro, há a questão da atitude política que se toma. O que o presidente Mao disse era muito claro:

"É obrigação acreditar no Partido e nas massas", então eu acreditava. Não acho que fosse nada muito assustador, pois historicamente, sempre que houve "movimentos de retificação", trajetórias de oficiais foram investigadas, sabíamos disso. Depois de um certo período, passada a tempestade, as coisas ficam mais claras, de modo que prefiro uma visão moderada da história.

XINRAN: A senhora esteve em escolas militares por quarenta anos, não é?

GENERAL PHOEBE: Sim, de 1949 até 1993.

XINRAN: Se alguém lhe pedisse para explicar os altos e baixos da história chinesa, como responderia a essa questão?

GENERAL PHOEBE: Sinto que a Liberação da China, em 1949, foi realmente um evento fantástico. E incluo aí Mao Tse-tung. Mesmo tendo errado muito e cometido crimes — admito —, é preciso reconhecer a contribuição do presidente Mao para a revitalização da nação chinesa como um todo. Ele foi, de fato, uma grande figura histórica e seu nome ficará nos anais da história. É como o imperador Qin Shi Hung Di, que queimou livros, enterrou vivos alguns acadêmicos confucianos e tiranizou o povo, mas isso não é capaz de apagar seus méritos na unificação da China, na criação das leis, no desenvolvimento do comércio e até na construção da Grande Muralha, uma das maravilhas do mundo. Mao Tse-tung devolveu aos chineses o autorrespeito como povo depois da Guerra do Ópio, uma realização que nunca poderá ser apagada.

Qual o significado da Liberação? A liberação maior foi a do povo trabalhador. Antigamente, na China, os trabalhadores e os camponeses não eram nada; agora, podem até ser pobres, mas não é a mesma coisa. Finalmente, a sociedade, a mídia e os funcionários tiveram de mostrar respeito por eles, sincero ou não, e supostamente cabe a eles o comando! Antes da Liberação, a expressão "o povo chinês" não os incluía. A diferença é realmente enorme. É por isso que afirmo que somos a mais privilegiada das gerações, porque pudemos ver com os próprios olhos a diferença entre antes e depois da Liberação. Assistimos ao processo todo — de uma situação de guerra, fome, pobreza e desassossego à imposição da ordem, a um crescimento vigoroso e ao desenvolvimento de uma sociedade mais humana.

Num certo sentido e respeitados alguns limites, a liberação das mulheres na China tem sido mais significativa do que em outros lugares. A emancipação profissional das mulheres urbanas é algo extraordinário, e minha mãe é prova dessa mudança.

Claro, ficamos para trás em algumas coisas. Culturalmente, estamos bem atrasados. A Nova China foi construída por trabalhadores, camponeses e o Exército Vermelho, e sua influência não deve ser subestimada. Além disso, por um longo período depois de 1949, o poder se concentrou nas mãos dos trabalhadores e dos oficiais camponeses. Embora soubéssemos de suas muitas limitações, tínhamos de reconhecer que também tinham muitas virtudes. Foi o mesmo tipo de liberação da Comuna de Paris; ainda que, mais tarde, muita gente tenha sofrido em muitos aspectos, foi muito bom que tenha acontecido. Quando o Bando dos Quatro foi destituído, éramos pobres a ponto de nunca comer carne, mas cada família comprou uma galinha para um banquete festivo em que cem frangos foram servidos. As pessoas mais cultas não se continham ao ver que finalmente esse dia havia chegado.

XINRAN: Gostaria de ouvir da senhora uma comparação da China de hoje com aquela que emergiu da Liberação.

GENERAL PHOEBE: Ainda existem muitos bons membros e líderes no Partido hoje em dia. Não são apenas alguns poucos, estão por toda parte — uma gente muito boa, realmente. Claro que trazem as marcas da sociedade atual, o que inclui deslizes e egoísmo, mas quanto a ajudar nas questões urgentes, são muitas as pessoas decentes, isso é absolutamente verdadeiro. Toda vez que há uma grande fome, muitos e muitos morrem porque a China é um país enorme, mas a gente vê as pessoas se ajudando e se doando umas às outras. É como se diz: na tragédia, você descobre quem são seus verdadeiros amigos.

XINRAN: Sua geração realmente acredita no Partido Comunista, não é? A senhora conhece a história do meu pai e do meu irmão mais novo? Ele contou?

GENERAL PHOEBE: Acho que nunca contou.

XINRAN: Depois de ter entrado no Exército, meu irmão veio para casa numa folga e meu pai perguntou: "Por que você não se filiou ao Partido?". Meu irmão falou: "Na minha unidade, tudo o que acontece de ruim tem a mão de membros do Partido. Não vou me filiar". Meu pai ficou trêmulo de raiva ao ouvir isso. "Saia daqui!", ele gritou. Então meu irmão pegou suas malas e partiu. Não se falaram por quase três anos.

GENERAL PHOEBE: É porque, antes da Liberação, tínhamos visto coisas tão erradas que acreditávamos firmemente que o PCC podia resolvê-las todas. Depositamos no Partido todas as nossas esperanças, de modo que posso entender o que seu pai sentiu. Mas, no quadro mais amplo do desenvolvimento de toda a sociedade humana, não é tão simples, não dá para explicar tudo preto no branco. Os seres humanos, como traço universal, estão sempre em busca de verdade, bondade e beleza, mas não é tão fácil de achar. A natureza humana é tão contraditória. Nenhum sistema político é perfeito, e isso porque temos muitos problemas: as pessoas são fracas, oportunistas, corruptas, egoístas, todo mundo tem seus defeitos. Vale realmente a pena olhar para como se chega a um entendimento comum quanto à solução desses problemas. Na minha opinião, a guerra, a religião e a cultura são meios pelos quais as pessoas procuram equacionar essas contradições e fraquezas. Há a esperança de conseguirmos lidar com o mal usando a bondade, mas muitos estudos sobre a natureza humana mostram que ainda temos um longo caminho a percorrer; ainda não demos conta de questões fundamentais como a pobreza e a guerra, para citar só esses dois.

XINRAN: Guerra e pobreza são precisamente os fatores que abalaram a China moderna e, na minha opinião, apenas pessoas como a senhora, educadas ao mesmo tempo como chinesas e ocidentais e de uma geração que vivenciou essas dramáticas mudanças, podem ver com clareza e fazer comparações. Muitos dos trabalhadores e oficiais camponeses, que se beneficiaram dessas mudanças, dizem simplesmente: "Você não sabe como era antigamente". Mas não fazem ideia de como resolver problemas do passado que persistem hoje. Acreditam ser fácil mudar de uma crença para outra.

Além de entrevistas cara a cara como esta, fiz uma série delas por telefone, de Londres. Um desses entrevistados foi um artesão de violinos chamado Wu, que estava no segundo ano da universidade, há cinquenta anos, quando o acusaram de ter dito algo errado e ele acabou trancafiado numa prisão até o final da Revolução Cultural. Dois dias antes de ser libertado, errou durante uma recitação em grupo dos pensamentos do presidente Mao, dizendo "Devemos nos opor àqueles que se opõem ao nosso inimigo" em vez do correto "Devemos apoiar aqueles que se opõem ao nosso inimigo". Foi condenado a mais quinze anos e só saiu em 1985. Sua juventude havia sido total e completamente perdida. Terminou indo para Hong Kong.

Encontrei com ele em Londres e lhe fiz uma pergunta: "O senhor se ressente de alguma coisa?". Ele disse: "Não, de nada". Perguntei por que não e ele falou: "Para que uma era se torne uma era, é preciso suportá-la". E continuou, dizendo que testemunhara uma parte dessa era em particular. "As pessoas poderão ver em mim um aspecto desse tempo." Achei bastante comovente a forma como Wu via a si mesmo.

GENERAL PHOEBE: Um homem de espírito nobre.

XINRAN: Fiz outra entrevista por telefone com um oficial veterano que jamais sofrera nada por ser um oficial camponês e filho de um soldado do Exército Vermelho. Perguntei a ele: "O senhor se ressente de alguma coisa na vida?", e ele disse: "Do fato de que meu pai jamais realizou algo de valor em sua vida, exceto manter um bom nome; nem uma única realização numa vida inteira, e fui um filho leal e devotado a ele". Realmente não entendi aquilo. Pensei que ele fosse responder o contrário, já que havia se beneficiado do status, da casa e do emprego do pai, do respeito geral por sua família. A senhora não acha? Tinha imaginado que o senhor Wu era quem poderia dizer que sua vida não valera a pena, mas na verdade ele a considerava uma boa vida!

GENERAL PHOEBE: No passado, as coisas mais importantes na vida eram medidas em sociedade, mas agora não é mais possível ter esse controle. Como as mudanças foram muito rápidas, a sociedade se fragmentou em muitos diferentes pontos de vista. Tudo se tornou tão complexo e fora do comum, e isso é resultado da nossa era.

Nós, velhos, enxergamos as coisas um pouco mais claramente porque ficamos à margem da sociedade, nunca no centro. Passamos por muita coisa e refletimos muito sobre tudo. Vários oficiais camponeses também viram muita coisa mas, por não terem estudo e, portanto, discernimento, não conseguem fazer uma análise racional.

Deveríamos olhar com calma para essas coisas e assumir o ponto de vista de quem estava lá naquele tempo, porque o presidente Mao não era um deus, era um ser humano normal, e lhe foi dado assumir grandes poderes. Ele então aterrorizou o povo, o que não foi bom, mas tudo aconteceu naturalmente. O poder sempre consistiu em tiranizar inimigos e oponentes, já que nasce justamente da luta para submeter esses inimigos e oponentes, e quanto maior o poder, maior o número de pessoas submissas. Desde os tempos antigos tem sido assim. É impossível olhar para Mao Tse-tung como um fenômeno atípico.

XINRAN: No Ocidente, há quem considere Mao o maior assassino do século passado, um tirano pior que Stálin e Hitler. Pessoalmente, eu o odeio. Era apenas uma criança durante a Revolução Cultural, mas sofri muito porque meu pai e minha mãe foram perseguidos. Se considerarmos que isso foi obra de Mao, então também fui uma de suas vítimas.

Mas vá até as aldeias chinesas e pergunte a opinião das pessoas comuns, camponeses dos baixos estratos da sociedade, e ouvirá uma opinião completamente diferente. No mínimo eles dirão que Mao Tse-tung fez algo pelos camponeses e pelos pobres que nenhum imperador jamais fez, por exemplo, queimar os títulos de propriedade dos grandes fazendeiros, redistribuir a terra e dar a cada um de onde tirar seu sustento. E tornou gratuitos, nas cidades, moradia, educação e tratamentos de saúde.

De modo que ainda é possível ver retratos de Mao nas paredes de casas camponesas e essas pessoas ainda mostram devoção às estátuas do líder como se ele fosse um deus. Alguns choram e gritam: "Quando o presidente Mao era vivo, nunca houve confisco de terras pelo governo e funcionários corruptos como hoje!". Uma vez que 78% dos chineses ainda tiram seu sustento da terra, e ainda mantêm esse tipo de devoção a Mao Tse-tung, não deveríamos considerar e respeitar as aspirações do povo ao julgar as figuras do passado? Historicamente falando, não é simplesmente uma questão de amar ou odiar, e sim como nós, a geração mais jovem, definimos nossos antepassados e entendemos a sociedade atual. Por que famílias como a sua retornaram à China durante a guerra?

GENERAL PHOEBE: Os intelectuais da minha geração olhavam para a China e tinham esperança. O conhecimento lhes proporcionou esse tipo de força. Conhecer pode nos levar a amar o próprio país, e pessoas cultas são capazes de sentir a dor de seus compatriotas. Não se preocupam nem um pouco com seu padrão de vida e não vivem apenas por viver. Muitos intelectuais dizem: "Não me importo que minha vida não seja lá essas coisas, desde que possa ver a China se tornar poderosa. Isso me deixa feliz e faz valer a pena quase qualquer grau de privação". Muitos intelectuais — se são intelectuais de verdade — reagem dessa forma.

Hoje, milhões de chineses têm estudo, mas não são intelectuais, segundo minha definição; não encontram prazer na busca por conhecimento, mas no número de casas ou roupas caras que conseguem comprar. O maior prazer de um verdadeiro intelectual é ter um ambiente produtivo de estudos, a partir dos quais seu país possa progredir.

De fato, um estilo de vida próspero é bem apropriado à China de hoje, pois o país acabou de sair de reformas que abriram a economia e precisa de um período estável de transição, que por sua vez proporcionará um ambiente de estudo e reflexão àqueles intelectuais que tenham habilidade suficiente para se ajustar aos mecanismos da sociedade chinesa. Prosperidade é levar uma vida cultural e espiritualmente simples e descomplicada, sem guerras e sem preocupação com a riqueza ou a pobreza excessivas, ou envolvimento doloroso em assuntos mundanos.

A China atual testemunha uma explosão de materialismo, e o consumismo é lamentavelmente algo comum. É assustador abrir o jornal e ver cada vez mais anúncios de moradias de luxo, e quem não mora numa dessas aparentemente não é gente. Onde vamos achar espaço se todo mundo resolver comprar moradias de luxo? Se toda a população do país, de 1,3 bilhão de pessoas, quiser morar com esse luxo, vai haver casas e apartamentos suficientes para todos? Claro que não. Aí teremos de nos mudar para a Lua, e ainda assim não vai dar para todo mundo. Depois de se mudar para a sua moradia de luxo, você inevitavelmente vai ter uma série de novos desejos, e isso não tem fim...

XINRAN: O que a senhora pensa das reformas na educação que se seguiram às reformas econômicas?

GENERAL PHOEBE: A educação é o maior fracasso das reformas econômicas! Detesto, absolutamente, os novos métodos de ensino do inglês, acabam com os alunos, e assim os jovens nunca vão aprender a amar a língua. No sexto ano do ensino fundamental, têm de dominar o conteúdo para os exames de admissão ao ensino médio, de modo que o ensino das línguas estrangeiras se resume a algumas expressões e macetes. Não são ensinados a compreender, falar, ler e escrever — é só perda de tempo com memorização de estruturas gramaticais para passar nos exames. Quando nossos universitários da área de inglês vão ao exterior, não dominam o suficiente nem para se virar. É uma "*sorry situation*"* [Ela passa a falar inglês]. Não ensinávamos nem aprendíamos desse jeito antes da Liberação. Depois, adotamos os métodos soviéticos e não aprendemos mais nada. Que tipo de alunos estamos produzindo? É um grande desperdício material, de gente e de vidas!

XINRAN: Isso porque todo o sistema educacional foi destruído pela Re-

---

* "Situação lamentável". (N. T.)

volução Cultural e o nível do primeiro corpo de professores formado depois disso, em 1977, era ruim. A cultura de sala de aula sofreu com o crescimento econômico dos anos 80, que teve sério impacto sobre o respeito que o estudo acadêmico inspirava nas pessoas?

GENERAL PHOEBE: Os oficiais trabalhadores e camponeses costumam repetir um ditado: o povão é esperto; quem estuda é bobo. Quanto mais você sabe, mais estúpido fica; quanto maior seu conhecimento, mais reacionário você será. Ao final da Revolução Cultural, os intelectuais formavam uma das categorias entre os "Nove Podres" da sociedade — estavam realmente no fundo do poço.

Vieram as reformas dos anos 80 e reabilitaram o respeito pelo conhecimento e pelo talento. E como esse respeito se fez notar? Bem, éramos muito bem tratados, tanto em termos materiais como no que se refere à reputação. Aí houve uma reação a isso e, em seguida, uma reação àquela reação. As coisas mudam muito rapidamente. Agora o aspecto material voltou a prevalecer e o conhecimento está novamente em baixa. Que importância tem um doutorado hoje em dia? Doutores não valem nada, são tantos. E pior que isso: há um monte de gente que só Deus sabe onde conseguiu o título, plagiando ou comprando, e o mundo acadêmico e a sociedade não têm respeito nenhum por esse tipo de coisa. Somente o estudo e o talento verdadeiros trazem respeito real e sólido. Trabalhos escritos apenas para obter o diploma fazem as pessoas duvidarem dos verdadeiros doutores, que perdem toda credibilidade!

XINRAN: O que a senhora acha que pode ser feito para consertar isso?

GENERAL PHOEBE: O pêndulo precisa fazer a volta.

XINRAN: E isso não é a mesma coisa que deixar que o mercado resolva?

GENERAL PHOEBE: Não é o mercado. O país é que tem de considerar se deveria estar educando as pessoas desse jeito.

XINRAN: Por que isso está acontecendo na China? Muitos outros países, por exemplo as nações desenvolvidas da Europa e os Estados Unidos, levaram quase 250 anos para evoluir de governos religiosos para sistemas democráticos republicanos. A China passou os últimos cem anos lutando pela mesma coisa, a senhora não acha?

GENERAL PHOEBE: Avançamos muito rápido. Temíamos não conseguir alcançar esses países, e de fato não alcançamos. Nossa maneira de pensar foi ultrapassada pela realidade.

XINRAN: A senhora acha que isso tem a ver com crenças e cultura?

GENERAL PHOEBE: De onde vêm as crenças humanas? Por que criamos deuses? Todos acreditamos numa autoridade superior. Mas agora essa autoridade é o dólar americano. O império do dólar usa a moeda para afirmar sua supremacia. E por que tanta arrogância? Porque, se tem muito dinheiro, é perfeitamente natural que seja império. A humanidade ainda não evoluiu do culto ao dinheiro para uma civilização espiritual.

XINRAN: A senhora acha que a China conseguirá escapar do culto ao dólar?

GENERAL PHOEBE: Sim, porque mais e mais chineses estão prestando atenção a questões mais profundas como essas que estamos discutindo agora. Para onde vai a sociedade? Nossa prioridade deve ser abandonar os ódios pessoais para que possamos acreditar no futuro do país.

XINRAN: Existem muitos outros aqui, nesta Vila de Oficiais, como a senhora, capazes desse tipo de reflexão? O governo sabe da sua rica experiência e faz uso dela?

GENERAL PHOEBE: Este lugar é muito grande. Todos aqui somos oficiais de alta patente, e é difícil para o Departamento de Administração, sempre sobrecarregado. Veja, a média de idade aqui é de 79 anos, muitos sofrendo de demência, muitos outros sem quase poder andar, em cadeiras de rodas, ficando surdos, de modo que quando nos reunimos um mal consegue ouvir o outro. São todos problemas próprios da idade avançada. A principal responsabilidade da administração é nos manter seguros, e fazer o seu melhor nos cuidados conosco em geral. Raramente os aposentados são enviados a outros lugares de modo a mexer com o pensamento e a consciência das pessoas, como nas instituições americanas.

No entanto, a sociedade parece cada vez mais entender nosso valor, e muitos oficiais veteranos atuam como consultores, o que, claro, também funciona para eles como contato social.

Este lugar oferece tudo de que precisamos. É como um pequeno país. Tem hospital, banco, lojas, um cinema, um salão de atividades com jogos de baralho e de bola, música e entretenimento. Tudo. O refeitório não é como um restaurante, a comida é caseira. Todas as damas e os cavalheiros idosos fazem suas refeições com os amigos, e fazer um lanchinho também é muito prático. A gente desce para comer ou, no andar de cima, vai a um dos pequenos refeitórios privativos, onde pode pedir refeições especiais. Cabem mil pessoas no refeitório principal. Nos finais de semana, levamos nossos filhos e netos para comer ali, e assim eles não precisam cozinhar. Para ser bem honesta, quando morávamos numa cocheira, durante a Revolução Cultural, nunca sonhei que desfrutaria do grau de conforto e respeito que tenho hoje.

XINRAN: Qual é sua opinião sobre os atuais líderes chineses?

GENERAL PHOEBE: Hu Jintao e Wen Jiabao? São melhores que os antigos. São gente nova que põe a mão na massa. Não há culto à personalidade.

XINRAN: Interessa-me muito a política de ajuda desse governo ao oeste da China, o investimento em educação nas áreas rurais e a isenção de impostos para os camponeses pobres. São os primeiros líderes em cem anos, com exceção de Mao Tse-tung, que de fato têm olhado para esses agricultores. Eles sofrem grande privação e a carga de impostos a que estão sujeitos é absurda.

GENERAL PHOEBE: E tem sido assim desde os tempos antigos.

XINRAN: Quando visitamos a província de Anhui para as nossas entrevistas, camponeses que vivem ao norte do rio Huai nos contaram que nunca ousariam sonhar com uma isenção de impostos. Disseram que jamais houve um tempo em que, para ter permissão de arar a terra, não tivessem de pagar o Imposto sobre a Colheita do Imperador. E agora existe esse fundo para o desenvolvimento da educação naquela região, que considero extraordinariamente importante. Não dá para desenvolver o oeste da China deixando a educação de lado.

GENERAL PHOEBE: Sim, iniciamos a conquista estratégica da região. Em algumas áreas, a infraestrutura é muito boa, como é o caso da Ferrovia Qinghai—Tibete e da recém-construída Estrada Xinjiang—Gansu. Penso que os atuais líderes estão estudando a situação. A China é tão grande, e sua população está distribuída de maneira muito desigual, com uma grande disparidade entre o leste e o oeste, entre as cidades e o campo, e isso é muito difícil de ser administrado.

XINRAN: Tenho mais uma questão e não sei se posso fazê-la — é sobre seu segundo casamento. Sei que há um costume chinês que diz que não se deve fazer perguntas sobre: um, mudanças numa família, e dois, a vida íntima dos mais velhos. Mas ouvi dizer que a senhora foi cortejada de maneira muito romântica, e já na terceira idade. Pode me contar?

GENERAL PHOEBE: Conheço você desde que era uma criança, pode me perguntar o que quiser e responderei o que for capaz, e se não for, eu direi. É verdade: a nossa é uma extraordinária história de amor e união. Reunimos nossas cartas num livro chamado *Cento e sessenta rosas*. Mas sugiro que você ouça essa história do meu marido.

O marido da general Phoebe parecia um acadêmico saído direto das páginas da literatura tradicional chinesa — um homem muito culto, ainda brilhando com a vitalidade de um velho sábio. Apenas ouvira falar sobre ele por amigos e familiares, não o conhecia até então. Durante minha visita, tratei de observar seu papel no casamento. Seria ele um realista que admitia depender dela? Muitas uniões entre pessoas de idade avançada aconteciam por conveniência. Seria apenas fascínio pela reputação dela? Os talentos da general combinados à sua integridade moral costumavam atrair muitos homens. Ou seria ele um romântico levado a ela pelo destino? Muitos chineses só se viam livres de casamentos políticos ou arranjados pelos pais em seus últimos anos de vida...

Nossa entrevista viria satisfazer um desejo de longa data: sempre quisera muito conversar com um casal cuja vida tivesse acolhido em harmonia as culturas tanto da China quanto do Ocidente.

XINRAN: O senhor diz que vem de uma família tradicional chinesa. Que tipo de família era?

LOUIS: Nasci em Shaoxing, em 1925. Meus antepassados eram todos mercadores de sal que se mudaram da província de Anhui para Shaoxing, na província de Zheijiang, durante o período Qianlong, lá pelo final do século XVIII. Antes da Guerra Sino-Japonesa, levávamos uma vida confortável, toda a família, quatro gerações, sob o mesmo teto. Quando menino, meus primeiros estudos foram pelos Três Caracteres Clássicos. Cursei a escola básica com um tutor particular, depois segui para o ginásio numa escola de Shaoxing.

O comércio de sal entrou em colapso quando eclodiu a guerra contra os japoneses. A família começou a enfrentar dificuldades por não contar mais com sua fonte de renda. Então meu pai se tornou gerente de um banco e, em 1941, toda a família se mudou para Shanghai. Eu tinha deixado de ser o herdeiro de prósperos comerciantes de sal para me tornar o filho de um empregado de banco. Nossa vida mudou dramaticamente. Antes era tratado como o "patrãozinho", agora era só um menino comum. Vivíamos numa ampla casa com pátio em Shaoxing, cada um com seu próprio quarto, mas na mudança para Shanghai, com nosso padrão de vida despencando, tivemos de nos espremer os sete em apenas dois quartos.

XINRAN: O senhor se lembra alguma coisa do trabalho do seu pai nesse banco?

LOUIS: Era um banco de comércio, muito pequeno. Fui lá só uma vez e não me marcou muito.

XINRAN: O que aconteceu aos empregados do banco depois da Liberação?

LOUIS: Em 1952, vários pequenos bancos faliram, e os últimos anos da vida do meu pai foram bastante duros. Sempre me senti culpado por isso. Depois da Liberação, o Partido queria que "cortássemos pela raiz" qualquer relação com os capitalistas que conhecêssemos. Em princípio, meu pai se enquadraria na classe de executivo de alto nível, mas, como não entendia muito bem aquela categorização, informei que ele era um grande proprietário. Os executivos de alto nível eram considerados, na pior das hipóteses, "pequeno-burgueses", mas um grande proprietário não era a mesma coisa, e o resultado foi que nossa família acabou entre as categorias da "lista negra". Meus pais passaram a viver sozinhos, depois da Liberação, e meus irmãos e eu não os visitávamos muito. Apenas dávamos a eles algum dinheiro todo mês para sobreviverem. Raramente os via, especialmente a partir da Revolução Cultural. Primeiro, porque fui enviado à zona rural para trabalhar por seis anos e, segundo, por causa de uma coisa muito dolorosa que aconteceu.

Quando a Revolução Cultural começou, meu pai ainda era gerente do banco e ajudou o filho da minha ama de leite, arrumando para ele um emprego de *office boy*. O banco fechou e o rapaz voltou para Shaoxing, entrou para a Guarda Vermelha e veio de novo para Shanghai com outros revolucionários. Ele dizia que, na falência do banco, meu pai havia ficado com uma arma. Manter uma arma de fogo era algo realmente sério. O rapaz foi até a casa do meu pai e disse: "O senhor confessa ou terei de entregá-lo aos guardas vermelhos de Shanghai". Ao saber disso, falei: "Vamos resolver. Meus irmãos e minhas irmãs revolucionários falaremos com meu pai". Devia ser final de 1966 ou início de 1967. Meu pai não sabia de nada e falou que não tinha mesmo um revólver.

Eu levava muito a sério a questão política naquele tempo e queria "cortar pela raiz" minha relação com ele. Foi como nas sessões públicas com os "combatidos", mas em família. Meu pai ficou profundamente magoado, e essa é uma das coisas que mais me entristeceram ao longo da vida.

Minha mãe morreu em 1969 e nenhum de nós estava com ela. Só minha cunhada e minha primeira mulher foram ao cemitério. Pedi uma liberação para ir, meu superior disse que tudo bem, sem problemas, eu poderia ir, mas precisava me manter firme na questão política, e minha mãe era a esposa de um capitalista. Peguei meu filho e minha filha, e também minha primeira mulher e minha cunhada, e fomos ao enterro. Meu pai estava lá sozinho, chorando e prestando suas homenagens, e nós simplesmente ficamos ali parados, sem demonstrar emoção. Não podíamos chorar porque a relação tinha sido "cortada pela raiz". Isso é algo de que me envergonho também.

Depois da derrota do Bando dos Quatro, meu pai e eu voltamos a nos falar e admiti que havíamos sido muito radicais.

XINRAN: Ele entendeu?

LOUIS: Provavelmente sim. Como meu pai, ele ainda me amava. Embora, naquele momento, tivéssemos mesmo rompido totalmente com ele.

XINRAN: Mas não dá para romper totalmente com a criação que se recebeu da família, não é?

LOUIS: É verdade. Acima de tudo, tínhamos sido educados na tradição confuciana. Havia uma hierarquia entre jovens e velhos, e não podíamos agir como bem quiséssemos mesmo em coisas simples como caminhar na rua. Minha mãe, em especial, levava nossa criação muito a sério. O que mais me marcou foram as três coisas que ela exigia de nós. Dizia que, para ser alguém, é preciso, primeiro, que a aparência cause boa impressão. E por "aparência" ela não queria dizer parecer bonito, mas ter uma postura digna. A segunda coisa era que a maneira de falar causasse boa impressão. É preciso, ao se expressar, usar uma linguagem adequada. E a terceira coisa era uma pena afiada — é preciso saber escrever bem. Meu pai nos ensinou os *Analectos* de Confúcio, o que também me marcou muito. Nós, crianças, também brincávamos, é verdade, mas sem fazer muitas travessuras — jamais me meti em alguma coisa imprópria, realmente.

Frequentei o ensino médio em Shanghai e, em 1945, iniciei meus estudos na Universidade de Sui'an, que era muito forte na área de línguas estrangeiras. A faculdade pertencia à Igreja Americana. Durante meus quatro anos como universitário, comecei a acreditar no socialismo e no Partido Comunista, ao qual me filiei. Mas penso que o cristianismo também teve forte influência sobre mim. Logo que cheguei à universidade, vi que meus colegas ajudavam uns aos outros, e a mim também, no espírito cristão. Tínhamos de nos matricular nas disciplinas, num sistema de créditos. A gente escolhia as aulas e quantos créditos queria fazer. Para os créditos em economia, havia quatro ou cinco possibilidades, mas eu estava em dúvida. Meus colegas que faziam parte da associação cristã da universidade me explicaram as diferenças. Foram extremamente pacientes. Esse espírito de apoio mútuo me impressionou muito. Sui'an contava com uma organização de grande abrangência chamada Universidade do Cristianismo, com vários subgrupos que incluíam religiões e pontos de vista políticos diversos. O então clandestino Partido Comunista queria que desafiássemos os colegas e a melhor maneira de fazer isso era organizando esses subgrupos. Então juntei uns cem estudantes, mais ou menos, formando um grupo grande do qual me tornei presidente. O objetivo era prover serviços de apoio, inclusive a promoção de muitas festas, e era esse espírito de prestação de serviços, principalmente, que unia as pessoas.

XINRAN: E o senhor manteve o espírito cristão ao lado da crença no PCC?

LOUIS: Nunca fui cristão. Espiritualmente, sempre fui muito livre. Mas vivi de acordo com esse espírito do cristianismo. Entrei para o Partido porque tinha críticas a Chiang Kai-shek. Ele estava promovendo uma guerra civil e impondo uma ditadura, mas a liberdade era a aspiração de muitos estudantes da nossa faculdade, sempre muito democrática. Quando me filiei ao Partido, não tinha uma ideia muito clara do que era o comunismo.

XINRAN: O que o senhor diria se lhe perguntassem quais foram as três mais felizes e as três mais dolorosas experiências da sua vida?

LOUIS: Não sei se sou capaz de enumerar três de cada, mas podemos conversar sobre felicidade e tristeza.

Antes de me aposentar, chefiava a administração dos escritórios da prefeitura de Shanghai. Fui um funcionário municipal desde que deixei as Forças Armadas. Antes da Revolução Cultural, ajudava a administrar o Comitê Permanente, na parte de Arquivos, Reuniões e Relatórios. Era responsável por organizar a documentação nos arquivos e pelas reuniões e conferências, além de redigir os relatórios. Não que eu quisesse fazer esse tipo de trabalho, apenas seguia ordens.

Sinto-me muito gratificado porque, em primeiro lugar, jamais cometi um erro grave em toda a minha carreira; segundo, nunca fui contaminado pelos maus hábitos de alguns funcionários, tenho orgulho disso; e, terceiro, os amigos sempre foram muito importantes na minha vida e ainda tenho muitos. Minha mulher diz que consegui sair de um chiqueiro sem me sujar, mas respondo que nem todo o funcionalismo da China é absolutamente corrupto, certo?

Houve várias coisas que me causaram grande tristeza na vida! A pior foi, durante a Revolução Cultural, ter sido preso por um ano e posto em trabalhos forçados por outros seis em Nanjing, por causa de algumas declarações minhas.

A primeira dessas declarações foi em 1968, quando eu era líder de um grupo de estudos no local de trabalho. Ninguém entendia o que era a Revolução Cultural e, como líder do grupo, precisei explicar aos outros, mas eu mesmo também não entendia. Então disse que, de acordo com Lin Biao, as realizações da Revolução Cultural eram enormes e suas falhas, muito pequenas. Mas, continuei, o que tinha visto até então era exatamente o oposto: só falhas, e grandes, e nenhum sucesso ainda. Mais tarde, informaram-me que eu podia ter sido fuzilado por dizer isso, pois era não apenas um ataque à Revolução Cultural, como também uma acusação contra o número dois do movimento.

A segunda declaração que fiz foi de que, se não fosse pelo apoio de Jiang Qing — a esposa de Mao — a Zhang Chunqiao, um dos integrantes do Bando dos Quatro, ele nunca teria se tornado uma ameaça. Isso foi interpretado como um ataque ao quartel-general do proletariado e acabei tachado como um ativo contrarrevolucionário e preso no porão das instalações municipais por um ano!

Por sorte, meu temperamento tende ao filosófico. Depois de um ano, fui transferido para Nanjing em regime de trabalhos forçados e lá fiquei até que o Bando dos Quatro foi desmantelado. Só então tive meu emprego de volta. Foi a pior coisa que jamais me aconteceu. Atuar na clandestinidade pelo Partido contra o KMT não foi nada, comparado a ser condenado a trabalhos forçados como um criminoso, e exatamente pelo governo e pelo Partido nos quais havia acreditado. E houve ainda a morte da minha primeira esposa, a morte prematura do meu filho, a doença da minha filha. Se não fosse pelo que aconteceu aos meus filhos, agora que tenho Phoebe ao meu lado, estaria cem por cento feliz.

XINRAN: O senhor sente que o sacrifício da sua geração valeu a pena?

LOUIS: Acho que valeu. Sofremos tantas perseguições e adversidades, mas acredito que o progresso da humanidade nunca é uma linha reta, e isso vale tanto para uma sociedade ou país quanto para cada indivíduo.

XINRAN: Não acha que pessoas como o senhor pagaram um preço muito alto? Por exemplo, seu pai era de uma importante família de mercadores de sal que perdeu tudo por causa da guerra. E, nos anos 60, o Partido no qual o senhor acreditava lhe fez uma enorme injustiça. Não acha que saiu caro demais?

LOUIS: Não, ao contrário. Pessoalmente, acho que minha contribuição não foi suficiente. Porque cada um que nasce neste mundo, dentro de uma sociedade, precisa dar sua contribuição, independentemente do talento que tenha; o principal é que ofereça o que tem, e não espere que lhe peçam.

Nunca pensei na contribuição dada pela minha família, no passado, como mercadores de sal. Afinal, aquele comércio foi, em grande medida, construído sobre bases feudais e pela exploração de muita gente. Estive nas salinas da ilha de Taishan, na província de Zheijiang, onde a água do mar avança e os trabalhadores secam ao sol os cristais de sal. O negócio não demanda basicamente nenhum investimento ou tecnologia, apenas trabalho braçal. Ocorreu-me que meus ancestrais haviam feito fortuna explorando incontáveis gerações daquela gente. E os mercadores de sal tinham de manter boas relações com os funcionários do governo. Para comercializar o sal, era necessária uma licença oficial; tudo que saísse dessa norma era chamado "sal ilegal".

Éramos uma família muito grande, proprietária de, talvez, uns 2 mil *mu** de terra. Tínhamos autossuficiência em grãos e arrendávamos terreno, pelo qual coletávamos aluguel todo inverno. Enviávamos barcos para fazer a cobrança. Até os dezesseis anos, eu jamais lavara um lenço, muito menos tivera de cozinhar, era completamente dependente das pessoas que tomavam conta de mim. Se nosso país continuasse daquele jeito, como os trabalhadores e os mais pobres poderiam melhorar de vida?

XINRAN: E o senhor acha que as pessoas da sua geração sentem o mesmo?

LOUIS: Acho que a maioria. Quanto ao desenvolvimento da China depois da Liberação, as opiniões são diferentes dentro do Partido e entre meus velhos camaradas.

---

* 130 hectares.

Para começar, sobre Mao Tse-tung. Não o odeio, eu o admiro, na verdade, mas não aceito tudo que disse e fez. Quando ele lançou o Movimento Antidireitista, eu não sabia, na época, nenhum de nós sabia... a tradicional "lealdade absoluta" era o que fazia um bom funcionário, e certamente nunca assumiríamos responsabilidade individual como acontece na política moderna. Foi somente com a morte de Mao que comecei a sentir que ele cometera sérios erros. Eu o perdoei porque, com a criação que teve, quando atingiu poder e status, ele só podia mesmo querer se tornar imperador e ir viver num palácio. Com toda aquela gente a saudá-lo em frente à Porta Tiananmen, na proclamação da República Popular, gritando: "Dez mil anos de vida a Mao!". A pior coisa foi aquele monte de puxa-sacos em volta dele, com sua tola "lealdade", e estou nos incluindo nisso. Quando Liu Shaoqi foi declarado traidor e expulso do Partido, todos no Comitê Central tiveram de erguer suas mãos e votar. Uma pessoa fingiu estar dormindo — seu nome era Sai Mengqi —, mas todos sabíamos que ela não dormia: era porque não concordava. O que me fez pensar — que tipo de oficiais são vocês? Os responsáveis por um país ou apenas uns lacaios do imperador? Por que todos levantaram as mãos? De modo que a estagnação do país nos últimos cem anos não é responsabilidade individual de algum imperador. Todos fomos responsáveis, não foi um problema apenas de Mao Tse-tung como indivíduo. Às vezes me pergunto se, no seu lugar, não teria me tornado complacente também. Não dá para escapar dos nossos instintos humanos, e é por isso que necessitamos de democracia e de um sistema político que previnam o despotismo e as ditaduras que resultam desses instintos.

XINRAN: Então o senhor está dizendo que Mao não só foi destruído pela lealdade cega de seus bajuladores, mas também que, enquanto nós, chineses, desperdiçávamos os últimos cem anos procurando um "salvador", estávamos na verdade indo ladeira abaixo, como aqueles que, "cegamente leais", insistiam no velho sentimento monarquista quando a dinastia já chegara ao fim.

LOUIS: É exatamente isso. Estávamos muito satisfeitos por ter nosso líder num pedestal e demos muito pouca atenção à necessidade de se assumir responsabilidade pessoal. Em nossa história recente, nenhum líder teve coragem de enfrentar e dizer isso claramente. Quando Mao Tse-tung lançou a Revolução Cultural, terminou por jogar a responsabilidade por ela sobre o Bando dos Quatro. Há quem diga que o Bando dos Quatro era na verdade um Bando dos Cinco. Tudo de ruim foi feito pelo bando, mas Mao aprovou cada movimento. Eu o critico por isso, mas meu sentimento maior é de que não tínhamos mecanismos adequados funcionando dentro do Partido Comunista. Enquanto a China não contar com esses mecanismos políticos, continuará sendo possível que apareça um segundo Mao. Nossa geração teve uma atitude esclarecida quanto a isso, não condenou Mao Tse-tung. Sou uma vítima da Revolução Cultural, mas não fico remoendo isso. "Sem recriminações, sem ressentimentos", como se diz hoje em dia. Não foi algo que uma pessoa fez — todos fomos responsáveis, e talvez fosse algo pelo qual a sociedade chinesa tivesse de passar.

XINRAN: O senhor acha que a geração mais jovem compreende isso? Sabe pelo que o senhor passou?

LOUIS: Difícil dizer. Os mais jovens não viveram as intensas experiências ou passaram pelas privações que os pais deles viveram e passaram. Essa nova geração cresceu, na maior parte, com conforto, de modo que veremos se chegarão a ter um entendimento adequado daquele período da história.

Hoje, admiramos muito o modelo de Hu Jintao e Wen Jiabao. O slogan do governo, "o povo em primeiro lugar", é admirável. Durante a transmissão pela TV do Congresso do Povo, assistimos aos dois fazendo mesuras aos delegados e diante do parlatório, antes de começarem a falar. No passado, parecia que os líderes apenas acenavam casualmente para o povo, agora fazem mesuras aos menos graduados. Certamente é um bom começo. Deveria ter sido sempre assim. Antigamente, a doutrina do Partido dizia que todos são iguais, não importa seu status. Na verdade, como cada um tinha um emprego diferente, não podia ser igual a ninguém. A coisa mais exasperante para pessoas cultas, como nós, era não sermos tratados igualmente, mas não ousarmos dizer nada a respeito. Naquele tempo, os intelectuais não podiam apoiar igualitarismo, liberalismo ou democracia de qualquer tipo, porque nosso tipo de democracia era condenado como democracia capitalista. Claro que democracia, para mim, *era* democracia capitalista. Tinha aprendido isso na escola e na igreja. Era o tipo de democracia da Revolução Francesa. Mas de fato *éramos* um pouco democráticos, sempre tivemos tendência a ser.

XINRAN: E a democracia é própria de alguma classe em particular?

LOUIS: Isso é realmente difícil saber. Antes do desmantelamento do Bando dos Quatro, não declarava isso, mas me sentia um democrata. Minha posição como indivíduo era diferente da visão política mais aceita. Mas hoje em dia tudo está um pouco mais democrático do que era.

XINRAN: Conte-me sobre seu primeiro encontro com a general e o que sentia por ela então.

LOUIS: Como você sabe, nós dois chegamos ao Exército juntos, vindos de Shanghai. Os mais ou menos cem recrutas da cidade foram divididos em três unidades, ela ficou como chefe de uma e eu, como chefe de outra. Trabalhamos muito juntos naqueles dias — nós nos encontrávamos em todas as reuniões dos chefes de unidade. Fiquei muito impressionado com ela e, certa vez, disse: "Você é tão jovem, e bonita também". Queria tanto me casar com ela, isso me faria tão feliz, mas ao mesmo tempo sentia que ela estava fora do meu alcance. Cultivava, muito mais que eu, uma espécie elevada de pureza. Costumava brincar, dizendo que ela parecia a Donzela de Orléans. Mais tarde, ao iniciarmos o estudo e o treinamento, novamente ficamos no mesmo grupo, ela como líder, e passamos a nos ver ainda mais. Sentia que ela gostava de mim também. Mas, naquela época, líderes não podiam se envolver em relacionamentos românticos, de modo que continuei a amá-la em silêncio.

XINRAN: O senhor sentia que ela estava interessada?

LOUIS: Sentia. Mas era carinhosa com todo mundo ao seu redor. Embora fosse membro do Partido, ainda assim ela se mantinha gentil e generosa, não era brusca e agressiva como muitos outros membros. E por que eu tinha tanta certeza? Bem, afinal éramos os dois de Shanghai e ambos havíamos sido membros clandestinos do Partido. Tínhamos histórias parecidas, então pensei que ela provavelmente estivesse mais interessada em mim do que nos outros.

XINRAN: Depois de um ano, quando foi embora, o senhor escreveu para ela?

LOUIS: Não, ela pertencia a uma unidade secreta, não dava para simplesmente escrever cartas — quando nos reencontramos, tinham-se passado 42 anos e não soubéramos nada um do outro nesse tempo. Em 1988, apareceram nos jornais umas matérias sobre as cinco mulheres generais da China, e lá estava o nome dela. Foi quando, pela primeira vez, tive notícias. Mas, àquela altura, sentia-me ainda menos capaz de abordá-la. Ela tinha um alto posto, de vice-presidente do Instituto de Línguas Estrangeiras do Exército de Libertação do Povo e, além disso, o instituto ainda era uma unidade secreta. Embora aquilo tudo me trouxesse lembranças da juventude, imaginei que ela estivesse casada, e eu também tinha uma esposa, de modo que esse era outro motivo por que não podia pensar nela.

XINRAN: E que encontro casual os reuniu outra vez?

LOUIS: Minha mulher morreu em 1990 e, em pouco tempo, meu superior e meus colegas da unidade de trabalho passaram a me apresentar mulheres disponíveis. Mas eu estava com mais de sessenta anos e é difícil, nessa idade, começar uma nova relação.

Na primavera de 1992, Phoebe e eu nos encontramos na casa de uns amigos comuns e, no dia seguinte, dei um jeito de almoçarmos juntos. Perguntei a ela: "Velha amiga, como você pensa em passar o resto dos seus dias?". Ela respondeu que casamentos em idade avançada dificilmente dão certo! E me deu várias razões: quando duas pessoas tiveram vidas pregressas tão diferentes, é difícil encontrar coisas em comum. Problemas com os filhos, as relações sociais e assim por diante — tudo era potencial fonte de conflito. Além disso, um idoso sozinho não será necessariamente solitário: pode ler livros e ter amigos. Achei, naquele dia, que tinha levado um fora. Concordamos em ser apenas amigos, sem casamento. E, mesmo sendo apresentado a outras mulheres, a imagem dela era tão presente no meu coração que nenhuma outra poderia chegar-lhe aos pés.

XINRAN: O senhor começou a escrever cartas para ela?

LOUIS: No início, fui bastante impetuoso, mas me acalmei com o tempo. Não tinha certeza de que estava à altura de alguém tão elegante. Aí comecei a ver, pelas cartas, que ela mostrava cada vez mais sentir algo por mim. Escreveu que, às vezes, quando saía para dar uma volta à noite, olhava para as estrelas e era como conversar comigo. Ela sentia que estava se envolvendo emocionalmente e, na verdade, se apaixonando. Passamos a abrir nossos corações um para o outro. As cartas de amor das outras pessoas falam sobre o amor que sentem, mas não as nossas; escrevíamos sobre como nos sentíamos em relação à vida. Daquelas cartas emergiram nossos verdadeiros sentimentos um pelo outro.*

XINRAN: Então as cartas de vocês foram como anjos que unem os amantes. E depois de casados, vocês enfrentaram problemas, sentiram haver diferenças maiores que não haviam percebido antes?

LOUIS: Para ser honesto, as diferenças entre nós na rotina diária são bastante óbvias. E há o fato de ela ser uma general e eu, um simples funcionário

---

* Para uma seleção dessas cartas memoráveis, ver o próximo capítulo.

— essa é uma diferença enorme. Estou quatro ou cinco níveis abaixo dela na hierarquia. E, de novo, nossos históricos de família têm pouco em comum — ela vem da elite intelectual e eu, de uma família feudal de funcionários provincianos. A criação que tive no ambiente dos mercadores de sal e a educação dela, em meio à elite intelectual ocidentalizada, são completamente diferentes. Na superfície, é como o abismo entre o Ocidente e a China, uma ponte entre os dois não é algo fácil de se construir. Mas a verdade é que "*we are very [well] matched!*"* [Ele passa a falar inglês]. Todo mundo acha estranho, e até mesmo nós ficamos surpresos que tenha acontecido.

No aniversário de dez anos de casamento, escrevi para ela um poema chamado "Dez anos — É nosso décimo aniversário, minha amada".

Dez anos, um mero reflexo no rio noturno dos nossos anos.
Dez anos, um instante na tua vida e na minha.
De mãos dadas, conhecemos o brilho da vida; os ombros curvados, encaramos
suas tempestades; tudo é tão delicado e belo.
Conhecer-te o coração foi como o mais puro paraíso.
Sem ti, eu, Louis, não existo.
Tudo é como um coração que sussurra,
Tudo é poesia do coração, minha paixão aos dez anos.

Do fundo do coração dediquei esse poema a ela.

Estávamos casados havia apenas seis meses quando meu filho ficou doente de repente e morreu. Foi um grande baque, mas a general Phoebe me confortou dizendo: "Você não deve sentir que foi apenas *seu* filho que morreu. Fosse apenas o parente de um amigo do Exército, eu já largaria tudo para ajudar, imagine sendo você. Vamos suportar essa tempestade juntos". Então fomos a Shanghai e ela ajudou a organizar o enterro. Ela me preparou. Disse: "Você ainda tem a mim!". Ela sabia que eu não conseguia parar de me preocupar com meu neto de sete anos e me disse que assumiríamos juntos a responsabilidade de cuidar dele e da minha nora, e que enfrentaríamos juntos o futuro. Tudo isso me foi de enorme ajuda e me deu grande força.

* "Combinamos muito!" (N. T.)

Logo em seguida transferi minha aposentadoria de Shanghai para Beijing. Um ou dois anos depois, em 1996, minha filha teve ataxia cerebelar. Com o cerebelo atrofiado, caminhar e outras atividades se tornaram muito difíceis para ela. O médico me disse que era como uma doença terminal, sem cura. De novo a general Phoebe foi quem me consolou e apoiou. "Sua filha é minha filha também", ela disse. De modo que vamos frequentemente a Shanghai visitá-la. Certa vez, no hospital, saí para buscar uma enfermeira e ela ficou com minha filha. Quando voltei, vi que Phoebe tinha lavado os pés dela. Todos os outros pacientes disseram à minha filha: "Que boa mãe você tem!". Fiquei bastante comovido.

Ela não apenas segura minha mão enquanto vemos o pôr do sol, ela suporta as tempestades comigo, e isso é tão importante. E, para mim, perder um filho e ver a filha ficar gravemente doente foram tempestades terríveis! Talvez tivesse sucumbido sem ela. De modo que, daí em diante, nossos sentimentos um pelo outro foram se tornando mais fortes e ardentes.

Sinto de coração que sou realmente um homem de sorte, ela é uma boa mulher, de fato.

XINRAN: A titia e eu conversamos um pouco sobre como ela se sentiu depois de casada. Disse que ganhou do senhor outra chance de ser mulher, a chance da ternura e da proteção de um homem. O senhor vê esse casamento como uma verdadeira união entre iguais?

LOUIS: Sinto que a relação é valiosa para os dois. Sou uma pessoa profundamente emotiva, fui criticado em outros tempos por agir como um "pequeno-burguês sentimental". Ela, na realidade, é desse tipo também, e me deu amor verdadeiro. Só posso responder com amor.

XINRAN: Se vocês discordam sobre alguma coisa, quem cede, a general Phoebe ou o senhor?

LOUIS: Em princípio, sempre procuramos conversar. Tendo a ser mais afoito e ela, mais circunspecta. E normalmente muito tolerante comigo, mas, quando me dou conta de que fui longe demais, procuro me controlar imediatamente. Não temos sérios desentendimentos, tampouco segredos entre nós, na verdade.

Perto do final da viagem, numa sexta-feira à tarde, fomos assistir a uma aula de inglês da general Phoebe na Universidade da Terceira Idade, uma iniciativa dela na vila dos aposentados. Aproximadamente trinta generais da reserva compareceram e, depois de entregarem seus trabalhos de casa, se sentaram eretos em carteiras escolares comuns. Começaram cantando três canções em inglês, "para refrescar a memória", e então ouviram atentamente enquanto a general Phoebe fazia a leitura de um conto sobre uma família; depois, dividiram-se em pequenos grupos para uma compenetrada prática de conversação. Finalmente, alguns deles contaram ao resto da turma, em inglês, histórias sobre suas próprias famílias. Segundo esses alunos grisalhos, a história que mais gostavam de ler em voz alta era uma que eles próprios haviam escrito, chamada "Somos uma geração privilegiada".

Perguntei por que eles levavam tão a sério aprender inglês e recebi todo tipo de respostas diferentes.

Um instrutor de artilharia: "Se aprender um pouco da língua, quando for ao exterior visitar meus filhos, vou poder me virar sozinho".

Um médico do Exército: "Muitos eletrodomésticos hoje vêm com instruções em inglês, então, se estudar um pouco, não vou precisar incomodar demais outras pessoas".

Um herói de batalhas aéreas na Guerra da Coreia: "Durante a guerra, lutamos no ar. Agora, em tempos de paz, precisamos fazer amigos aqui embaixo. Sem falar inglês, não dá para ter amigos estrangeiros".

Um oficial intendente: "Como vamos poder ajudar, caso um dos muitos estrangeiros que estão vindo para a China para as Olimpíadas de 2008 nos pararem na rua para pedir informações?".

Não conheço nenhum outro povo nesta terra tão preocupado com os outros quanto os chineses.

Interlúdio 3: Cartas de amor

O Ocidente tem uma longa tradição de cartas de amor. Mas, na cultura chinesa, especialmente em tempos recentes, não é comum encontrar esse tipo de "convivência emocional" por escrito, em particular quando se considera que a maior parte dos casamentos era arranjada. Muitos jovens chineses continuam sem acreditar que houvesse romance nos relacionamentos de seus pais e avós "uniformizados", e dificilmente algum ocidental terá lido histórias de amor do período comunista anterior a 1980, na China. Fiquei muito impressionada ao ler as cartas de amor trocadas pela general Phoebe e seu marido, Louis, não apenas porque eles escreveram sobre o amor de forma "revolucionária" para os padrões chineses, mas também pelo sacrifício, pelo tamanho do sentimento e da emoção mantidos sob controle no oceano profundo de suas vidas diárias. Assim, selecionei algumas de suas cartas publicadas no livro *Cento e sessenta rosas*, na esperança de que os leitores possam, como eu, ser tocados e encorajados pelo fato de que os sentimentos dessas duas pessoas não se deixaram abalar por tempestades políticas. Que não se perca o amor que nos rodeia; que não seja abandonado à dor e ao sofrimento o coração que ama.

1.

15 de fevereiro de 1992

Querida camarada Phoebe,
    Como disse o poeta Wang Bo, "*Enquanto houver sobre a Terra alguém que conheça meu verdadeiro eu, / mesmo que estejamos separados pela imensidão do céu, / Ela estará aqui ao lado*". Quando nos despedimos, na noite do dia 12, na entrada da Universidade Normal do Leste da China, e enquanto caminhava até em casa sob a lua pálida, me senti mergulhado nesses versos antigos. Foi um Ano-Novo de inesquecível felicidade. Vou lembrar para sempre esse Festival da Primavera de 1992.
    Antes do festival, quando nosso velho colega me contou que você sempre passava esse período em Shanghai e me deu seu endereço, desejei muito encontrar minha velha amiga do Exército, depois de tantos anos. Não consigo disfarçar o fato de que fiquei profundamente atraído por você durante nossa curta convivência no Curso de Treinamento em Línguas Estrangeiras da Universidade do Trabalho de Beijing, em 1949, e achava que ambos sentíamos algo pelo outro. Em algum momento (embora hoje não mais, certamente) cheguei a pensar que, se eu não tivesse abandonado a universidade, você talvez não escolhesse se casar com nosso velho amigo morto tão precocemente. Desde que minha esposa morreu, faz um ano, fui apresentado a meia dúzia de pretendentes, mas não consegui me decidir. Com frequência penso e digo às pessoas: como alguém pode encontrar a boa mulher que terá como companheira em meio a esse mar imenso de humanidade, de estranhos? Se for para me casar novamente, vou manter meu alto padrão de exigência e espero, especialmente, que nossa relação se baseie numa intimidade verdadeira. Assim, quando soube da sua triste perda e descobri onde estava, cheguei àquilo que você chamou de "grande" decisão e resolvi iniciar minha busca. Encontrá-la no restaurante do 14º andar do Hotel Hengshan foi um incentivo a mais: mergulhei de cabeça e lhe fiz *aquela* pergunta para sondar o terreno. Primeiramente, porque você ainda era você, a mesma de quatro décadas atrás. Isso era o mais fundamental. E, além disso, você se lembrava de tantos detalhes sobre as coisas que fizemos juntos naquele tempo. Não tinha esquecido nem mesmo de quando nos encontramos por acaso no Festival da Primavera de 1956, em frente ao Shanghai Park Hotel.

E, ainda, fiquei secretamente encantado ao descobrir, quando conversávamos, que concordamos em tantas coisas e compartilhamos as mesmas opiniões. Não estava deliberadamente tentando agradar, foi um autêntico encontro de duas mentes, como se estivéssemos praticando *tai chi* no mesmo lugar.

À mesa do restaurante, naquele dia, quando confessei meus verdadeiros sentimentos com aquela pergunta direta e você expôs seus contra-argumentos, fiquei profundamente impressionado com sua sinceridade e sabedoria; na verdade, encontrei em você modelo e inspiração. O que disse a mim mesmo, então, foi: estou desapontado, mas não perdido. E isso também era verdade. Por um breve momento, naquele elegante salão de jantar, me senti desconsolado. Foi no momento em que ficamos em silêncio bebericando nossos drinques. Mas muito rapidamente afastei aquele sentimento, pois, mesmo que minha proposta fosse rejeitada, eu não apenas conservara sua amizade, como sentia que minha ternura por você era mais profunda do que nunca. Não só não tinha motivos para me lamentar, como encontrara novos preceitos que pretendo adotar, "três vezes ação, três vezes felicidade", conforme você disse — trabalho adequado, exercícios e atividade social, levando à alegria de ajudar os outros, ao contentar-se com o que se tem e a ter prazer na vida. Quero pôr sua fórmula de felicidade em prática. Falei dela aos funcionários veteranos do escritório e eles também a acharam inspiradora.

Você disse que minha proposta era "muito natural" e me dei conta de que entendeu meus sentimentos e perdoaria minha presunção. Sou tão grato a você! É verdade — quando, depois, pensei sobre isso com mais calma, vi que de fato tinha avançado o sinal. No mínimo fui ingênuo. As diferenças entre nós são bem objetivas e tenho de reconhecer isso. Como pude ser tão tolo, pensando que somente o que sentia era "base suficiente" para uma relação e confiando simplesmente na honestidade e nos bons propósitos do meu coração? Claro que sua negativa não teve nada a ver com gostar ou não de mim, mas com razões bem mais profundas, as quais eu mesmo deveria ter considerado. Bem, está tudo acabado agora e, felizmente, ninguém estava por perto para nos condenar ou ridicularizar. Consideremos que esse foi apenas um episódio menor no curso dessa nova amizade! Entretanto, tenho de, muito humildemente, me desculpar. Nesta que é minha primeira carta para você, repisei e repeti muito do que disse naquela ocasião, mas foi apenas para tirar isso do peito, e não mencionaremos mais o assunto, certo?

Vou parando por aqui; deixe-me desejar a você toda a felicidade do mundo. Ao mesmo tempo, espero que possamos satisfazer o desejo dos nossos corações — nos tornarmos bons amigos e trocarmos muitas e muitas cartas. Também estou ansioso para que convidemos dois ou três dos nossos amigos mais próximos para, em breve, fazermos juntos uma viagem pela China. Particularmente, espero que possamos ir até minha cidade natal para visitas ao Palácio Dayu, à tumba do rei Yue, ao Pavilhão das Orquídeas, ao local de nascimento de Lu Xun, além de apreciarmos as trilhas sombreadas nas montanhas e os passeios de barco...

Com os melhores votos,
Louis

2.

15 de fevereiro de 1992

Meu velho e querido companheiro de Exército,
Espero que você esteja bem. Fiquei encantada com a oportunidade de celebrar o Festival da Primavera com você e com a ótima conversa que pudemos ter sobre tudo, depois desses quarenta anos. Cheguei em casa hoje às duas da tarde, depois de uma viagem tranquila.

Somos todos tomados por nossas memórias nessa época. Tenho vívido em minha mente, ainda hoje, nosso alistamento no Exército. Os meninos e meninas daquele tempo se tornaram velhos e senhoras, mas nossos corações não mudaram, ainda cultivamos nosso espírito revolucionário. Esse pedaço das nossas vidas sempre nos trará belas lembranças, você não acha?

Estou lhe enviando como recordação algumas fotos minhas em meu uniforme militar. Fico por aqui.

Meus melhores votos,
Phoebe

5.

5 de março de 1992

Querida Phoebe,
Sua carta do dia 27 e o artigo sobre "a general do povo" me deram mais uma razão para me sentir feliz! O fato de que, no breve intervalo de duas semanas, trocamos cartas duas vezes — somos mesmo uma dupla bem "ativa" — é prova suficiente de que estamos dando uma chance à retomada da nossa amizade. Quanta alegria!

Achei o artigo "Uma dedicada integrante do Partido entre nós" ao mesmo tempo familiar e comovente. Foi escrito realmente com grande simplicidade; quando a autora a chama de "a general do povo", diz algo bastante profundo sobre você, mas sem que seu brilho fique em segundo plano. Admiro seu comportamento como oficial, e mais ainda sua elevada determinação de evitar o favorecimento pessoal e a ganância no que se refere ao padrão de vida que o governo pode lhe oferecer (no sentido mais amplo da expressão). Lendo o artigo, pude conhecê-la mais a fundo: ideologicamente, você está mais firme que antes, é cada vez mais você! Realmente, tenho muito a aprender. Se todos os oficiais do Partido — especialmente os de mais alta patente — fossem como você, o próprio Partido, nosso país, nossa luta socialista sairiam fortalecidos.

Nesta carta, como forma de retribuir o relato que você me fez, naquele dia no Hengshan Park, sobre sua vida nas últimas décadas, quero contar brevemente o que aconteceu comigo depois que deixei o Curso de Treinamento em Línguas Estrangeiras. Saí do Exército em maio de 1952 e fui alocado num posto em Shanghai pelo Comitê Local do Partido em Jing'an, trabalhando primeiro como chefe da seção de educação e mais tarde como diretor do curso para trabalhadores desempregados do distrito educacional de Jing'an. Havia pouco terminara o movimento dos Cinco Anti e muitos trabalhadores, a maioria dos quais ex-ativistas, estavam desempregados. O governo lhes garantira emprego e, enquanto não eram alocados, recebiam treinamento geral e em política. Tínhamos em torno de mil alunos e um bom número de oficiais e instrutores no curso. De modo que as aulas de política, desenvolvimento social e filosofia básica que tivera na Unidade de Treinamento em Línguas Estrangeiras foram um "capital" que imediatamente investi ali — e dar aulas também me fez ter saudades do tempo da guerra. No início de 1954, fui transferido para o Escritório Municipal do Trabalho de Shanghai para cuidar da educação dos trabalhadores; e, no outono de 1956, ganhei nova transferência, desta vez para o Escritório do Comitê do Partido no Comitê do Povo de Shanghai (ligado ao governo municipal). Primeiro fui instrutor teórico na Escola de Oficiais e, mais tarde, acabei alocado na área administrativa como secretário, organizando documentos e reuniões, rascunhando textos (discursos dos líderes, resumos das atividades, relatórios curtos e congêneres). Daí em diante, passei a ganhar meu sustento nos Arquivos, Reuniões e Relatórios, exceto nos dez anos entre 1968 e 1978, em que estive banido pelo Bando dos Quatro e fui mandado para a Escola de Oficiais Sete de Maio para trabalhar numa fábrica. Continuei depois fazendo o mesmo trabalho (a partir de 1978 na prefeitura de Shanghai) até me aposentar, em 1987.

Tive meus altos e baixos durante essa carreira de trinta e poucos anos na administração, mas o que pretendia, basicamente, era servir como uma boa "ferramenta" no trabalho. Posso dizer que fui bem-sucedido, isto é, depois de passar por um processo difícil de transformação pessoal, venci. Você sabe, naquele tempo tínhamos consciência de que o serviço militar não era "livre"; tampouco as organizações governamentais nos davam "liberdade individual". De modo que, gradualmente, evoluí de uma certa ingenuidade para uma aguda consciência, e consequentemente precisei abrir mão dessa "liberdade individual". Às vezes penso: se estava disposto a me transformar numa "ferramenta" eficiente, por que precisei abandonar o Exército? Mas há uma outra questão. Bem no fundo, sempre me considerei um estudante e achava difícil me comportar como um "funcionário público". Ao mesmo tempo, na presença de VIPs como o prefeito e o vice-prefeito, mostrava consideração, mas nunca me curvava ou os bajulava. Guardo outro segredo íntimo que são meus sentimentos em relação à "democracia" que revelei a você no jantar do outro dia. Embora muito raramente admita isso em público, é algo que, lá dentro de mim, não arrefece. Bem, essa é uma breve introdução à minha pessoa. Darei mais detalhes quando tiver uma oportunidade.

Chuvas de primavera têm caído insistentemente sobre Shanghai desde anteontem, o que deixou muita gente resfriada. O clima nas planícies centrais

deve estar mais ou menos a mesma coisa, então, por favor, cuide da saúde. Escrevo de novo mais tarde.
Com os melhores votos,
Louis

6.

1º de março de 1992

Meu querido amigo,
Espero que você esteja bem. Presumo que tenha recebido minha carta da semana passada com o artigo do jornal do Exército de Libertação do Povo que enviei em anexo. Recebi hoje uma carta do nosso amigo, dizendo o quanto ficou feliz que tenhamos nos encontrado no Festival da Primavera e contando como você o impressionou.
Soube recentemente que meus três problemas em relação à mudança para o Instituto de Aposentadoria dos Oficiais de Beijing, onde moro, estão resolvidos, de modo que poderei realmente encerrar a carreira este ano. Mentalmente, tenho tomado uma série de providências para me aposentar: além dos acertos para moradia, a coisa mais importante é criar essa espécie de "microambiente" que traga felicidade à alma e inclua amigos, música e outras aspirações espirituais. Sinto que só preciso me concentrar nisso e serei capaz de dar esse passo.
Com os melhores votos,
Phoebe

21.

29/30 de abril de 1992

Meu caríssimo amigo,
Hoje de manhã, ao voltar para o escritório depois de três aulas animadas com meus alunos pesquisadores, topei com uma volumosa carta sua sobre minha escrivaninha. Isso veio dar um toque a mais de brilho e calor à felicidade

e ao bom humor em que já me encontrava. É aquele sentimento de estar completamente apaixonada do qual você falou! Nunca pensei que, já uma velha, voltaria a me sentir como na juventude — e como é belo esse sentimento! E se, verdadeiro como ele é, puder espantar as misérias da sua solidão, será maravilhoso. Às vezes penso que valeria a pena um estudo psicológico aprofundado desse novo estilo de relacionamento que criamos! (Você o chama de amor, mas sinto que vai além do conceito normal de amor, porque é mais puro, mais elevado, rico em poesia.) Poderíamos até brincar dizendo que, sem querer, criamos uma nova e original maneira de amar, você não acha?

Saboreei repetidas vezes sua carta tão amorosa e ela me deu muito em que pensar. Repassei o que sentimos um pelo outro desde o começo. Acho que essa afeição remonta àquele ano de 1949, quando acabávamos de entrar no Exército, mas para mim aquilo era apenas um tipo "difuso" de afeição, pois tinha só dezoito anos na época. Minha mãe me ensinara que era preciso ser extremamente prudente quanto ao amor e ao casamento, e que não deveria me envolver com alguém precocemente. Fiz o que ela mandou, deixando o amor em segundo plano. Evidentemente que isso não impediu que me sentisse atraída por amigos do sexo oposto, de modo que sabia bem a diferença entre aqueles de quem gostava e o resto, mas nunca passou disso. Então vieram as reformas ideológicas que atingiram a Unidade de Treinamento em Línguas Estrangeiras e passei a pensar ainda menos nessas coisas. Ainda assim, havia aqueles alunos, entre tantos, pelos quais me afeiçoava especialmente e dos quais gostava de estar próxima, e você era um deles. Mais tarde, uma série de encontros casuais pôs o camarada Xiaoda em minha vida. O casamento com ele foi a consequência natural disso, e tivemos uma vida plena e feliz juntos. Depois que Xiaoda morreu, enterrei bem fundo dentro de mim aquele amor — é difícil esquecer um amor assim. Mas, afinal, ele tinha ido embora, e eu ainda era uma mulher com aquilo que os budistas chamam de sentimentos e desejos. Desejava ver correspondidos meus sentimentos amorosos, especialmente porque passara a viver completamente sozinha. Mas nunca me dera conta desse desejo, pois levava uma vida emocionalmente bastante satisfatória: tinha meu trabalho, sou muito ligada a meus irmãos e irmãs e mantenho uma relação maravilhosa com meus filhos e uma profunda e duradoura amizade tanto com meus velhos companheiros de Exército quanto com meus estudantes. Assim, não sentia que precisasse de algo mais no lado emocional — até esbarrar em você novamente, naquele Festival da Primavera, e ser surpreendida pela intensidade do seu sentimento por mim. É diferente de tudo que acabei de listar acima. É mais refinado, mais comovente, mais constante, muito parecido com o ardor das paixões de juventude. E no entanto não é como elas (e é por isso que não acho que possa descrever esse sentimento como um amor comum) porque, na juventude, o amor traz consigo o sexo e a expectativa de felicidade numa vida futura a dois. Mas estamos velhos agora e temos uma enorme experiência de vida, de modo que nossos sentimentos são mais racionais e maduros. Não esperamos nenhum tipo de consequência para eles, apenas que possamos sempre manter conectados nossos corações. É mais difícil ainda encontrar palavras para descrever isso, mas nos faz sentir ao mesmo tempo felizes e privilegiados. São sentimentos tão puros que não nos deixamos perturbar nem pelo mais ínfimo dos infortúnios, e por isso os descrevi como "difusos". Ainda mais essencial é que esses nossos sentimentos tenham sido cultivados em nossa correspondência, pois cartas são capazes de expressar os mais belos e autênticos sentimentos. Os nossos, sendo belos, serão expressos em belas palavras, que poderemos saborear muitas e muitas vezes relendo as cartas. Você não acha que tenho razão?

Também acho que esse tipo de conexão emocional não é para qualquer um. Primeiro, porque precisa ter como base o amor mútuo; segundo, nos planos intelectual e cultural e na questão da formação, o casal tem de estar relativamente no mesmo nível; e terceiro, e ainda mais importante, os dois precisam compartilhar as mesmas sublimes aspirações de constantemente explorarem as facetas da vida humana e, pelo estudo, atingirem estados de alma ainda mais elevados. É somente nessas condições, acredito, que esse tipo de amor pode criar raízes firmes e gradualmente evoluir em direção à perfeição.

Talvez por conta da minha carreira como professora, sempre gostei de procurar nos livros as respostas a muitas questões. Desde que me dei conta desse tipo especial de sentimento entre nós, passei a explorar e pesquisar com afinco sobre ele e até cheguei a ler *Sobre o amor*, de Vasylev. É um livro bastante sério, que comprei porque vários dos meus amigos mais jovens o estavam lendo e queria saber do que se tratava para desafiá-los com um pouco de ideologia. Li os capítulos mais importantes com meus próprios questionamentos em mente; mas, embora tenha achado o livro inspirador, não tinha muito a ver conosco. É por isso que escrevi antes que nossos sentimentos parecem, de alguma maneira, "originais", algo a ser pesquisado ainda! Espero que você não ria de mim por ser tão livresca!

Você me pergunta se poderia me mudar para Shanghai quando me aposentar. Em teoria, sim, mas agora é um pouco tarde, pois já tenho um lugar reservado no Instituto dos Oficiais Aposentados. Na verdade, prefiro mesmo Beijing. Não fará diferença para nós o lugar onde eu esteja. O principal é que possamos escrever cartas um para o outro indefinidamente. Certamente irei a Shanghai todo ano, de modo que poderemos nos ver, e, quando eu me mudar, você será bem-vindo em Beijing sempre que tiver uma chance de vir. Pode ficar aqui para que eu o leve para visitar outros velhos amigos do Exército ou para ver a cidade. Divaguei muito nesta carta e está na hora de parar agora. Espero que você não se angustie mais por não receber cartas minhas. Acredite, cedo ou tarde vou acabar escrevendo, não se preocupe.

Com os melhores votos,
Phoebe

24.

10 de maio de 1992

Caríssima Phoebe,

Deixe-me lançar meus pudores ao vento e com veemência gritar o que sinto! Recebi ontem sua carta do dia 6, e ter essa carta da minha amada distante para ler no final de semana foi, para mim, um sinal de boa sorte. Durante o jantar, gosto de beber uma taça (mais ou menos uns setenta mililitros) de uma aguardente fabricada aqui, então preparei meu drinque, sentei-me ansioso e com cuidado abri sua carta de amor. Enquanto lia, bebericava; só com você posso dividir esses ternos sentimentos! À noite, havia o baile de final de semana com o pessoal do meu antigo trabalho, então saí. Geralmente vou dançar duas ou três vezes por mês — é de graça. Pena que eu seja este caipira saído de uma escola para estrangeiros e que não dança muito bem. Se pelo menos minha meiga e valente Phoebe estivesse em Shanghai, meu talento de dançarino sem dúvida atingiria, em breve, nível de pós-doutorado.

Depois do baile, voltei para casa e peguei sua carta para ler pela segunda vez. Marquei com caneta vermelha frases memoráveis como "Querido Lou" [em inglês], "Em todo caso, você já é o centro das minhas afeições". Li e reli, marquei e remarquei. Meus olhos estavam molhados de lágrimas e meu coração tremia. Era alegria verdadeira! Poder receber essa sincera, ardente e constante afeição sua me enche ao mesmo tempo de entusiasmo e contentamento, e fico até mesmo lisonjeado, pois sou realmente uma pessoa medíocre e superficial, embora meu amor seja verdadeiro e profundo. Mas nisso também você me influenciou e inspirou. Exulto ao receber esse profundo amor e devo fazer o melhor para correspondê-lo e, exatamente como você, dar luz e profundidade à vida e tudo mais ao meu redor!

Agora são oito horas da manhã de domingo e terminei meus vários afazeres. "Aqui em cima me tranco para, com você, ser apenas um", conforme escreveu Lu Xun, e para realizar minha tarefa sagrada — escrever-lhe uma carta. Minha nora levou meu neto de seis anos, cujo nome é Erjia (demos a ele o apelido carinhoso de "Jimmy"), para ver os pais dela, enquanto meu filho dorme até mais tarde. Nessa atmosfera calma e aconchegante, abro meu coração a outro coração, o de minha querida, distante amada, atento ao ritmo de suas batidas. Primeiro, tiro da gaveta todas as adoradas cartas que você me escreveu e as leio novamente. Nos anos 40, assisti a um filme de Hollywood, *Na noite do passado*,* e, embora tenha há muito esquecido sobre o que era, lembrei do título enquanto lia as cartas porque, exatamente como se assistisse ao filme, reprisei na minha mente nosso amor a partir daquele início de primavera, em fevereiro, até este incandescente calor de maio. É incrível como passou rápido e as coisas progrediram de maneira tão lógica. Deixe-me esboçar rapidamente como foi que as coisas se desenvolveram: a felicidade por aprofundarmos o que sentíamos em nosso reencontro — eu, tão inferior a você, tateando; você, de sua posição superior, a me esclarecer; depois, o restabelecimento da relação como "bons amigos" — "cartas entre nós dois" ligando-nos um ao outro, proporcionando a intimidade e a felicidade dos amigos íntimos —, mais reminiscências e mais trocas, preenchendo o vazio em nossas almas com o "sentimento de que a vida traz riqueza em abundância" — e o prazer de ler as cartas um do outro e "encontrar a satisfação sem limites do nosso amor" — e as mudanças quantitativas que trazem consigo as qualitativas, que por sua vez levam

---

* Em inglês, o título era *Random Harvest*.

ao "amor, profundo amor", o qual "é puro porque revela a verdade do coração; nobre porque se eleva acima do mundo vulgar; belo porque capaz de provocar no leitor os mais belos sentimentos" — e agora estamos cada vez mais "apaixonados", de uma nova forma de amor, cheia de originalidade, pura, nobre, plena de poesia, amantes nos tornamos, num sentido "difuso" mas verdadeiro. Cantemos a primavera do nosso amor, essa espera apressada; ocupando, cada um, lugar central no amor do outro, "queremos tirar do caminho todos os obstáculos" — e fazer do futuro apenas rosas! Que as pessoas vulgares debochem do nosso amor — algum grande escritor algum dia poderá imortalizar esse que é o mais raro dos sentimentos numa obra que encantará o mundo!

Deixe-me agora revisitar um velho sonho: assim como você, que no passado nutria afeto por mim, também eu nunca apaguei da mente, durante quarenta anos, sua querida imagem. Embora não estivesse presente, você esteve comigo quase toda noite e quase toda manhã. Não é invenção — posso provar isso. Toda vez que pensava no tempo em que entramos para o Exército, sua bela imagem me surgia naturalmente. Pensava em você especialmente quando olhava as fotografias daquele tempo; havia uma, tirada quando recebi um uniforme novo e na qual aparecia com um capacete preso ao queixo, que fazia você rir e dizer que eu não parecia um soldado do ELP, e sim um soldado inglês! Então, sempre que pegava aquela foto, pensava em você e tinha a impressão de ouvir novamente seu riso solto. Aí, no verão de 1956, topei com o casal, você e Xiaoda, na entrada do Shanghai Park Hotel quando levava minha sobrinha para um drinque no restaurante do décimo quarto andar. Ainda não era casado, e ver você trouxe de volta muitos sentimentos, como se, entornada uma garrafa de temperos, derramassem seus múltiplos sabores, predominantemente um amargor insuportável. Escrevi recentemente dizendo que, se não tivesse abandonado a Unidade de Treinamento em Línguas Estrangeiras, então talvez não fosse nosso falecido amigo o felizardo a se casar com você. No instante em que esbarrei em vocês dois no Park Hotel, foi exatamente o pensamento que me ocorreu. Outro exemplo: em 26 de dezembro de 1989 (hoje sei que dois dias antes do seu aniversário) fizemos uma viagem para Nantong, mais ou menos uma dúzia de pessoas do escritório, e ficamos no Hotel Youfei. O gerente nos contou que o nome do estabelecimento homenageava um grupo de eminentes acadêmicos do passado, mas — como se tivesse tomado um choque elétrico — pensei em você por causa daquele "Fei", que forma um caractere idêntico ao do seu nome. Naquela noite, pensando em você num lugar estranho, mal dormi. No outono de 1978, voltei a encontrar nosso diretor, novamente em Shanghai, e nos três ou quatro anos seguintes, até me aposentar e voltar a Beijing, fui à casa dele com frequência. Cada vez que ele mencionava os velhos amigos da Unidade de Treinamento em Línguas Estrangeiras, eu pensava em você especialmente, mas não ousava perguntar porque guardava segundas intenções. Então, um mês antes do Festival da Primavera deste ano, ele veio a Shanghai e fui vê-lo no Hotel Yu Feng. Contou-me que você vinha todos os anos visitar seu irmão em Shanghai durante o festival e me deu seu endereço, e foi essa a faísca que desencadeou nosso romance.

Quando você se mostrou generosa o bastante para me aconselhar a procurar uma companheira que cuidasse de mim, eu não conseguiria ficar bravo ou tomar isso como ofensa, porque sua intenção era boa. Mas não podia aceitar. Tenho certeza de que é fácil encontrar alguém para tomar conta da gente, mas um verdadeiro amor é difícil achar. Não serei tão tolo a ponto de abandonar minha alma gêmea — meu verdadeiro amor! Você diz que "podemos nos afastar dos nossos sentimentos", e respeito sua opinião. Não seria a primeira vez que isso acontece, especialmente fora da China. Mas, se nos afastamos de nossos sentimentos, tudo que resta é o desejo carnal; temo que nem o sexo seja suficiente. Ainda sou o mesmo, minha querida, deixemos nosso futuro ser apenas rosas...

Paro por aqui. Toco sua mão!

Louis

25.

13 de maio de 1992

Querido Louis [em inglês],

A foto em que você aparece com seu neto é encantadora. Vejo que está completamente recuperado, aparentemente com o mesmo peso de quando o vi no Festival da Primavera e mais jovem em espírito. A paixão nos mantém jovens, é verdade! Quem acreditaria, por essa foto, que você logo será um velho de setenta anos! Seu neto parece adorável, que menino bonito! Os grandes olhos dele são tão chamativos, e é um menininho muito robusto. Espero que vocês lhe deem uma boa criação; a geração dos pais dele quer facilitar a vida dos filhos por causa das privações sofridas na própria infância. Mas, como filhos únicos, as crianças de hoje acabam sendo estragadas porque são muito mimadas, o que é realmente prejudicial para a saúde delas. Como avô, você precisa dedicar algum tempo à ciência da educação infantil, o que tornará seu neto o jovem ideal e uma pessoa capaz, não acha?

A profundidade do amor e da afeição presentes em sua carta me fizeram lê-la muitas vezes, como se nada além disso me pudesse fazer assimilar esse verdadeiro amor em toda a sua completude. Não parei aí — nas horas vagas, tenho lido todas as cartas que você mandou, do começo ao fim, saboreando-as. Um sentimento de imensa felicidade me invade — é o que se chama "estar loucamente apaixonada". Sempre costumava rir da "loucura" dos jovens apaixonados e, certamente, nunca imaginei que eu mesma me apaixonaria "loucamente" na velhice. Penso que somos realmente privilegiados por podermos experimentar essa sensação na nossa idade. Assim que me aposentar, se tudo der certo, poderemos realmente falar mais sobre isso. Poderemos escrever a respeito e o resultado talvez seja incrível! Claro, não consigo dizer as coisas como você diz.

Quando você me contou, serenamente, em sua carta, como se sentiu e o quanto pensou em mim ao longo de todos esses anos, senti-me muito honrada por ter lhe causado tão profunda impressão. De fato não fazia ideia; se não tivesse acontecido aquele nosso encontro casual, tudo isso teria sido enterrado para sempre, o que seria um terrível desperdício. Considero seu amor muito puro e precioso. Quanto a mim, Xiaoda e eu fomos tão felizes juntos que não pensava muito em você, ainda que naquela época lhe tivesse afeto. Mas, depois que meu marido faleceu, esse afeto foi a base sobre a qual você reavivou a chama dos sentimentos que eu trazia escondidos bem no fundo do peito e, como um milagre, novas e intensas emoções nasceram a partir do que sentimos um pelo outro todos aqueles anos antes. A gente nunca sabe que voltas a vida vai dar. Talvez estivéssemos fadados a estar juntos! Acho que permanecer "loucamente apaixonados", como estamos agora, é provavelmente a melhor maneira de resolver isso, uma vez que é o único modo de manter viva para sempre a chama do nosso amor.

Penso que você é um camarada de muito valor realmente. Sempre senti que, quanto mais capaz é uma pessoa, melhor, menos ela irá depender dos outros, mais feliz ela será. Sempre faço questão de reforçar isso para a geração mais jovem, especialmente para as meninas. Parece estar na moda, hoje, entre as moças, pensar que se mostrar "frágil" significa poder "usar os homens" e, assim, "controlá-los". É uma grande mentira! Se eu fosse um homem, não suportaria compartilhar minha vida com uma moça que não fosse capaz de fazer nada por si mesma, dependesse de mim para tudo e simplesmente ficasse à toa, não importando o quanto ela fosse bonita. A beleza exterior diminui para todos à medida que os anos passam. Mas a beleza interior é muito mais importante. É o que na verdade me fascina, algo *duradouro* [em inglês]. Evidentemente que, ainda assim, aprovo o vestir-se bem na meia-idade ou na velhice. Hoje uso meu uniforme todos os dias e descuidei um pouco das outras roupas. Quando me aposentar, planejo ir a um alfaiate de Shanghai que me faça algumas peças que caiam bem. Na última vez que nos encontramos, no Zhu Nan's, pelo jeito como todo mundo brincou sobre o fato de não se poder descobrir, pelas suas roupas, que você é apenas um funcionário municipal, dei-me conta de que você tem alguma coisa de dândi!

A história que você contou sobre seu nome é realmente interessante, típica da sociedade feudal de antigamente. Meu nome é diferente porque reflete a influência ocidental naquele tempo. Como você sabe, nasci em Columbus, Ohio, e fui batizada com um nome inglês, Phoebe (pronuncia-se fee-bee). Phoebe era a deusa do Sol e meus pais queriam que eu espalhasse alegria e calor. Talvez o nome tenha servido um pouco para isso, uma vez que minha filosofia de vida tem sido sempre a de levar às pessoas aconchego e felicidade. Transformando Phoebe para os caracteres chineses e pronunciando o nome no dialeto de Shanghai, soa muito parecido com o inglês. De qualquer modo, tanto seu nome quanto o meu trazem a marca da velha sociedade, semifeudal, semicolonial. As pessoas são criaturas da sociedade, portanto seus nomes refletem com clareza as mudanças sociais.

Fico feliz de saber que você tem uma vida movimentada. Dançar é uma ótima atividade social e acho que você deve mantê-la. Também gosto de dançar — por aqui temos nossos bailes de final de semana e às vezes compareço —, mas prefiro assistir à televisão. Quando a gente fica velha, os passos rápidos ficam bem difíceis, então prefiro a dança mais lenta para poder aproveitar a música e ao mesmo tempo conversar. É do que mais gosto.

Pensei e escrevi bastante até aqui, e talvez não tenha conseguido me expressar claramente, mas não importa, contanto que nossos corações tenham se conectado. Sei que você entenderá e perdoará as deficiências desta minha carta.

Com os melhores votos,
Phoebe

31.

30 de maio de 1992

Querida Phoebe [em inglês],

Espero que você esteja bem. A carta que escreveu de Shanghai chegou direitinho e já a li. Novamente você me enviou uma carta profundamente amorosa e maravilhosamente filosófica.

Aceito e respeito sua análise e seu raciocínio. Quando comentei suas cartas anteriores, isto é, sua atitude em relação ao amor que há entre nós, usei a palavra "adequado" como um elogio sincero. Na verdade, depois da nossa conversa durante o jantar no Hotel Hengshan, superei a frustração, entendi melhor e aceitei completamente sua escolha. Ao mesmo tempo, de forma ampla delineei o rumo que minha própria vida deverá tomar, ainda que nenhum outro caminho fosse possível! Nossas cartas vão e vêm e com mais ardor nossos sentimentos são expressos, tendo rápida e muito satisfatoriamente se desenvolvido a partir daquela amizade inicial. Entretanto, nunca esqueço, e jamais ousarei desafiar, sua determinação simples, ainda que em alguns momentos deixe a timidez de lado e ponha ternura em meus comentários. Acredito que o que existe entre nós é amor verdadeiro, mesmo que "difuso", diferente mas superior ao relacionamento de marido e mulher. De repente me lembrei de um verso inscrito no portão de um mosteiro no topo do monte do Imperador de Jade, em Hangzhou: "Não é o paraíso, mas não é deste mundo" — um estado que não é fácil, mas também não é tão difícil, de compreender! É assim que eu o entendo: um amor especialmente profundo é um amor que é mais profundo que o amor comum e também um amor completamente original, e eu o valorizo e aprecio ainda mais por isso. Sinto e compreendo no nível mais profundo seu tão profundo amor por mim, e lhe ofereço minha mais profunda gratidão. Ter um amigo do peito nessa vida já é certamente suficiente! Ter um amigo do peito que o ame tão profundamente é mais que suficiente! Espero, acredito e vou lutar para assegurar que esse amor particularmente profundo que é o nosso continue a crescer e atinja resultados maravilhosos. Também é melhor que seja um segredo entre nós. A única pessoa a quem falei desse nosso amor especial, incidentalmente e em termos muito vagos, foi meu irmão mais novo. Ele ficou muito feliz por mim e acha que é uma coisa muito boa. Vou atender aos seus desejos e garantir que ninguém mais tenha acesso ao nosso segredo — isso eu juro. Deixe-me, ainda que de forma inapropriada, adaptar este verso poético: Nosso amor vai durar para sempre entre as juras de dois corações!

Falando do primeiro amor [em inglês]. Nunca tive de fato um verdadeiro primeiro amor. Apaixonei-me pela primeira vez na primavera de 1947, na Faculdade St. John. Era uma colega chamada Chen, que estava muito interessada em mim, e ficamos um tempo juntos, mas nos limitávamos a conversar e caminhar pelo campus, apenas parecia mais próximo dela do que era dos outros estudantes. Mas logo fui informado por um outro colega, membro clandestino do Partido, que Chen não era "essencialmente uma boa pessoa" (lembro claramente da expressão) e ficou subentendido que eu deveria andar menos com ela. De modo que não fomos adiante. Aí, no outono de 1951, depois de ter deixado a Unidade de Treinamento em Línguas Estrangeiras, e enquanto me recuperava de uma infecção de pulmão em Pudong, Shanghai, tornei-me o representante do Partido naquela ala de convalescentes e uma jovem mulher, também em recuperação ali, a vice-representante. Comíamos, morávamos e nos recuperamos juntos, trabalhando juntos também, e aos poucos ficamos íntimos, embora nunca tivéssemos chegado a ponto de falar abertamente sobre isso. No começo da primavera daquele ano, deixei a ala de recuperação e, a princípio, mantivemos contato, mas gradualmente paramos de nos falar por conta de um certo grau de "orgulho e preconceito". Para ser totalmente honesto, não tive a experiência de um "doce primeiro amor", ela foi breve e dolorosa. Então, em 1954, quando estava no Escritório do Trabalho, conheci Ren Dacheng, minha falecida esposa, e novamente surgiu a faísca do amor. No entanto, nosso namoro não foi tranquilo, principalmente porque a família e os colegas de trabalho dela a influenciaram negativamente e ela não queria correr o risco de entregar-se ao que sentia. Casamos em junho de 1958, exatamente quando o movimento esquerdista estava no auge e, para não sermos acusados de "pombinhos pequeno-burgueses", não ousamos levar uma vida caseira de amor e aconchego. Ao mesmo tempo, a família dela andava em dificuldades financeiras como sempre, e Ren e a irmã eram responsáveis pelo sustento de cinco irmãos em idade escolar e dos pais, de modo que ela precisou continuar tomando conta de todos. Em abril de 1959, com menos de um ano de casamento e ela grávida de seis meses do nosso filho, fui mandado para um ano de trabalho na zona rural, do qual deveria "sair fortalecido", e portanto não estava com ela quando o bebê nasceu. A partir de 1962, ela foi obrigada a cumprir dois períodos de trabalho rural e educação socialista, um depois do outro. Seguiu-se a Revolução Cultural, e acabei preso por um ano e depois "exilado" em Nanjing por outros seis, o que significou uma vida familiar ainda mais fragmentada. As coisas melhoraram bastante depois da terceira sessão plenária do PCC, durante o Décimo Primeiro Congresso Nacional do Partido, e pudemos ficar um tempo juntos em casa como uma família, mas, de 1979 em diante, ela passou a sofrer de uma ataxia cerebelar que foi piorando progressivamente, a família toda deprimida. Não havia como ajudá-la e ela morreu prematuramente na meia-idade. Eu também já andava pela metade da vida e nunca havia de fato tido uma vida feliz em família. Minhas lembranças são, na maior parte, de dor em meio à felicidade e de uma afeição que não estava ao meu alcance. Felizmente, tenho uma personalidade forte. Embora fraco fisicamente, tenho um espírito robusto! Nunca me deixei abater ou culpei outras pessoas, e de maneira nenhuma minha esposa doente. Afinal, ela sofreu mais que eu e nunca teve uma vida boa depois que se casou comigo. Às vezes eu achava difícil, até insuportável, lidar com a doença, especialmente quando ela molhava ou enchia as fraldas; sentia vontade de xingar, até mesmo de bater nela, mas nunca fui capaz de uma crueldade dessas. Às vezes pensava em como ela poderia ser considerada minha esposa se eu jamais recebera amor e afeição; mas não era culpa dela e, além disso, também não fiz por ela muito mais. Então me recompunha e encarava a realidade, sem me deixar abater. Enfim, chega disso... você pode escolher pegar ou largar!

    Mais uma vez, muito obrigado pelos cumprimentos de aniversário que me enviou. Fico profundamente comovido com todos os esforços que você tem feito por mim, sou um homem de sorte, de muita, muita sorte!

Voltei para casa das ilhas Shengsi, como previsto, no dia 28. O lugar não me impressionou muito, exceto pelos vinte diferentes tipos de comida do mar, tudo muito saboroso.

Bem, melhor parar por aqui, embora a conversa dos apaixonados jamais tenha fim — então, que a deixemos inacabada!

Com os melhores votos,
Louis

32.

Noite de 2 de junho de 1992

Querido Louis,

Espero que você esteja bem. A primeira coisa que fiz ao retornar de Nanjing, na tarde do dia 31, foi ler sua carta várias vezes. Tenho encontrado muitas vantagens em escrever cartas de amor. À parte o ardor que se sente ao escrevê-las, o que abre as comportas do amor permitindo ao amado banhar-se nelas, e a enorme felicidade que proporcionam, há também o fato de que se pode lê-las uma e mais vezes e saborear seus mistérios. É um verdadeiro deleite para a alma. Fico muito contente que você tenha passado um aniversário tão feliz este ano!

O artigo anexado à carta do dia 23 de maio era muito bom... muito entusiasmado e escrito com charme. Também gostaria de acrescentar que a maneira como nosso amor se desenvolveu se deve, em grande parte, ao seu talento para escrever. Seus textos vão tão direto ao ponto que a esta sua general só resta admitir a derrota e entregar-se como sua prisioneira de guerra, não acha?

A ilustração que você fez do verso "Não é o paraíso, mas não é deste mundo" foi realmente muito inteligente. No Festival da Primavera, senti-me tão privilegiada por receber seu puro e profundo amor — talvez o tipo de amor que só os espíritos imortais podem fruir! — tão incrivelmente privilegiada. Pois, para os imortais, não existe absolutamente a obscuridade das relações humanas, e dois corações podem se unir sem ter de analisar as razões para isso. Simplesmente porque esse amor pode uni-los no mais alto nível, uma atração desse tipo nada tem em comum com a ingenuidade da juventude, é sábia e madura. Enfim, o modo como nos inscrevemos no coração um do outro não pode ser descrito adequadamente com palavras. Lendo sua carta do dia 30 de maio, entendi ainda melhor sua bondade e bravura. Eu o admiro tanto! De fato, a primeira parte da sua vida foi muito difícil. Você encarou problemas consideráveis e, mesmo assim, conseguiu lidar muito bem com eles e sobreviveu. Também admiro sua irrepreensível integridade no trabalho como burocrata. A beleza dessas suas qualidades interiores combina absolutamente com sua beleza e espirituosidade exteriores! Assim, espero que o destino do que você considera seu "Tratado sobre a Mediocridade" seja as águas do mar do Leste — você só pode ser medíocre na opinião dos medíocres.

Estive em Nanjing participando do Encontro Anual das Universidades Chinesas de Línguas Estrangeiras, no Instituto de Relações Internacionais, e vi nosso velho amigo da Faculdade St. John. Ele trabalhava no instituto e agora está aposentado. Lembra muito de você.

Enquanto escrevo, vou me recordando do que você disse sobre seus problemas emocionais. Pelo que falou na carta, o amor lhe faltou no passado. Isso, claro, teve muito a ver com o ambiente político de então, mas talvez um pouco também com as diferenças de temperamento e história entre você e sua esposa. Sinto que devemos deixar o passado no passado; não temos muito mais tempo de vida, mas pelo menos, enquanto estivermos vivos, precisamos tentar compensar o que você perdeu. E pretendo depositar todas as minhas forças nisso!

Quanto à nossa relação, fui a Beijing em abril para visitar minha irmã mais nova e confidenciamos. Ela confirmou minhas opiniões sobre o assunto e acha que temos tomado as atitudes mais adequadas. Claro, vendo de fora não se consegue necessariamente entender toda a intensidade do amor entre nós. Somente nossos dois corações são capazes de conhecer um ao outro, aproveitemos isso ao máximo!

Com os melhores votos,
Phoebe

91.

18 de dezembro de 1992

Querido Louis,

Espero que você esteja bem. Hoje recebi mais uma carta de amor sua. Eu a li muitas vezes, saboreando cada detalhe das novidades e deixando que meu coração fosse tomado por uma onda depois da outra. Deu-me muito o que pensar.

Para falar a verdade, desde que nossos sentimentos se fizeram tão profundos, passei a me sentir um pouco confusa. Não faz muito tempo recebi cartas da minha cunhada de Shanghai e da esposa de um primo de Guangzhou, ambas comentando que eu parecia incomodada com alguma coisa. Sempre me considerei alguém capaz de lidar com os conflitos da vida. O verbo "incomodar-se" simplesmente não fazia parte do meu vocabulário. Mas fatos são fatos. Se pensar com cuidado a respeito, terei de admitir que estou "incomodada", e é sobre o que fazer conosco.

Sou obrigada a admitir que, no passado, fui muito ingênua e simplista, especialmente quanto aos sentimentos entre homem e mulher. Sempre achei que minha ideia original era muito boa, isto é, que poderíamos ser "amantes" e ter uma relação mais profunda que a amizade, e ao mesmo tempo evitar os incômodos que vêm com o casamento. Mas, à medida que nosso amor foi se desenvolvendo, à parte sua insistência, a todo momento, de que poderíamos criar o aconchego amoroso de uma nova família, nesse processo comecei eu própria a sentir a mesma necessidade. Especialmente agora que estou prestes a me aposentar e embarcar numa vida completamente diferente, que não mais será centrada no trabalho, na qual além disso estarei sozinha. No meu subconsciente, como eu iria viver no futuro era realmente um grande ponto de interrogação. E jamais pensei de fato seriamente sobre isso, de modo que o ponto de interrogação sempre permaneceu ali, sob a superfície. Sua carta mais recente, ao expor tão claramente a questão, forçou-me a encarar a realidade e fazer uma reflexão séria sobre tudo isso.

Primeiro, acho que esse nosso amor nos aproximou muitíssimo. Na carta, você fala da "garota loucamente apaixonada morando dentro da general, naquele Festival da Primavera", e acho que está certo, pois nosso amor tem raízes muito profundas. Essas raízes estão em nossa juventude, naquele afeto que sentíamos um pelo outro. Eram sentimentos baseados em atração e carinho mútuos e, mais ainda, numa visão de mundo parecida: nenhum de nós dois vinha da classe trabalhadora e ambos tivéramos educação universitária regular. E éramos ambos pensadores progressistas que entusiasticamente haviam se juntado à luta. Então, quando nos reencontramos, quarenta anos depois, e aqueles sentimentos foram reavivados, veio à tona toda a nossa paixão de juventude. Se formos julgados somente pela aparência externa, somos velhos, e qualquer um, ao nos lançar um rápido olhar, verá apenas um senhor e uma senhora idosos; mas nunca deixei de ver você como aquele belo jovem, ainda que, prestando bem atenção, seu cabelo tenha branqueado e seu rosto exiba algumas rugas. Mas não enxergo essas coisas, pois aos meus olhos você ainda é o moço bonito de que me lembro. À medida que nossos corações se uniam pelas nossas cartas, passei a entendê-lo melhor, e muitos desses nossos "encontros", inclusive as revelações sobre nossas tragédias pessoais, tiveram profunda ressonância em nossos corações e mentes. É por isso que digo que posso ter caído numa armadilha de amor!

E, quando um homem e uma mulher estão apaixonados assim, vão pedir algo mais: vão querer estar mais tempo, ou até mesmo o tempo todo, juntos. Nunca havia me dado conta disso antes, mas o que está me incomodando é que realmente gostaria muito de estar com você o tempo todo! Mas ao mesmo tempo tenho muitas dúvidas e fico num estado de bloqueio mental, que sinto estar me impedindo de dar esse passo. Percebo, pela sua carta, o quanto você está precisando de uma nova família, mas estou travada e não me sinto capaz de responder a essa sua necessidade, e isso é confuso e também difícil para você. Compreendo que seja assim, e foi por isso que o encorajei a encontrar alguém mais adequado. Mas, agora que você passou a procurar de verdade por uma nova companheira, terminei com essa sensação de verdadeira angústia que é difícil de descrever em palavras, principalmente porque sinto que posso realmente perder você, o que seria insuportável. Um pouco antes, quando você me contou sobre aquela mulher, mãe de cinco filhos e com formação superior, não me senti assim porque ainda não havíamos desenvolvido sentimentos tão profundos um pelo outro. Mas não consigo ver nenhuma saída, então é claro que fico angustiada. Falei que meu amor por você jamais se alterou e você me disse: "Acredito que esses são seus verdadeiros sentimentos". Mas, se você de fato vier a se casar novamente, eu daria um passo atrás, conscientemente, não porque passaria a amá-lo menos, mas por respeito à sua felicidade. Preferiria enterrar nosso amor no fundo do peito e transformar esse romance num belo sentimento, numa lembrança que me seria para sempre preciosa.

O que escrevi acima é o que penso verdadeiramente. Até que você encontre uma nova companheira, poderemos continuar com esse bonito amor que compartilhamos. E tive outra ideia: se você não conseguir encontrar a pessoa adequada, estou disposta a conversar sobre casamento. Sinto que tenho de tentar me livrar dessas minhas inibições. Não estou dizendo que fui arrebatada pelo amor e agora me arrependo porque fiz tudo errado — não sou esse tipo de pessoa. Uma vez que decido fazer uma coisa, eu a faço calmamente e sem arrependimentos.

Sempre fui bastante livre em nossa relação, então por que o incentivo a encontrar outra pessoa agora? Penso principalmente na sua felicidade; preocupa-me que, ao fazê-lo perder essa chance por mim, eu poderia estar lhe causando um mal verdadeiro. Você com outra pessoa faria com que eu me sentisse mal, mas isso é problema meu, e seria melhor do que nós dois nos sentirmos mal, você não acha?

Pensei muito bem em cada palavra desta carta, que me tomou um longo tempo. Não sei se consegui explicar claramente o que vai no meu coração. Tampouco faço ideia se não haverá ainda mais contradições depois que você a ler. Mas gosto de dizer a verdade e as coisas como elas são. Trocamos quase cem cartas nos últimos onze meses — com isso, espero não estar em falta com você!

Talvez porque recentemente tenho estado mais ocupada que o normal, isso somado à mudança no clima, peguei um resfriado ontem e tive um pouco de febre. Tomei "medidas de emergência" imediatamente — um monte de remédios, água fervida e cama a maior parte do dia. Hoje pela manhã estava completamente restabelecida e feliz por sair para as duas aulas que me esperavam.

O Ano-Novo está perto e lhe mandei um cartão — posso dizer que o que escrevi nele mostra como me sinto. Temos tempo para mais uma troca de cartas antes do Ano-Novo. Quando chegar a hora, vou lhe mandar outro cartão com meus melhores votos pela data. Paro por aqui.

Tudo de bom,
Phoebe

157.

Tarde de 29 de agosto de 1993

Querida Phoebe,

Recebi hoje sua carta do dia 25, confirmando para 15 de setembro a data da minha viagem a Beijing, então assim será! Nesses quase dois anos da nossa amizade, seu amor inestimável alcançou todos os campos da minha vida. Um exemplo? Poderia lhe dar muitos. Logo poderei fazer isso pessoalmente: em nossas conversas e saídas para dar uma volta de manhã ou à noite, naquele prazer especial de duas pessoas dançando e conversando sob os extraordinários tons outonais das montanhas do Oeste... O que quero lhe dizer é que o verdadeiro afortunado sou eu. É imensa minha gratidão pelo que você tem me dado! Mesmo tendo sido eu a "perseguir" esse "amor", ou ainda quem a "incomodou", não me arrependo de nada e me sinto incrivelmente privilegiado. Houve um momento em que a "distância" entre nós me angustiava, a ponto de eu hesitar em me envolver com você. Tinha a ver, ao mesmo tempo, com nossa óbvia diferença de hierarquia e com a distância geográfica entre nós. Mas agora me parece que isso jamais foi ou será um obstáculo a que possamos manter contato regular. Principalmente graças a você! E digo isso verdadeiramente do fundo do coração. Se você me permite, certamente, de nós dois, aquele que deveria se sentir mais privilegiado e expressar profunda gratidão sou eu.

Minha condição não mudou nos últimos tempos, mas o homem que você encontrará dentro de algumas semanas será apenas um pobre e mirrado acadêmico — apenas o coração desse homem se mantém constante! Eu poderia continuar, mas esperemos pelo nosso encontro!

Com meus melhores votos,
Louis

158.

1º de setembro de 1993

Querido Louis,

Recebi anteontem sua carta do dia 29.

Acho que, uma vez juntos, poderemos fazer todas as coisas que você descreveu e mesmo pensar em algumas outras. Como temos sorte de poder cultivar desejos tão bonitos na nossa idade! Quando nos encontrarmos, poderemos decidir o que fazer dia a dia e, depois de nos divertirmos por aí, sentar e saborear todos os detalhes, de modo que os momentos agradáveis que passarmos juntos ficarão indelevelmente impressos em nossas mentes. Tomei as providências necessárias à sua chegada, coisas práticas principalmente. Lembrei de você ter dito que toma um copo de leite de soja todas as manhãs antes dos seus exercícios de relaxamento, então comprei leite de soja em pó. E você não gosta de um trago da sua aguardente favorita toda noite? Comprei uma garrafa e posso até lhe acompanhar tomando uma dose.

Parece que você estava querendo me prevenir quanto a estar "velho e mirrado". Não precisa se preocupar, de verdade. Todo mundo fica velho, é a lei da natureza. As aparências só fazem aumentar os sinais da idade. Essas mudanças biológicas são naturais. Basta não dar atenção a elas, não são importantes. Olhe para mim, por exemplo: meu cabelo está ficando cada vez mais branco e tenho cada vez mais rugas e manchas na pele. Claro, posso me fazer bonita quando quero, mas não estou muito preocupada, sério. Acredito que a juventude interior é o mais importante — ambos somos bons nisso e deveríamos continuar assim. Se psicologicamente somos jovens, jamais nos sentiremos velhos. E, para além da idade exterior, você será sempre jovem e irresistível para mim, verdade! Espero pelo homem do meu coração.

Com os melhores votos,
Phoebe

159.

Tarde de 5 de setembro de 1993

Querida Phoebe,

Espero que você esteja bem. Nossa correspondência, ao menos em termos quantitativos, pode ter se tornado um fenômeno maior que as famosas cartas de amor de Lu Xun. É tão interessante olhar para trás e ver as dúzias de cartas que trocamos e que uniram dois corações antes solitários e sofridos, dando-lhes um brilho novo de juventude e ternura duradoura. Há uma coisa que marca especialmente nossas cartas, e essa coisa é a clareza. Lembro da primeira carta que lhe escrevi, no ano passado, o quanto briguei com ela e quebrei a cabeça... Mas, depois, escrever se tornou muito mais natural e mais e mais escrevemos como quisemos. As palavras fluíram no papel tão livres quanto se estivéssemos conversando. O conteúdo das nossas cartas foi sempre completamente verdadeiro, às vezes com um pouco de descrição, um pouco de floreio, mas sempre a revelar sentimentos sinceros. E bem aqui, nesta correspondência, está a prova do quanto valorizamos e pusemos em prática aquele seu princípio de que "a verdade precisa ser dita"!

Você ter ido pescar me lembrou a pescaria de camarões perto da minha casa, quando era pequeno. Fugíamos do bombardeio dos japoneses e, a certa altura, nos abrigamos numa vila. Quando não tínhamos nada para comer, meus irmãos e eu costumávamos sair para pescar camarões. Púnhamos uma minhoca numa linha presa à ponta de um bambu e a lançávamos ao rio. Em pouco tempo, os camarões vinham morder a isca. Devagar, eu retirava a vara de bambu enquanto com a outra mão, ainda lentamente, passava uma rede por baixo dos camarões e finalmente, com um golpe ligeiro, capturava-os. Era realmente muito fácil, e sempre me pareceu muito mais chato que uma pescaria de verdade.

Comprei minha passagem para o dia 15 no trem número 14 e adoraria que você fosse me esperar. Já chegamos a um acordo sobre os princípios que regerão minha visita, de modo que nada mais direi sobre isso. Mas queria reforçar três questões práticas: não gostaria que minha presença mudasse ou atrapalhasse sua rotina de maneira nenhuma. Continue a fazer as mesmas coisas de sempre. Dois: vamos comer simplesmente o que você está acostumada a comer ou, como dizia um ditado local da minha terra, "traga mais pauzinhos, mas não outros pratos". Não se preocupe em fazer nada diferente. Terceiro: não compre nada especialmente para mim. O.k.?

Hoje de manhã, fui me despedir dos meus irmãos e eles estavam muito felizes por mim. E, graças aos seus apelos de "venha mais cedo" e "fique um pouco mais", meu coração já partiu para Beijing. É incrível pensar que, quase aos setenta anos, duas pessoas possam se sentir incendiadas como um casal de adolescentes, e como é divertido! O resto pode esperar até nos encontrarmos.

Com os melhores votos,
Louis

PS: Fui postar esta carta e encontrei na caixa a sua do dia 1º, de modo que tive de abrir o envelope para acrescentar uma ou duas frases: fiquei comovido a ponto de chorar por você ter se preocupado até com o leite de soja em pó e a "aguardente". Como fui encontrar a sorte grande? Estou muito emocionado.

Sempre me senti muito privilegiada, como chinesa, vivendo esse momento histórico de mudança, quando o país avança o que às vezes dá a impressão de chegar a uns cinco séculos. Testemunhei a velha China que sobreviveu naquelas "vidas antigas" da zona rural pobre e a China do futuro, das cidades modernas. As pessoas transitam entre esses diferentes estilos e possibilidades de vida. Antes da década de 90, 90% da população da China era de camponeses e agricultores com pouquíssimo estudo. Viver, para essa gente, significa comida no estômago, roupas quentes para o inverno e um canto onde dormir; ler e escrever deve lhes soar como algo mitológico. Quando você passar dessas cartas românticas ao próximo capítulo, verá a brutal diferença entre chineses da mesma idade vivendo o mesmo período da história desta nação. Se existe um muro entre crenças e culturas diferentes, então muito facilmente poderia ter havido uma guerra de classes nos últimos cem anos, na China.

Na Estrada, Interlúdio 4: Reflexões nas entrelinhas

Neste ponto, já na segunda versão do livro, acordei no meio da madrugada do dia 30 de dezembro de 2006. Lá fora ventava e chovia e, na noite anterior, a BBC prevenira sobre tempestades no Ano-Novo. Ao acender a luz, vi que eram dez para as três. Lembrei das palavras da general Phoebe: em meio aos desastres do regime de Mao Tse-tung, a sua era "uma geração privilegiada, pois pôde testemunhar a guerra e a paz"; e minha cabeça de repente foi invadida por uma ideia estranha: apenas os sobreviventes da guerra podiam ter essa boa sorte, e só eles eram capazes de compreender o que significa a paz.

Será que aqueles que cresceram assistindo a filmes de ação americanos realmente conhecem o cheiro de sangue? Não sei. Tampouco posso imaginar se crianças criadas à base de games violentos são capazes de entender as consequências da guerra. Seriam as guerras e matanças necessárias para forjar heróis na paz da vida contemporânea? E em que isso seria diferente da luta de classes de que se valeu Mao? Como a luta é possível quando não existe inimigo? Será que não podemos reverter os antagonismos de classe em laços de amizade?

Enquanto virava e revirava essas coisas na cabeça, senti que precisava ligar na BBC News 24, embora sem saber por quê. Mas primeiro queria iniciar o dia de trabalho. Precisava botar no papel o quanto antes as reflexões que me assaltavam desde a última entrevista. Ugo Betti é quem diz: "Lembranças são como pedras; o tempo e a memória as corroem como ácido". Não queria que o tempo e a distância apagassem as emoções de amor e ódio que me tomavam.

Lá pelas seis e meia fui invadida novamente pela urgência de sintonizar o canal de notícias. Tive a ideia de preparar uma xícara de Biluochun, um chá verde chinês, e sentar em frente à TV. Mal me acomodara e as grandes chamadas em vermelho me causaram um sobressalto: Saddam Hussein havia sido executado quatro horas antes.

Na BBC, o debate comia solto entre dois lados opostos: de uma parte, havia satisfação porque se fizera justiça; de outra, a condenação a uma sentença injusta. Também havia preocupação geral quanto ao caos de batalhas étnicas e religiosas em que o Iraque estava mergulhado. Não consegui evitar me envolver na discussão dos entrevistados naquele estúdio: as nações ricas que presentearam a liberdade e a democracia aos iraquianos com o uso das armas e da força compreendiam, de fato, o estágio de desenvolvimento das culturas e religiões e das crenças nacionais daquele povo? Como pode haver interpretações tão díspares quanto as de Bush e Saddam acerca da guerra e da morte? Poderia uma sociedade humana realmente progredir de governos religiosos para o republicanismo democrático? Poderia a espécie humana compartilhar a mesma definição de civilização quando seus membros não veem as coisas da mesma maneira?

Exatamente como na China, neste século, aqui estamos nós "lutando pela verdade" e libertando as pessoas à força de impor-lhes "apenas a liberdade". Aí vemos o famigerado "desenvolvimento planejado", pessoas sendo punidas e recompensadas com base numa unidade de valores morais imposta a todos, num esquema mesmo de "modelo único" que deve servir a todo mundo. E é isso que celebramos como "uma era de prosperidade", o que chamamos, sem mais questionamentos, de "boa liderança", a isso nos entregamos apaixonadamente sem levar em conta a segurança das pessoas. Nossa paixão é sem dúvida ignorante e tola, mas certamente não será pela via militar que despertaremos para esse fanatismo.

10. O policial: um tira que entrou para a polícia na fundação da República Popular

Foto de família, Zhengzhou, década de 60: o sr. Jingguan, o segundo a partir da direita, e sua esposa, ao fundo, a terceira a partir da direita.

Em 2001, o sr. Jingguan, à frente no centro, com a esposa (na cadeira de rodas), os filhos e os netos.

SR. JINGGUAN, de 79 anos, um policial cuja longa carreira corresponde ao próprio tempo de existência da República Popular da China, entrevistado em Zhengzhou, capital da província de Henan, na região central do país, próxima ao rio Amarelo. Ele entrou para a polícia em 1948 e se tornou sargento aos dezessete anos. É um registro vivo da força policial de Henan e tem uma memória incrível; lembra da maioria dos casos desde 1948. Mas abandonou a polícia na década de 80, aos 57 anos, por não aguentar mais a ignorância e a corrupção que o rodeavam. Mora num apartamento de dois quartos com a mulher doente, de quem cuida com a ajuda das duas filhas do casal.

No dia 6 de setembro, chegamos a Zhengzhou, a capital de Henan, província da China central. De acordo com o censo mais recente, Henan tinha 97 milhões de habitantes, o que a tornava a província mais populosa da China. Até 1990, Zhengzhou era o maior eixo ferroviário da Ásia, enquanto Henan era uma das províncias mais pobres do país. Em termos de segurança pública, era também recordista — o maior roubo a banco da história da China moderna, o primeiro caso envolvendo um matador profissional estrangeiro, o assassinato mais brutal...

Comecei minha carreira de jornalista aqui, embora antes de 2003 não pudesse ser tão direta a respeito desses fatos, por medo de levantar suspeitas de que estava "traindo o país".

Logo depois da fundação da República Popular da China, em 1949, uma "Rádio Ruído da Frente Unida", com potência de 150 kw, foi instalada em Zhengzhou. Ela transmitia um ruído de interferência para evitar que o povo das regiões mais importantes do país e seus arredores escutassem "estações inimigas" como A Voz da América, a BBC e rádios de Hong Kong e Taiwan.

Em 1988, as reformas de abertura da China alcançaram a mídia nacional, ou melhor, o ruído de interferência não pôde mais evitar que as pessoas, graças à tecnologia moderna, tivessem livre acesso à informação. Decidiu-se transformar a Rádio Ruído numa estação de assuntos culturais e econômicos e criar um novo modelo de mídia para o país. A primeira estação a ter transmissão direta das principais atrações de sua programação foi a Rádio Rio Pérola, no sul da China, mas era uma emissora pequena e com alcance limitado. A de Zhengzhou se tornaria uma das mais importantes e, para assegurar que continuaria a ser a voz do PCC depois das reformas, como já eram as demais rádios provinciais, todas estritamente controladas, a Estação de Rádio do Povo de Henan recebeu a incumbência de recrutar âncoras de toda a China para conduzir um "experimento em transmissão direta" sob "instruções e aconselhamento" de veteranos do rádio. De 30 mil ou 40 mil candidatos, o comitê de seleção da Central de Radiodifusão escolheu sete homens e sete mulheres com menos de trinta anos para constituir a equipe pioneira.

Antes disso, havia estações de rádio apenas nos níveis provincial e municipal, que ficavam sob a tutela do Departamento Central de Propaganda do Governo. A televisão não se tornou parte da mídia de massa até o final dos anos 80, quando a maioria das pessoas passou a ter um aparelho de TV.

Um programa de rádio enfrentava pelo menos quatro etapas: seu rascunho tinha de ser lido e aprovado, e depois disso nenhuma palavra podia ser acrescentada ou mudada; em seguida o programa gravado precisava ser aprovado também, e a trilha sonora acrescentada, antes da aprovação final. Além disso, não era permitido nem o mais leve traço de individualidade nas locuções. Conforme costumávamos comentar, só havia dois tipos de locução — a masculina e a feminina. O que significava que a radiodifusão na China era uma máquina midiática gigante, administrada de forma quase militar.

Fui uma das catorze pessoas escolhidas para constituir a Equipe Pioneira de Radiodifusão Direta e, entre elas, a exceção, pois já tinha mais de trinta anos. Ainda me lembro como foi rápida a mudança do entusiasmo inicial para o desgosto da "disciplina da informação" e da "lista de normas" que nos impuseram. Quando soubemos que todas as nossas transmissões seriam monitoradas e avaliadas, como prevenção a que "tomassem o rumo errado" e desvirtuassem a opinião pública, nos sentimos na corda bamba das reformas da mídia, com o abismo da política se abrindo debaixo de nossos pés.

Não nos arriscávamos na preparação e montagem dos programas, já que nenhum de nós tivera experiência ou treinamento na "mídia livre"; na verdade, nenhum de nós sabia fazer rádio sem ler diretamente de um roteiro. Além disso, ninguém queria bater de frente com a questão da "liberdade de expressão".

Provavelmente por ser a mais velha, e também porque das catorze "cobaias" somente eu trabalhara, por doze anos, num quartel, e portanto supostamente tinha uma noção melhor de "disciplina" que o resto, fui incumbida de um programa noturno de entrevistas chamado *Palavras na brisa noturna*. Sobre o que deveríamos conversar? Como? O que era seguro dizer? Ninguém me falou, mas logo percebi, pelo grande número de cartas dos ouvintes, que a matéria-prima do programa estava nas trilhas e estradas lá fora da redação, nos vilarejos aos quais eu jamais fora, na vida que os livros que lera não contavam, nas histórias daquelas mulheres que criavam os filhos para transmitir o modo de vida chinês às futuras gerações.

Foi a polícia de Henan que me ajudou a ir ao encontro dessa matéria-prima em segurança. Não apenas tive escolta policial, mas também algumas lições sobre como entrar na mente daqueles camponeses sem estudo e me fazer entender para que, a partir daí, eles pudessem melhorar suas vidas e defender o que era seu por direito.

Há um incidente que jamais vou esquecer. Em 1990, alguém escreveu me perguntando por que o povo de certos lugares às margens do rio Amarelo, em Henan, vinha sofrendo por gerações com doenças de vista. Investigando, descobrimos que as choupanas da região, equipadas com fogões a lenha, não tinham chaminés, de modo que as mulheres que trabalhavam fechadas ali com seus bebês nas costas ficavam o tempo todo expostas a uma atmosfera carregada de fumaça. Como resultado, muitos dos moradores locais desenvolviam doenças nos olhos ainda bastante jovens e alguns ficavam cegos com quarenta anos.*

Um grupo nosso partiu em busca de resolver esse problema tão antigo. Comigo estavam um médico, um engenheiro civil e dois policiais, um local e outro vindo da capital da província. Começamos a descer o rio Amarelo, mobilizando os camponeses com o objetivo de que construíssem algum tipo de chaminé para as suas casas, mas, dois dias e quatro vilarejos mais tarde, não apenas nenhum deles acatara nossos argumentos, como nos devolviam

---

* Esse fenômeno também é mencionado em *A China ao longo do rio Amarelo: reflexões sobre a sociedade rural*, de Cao Jinqing.

uma pergunta: quem olharia por eles se abrissem o teto e as almas dos que ali tinham vivido fossem embora durante a noite?

A caminho do quinto vilarejo, o médico, o engenheiro e eu estávamos alarmados e irritados. Chegáramos a um impasse. Então o policial local, um homem taciturno que até o momento se limitara a atuar como nosso motorista, cheio de dedos, perguntou: poderia fazer uma tentativa? "Claro, claro!", acudimos. "O que você vai fazer?", quisemos saber, mas timidamente ele falou: "Deixem-me tentar antes. Vocês, meus patrões, veem o que acontece e aí não digo mais nada, certo?".

Quando chegamos ao quinto vilarejo, o policial viu um oficial local vindo na nossa direção, meteu o pé no freio, pôs a cabeça para fora da janela e disse: "Uma nova instrução do presidente Mao!".

"Do presidente Mao? Mas ele não morreu?"

"Acabaram de descobrir. Ele deixou esta instrução: 'As águas do rio Amarelo e as doenças de vista dos aldeões devem ser controladas.'" O policial falou tão sério que olhamos para ele sem poder acreditar.

"Controladas como?" O oficial obviamente também estava levando aquilo a sério.

"Colocando 'olhos para o céu' nas casas. Todos os altos funcionários do presidente Mao já moram em casas assim!" O policial continuou, confiante: "Convoque uma reunião e repasse a instrução do presidente Mao, pois dentro de dois dias voltaremos para conferir".

Dito isso, ele pisou no acelerador e fomos embora.

"Que brincadeira é essa?", o engenheiro não pôde evitar de perguntar.

"Espere e verá", o policial de Zhengzhou respondeu pelo colega, e acrescentou: "Nunca ouviram a expressão 'o dragão alado não pode com a cobra rasteira'? O pessoal do interior tem um jeito próprio!".

Ouvindo isso, não havia nada que nós, gente "civilizada" da cidade, pudéssemos dizer, exceto concordar com os policiais e "espalhar a instrução do presidente Mao". Mas nenhum de nós acreditou que fosse funcionar. Intimamente, estávamos pensando: "Estão querendo gozar do pessoal da cidade!".

Mas tomamos um choque quando, dois dias mais tarde, voltamos ao vilarejo onde o policial deixara a ordem. E, para o nosso espanto, todos os telhados tinham chaminés! De todos os tamanhos e formatos, é certo, e a maioria feita sem muito método, mas as pessoas haviam atendido o presidente Mao!

Tinham obedecido a alguém que para eles era um deus, mas há muito desprezado pela gente da cidade como um tirano já morto e esquecido.

Perguntei ao policial local como ele aprendera a usar o presidente Mao para "civilizar" aqueles camponeses. Ele respondeu, tímido: "São camponeses. Só acreditam nos deuses que os atendem".

Os camponeses só acreditam nos deuses que os atendem? Então certamente não acreditariam em nós. A partir dali, os policiais de Henan se tornaram meus professores. Haviam me ensinado a diferença entre campo e cidade, abrindo meus olhos para aspectos da cultura humana dos quais não me dava conta e tornando possível que eu compreendesse os camponeses.

Agora, alguns anos depois, queria entrevistar um velho policial da província, que estivera a serviço do Escritório de Segurança Pública da República Popular da China desde sua instalação até os dias de hoje. Soubera que ele tinha uma memória excepcional, e por isso era uma das pessoas responsáveis por escrever a história da divisão local do escritório em Henan.

A caminho de sua casa, no complexo residencial das Agências de Segurança da Região das Planícies Centrais, uma policial que fizera o trabalho de apuração prévia para nós disse: "Ele quer ser chamado de 'policial', e não de 'juiz', embora tenha atuado vários anos nos tribunais e chegado à chefia da magistratura. Fica indignado quando o judiciário é mencionado. E faz anos que não sai de casa, pois a mulher está em coma e 'vegetando'. Ele não quer que um dia ela acorde e não o encontre lá".

Fiquei comovida com a lealdade e o senso de responsabilidade desse homem para com a esposa — aquilo estava muito distante das práticas masculinas de "ter casos", "manter um ninho de amor" ou "pular a cerca"!

Ao mesmo tempo, fiquei ansiosa. Alguém que não saía de casa havia anos seria capaz de suportar perguntas de estranhos? Sem contato com o mundo exterior há tanto tempo, será que conseguiria se identificar com nossos valores e entender a importância da entrevista? Como fazê-lo compreender e como chegar ao tipo de assunto sobre o qual eu queria falar de uma maneira natural? Pensei que provavelmente o melhor era começar por fatos recentes, com os quais ele tivesse maior familiaridade e que mais desejasse contar às pessoas — sua situação familiar.

Quando chegamos à casa, nos defrontamos mais uma vez com algo quase inacreditável: aquele homem, notabilizado por sua extraordinária contribuição ao estabelecimento e ao desenvolvimento do sistema de segurança pública de Henan, vivia quase na linha da pobreza, numa pequenina unidade de moradia de um bloco de apartamentos de baixo custo, de cinco andares, do tipo construído a toque de caixa nas reformas do início da década de 80. O apartamento tinha apenas dois cômodos, sem hall de entrada; o teto nem mesmo cumpria a norma dos 2,3 metros de altura e a área total consistia em apertados 25 metros quadrados. As dependências de cozinha e banheiro se espremiam de qualquer jeito e não havia áreas comuns ou lavanderia. Entrava tão pouca luz que ler durante o dia era quase impossível sem acender uma lâmpada. A pintura das portas e janelas estava gasta e as paredes, descascando. O chão era de concreto bruto. A única mobília, uma cama, uma mesa de jantar com cadeiras e dois velhos guarda-roupas surrados, um em cada canto da sala. Havia um pequeno quarto que também era usado como cozinha, com uma estante sobre a qual se encontravam uma tábua de picar, uma faca, dois maços de cebolinha e um pedaço de gengibre. Espremida num canto próximo à porta de entrada, uma máquina de lavar enferrujada; não havia geladeira nem o tipo de aparelho de ar-condicionado que a maioria das pessoas costuma ter, apenas um velho, decrépito e barulhento ventilador elétrico que vibrava e se batia contra o calor escaldante. Mas o apartamento estava muito limpo e não se sentia aquele cheiro que geralmente paira no ar em torno de idosos doentes, presos a uma cama.

Olhando para isso tudo, cheguei a duvidar que aquele fosse mesmo o respeitável e veterano funcionário. Ninguém se preocupava que morasse tão mal? Afinal, ele havia sido um dos primeiros policiais da República Popular da China, desde 1948 na profissão! Pelo que eu sabia das políticas nacionais de auxílio a idosos, os oficiais veteranos que tivessem lutado pela Revolução do lado do Partido Comunista, antes de 1949, recebiam tratamento especial: o Exército mantinha Institutos de Aposentadoria e os governos regionais, Vilas de Oficiais Aposentados. A menos que ele tivesse cometido uma falta grave em algum momento... mas alguém que incorresse numa falta desse tipo jamais teria permissão para escrever a história do Escritório de Segurança Pública.

Novamente, aquilo me confundia.

Ainda chocada com a cena de pobreza, primeiro me aproximei para cumprimentar a esposa de Jingguan, recostada numa cadeira, em estado de coma. Toquei suavemente sua testa e disse: "Olá, tia".

***

JINGGUAN: Não adianta falar com ela. Não está consciente e não consegue fazer nada.

XINRAN: Sim, posso perceber isso, mas acredito ser importante cumprimentá-la e, talvez, de alguma forma, ela sentirá que a respeito. [Como chinesa, sei que devo fazer perguntas sobre a condição dela — ainda que os ocidentais pensem que isso é ser invasivo.] Ela reage à luz? É possível que, gradualmente, vá despertando?

JINGGUAN: Ela não consegue fazer nada, não reage mesmo que a gente acene com a mão bem em frente ao rosto.

XINRAN: O senhor cuida muito bem dela.

JINGGUAN: Há trinta anos ela tinha pressão alta e há vinte teve uma trombose cerebral. Faz dez anos que está paralisada e oito que não controla fezes e urina e perdeu a fala… as crianças me ajudam a cuidar da mãe delas.

Percebo, pela linguagem corporal dele, que está preocupado com minha reação às circunstâncias e ao ambiente.

XINRAN: Que bom que o senhor tenha filhas que o ajudam. Nesse aspecto, tem sorte. Sua casa é tão limpa, e absolutamente não se sente aquele cheiro tão comum a muitas casas de pessoas idosas.

JINGGUAN: Essa é a coisa mais difícil. Às vezes me levanto durante a noite, às duas ou três horas da madrugada, para ir ao banheiro, e ela está molhada e gemendo. Depois que a troco e limpo, ela para de gemer.

XINRAN: Então ela sente algumas coisas?

JINGGUAN: Acho que sim, mas não consegue dizer nada, evidentemente.

XINRAN: E ela não tem sensibilidade nos braços e nas pernas?

JINGGUAN: Nenhuma. Não reage quando os médicos lhe aplicam injeções.

XINRAN: Ela não tem nenhum tipo de escara?

JINGGUAN: Não, a pele está boa.

XINRAN: Já é uma vitória. As vítimas de coma geralmente apresentam escaras, já que não podem se mover ou se virar. Ela consegue engolir a comida?

JINGGUAN: Não, não consegue, temos de usar uma sonda no estômago e um triturador para liquefazer a comida, que vai direto para dentro dela pelo tubo.

XINRAN: É uma tarefa complicada, realmente admiro o que vocês fazem.

JINGGUAN: Qualquer família faria o mesmo.

XINRAN: Não necessariamente. É verdade que temos o costume de tomar conta dos mais velhos, mas relatos de idosos sendo negligenciados também são comuns, não são? Ela recebe a aposentadoria por invalidez e o seguro-saúde?

JINGGUAN: Recebe 850 iuanes por mês.

XINRAN: Bem, isso é uma coisa boa. Alguém tão doente poderia arruinar financeiramente a família inteira.

JINGGUAN: É verdade.

XINRAN: Essa é uma fotografia da família toda?

JINGGUAN: É do Festival da Primavera de 1959. Nossa filha mais velha, aqui a segunda, e nosso filho mais velho, que já está aposentado. O quarto, e mais novo dos meninos, não era nascido ainda.

XINRAN: E essa foto deve ser da época da Revolução Cultural. Todos usando os distintivos do presidente Mao.

JINGGUAN: É uma foto do final do ano de 1970, tirada pouco antes de o nosso mais velho virar soldado.

XINRAN: E naquela parece que temos um grupo de oficiais.

JINGGUAN: São os oficiais veteranos do Escritório de Segurança Pública, em 1986; participávamos de um simpósio de oficiais veteranos.

XINRAN: Essa é sua mulher? Com que idade ela está hoje?

JINGGUAN: Setenta e dois. Essa foi nossa festa de cinquenta anos de casados. Ela não conseguia segurar a cabeça ou comer, nem estava entendendo nada, mas tiramos nossa fotografia juntos, em 28 de outubro de 2002.

XINRAN: O senhor disse que nasceu em 1931. Posso lhe perguntar se ainda se lembra dos seus pais e avós e quais são as recordações que guarda da infância?

JINGGUAN: Minha família se mudou para Zhengzhou no 21º ano do reinado do imperador Qianlong, há mais de duzentos anos. Antes da Liberação, fui com meu avô visitar o túmulo original da família e estava tudo ali, gravado na pedra, até minha geração, a décima. Nossos antepassados eram ricos. As últimas gerações é que acabaram em dificuldades. Para viver é preciso dinheiro, pelo menos o suficiente para comer e se vestir, e meu pai e meu avô, ambos, falharam nisso — tinham muito conhecimento, mas não conseguiram encontrar alguma coisa do que sobreviver e, no fim, morreram de fome.

Acho que meu avô nasceu em 1886, quando a família ainda era dona de cem *mu** de terra. Viviam bem. Zhengzhou não possuía escolas estrangeiras naquele tempo, de modo que ele foi mandado para uma escola privada à moda antiga, e se formou pela Universidade Normal de Kaifeng. E meu avô era um sonhador — o dístico gravado dos dois lados do portão de entrada da casa dele dizia: "Todas as pretensões são desprezíveis. Somente estudar é elevado". Não tinha ideia de como ganhar dinheiro — só sabia estudar —, de modo que, se alguém ficava doente, ele vendia terras; se alguém se casava, ele vendia terras, até que, finalmente, na época a partir da qual já consigo lembrar algumas coisas, haviam sobrado apenas quarenta *mu*.

XINRAN: Como ele conheceu a esposa?

JINGGUAN: Naquele tempo, eram os pais que acertavam tudo, o que eles determinassem seria obedecido. Antes da Liberação, quase cem por cento dos casamentos em Zhengzhou eram arranjados.

XINRAN: E quando chegou a vez dos seus pais?

JINGGUAN: A mesma coisa. O agenciador conhecia as famílias do rapaz e da moça e conversava com os dois lados. Os adultos chegavam a um acordo e fazia-se o casamento entre os jovens. Quando meus avós se casaram, a família do meu avô paterno provavelmente ainda tinha setenta ou oitenta *mu* de terras. Meu avô materno não possuía tanto assim, mas sabia como ganhar dinheiro e, nos anos de maior privação, a família teve o que comer e beber. Meu outro avô tinha lá seu conhecimento, o que não serviu para alimentar a família. Ao concluir o ginásio, meu pai foi moer grãos na baixa estação e preparar a terra na alta. Num ano de vacas magras, não tinha o que comer.

XINRAN: O senhor alguma vez mencionou isso para os seus filhos?

JINGGUAN: Não.

XINRAN: Por que não?

JINGGUAN: Para quê? É uma história de trabalho duro e extrema pobreza, enquanto minhas crianças cresceram com facilidades e conforto. Suas vidas tiveram um sabor diferente.

---

* Sete hectares.

XINRAN: Bem, o senhor estaria disposto a contar essa história para mim?

JINGGUAN: Sim, vou tagarelar um pouco, se você não se importar de me ouvir repisar de novo essa velharia toda.

Como eu disse, nasci em 1931. Minhas primeiras lembranças são de 1938, mais ou menos, quando tinha uns seis ou sete anos. Depois do Festival da Primavera, comecei numa escola privada à moda antiga. Sabe o que é? Um professor se encarrega de três ou quatro alunos e, para começar, a gente estudava diariamente os *Três caracteres clássicos*: "As pessoas, quando nascem, são naturalmente boas". Daí partíamos para o estudo do *Livro dos cem sobrenomes*: "Zhao, Qian, Sun, Li". Passei dois anos ali e em seguida fui para a "escola estrangeira", no que hoje seria o primeiro ano do primário. Éramos pobres a essa altura. Penei por quatro anos e acabei abandonando a escola sem completar o primário.

Em 1942, houve uma grande seca em Henan e não conseguimos colher um único grão do que plantáramos. No outono, todo o trigo fora consumido e não havia o que comer no Festival de Meio Outono. O povo comeu tudo que havia de capim, raízes, brotos e folhas e, quando veio o Festival da Primavera, não restara mais nada. Meu avô propôs que a família se dividisse, cada ramo seguindo seu próprio caminho. A família do meu tio (eram quatro pessoas) foi viver por conta própria, assim como os meus avós. Meu avô disse: "Não quero nenhum de vocês se incomodando comigo. Deixem-me aqui e procurem seu rumo na vida". Meu pai, aos 38 anos, morreu de fome naquele ano e, depois disso, minha mãe voltou para a família dela e nos levou junto. Seu pai vendia tofu e tinha um pouco mais de recursos, de modo que puderam nos acomodar. Mesmo sem uma renda muito alta, pelo menos era o suficiente para manter alma e corpo unidos.

Em 1944, os japoneses atacaram Zhengzhou e meu avô não tinha mais dinheiro para nos sustentar, então minha irmã teve de se casar aos quinze anos para poder sobreviver. Mas acabou morrendo enquanto tentava fugir da fome. Comecei a trabalhar para os japoneses antes de completar treze anos, pelo que recebia cerca de um quilo e meio de farinha grossa de grãos variados por dia. Não era o bastante, mas evitava temporariamente que a família toda morresse de fome. Tínhamos uma refeição ao dia, à noite. Sem óleo ou sal ou vegetais, cozinhávamos apenas panquecas, e era o que comíamos todos os dias. Passado um ano, os japoneses se renderam. Nossa família sem pai — minha mãe, meu irmão mais novo e eu — se viu sem rumo novamente. Durante seis meses consegui apenas bicos, e ainda era um grande problema ter o que comer diariamente. No Festival da Primavera de 1946, o vizinho que morava em frente me indicou ao Escritório do Partido Nacionalista para Assuntos dos rios Amarelo e Henan. Lá eu limpava as mesas e o chão, servia comida e bebida, fazia serviços gerais.

Aí, em 22 de abril de 1948, Zhengzhou foi liberada, o Partido Comunista e o Exército de Libertação do Povo tomaram conta da cidade e os escritórios do governo nacionalista foram fechados. Não podia ficar parado se quisesse sobreviver, então no mesmo dia saí procurando oportunidades de recrutamento. Já era noite quando soube que o Escritório de Segurança Pública de Zhengzhou estava procurando fiscais para o registro de domicílios. Fui até lá. Mas fiquei na porta, sem coragem de entrar. Para quê? Eles queriam pessoas com ginásio completo e eu frequentara apenas o primário. Mas precisava do emprego! Então me obriguei a entrar. "Você trouxe o certificado de conclusão da escola?" "Está em casa, não consegui encontrar." "Bem, faça o teste então!" Fiz o teste e acabei em terceiro lugar. De modo que, em novembro de 1948, entrei para a primeira equipe recrutada pelo escritório. Primeiro, foram três meses de treinamento, depois me tornei sargento. Tinha dezessete anos.

XINRAN: Já estava num posto de comando aos dezessete anos...? É a primeira vez que ouço falar de sargentos tão jovens na China. O senhor pode me contar algumas histórias sobre cada um dos postos que ocupou? Soube que tem uma memória incrível.

JINGGUAN: Bem, 1948 foi um ano muito tumultuado, com gente boa e má, e com "históricos" diferentes, colocada lado a lado. Naquele tempo, o chefe do Escritório de Segurança Pública de Zhengzhou tinha 32 anos, os chefes das subdivisões, 21 ou 22, e eu era sargento aos dezessete, comandando mais ou menos uma dúzia de pessoas. Vigiava algumas ruas, conferindo os registros de domicílio e de olho nos maus elementos. Não sabia nada de nada. Ficava na minha e fazia o trabalho; se surgisse alguma coisa, dava o meu melhor para resolver aquilo dentro das regras.

XINRAN: Quem eram, então, os bons e os maus?

JINGGUAN: No começo, tínhamos ordens para ignorar pequenos ladrões, desocupados e prostitutas, deixá-los em paz. Devíamos concentrar esforços nos contrarrevolucionários. As coisas estavam caóticas por aqueles dias, com contrarrevolucionários sendo presos todos os dias. Havia 2 mil armas particulares em circulação na cidade de Zhengzhou, que podiam se transformar numa bomba-relógio se caíssem nas mãos dos contrarrevolucionários.

XINRAN: Como se definia um contrarrevolucionário?

JINGGUAN: Nossos superiores nos deram cinco critérios: o primeiro apontava para rebeldes no controle de algumas localidades; o segundo, para chefes armados e com exércitos próprios na zona rural; o terceiro, para contrarrevolucionários que fossem membros proeminentes do Partido Nacionalista — qualquer um dos líderes das divisões regionais da Liga da Juventude dos Três Princípios do Povo contava como "proeminente"; o quarto critério apontava para os adeptos de credos religiosos reacionários que queriam restaurar o antigo regime; a quinta categoria era a dos espiões — espiões do KMT, espiões nacionais e espiões armados.

XINRAN: Vocês portavam ordens de prisão? Como sabiam se alguém era um espião ou um chefe armado?

JINGGUAN: Primeiro, havia aqueles que se entregavam para receber tratamento mais leniente. Segundo, checávamos regularmente os domicílios, perguntando o que cada pessoa de cada família fazia e anotávamos tudo nos registros. Terceiro, recebíamos dos cidadãos comuns denúncias sobre crimes. A polícia local, que registrava as queixas naquele tempo, era formada por gente sem estudo. Se não entendiam alguma coisa, escreviam do jeito deles, em caracteres que conheciam, e às vezes saía tudo errado. Ou as pessoas que denunciavam não eram muito claras — achavam que bastava registrar a queixa e pronto. Não lhes ocorria que aqueles registros poderiam ser uma dor de cabeça para o resto das suas vidas, menos ainda que pudessem implicar parentes e amigos também.

Ninguém entendia de política naquele tempo, nem mesmo nossos superiores, acho. Senão, por que teriam se envolvido em todos aqueles movimentos?

O trabalho de fiscalização e registro continuou até 1956, quando entrou uma diretriz nova: pegar pesado com relação a "Exército, funcionários, polícia e a lei".

XINRAN: O que queria dizer isso?

JINGGUAN: "Exército" — isso foi depois de 1946 e no início da Terceira Guerra Revolucionária Chinesa — significava oficiais nacionalistas com patentes de brigadeiro e comandante de companhia para cima. Oficiais intendentes, médicos militares, majores e outros não eram importantes — os elementos chave eram aqueles que haviam cometido crimes e provocado a ira popular. "Funcionários" eram todos os nacionalistas que tivessem chefiado as municipalidades ou os governos de circunscrições e acima disso, de novo, conforme tivessem ou não cometido crimes e matado pessoas ou fossem odiados. "Polícia" queria dizer de oficiais patrulheiros para cima. "A lei" significava os policiais com patente igual ou superior a comandante de companhia. Naquela época, o critério principal eram os crimes e o ódio popular, mas depois de 1956 as políticas se tornaram mais "esquerdistas", até chegarmos à Revolução Cultural, quando elas viraram absurdas.

XINRAN: Como sargento, como o senhor caçava contrarrevolucionários?

JINGGUAN: A primeira vez foi em fevereiro de 1949 e eu trabalhava na então chamada rua Changchun, hoje rua Sete de Fevereiro. Comentavam que o chefe de um comitê de rua estava negociando drogas. Almocei mas não fiz a sesta, corri à tal casa, abri apenas uma fresta da porta e espiei, e lá estava ele vendendo drogas. Invadi a casa, arrastei o sujeito até a delegacia e o trancafiei. Mais tarde, descobrimos que ele fora um líder local dos nacionalistas e mudara de lado, tornando-se líder do comitê de rua quando o Partido Comunista assumiu.

Então, passado mais ou menos um mês, soubemos que outro chefe de comitê de rua era um contrarrevolucionário que fora funcionário graduado sob o KMT, mas não o prendi. Vou dizer por quê — não importava realmente se você servira como funcionário, ainda que graduado, mesmo depois de 1946; o crucial era saber se provocara a ira do povo ou cometera crimes. Eu era jovem e não sabia direito como investigar, mas aí ouvi que ele havia cometido um crime, então reportei isso ao meu superior e ele enviou alguém à cidade de origem do sujeito. Ele realmente cometera um assassinato e, por isso, foi preso. De modo que, pessoalmente, prendi dois: o primeiro por tráfico de drogas — não fiquei sabendo se este tinha problemas políticos também — e o segundo porque era um contrarrevolucionário e havia matado uma pessoa.

XINRAN: E depois?

JINGGUAN: Em 1950, vieram as instruções de 10 de outubro, do Comitê Central do PCC, para uma ofensiva aos contrarrevolucionários. Uma noite, em novembro, como sargento na delegacia de uma cidade pequena, fui informado de repente que todos os sargentos deveriam comparecer a uma reunião, logo mais às nove horas, na subdivisão do Escritório de Segurança Pública, para discutir o novo plano de ataque dos líderes aos contrarrevolucionários. Na porta do escritório, nos agarraram e nos fizeram entrar, e depois não nos deixavam sair. Passava da meia-noite, vimos que soldados do Exército de Libertação do Povo do Quartel-General da Guarda esperavam na entrada. Nosso superior disse: "Sargentos, esses pelotões de trinta ou quarenta soldados estão sob as ordens dos senhores. Aqui estão suas listas com 24 contrarrevolucionários cada. Vão capturá-los". Voltei e gritei aos meus subordinados: "Cada um pegue uma lista e dez soldados e vá realizar as prisões". Naquela noite foram presos uns quinhentos ou seiscentos em Zhengzhou.

XINRAN: O senhor ainda acha que fossem contrarrevolucionários?

JINGGUAN: Pelas políticas em vigor naquele momento, talvez fossem. Mas alguns colegas se comportavam tão "à esquerda" que não observavam as diretrizes e começaram a fazer prisões aleatórias, e a campanha foi sendo endurecida à medida que avançava, a ponto de até o presidente Liu Shaoqi e outros revolucionários se tornarem "contrarrevolucionários". Como isso aconteceu? Foi porque as informações levantadas contra eles eram todas falsas.

XINRAN: Então é possível que as informações que o senhor tinha em mãos fossem falsas também?

JINGGUAN: Pode ser que sim. As coisas estavam caóticas, e não era fácil separar o que era verdade do que era falso.

XINRAN: Quem verificava o que era levantado contra os presos?

JINGGUAN: Só éramos responsáveis pelas prisões, depois disso os presos eram entregues às instâncias superiores e nossa delegacia local não tinha mais nada a ver com eles. Aos 29 anos, quando entrei para o Departamento de Interrogatórios do Escritório de Segurança, aí sim comecei a lidar com infratores. Foi em 1964, quando já trabalhava nos tribunais, que me dei conta da quantidade de erros judiciais na China. A Suprema Corte distribuiu um comunicado sobre os recursos: uma vez condenada com o segundo recurso já analisado, a pessoa não poderia apelar novamente. Naquela época, havia mais de cem recursos sendo apreciados nas cortes regionais. Auditando-os, encontrei muitos erros. Por exemplo, o caso desse homem chamado Han Guangxiang, do qual me lembro muito claramente. Era um soldado desmobilizado que fora alocado para trabalhar numa fábrica de filmes. O chefe dele disse: "Camarada Han, precisamos de você no estoque". "Sim, senhor, como o senhor mandar." E ele obedeceu. Todo mundo estava sob grande pressão naqueles dias e, certa vez, numa viagem a trabalho, Han precisou de sessenta *fen* a mais. O caixa da fábrica estava vazio, então ele pagou as despesas do próprio bolso e pediu ao departamento financeiro que emitisse uma promissória de cinco iuanes. No final do ano, tinha a receber muitas dessas promissórias e o chefe das finanças disse: "Que tal se acertássemos tudo com uma só promissória que cubra o valor todo, Han? Tudo bem?". "Claro!", respondeu Han Guangxiang. E, assim, ele recebeu uma promissória de 290 iuanes. Em fevereiro de 1958, houve uma investigação sobre propinas e corrupção e Han foi acusado de se apropriar de fundos públicos. Era totalmente absurdo. Ele tinha feito o sacrifício de tirar do próprio bolso pela fábrica e agora seria multado por corrupção — cem iuanes por ano em três anos. Passado esse tempo, Han entrou com recursos onde foi possível. Sua esposa havia se divorciado dele, e a filha e o genro também estavam separados. Acabou mendigando nas ruas. No inverno mais congelante, ele levou seu caso a Beijing e passou a mendigar nas ruas da cidade. Ninguém lhe deu atenção, mas, no final de 1964, tornei-me chefe da magistratura e analisei seu caso. Descobri que era tudo besteira e o absolvi de qualquer crime. Mas ele não era encontrado em parte alguma. A unidade de trabalho onde estava originalmente fora reestruturada e ninguém mais respondia por ele. Naquele tempo, gente assim, na "lista negra", jamais conseguia se livrar completamente das acusações. Ainda me sinto mal sempre que penso naquele homem.

XINRAN: Por que, na sua opinião, ocorriam esses erros judiciais? Seria por que a polícia não era bem treinada? Ou a qualidade das pessoas que julgavam os casos era deficiente? Ou era um sistema falho?

JINGGUAN: Acho — e não é o que dizem os jornais, é apenas a maneira como vejo as coisas — que a qualidade do Comitê Central do Partido é que era o problema. Sempre se dizia que, nas bases, éramos esquerdistas ferozes, mas o problema não eram as bases, na verdade. Fiquemos apenas com 1958: um chefe de equipe de produção que reportasse baixa produtividade às brigadas era punido. O mesmo com as brigadas que reportassem baixa produtividade à comuna. E com as comunas em relação às circunscrições, estas em relação aos governos provinciais, até chegar ao governo central. De modo que todos os níveis mentiam. A única coisa a fazer era maquiar os números, não dava para dizer a verdade. A verdade era "direitista".

Durante o Movimento Antidireitista, em 1957, trabalhei na divisão municipal do Escritório de Segurança Pública, e toda a equipe ali vinha de famílias de camponeses pobres ou remediadas. Eram todos membros do Partido e, quanto mais pobres, mais "vermelhos". A atmosfera era bastante tensa e dizer alguma coisa, não importava o quê, que não estivesse alinhada com o que diziam os chefes significava ser direitista e um ataque aos líderes do Partido. O Movimento Antidireitista fez com que ninguém mais ousasse dizer a verdade.

Em 1958, o secretário do comitê provincial do Partido em Henan era um homem honesto e consciencioso, enquanto o líder provincial era um boquirroto, mas o governo central o protegia, e não apenas sacou o secretário do posto como deu o lugar ao líder e, em seguida, convocou todos da província, inclusive os camponeses, a fazer críticas ao ex-secretário. Não que antigamente as pessoas não fossem capazes de pensar, só não tinham estudo, não sabiam como refletir sobre as coisas. Como você sabe, na Conferência de Lushan, em 1959, Peng Dehuai disse a verdade e foi condenado como direitista.

Em 1969, de aproximadamente 1 200 funcionários no Escritório de Segurança Pública de Zhengzhou, além de 110 nos tribunais e oitenta na procuradoria* — num total de 1 400 —, 360 foram detidos como contrarrevolucionários! Fui um deles. Perguntaram por que eu trabalhara para os japoneses. Chamaram-me de traidor e ninguém quis escutar quando eu disse que fizera apenas uns bicos. E por que havia trabalhado para um escritório do Partido Nacionalista? Ninguém acreditou quando falei que limpava mesas e esfregava o chão para eles. Simplesmente prendiam todo mundo estupidamente e diziam que terminariam a tarefa de "prender os inimigos de classe", mas os que realizavam as prisões queriam parar, pois já tinham percebido que eles mesmos acabariam presos! Investigadores foram designados e o resultado foi a absolvição de todos os 360 que estávamos detidos. Nem um único era de fato contrarrevolucionário, tínhamos sido acusados sob falsas evidências. A liderança disse que todas elas deviam ser queimadas imediatamente e nossas fichas voltariam a estar limpas, e assim foi.

"Prender contrarrevolucionários" era essa desgraça, naquele tempo.

XINRAN: Quais eram suas tarefas diárias na delegacia?

---

* Parte do sistema judiciário chinês divide-se hierarquicamente em escritórios de promotoria chamados Procuradorias do Povo; no nível mais alto está a Suprema Procuradoria do Povo.

JINGGUAN: Durante o dia, os fiscais circulavam fazendo o registro dos domicílios, mas na verdade isso era apenas uma formalidade. O principal era descobrir quantas pessoas havia em cada família e quem tinha parentes que faziam visitas regulares. Mas muitos desses fiscais, antes da Liberação, tinham trabalhado para o KMT e continuavam fazendo seus negócios para sobreviver. E provavelmente havia espiões nacionalistas ali no meio também! Quando escurecia, fazíamos a patrulha armada. Se viam que os patrulheiros do Escritório de Segurança Pública estavam na área, os criminosos se comportavam. A ronda era feita em turnos todas as noites, mas não pegávamos muitos ladrões.

XINRAN: Vocês ficavam de olho em moradores temporários?

JINGGUAN: Claro. A norma era que deveriam se registrar na delegacia e levavam uma bronca se não o faziam: "É errado não fazer o registro. Da próxima vez, faça". Se ainda assim não se registrassem, esses cidadãos recebiam uma advertência. E se continuassem sem se registrar? Até março de 1949, eram levados a uma das subdivisões do escritório e mantidos numa cela, no subsolo, por uma noite; tinham de assinar uma declaração e, em seguida, eram mandados embora, ficava por isso mesmo.

XINRAN: E depois de 1949?

JINGGUAN: Geralmente, ao serem flagrados, apenas levavam a bronca. A partir de 1953, quando fui transferido para um comitê de ordem pública numa subdivisão do Escritório de Segurança Pública, o trabalho consistia basicamente em dois tipos de questões: as que diziam respeito às populações em trânsito e as especiais. Estas se resumiam a fiscalizar locais como hotéis — muitos tipos obscuros circulavam por ali. Também precisávamos manter vigilância sobre toda espécie de comércio, pois os contrarrevolucionários entravam e saíam de lojas o tempo todo. Além disso, era nossa responsabilidade monitorar "elementos chave" da população em geral, o que significava ficar de olho naqueles que tivessem praticado delitos ou passado por prisões. Podíamos verificar e investigar todos os casos vindos de delegacias locais, mas qualquer coisa de proporções maiores precisava ser encaminhada a uma instância superior. Eu era encarregado pelos setores de assuntos comunitários, atentados contra a ordem pública e tráfico, que na verdade era de responsabilidade do escritório municipal, mas havia escassez de pessoal ali e nós, da subdivisão, assumíamos o trabalho. Zhengzhou era bem pequena então, e só umas quarenta ou cinquenta pessoas trabalhavam no setor de tráfico. De modo que cada subdivisão se encarregava de alguns pontos de venda. Por exemplo, ficávamos com a estação ferroviária e fazíamos três turnos de manhã à noite. O escritório municipal assumia no resto do tempo. Havia apenas quatro ou cinco pessoas no setor de tráfico de cada subdivisão, diferente de como é hoje. São mais de mil no setor de tráfico da polícia, atualmente.

XINRAN: E quanto à competência dos oficiais do Escritório de Segurança Pública naquele tempo? Seus chefes, por exemplo?

JINGGUAN: Os oficiais daquela época? Não eram gananciosos nem ávidos por dinheiro, recebiam os recursos que lhes eram destinados, roupas comuns e comida simples. Não era como hoje em dia. Os oficiais comuns ganhavam vinte ou trinta iuanes por mês, pouco até para os cigarros — dava apenas para comprar um par de sapatos, no máximo, e não dos de boa qualidade, só dos mais ordinários. Nosso chefe no escritório, que era também chefe do departamento organizacional do comitê da província, e mais o vice do Escritório de Segurança Pública e o chefe da magistratura nas cortes intermediárias, ambos também conhecidos meus, trabalhavam todas as noites e, às vezes, cumpriam um dos turnos da madrugada no escritório. Se acordassem no meio da noite para ir ao banheiro, dariam uma conferida nisso e naquilo, como pais preocupados com os filhos, chegando a ajeitar a coberta dos oficiais mais jovens que dormiam na delegacia. Eram assim os líderes naquele tempo. Contávamos que fossem.

XINRAN: Pelo resumo que nos deu da sua carreira, em 1956 o senhor se tornou o vice do Escritório de Segurança Pública. Quanto ganhava nessa época?

JINGGUAN: Setenta e quatro iuanes.

XINRAN: Em 1957, o senhor foi transferido para a Seção 8 do escritório municipal. Quais eram suas principais responsabilidades lá?

JINGGUAN: Qualquer um que fosse preso pelo Departamento de Investigação Criminal, incluindo suspeitos, era mandado à Seção 8. Ela era dividida num certo número de subseções. O centro de detenção tomava conta da alimentação e da higiene dos prisioneiros, até mesmo do papel higiênico que seria usado a cada dia; além disso, cuidava deles se ficassem doentes e providenciava banhos, cortes de cabelo e tudo mais. Seguiam-se um exame preliminar, o interrogatório e a investigação. Depois que os detidos chegavam à prisão, passavam por um examinador cujo trabalho era, primeiro, verificar sua situação geral e, segundo, esclarecer a situação da família. Se a acusação fosse de atividade contrarrevolucionária, era preciso investigar os amigos do preso também.

XINRAN: Castigos corporais e tortura faziam parte dos procedimentos?

JINGGUAN: Não eram permitidos pelas normas, mas de fato, em certa medida, a polícia era conivente com prisioneiros que castigavam outros. Alguns realmente estavam mentindo, mas a polícia não tinha permissão de bater neles, e os policiais então davam a dica aos chefões do presídio: esse e aquele não estão dizendo a verdade, deem uma mãozinha! De início, os interrogatórios eram civilizados, mas, como os presos achavam que, não importava o que dissessem, a polícia continuaria a acusá-los de mentir, virou uma bagunça. Um dia, no meu plantão, escutei que um prisioneiro havia quebrado uma pilha de tigelas. Parecia estranho, então mandei buscá-lo e perguntei: "Como aquelas tigelas foram quebradas?". Ele falou: "Elas caíram da minha cabeça e quebraram". Eu disse: "E por que você as pôs na cabeça?". Ele não respondeu nada, então falei que eu era o encarregado do centro de detenção e que, se ficasse calado, ele seria punido! Aí ele disse que o policial que o interrogava o acusara de estar mentindo e mandara que ele ficasse lá, de pé, com as tigelas na cabeça. Seu pescoço começou a doer, ele ficou tonto e as tigelas foram ao chão. Nisso, o policial trouxe presos veteranos para lhe dar uma surra. Parecia ter apanhado muito e, terminada a lição, fizeram-no afirmar que deliberadamente quebrara a tigelas.

XINRAN: Então na verdade existiam castigos corporais e confissões forçadas.

JINGGUAN: Ah, sim. As pessoas que administravam o departamento contavam com os chefões ou com os prisioneiros mais antigos para dar essas lições aos mais novos. Outra maneira era que quatro ou cinco dos mais velhos formassem um grupo de tiranos dentro do presídio, e quase sempre essa máfia era eleita pelos próprios presos. Indicávamos o chefão e os que deveriam ser castigados, e a decisão era com eles. Mas esses chefões acabavam se tornando arruaceiros, todos sabiam. Quando havia prova, eram punidos. Mas, por medo, os demais presos os protegiam.

XINRAN: Mas os oficiais encarregados dependiam dessas máfias, não?

JINGGUAN: Exatamente. Sem elas, a prisão ficaria ainda mais fora de controle. Acho que é o que acontece em qualquer prisão.

XINRAN: Como o senhor se sentiu quando a China tomou o rumo da extrema-esquerda?

JINGGUAN: Esse movimento começou em 1956, ridiculamente, assustadoramente "à esquerda". Havia reportagens nos jornais, todos os dias, repetindo os slogans para a agricultura — 450 quilos de grãos e quatro toneladas e meia de vegetais por *mu* de terra — mas isso era impossível. Ainda assim, se dissesse a verdade, você era um "direitista", de modo que não se podia falar, e não falei. Os líderes faziam seus discursos e ninguém queria ser direitista. A direita era errada, mas e a esquerda, também não era? Havia quem tomasse conta da direita, mas ninguém fazia o mesmo com a esquerda. Ser honesto e consciencioso era igual a ser de direita.

Nas circunscrições da periferia de Zhengzhou, conseguir 450 quilos de grãos por *mu* de terra era quase impossível! E quatro toneladas e meia de vegetais, também. Mas, especialmente depois do Movimento Antidireitista de 1957, esse era o clima. O *Henan Daily* publicou as primeiras notícias bombásticas em 1958: a produtividade das plantações de trigo em Henan era de mais de 3 300 quilos por *mu*. Quando chegou a colheita de inverno, em 1958, os jornais reportaram uma produtividade de quase 91 toneladas de trigo por *mu*! Em 1959, fui enviado a um vilarejo na periferia ao norte de Zhengzhou onde era mantida uma plantação experimental. Os relatórios de resultados precisavam ter a assinatura do fiscal. Eu era o fiscal. A produção ficava em torno de 215 quilos por *mu*. As balanças estavam funcionando bem, mas o chefe da equipe de produção queria que eu relatasse os 450 quilos da propaganda. Recusei-me. No fim, a comuna relatou que a produção era de 236 quilos. Caso se recusasse a fazer esse tipo de relatório, você não era um revolucionário! Havia uma mulher chefiando uma das equipes de produção que só falava besteira. Tinha uns dezoito ou dezenove anos e era solteira, e desafiou os subordinados a alcançarem as tais 91 toneladas, senão ela não se casaria! Os homens e mulheres mais velhos do vilarejo riram e disseram: "Você vai ficar para titia, então!".

XINRAN: Em geral, nas circunscrições da periferia de Zhengzhou, qual é a produtividade por *mu* atualmente?

JINGGUAN: Entre 270 e 320 quilos é o normal no caso de uma plantação de trigo. O aumento da produção se deve às sementes e aos fertilizantes, melhores hoje do que antigamente. Dizia-se muita besteira naquele tempo. Um líder de equipe de produção afirmou que queria levar a Moscou, de presente para Stálin, as 136 toneladas de batata que teria produzido em um *mu* de terra. Besteira, impossível. Mas ninguém ousava contrariá-lo.

XINRAN: Que tipo de gente eram os prisioneiros de quem o senhor cuidava no final dos anos 50? Eram mais criminosos comuns ou mais presos políticos?

JINGGUAN: Em 1958, a maioria era de contrarrevolucionários, gente demais para caber no centro de detenção. Precisávamos desapropriar galpões e depósitos para pôr os presos, muito diferente de hoje, quando não existem mais contrarrevolucionários.

XINRAN: O senhor se recorda do tipo de prisioneiro que interrogava?

JINGGUAN: Não fazia muitos interrogatórios porque era chefe de seção. Ia a reuniões com os superiores e gerenciava os que estavam abaixo de mim. Quando outros oficiais haviam concluído um interrogatório, reportavam-me, eu conferia tudo, assinava e passava o relatório adiante. Era para ser o chefe do Escritório de Segurança Pública quem assinava e selava esses relatórios, mas ele estava sempre ocupado em reuniões, então delegava para o vice e, quando este não tinha tempo, era o chefe de seção quem assinava os papéis. Aí eles recebiam o selo do escritório municipal, que os encaminhava à procuradoria, que por sua vez os examinava e remetia aos tribunais, que finalmente pronunciavam a sentença. Na verdade, o envio ao judiciário era uma formalidade; o poder real estava com o Escritório de Segurança e, nele, com os policiais responsáveis pelo trabalho. Os tribunais só sabiam lidar com casos maiores, como os de incendiários, assassinos e assaltantes. Todos eram tão pobres que nem havia o que roubar. A maior parte do trabalho consistia em prender desocupados e gente em trânsito nas invasões ilegais.

Antes de 1980, a polícia era obrigada a interrogar um homem e uma mulher que se sentassem juntos. E sexo antes do casamento dava prisão. Se conseguisse alguém para testemunhar por você, a punição não seria severa e o deixariam ir. Porém, em caso de homicídio, o sujeito recebia comida decente, mas ninguém se atreveria a liberá-lo. Não era como hoje — se você é protegido de um graduado, faz uma confissão falsa, sua ficha é alterada e, antes de o processo chegar à procuradoria, o assassinato virou "autodefesa". Que ousadia!

XINRAN: O senhor afirmou algumas vezes que os policiais não tinham muito estudo. Pelo que sabe, quantos naquela época tinham de fato algum treinamento legal ou profissional?

JINGGUAN: Nenhum, ninguém! No escritório municipal, apenas um ou dois dos chefes de seção haviam terminado o ginásio, a maioria tinha só o primário. O Escritório de Segurança Pública tinha uma norma, aliás, dizendo que os policiais precisavam ter bons antecedentes políticos, de modo que a maior parte era de famílias pobres de trabalhadores e camponeses.

XINRAN: Então as habilidades profissionais deles eram limitadas. As opiniões desses indivíduos eram influenciadas por sua classe?

JINGGUAN: Naqueles dias, o espírito político, desde o governo central até os regionais, mandava confiar nos camponeses, na zona rural, e nos trabalhadores, nas cidades. Resumindo de maneira simples: era confiar nos pobres. Particularmente nas instâncias da lei, gente com estudo ou oriunda de classes mais altas não entrava.

XINRAN: E na prisão, havia muitas dessas pessoas?

JINGGUAN: Sim, principalmente entre os contrarrevolucionários.

XINRAN: Então de que maneira os casos eram investigados e resolvidos, se os agentes da lei era tão ignorantes?

JINGGUAN: Nossos líderes dividiram o processo em diversos estágios, não é?

O primeiro estágio foi o da consolidação de 1950, quando o foco estava sobre rebeldes, tiranos, os contrarrevolucionários mais importantes do KMT e a rede de espionagem de Chiang Kai-shek.

O segundo estágio se deu em 1956, dedicado a "Exército, funcionários, polícia e a lei". No Exército Nacionalista não havia atividade criminosa: a maior parte dos oficiais não cometera crime nenhum.

Aqui vai um exemplo de crime grave: alguém foi a Anyang para prender um suspeito que fugira do seu vilarejo. Estava sendo acusado de ter matado o presidente do conselho local, estripado a vítima, arrancado e comido seu coração. Depois havia assassinado a líder da Federação de Mulheres, em seguida mais uma dúzia de pessoas e fugido. O morador de Anyang contatou nossa delegacia local e o pessoal do registro de domicílios foi à casa de um parente do suspeito e foi informado de que ele estava no canteiro de obras do Aeroporto de Dongguan. Os homens do Escritório de Segurança na circunscrição de Anyang correram para lá, mas outro parente havia alertado o fugitivo e ele se fora. Mas uns doze homens nossos cercaram a casa do parente, escondidos, e acabaram por capturá-lo.

XINRAN: Qual período o senhor acha que foi o mais "esquerdista" da China?

JINGGUAN: O mais "esquerdista"? Foi a Revolução Cultural!

XINRAN: E onde o senhor estava nessa época?

JINGGUAN: Era o chefe da magistratura nos Tribunais Regionais das Planícies Centrais. Éramos apenas oito e eu, o único que fui "combatido".

XINRAN: Quanto tempo isso durou?

JINGGUAN: Ao todo, dois meses e 29 dias. Por duas vezes tive de suportar os ataques durante mais de quatro horas. Não tinha inimigos — sempre que me encontrava o povo dizia: "Sinta-se em casa", e ninguém era realmente agressivo comigo. A Revolução Cultural foi um absurdo total.

XINRAN: Por que o senhor diz isso?

JINGGUAN: Você não ouviu falar? A ficha partidária de Liu Shaoqi descreve como ele foi preso em Shenyang, em 1931. Você não sabia, eu não sabia, só Mao Tse-tung e o Grupo para Casos Especiais de Lin Biao tinham acesso à ficha, e mandaram investigadores a Shenyang. Juraram provar que ele era um traidor.* Havia um tal sr. Yang na representação do Partido Nacionalista em Shenyang que prendera Liu Shaoqi e, depois da Liberação, teve sua pena de morte comutada. Foi parar num campo do programa de reeducação pelo trabalho e o Grupo para Casos Especiais apareceu e perguntou a ele sobre as atividades de Liu Shaoqi. A princípio, ele não se lembrava, mas depois de uma semana declarou que tinham prendido Liu Weihuang por vender sal sem permissão, a acusação não procedia e o liberaram. Ele não sabia se se tratava de Liu Shaoqi. A ficha de Liu registrava aquele sobrenome, um dos que herdara do avô dele. Um dos membros do Grupo para Casos Especiais disse ao homem: "Por que você não confessa que só o liberou depois de ele ter se tornado um traidor? O próprio Liu Shaoqi já admitiu, então por que você continua a lhe dar cobertura? Vejo que você não quer continuar vivo. Se continuar a mentir, amanhã você será fuzilado". Yang chorou a noite toda e pensou consigo: não queria mentir, mas

---

* Liu Shaoqi (1898-1969) foi presidente da República Popular da China de 27 de abril de 1959 a 31 de outubro de 1968, mas durante a Revolução Cultural acabou tachado como "traidor". Em julho de 1966, foi destituído do posto de vice-presidente do Partido para dar lugar a Lin Biao. Em 1967, Liu e a mulher, Wang Guang-mei, foram mantidos sob prisão domiciliar em Beijing.

vão atirar em mim. Vou morrer. Foi a primeira coisa que lhe ocorreu, de modo que concordou em "confessar" e foi liberado. Mas aí resolveu reconsiderar: que atirem em mim, não vou entregar o presidente! Então ele retirou a acusação e redigiu inúmeras declarações dizendo a verdade, mas ninguém se dignou a prestar atenção.

XINRAN: Imagino que o senhor saiba que nosso primeiro presidente morreu na prisão, em Henan?

JINGGUAN: Na época não sabia.

XINRAN: Quando descobriu?

JINGGUAN: Em 1979. Um avião veio a Beijing para apanhar as cinzas, pois o governo preparava uma cerimônia fúnebre para ele. Antes disso, o pessoal do Grupo para Casos Especiais veio a Henan e procurou essas cinzas por todo canto sem conseguir encontrá-las. Foram finalmente encontradas em Kaifeng — pegaram um tal senhor Niu, que fora o encarregado do crematório. Ele disse que, sim, definitivamente as cinzas de Liu Weihuang estavam ali. Desconfiara que aquele homem havia sido um oficial de alta patente, mas nenhum companheiro de Exército ou a família compareceram à cremação. O próprio Exército enviara o corpo para ser cremado, mas ninguém aparecera para buscar as cinzas. Só dez anos mais tarde descobriram que eram de Liu Shaoqi.

XINRAN: Então o senhor também não ficou sabendo do triste fim que ele teve em Henan?

JINGGUAN: Na época, tudo que nos diziam era que Liu Shaoqi usara a guerra para se promover. Além disso, muitos oficiais caíam em desgraça e eram transferidos de Beijing. Liu Shaoqi havia se tornado um "inimigo de classe". Ficou doente e lhe foi recusado tratamento médico. Ele estava muito debilitado. Fazia frio em Henan e não havia aquecimento. Ouvi dizer que o Grupo para Casos Especiais foi bastante cruel com ele.

XINRAN: O senhor sabe se ele morreu por causa da doença, ou de fome, ou pelos maus-tratos?

JINGGUAN: Penso que deve ter sido a doença, pois ele já tinha 71 anos; se não morreu doente, foi por causa dos maus-tratos e humilhações.

XINRAN: Mesmo trabalhando no Escritório de Segurança, o senhor não ficou sabendo dos detalhes?

JINGGUAN: Desde o começo nos disseram que ele havia morrido por causa de doença.

XINRAN: Havia rumores dentro da organização?

JINGGUAN: Sim, havia, mas não acreditávamos neles. Coisas como a morte de Tao Zhu,* em Anhui, em 22 de novembro de 1969, e que o general Xu Haidong** morrera doente. Assisti a um filme, material confidencial, sobre as sessões de humilhação contra Liu Shaoqi e a mulher, Wang Guang-mei, realizadas em Zhingnanhai, em 1968. Amarrados, os dois eram arrastados para dentro do salão de reuniões, e batiam nele, forçando-o a ficar na posição do "voo do avião", agarrando-o pelos cabelos brancos para obrigá-lo a olhar para a câmera. Em seguida os dois eram levados para um canto, suas cabeças empurradas para baixo, e tinham de fazer reverência a umas imagens de guardas vermelhos. Finalmente, Liu Shaoqi cambaleava, o rosto bastante desfigurado. Tinha apanhado um bocado, obviamente.

XINRAN: Ouvi uma história sobre os últimos dias de Liu Shaoqi de uma pessoa que trabalhou no Hospital Militar 301 de Henan. Ele tinha diabetes e era alimentado por um tubo no nariz. Em outubro de 1969, sua enfermeira quis avisá-lo de que seria mandado a Henan, então molhou um cotonete em violeta de genciana e escreveu em letras grandes num pedaço de jornal: "O Comitê Central decidiu lhe transferir para outro lugar".

Foi transferido sujo e fedido porque não conseguia mais tomar conta de si mesmo. As enfermeiras o despiram cuidadosamente e o envolveram num acolchoado de cetim cor-de-rosa que cobriram com um lençol branco. Perto das sete da noite, sob a supervisão do Grupo para Casos Especiais e acompanhado das enfermeiras e de seu guarda-costas, Liu Shaoqi foi posto numa maca, acomodado num avião e levado para Kaifeng.

Ao que consta, e sem aviso prévio, a lei marcial foi imposta ao Aeroporto de Kaifeng e os funcionários não faziam ideia do que estava acontecendo. To-

---

* Tao Zhu (1908-1969) foi secretário do Comitê Provincial de Guandong e comandante da Região Militar de Guangzhou. Mais tarde se tornou primeiro secretário da Região Centro-Sul e, em 1965, foi transferido para Beijing como diretor do Departamento Central de Propaganda. Foi vice-líder do Conselho de Estado e Secretário da Administração Central do PCC, além de conselheiro do Grupo Central da Revolução Cultural. Em maio de 1966, foi promovido a número quatro na hierarquia do Partido, abaixo de Mao Tse-tung, Zhou Enlai e Lin Biao, mas acabou banido pela Revolução Cultural em 1967 e morreu em prisão domiciliar em 1969.
** Xu Haidong (1900-1970) nasceu na pobreza e alcançou o título de grande general do Exército de Libertação do Povo em 1955. Mao Tse-tung o reverenciou como "um estandarte da classe trabalhadora". Morreu em Zhengzhou, em março de 1970.

dos estavam muito tensos. Um avião militar desceu na pista e duas enfermeiras em uniformes brancos retiraram dele uma maca. A pessoa na maca estava magra como um palito, só se via um rosto ossudo enterrado em barba e cabelo desgrenhados. Havia um cobertor por cima da figura enrolada no lençol e o cheiro que exalava era nauseante...

O corpo nu de Liu Shaoqi estava frágil demais para suportar a temperatura congelante durante o voo e ele apanhou uma pneumonia aguda ao chegar a Kaifeng. Logo depois, em 13 de novembro, seu guarda-costas desceu à cela no subsolo, onde Liu estava numa cama, e percebeu que ele parara de respirar.

Na madrugada do dia 14 de novembro de 1969, os restos do líder, muito bem atados numa mortalha de algodão, foram embarcados num jipe modelo 69. A carroceria era pequena e os pés de Liu Shaoqi ficaram visíveis, saindo para fora dela.

No certificado de cremação estava escrito: "Nomes: LIU Weihuang; profissão: nenhuma; causa da morte: doença". A declaração foi assinada pelo filho de Liu, LiuYuan. Suas cinzas permaneceram no crematório por dez anos sem que ninguém soubesse.

JINGGUAN: Então o presidente, solenemente assim proclamado em 4 de janeiro de 1965 no *Diário do Povo*, se tornou um "desocupado sem emprego" e ninguém contou isso às pessoas! Quando, mais tarde, sua viúva, Wang Guang-mei, e seus filhos receberam as cinzas na Sala de Conferências Número Um da sede do Congresso do Povo na província de Henan, em Zhengzhou, os funcionários presentes relataram que aquela mulher sofrida agarrou a sacola com as cinzas e enterrou o rosto nela por um longo tempo — o que bastou para fazer chorar as pessoas que assistiam.*

XINRAN: As informações que o senhor tem são principalmente de arquivos mantidos pelas agências de segurança, certo? Essas informações foram preservadas mais tarde?

JINGGUAN: Não, isso era uma verdadeira bagunça. Primeiro, porque os encarregados dessa parte tinham pouco estudo e permitiam que os arquivos ficassem lá empilhados com os demais equipamentos fora de uso. Aqueles que tinham um pouco mais de estudo cuidavam dos dados sobre crimes e lhes fal-

---

* Depois que Deng Xiaoping subiu ao poder (1978), Liu Shaoqi foi reabilitado politicamente (em fevereiro de 1980) com um funeral organizado pelo Estado.

tava tempo, de modo que não poderíamos incumbi-los dos arquivos. A parte de documentação era entregue a pessoas que não sabiam fazer mais nada. Segundo, quando esses funcionários deixavam seus postos, se aposentavam ou coisa parecida, limpavam completamente os arquivos. Havia os que faziam isso de boa-fé, mas por ignorância, para deixar as coisas em ordem ao próximo que assumisse ali; e os que tinham algo a esconder, que simplesmente queimavam o material para evitar deixar provas nas mãos de outra pessoa. Além disso, vários dos movimentos políticos se basearam em informações desatualizadas para punir pessoas. Quem ousaria deixar algo registrado por escrito? Quem poderia garantir que o oficial que o substituiria não tinha um parente que você prendera? Qualquer documento escrito era uma prova, e tantos haviam perdido suas vidas por causa de algumas letras sobre um papel que vivíamos todos com medo. De modo que se destruía tudo que pudesse ser destruído, e tudo que sobrou foram declarações mais amplas de princípios e outros documentos que nada tivessem a ver com o trabalho em si. É por isso que, quando alguém pretendia reparar algum erro judicial, não conseguia encontrar o material original. Uma pessoa honesta teria de provar que não matou ninguém nessas condições.

A falta de documentação original é desastrosa para os registros históricos da China moderna. Conforme afirma o sr. Jingguan, não se tratou apenas de limpar as provas nas mudanças de regime, mas essa situação foi também um subproduto do medo de assumir responsabilidades, pois ninguém queria responder pelo resto da vida pelo que fizera como funcionário. Nos sistemas governamental e administrativo do país, não há o conceito legal de que "as ações de agentes públicos pressupõem responsabilidade perene". Como resultado, não importa quanta corrupção tenha praticado um funcionário — desde que não seja flagrado ainda ocupando o cargo, ele poderá ficar despreocupado e aproveitar os privilégios que obteve.

XINRAN: Depois da Revolução Cultural, o senhor foi nomeado gerente do escritório de Sanguanmiao. Por que foi mandado para lá?
JINGGUAN: Estava havia quarenta anos na área de segurança e desanimado, não queria mais trabalhar naquilo. Quanto mais trabalhava, pior me sentia,

e mais amedrontado também. Bem, é a vida. No começo do ano, não queria mais continuar e, por aqueles dias, vi na rua uma nova série de pôsteres em letras grandes. Era a campanha antirreacionária e anticrime. A maioria dos meus colegas oficiais fora enviada para trabalhar nas comunas e os policiais, nas fábricas. Haviam sobrado apenas dez oficiais e dez policiais. Pensei nos casos em que estava trabalhando e [ergue o polegar da mão direita] eu era um honesto contra nove nem tanto, então decidi voltar ao trabalho, pois senão haveria ainda mais erros judiciais naquele distrito, e assumi 174 casos naquele ano. Eu me baseava em fatos e provas. Meu trabalho basicamente parava nesse ponto; a sentença seria determinada pelos meus superiores de uniforme, não competia a mim.

Deixei o Escritório de Segurança Pública depois de mais de quarenta anos. Se continuasse lá, minha vida teria sido um pouco mais curta. Por quê? Era um trabalho duro demais. Abandonei os tribunais depois de mais de vinte anos, e também, se continuasse um pouco mais, teria alguns anos a menos de vida. Por quê? Eram trapalhadas demais, e os casos todos envolviam vidas humanas e exigiam o maior cuidado.

Quando pedi demissão, levei uma descompostura. Você quer sair? Então será rebaixado! Eu disse tudo bem, sem problemas. Vou embora deste lugar que me tira o sono para poder ter um pouco de descanso, por que não?

XINRAN: E por que esses quarenta e tantos anos como agente da lei lhe causaram tanto sofrimento?

JINGGUAN: Ninguém acreditava na gente. Há uma corrente de movimentos políticos que sempre puniu primeiro o agente da lei. Todo dia queríamos prender algum bandido, mas ficávamos com receio de acabar presos, nós mesmos, como maus elementos. Nunca se sabe, na política, para que lado o vento vai soprar amanhã. Diga-me onde mais ser policial é assim. Pessoas como você não sabem, tudo que veem é a polícia circulando por aí ou os bandidos que prendemos, mas os policiais chineses não têm vida fácil!

XINRAN: O senhor considera que o país tem um sistema legal saudável?

JINGGUAN: Que sistema legal? Quase não existe lei. A lei é o que diz a cara do seu chefe. A lei é o que dizem os líderes. Já em 1958, durante a primeira conferência sobre lei e política na China, o chefe do Escritório de Segurança, um homem chamado Luo Ruiqing, falando em nome do Comitê Central, afirmou que a ordem do presidente Mao era de que, dali em diante, não haveria mais emendas às leis ou à constituição: o que o Comitê Central do Partido determinasse e o *Diário do Povo* imprimisse era a lei. Foi o que disse Mao.

Sou um velho agora e, quanto à criminalidade, digo o que sei, e o que contei a você é a verdade sobre a vida de toda aquela gente.

XINRAN: O senhor guarda arrependimentos pela vida que viveu?

JINGGUAN: ... [Ele olha para o teto, os cantos da boca em agonia, exalando um longo suspiro pelas narinas. Sua linguagem corporal claramente expressa o sofrimento que leva no coração.] Nenhum! Com arrependimento você quer dizer ter feito alguma coisa errada? Não fiz nada de errado. Não pude escolher em que época vir a este mundo.

XINRAN: Se nascesse outra vez, o senhor ainda trabalharia como um agente da lei na China?

JINGGUAN: Nunca! A área de segurança neste país, em qualquer dinastia, sempre foi como estar no olho do furacão, e isso é duro. Não importa em que época, entende? Todo mundo sabe que, nas mudanças de dinastia na China, mudam todos os ministros também. O que isso significa? Ora, para onde vão os ministros do regime anterior? Se não são rebaixados, se aposentam ou são mortos! E quem os mata? O imperador! "O imperador mata os malfeitores, mas os ministros levam a culpa."

XINRAN: Tem havido um grande crescimento no número de estudantes de direito e em cursos de polícia nas universidades. Isso quer dizer que trabalhar nessa área está melhor do que antes das reformas dos anos 80?

JINGGUAN: Existe mais consciência da lei e das regulações do que antigamente, mas, com isso, novos problemas apareceram. O governo central dita as políticas, mas na base elas são sufocadas. Toda vez que as regras são aperfeiçoadas, esbarram na resposta ignorante e insensível das bases, e é o seu fim. A lei precisa ser incorporada pelas pessoas. Veja, por exemplo, como eram conduzidos os tribunais, basicamente por oficiais veteranos como eu. Em 1982, no Décimo Segundo Congresso do PCC, Deng Xiaoping instigou a política de indicação de oficiais mais jovens. Essa política passou a permear todas as camadas do governo: de maneira geral, a idade dos chefes de departamento no governo central não poderia exceder os 65 anos, a dos seus vices, os sessenta anos, e os membros de comitês do governo central não deveriam, em princípio, ter mais de setenta. Na primeira metade de 1983, essa determinação havia alcançado os governos provinciais e, no final do ano, os governos municipais.

Em 1984, chegou ao nível local e afetou oficiais com mais de cinquenta anos e sem diploma. A maioria acabou rebaixada. Naquela época, a maior parte não tinha estudo, nem mesmo o ginásio ou o ensino médio completos, muito menos universidade. Também não tinham treinamento especializado. Os funcionários de tribunais, hoje em dia, normalmente são formados, a começar dos 5 mil policiais recrutados pelo Escritório de Segurança Pública, todos com diploma universitário — e 40 mil se candidataram ao posto, todos diplomados em universidades, o que não garante necessariamente um emprego —, mas as pessoas não vivem no vazio, elas têm suas peculiaridades. Então como funciona a coisa? Pode até parecer, à primeira vista, que os tribunais hoje são conduzidos de acordo com a lei, mas na verdade obedecem a quem tem poder, e mais: a quem tem dinheiro. Os jovens oficiais são bastante ousados: um deles abocanhou uns 200 mil iuanes em propinas em apenas um ano ou algo assim e foi condenado a dezoito anos.

XINRAN: O senhor acha que se pode esperar alguma coisa dos agentes da lei nesta província?

JINGGUAN: Ainda há problemas de segurança pública, e a competência desses funcionários varia bastante. Como têm nível universitário, os funcionários dos tribunais deveriam ser altamente competentes.

XINRAN: Então existe esperança.

JINGGUAN: Depende do que você quer dizer com isso! No Festival da Primavera de 2007, assisti a um filme na TV sobre o último imperador da dinastia Qing. Do primeiro imperador, Nurhaci, até o último, Aisin-Gioro Pu Yi, houve contínuas revoltas violentas. Agora a China está mudando muito rapidamente, é algo radical.

XINRAN: O senhor viveu tanto antes quanto depois da Liberação, fez parte do primeiro corpo de policiais de Zhengzhou e assistiu às mudanças na área de segurança pública do país. O que o alegrou e o entristeceu em todos esses anos? O senhor poderia me contar as três coisas mais alegres e as três mais tristes?

JINGGUAN: As três mais tristes? Chorei três vezes na vida e derrubei uma ou duas lágrimas outras três vezes. A primeira vez que chorei foi em novembro de 1942. Faltavam alguns dias para o Festival da Primavera e não havia um grão sequer com que se alimentar. A família estava dividida e não havia quem olhasse por nós. Chorei quando era jovem porque não tínhamos nada para comer ou beber. A segunda vez foi quando meu pai morreu, pouco antes do Ano-

-Novo, com apenas 38 anos. Ele era o único homem adulto da família, e chorei uma noite inteira! Outra vez foi quando os japoneses chegaram a Zhengzhou, em 1944, e ficamos sem comida durante dias. Fui fazer uns bicos e trabalhava do amanhecer até ficar noite escura. Aqueles japoneses eram pessoas más e eu, um bom homem, mas, como não tinha dinheiro para nos sustentar, tudo que me restou foi trabalhar para eles. Pensando nisso, chorei, chorei de verdade... depois, quando minha mãe morreu, não foi tanto.

Derramei uma ou duas lágrimas — só uma ou duas, nem se pode dizer que foi choro — quando, em 1952, como sargento havia três anos, tiveram início as campanhas dos Três e dos Cinco Anti. Disseram: "Seus subordinados são corruptos, vocês devem ser corruptos também. Não são honestos e conscienciosos". Foi horrível. Não chorei, mas deixei cair algumas lágrimas.

Outro momento foi quando a Revolução Cultural transformou o Escritório de Segurança e os tribunais num caos, em 1969. Não conseguia entender, realmente não conseguia, por que três de nós estavam sendo perseguidos. Um era um velho oficial que lutara contra os japoneses e era o chefe do escritório em Zhengzhou; trabalhara como funcionário graduado na União Soviética e, de volta ao país, continuara a se corresponder por carta com as pessoas que conhecera lá. Por isso o transformaram num espião soviético. O segundo perseguido foi o procurador chefe, oficial desde 1938 que chegara ao vilarejo, em 1942, fugindo dos japoneses. Pensou que morreria, então o que fazer? Procurou o chefe da administração local, um pau-mandado, encostou uma arma na cabeça dele e disse: "Salvando minha vida você salva a da sua família. Se não me salvar, vou matá-los agora mesmo". O homem escolheu salvá-lo. Mas os guardas vermelhos disseram: "Por que você fez acordo com aquele fantoche dos invasores? Por que não se juntou aos camponeses e aos comunistas pobres?". O terceiro perseguido fui eu. Havia trabalhado na polícia e nos tribunais a partir de 1948 até aquele momento e jamais fizera nada de errado, mas a fome tinha me obrigado a pegar aqueles bicos com os japoneses, e isso me tornava um traidor. De novo derramei uma ou duas lágrimas, mas não chorei de verdade.

XINRAN: E quantas boas lembranças o senhor guarda?

JINGGUAN: Várias coisas bem comuns, mas nada particularmente especial.

XINRAN: Como o senhor conheceu sua esposa?

JINGGUAN: Quando a pessoa que nos apresentou a trouxe pela primeira vez à delegacia onde eu trabalhava, apenas perguntei a ela sobre sua família. O histórico de classe era muito importante naquele tempo. Aí começamos a nos conhecer. Às vezes ela vinha à delegacia e, se estivesse com tempo, eu ia vê-la.

XINRAN: Como a pediu em casamento? O senhor se lembra?

JINGGUAN: Ha! Não pedi, na verdade! Ficou subentendido. Se alguém apresentava um casal, era disso que se tratava, não era? Não era só diversão e joguinhos como a gente vê hoje na TV e nos filmes.

XINRAN: E vocês fizeram uma festa de casamento?

JINGGUAN: Minha nossa, mas para que falar disso?

XINRAN: Ah, por favor. Os jovens de hoje nunca ouviram essas histórias. Ensine a eles alguma coisa sobre os costumes tradicionais.

JINGGUAN: Havia uma trupe de percussionistas no nosso setor e a delegacia combinou com eles hora e lugar. Naquele dia, peguei cinco iuanes e comprei, talvez, uns dois em doces, dois em sementes de melão e um em cigarros, gastei tudo! Era bastante dinheiro naquele tempo. Geralmente, um policial em início de carreira ganhava apenas oito ou nove iuanes por mês. Vieram todos e aprontaram tudo e os tambores começaram a soar, bong, bong, bong. Antigamente, os moços costumavam se divertir um pouco — a gente tinha de fazer reverência à mulher, por causa da igualdade entre os sexos e tudo mais — e, feita minha reverência, os percussionistas dos dois lados começaram a tocar, bong, bong, bong. Então um dos chefes disse apenas: "Certo, vamos todos comer os doces e fumar um cigarro e bater papo". Em uma hora, mais ou menos, estava terminado. As acomodações na delegacia eram apertadas e não tínhamos onde morar, então saímos para caminhar por um par de horas e depois voltamos para a casa da minha mãe, na rua Nandajie. A gente tinha direito a três dias de folga quando se casava, mas, como havia falta de pessoal, na manhã seguinte eu já estava de volta ao trabalho na delegacia.

XINRAN: Depois de casados, o senhor e sua mulher tiveram brigas grandes?

JINGGUAN: Na verdade, não. Tivemos algumas rusgas menores, mas não nos primeiros dez anos de casamento, quando nunca brigávamos.

XINRAN: Que tipo de pessoa era sua esposa?

JINGGUAN: Posso dizer três coisas sobre ela. A primeira é que era uma boa mulher, e uma mulher forte. A segunda coisa é que trabalhou muito duro — tanto na fábrica como em casa. Quando chegava do trabalho, cozinhava e costurava, jamais teve um minuto de descanso. A terceira coisa é que era muito segura de si. Era melhor fazer o que ela mandava — era um pouco temperamental e bastante decidida. Mas, enfim, geralmente tinha razão.

XINRAN: Quando começaram os problemas de saúde?

JINGGUAN: No Dia da Pátria de 1975, ela estava trabalhando com a Equipe de Propaganda dos Trabalhadores da Escola de Ensino Médio Número 15, em Zhengzhou, quando foi levada para o hospital. Mediram sua pressão e estava muito alta, dezenove por onze, e o médico disse a ela que tirasse uma licença de saúde. Depois de seis meses, ela abandonou o trabalho e passou a receber o seguro-saúde, aposentando-se em definitivo em 1977. Tinha apenas 43 anos e teve de se aposentar. Era a Revolução Cultural e nossa filha mais velha estava trabalhando na zona rural. A regra era que só se podia voltar a trabalhar na cidade caso fosse necessário assumir o lugar dos pais, e só por essa razão. Minha esposa estava aposentada, de modo que dedicava seu tempo a cuidar de mim. Em 1986, ela estava preparando o jantar quando deixou cair a comida. Foi para o hospital fazer um checkup e descobriram que tivera um pequeno derrame. Em 1991, ela tropeçou e caiu dentro de casa. Quando voltou a si, não conseguia se levantar — caía de novo quando tentava ficar de pé sozinha. Levaram-na para o hospital, mas em seguida ela não pôde mais controlar as fezes e a urina, nem conseguia permanecer sentada. No dia 23 de junho de 2004, depois de ter entrado em coma, os médicos confirmaram o diagnóstico de vida vegetativa.

XINRAN: O senhor vive em função disso todos os dias?

JINGGUAN: No início contratamos uma enfermeira. Ela dormia numa caminha aqui, eu ali e minha mulher na cama de casal. Quando acordava de madrugada e sentia que ela estava molhada, chamava a enfermeira para trocar suas fraldas. É desconfortável para ela ficar molhada ali nas partes íntimas, e não temos dinheiro para comprar um forro próprio para incontinência. Todo dia estendemos um longo varal de roupas que mais parecem as bandeirolas que enfeitam aqueles barcos de passeio que a gente vê na televisão.

XINRAN: O senhor alguma vez conversou com seus filhos sobre sua vida e seus sentimentos?

JINGGUAN: Com meus filhos? Tenho medo de que eles comentem com meus netos. E também não iriam acreditar que passei por todas essas coisas.

XINRAN: O senhor acha que não entenderiam o tipo de privação que sofreu na infância?

JINGGUAN: Dane-se "entender"! Eles diriam: qual o interesse em conversar sobre esse negócio? É possível voltar no tempo? Reviver as mortes causadas pela fome? Se contasse a eles que seu avô morreu assim, eles me perguntariam por que ele não comeu um pedaço de pão. Pão? Com um pedaço de bolo de milho ele já estaria livre da fome. Só o que aprendem hoje é como ganhar dinheiro, não fazem ideia de como é para os pobres. Qual a vantagem de ter estudado sem desenvolver habilidade alguma? É como aconteceu com meu avô e meu pai — tanto conhecimento para morrer de fome!

XINRAN: Então o senhor considera que os jovens deveriam estudar, ou desenvolver alguma habilidade específica?

JINGGUAN: O estudo é a base de tudo. Em condições de igualdade, quem não tem estudo sai perdendo. Veja como o pessoal da cidade reclama: "É terrível, tal trabalho é pesado demais, aquele outro também". Zhenghzou tem uma população migrante de 600 mil pessoas. Vivem em barracos e sobrevivem comendo pão seco e vegetais em conserva, mas ninguém morre de fome. Esses trabalhadores migrantes estão preparados para o trabalho sujo, pesado e cansativo que o cidadão mais urbano não está necessariamente disposto a fazer. A cada final de ano, esse pessoal se digladia por dinheiro, enquanto a gente do campo volta para casa nos feriados com os bolsos cheios.

XINRAN: O senhor já conversou com seus filhos e netos sobre essas opiniões? Adiantou alguma coisa?

JINGGUAN: Às vezes adianta e às vezes, não. Tenho uma neta de 23 anos; ela se formou no Instituto de Artes de Chengdu no ano passado, voltou para casa e, depois de um ano, ainda procura trabalho. É difícil encontrar um bom emprego e ela não quer nada menos que isso. Todo dia ela reclama que ninguém reconhece seu talento. Mas o mundo não foi feito especialmente para você. É preciso trabalhar em alguma coisa e, com o tempo, encontrar oportunidades para fazer algo melhor.

XINRAN: E o senhor já disse isso a ela?

JINGGUAN [olhando para mim como se eu tivesse dito algo estranho]: Eu, falar para ela? Ela simplesmente diria que estou errado! Hoje em dia eles só estudam coisas supérfluas.

XINRAN: O que eles sabem sobre como foi sua vida? [Ele olha como quem diz: não há por que perguntar isso.] Sabem em que o senhor trabalhou?

JINGGUAN: Ficam impressionados com o uniforme, mas não acham que eu seja tão inteligente ou saiba tanto quanto eles.

XINRAN: Eles consideram que o senhor manteve aquela "lealdade cega" da velha sociedade, ou que foi ignorante?

JINGGUAN: É como eles pensam, mas não ousam dizer isso na minha cara. Felizmente ainda sou o mais velho! Mas continuam reclamando porque fui rebaixado. Meu neto mais novo disse: "Vô, poucos oficiais em Zhengzhou são tão graduados quanto o senhor. Por que então não lhe deram um daqueles sobrados de duzentos metros quadrados construídos para esse tipo de funcionário?". E meus velhos amigos dizem: "Você deveria ser considerado um alto funcionário. Por que continua morando nesse buraco escuro? Como se sente sabendo que funcionários que não contam tantos anos de serviço quanto você e não são tão graduados moram em apartamentos e casas confortáveis? Isso não é corrupção?". Respondo que não me sinto mal, não sou nem de longe tão merecedor quanto os veteranos do Oitavo Exército Móvel. Durante a Longa Marcha do Exército Vermelho, durante a guerra contra os japoneses, eles foram para a linha de frente no meio da noite, sobrevivendo à base de bolo de milho, sem saber quem morreria e quem continuaria vivo. Para mim, os tempos difíceis significaram me acomodar no chão para dormir às três da manhã, mas pelo menos tinha três refeições ao dia e comida suficiente. Aqueles veteranos nunca tiveram o bastante para comer.

XINRAN: Se o senhor tivesse o tempo, a disposição e o dinheiro necessários, o que mais gostaria de fazer?

JINGGUAN: Uma boa refeição ao lado da minha mulher. Afinal, ninguém pode afirmar com certeza que ela não vá despertar a qualquer momento. Não quero não estar ao lado dela quando isso acontecer, pois ela ralharia comigo para sempre. Eu disse às minhas duas filhas que posso me cuidar sozinho, preparar meu próprio café da manhã quando me levanto. Se elas fizerem o almoço, já está bom, mas, se não fizerem, tudo bem também — posso preparar meu jantar, fazer coisas simples para mim, e isso é bom.

XINRAN: O que o senhor deseja para os seus filhos?

JINGGUAN: Eles já estão adultos. O mais novo tem quase cinquenta anos, de modo que não há mais o que esperar deles. Não se beneficiaram do fato de eu ser policial. Sempre fui muito direito, e tenho a consciência tranquila por isso, mas eles sofreram. Se tivesse feito como os outros e usado meu poder e minha influência, não seriam operários até hoje. Às vezes, quando penso nisso, sinto-me mal...

Bem, preciso ir alimentar minha esposa, ela tem de comer na hora certa para evitar problemas de estômago.

Enquanto o senhor Jingguan e sua filha mais nova preparavam a "comida de tubo" da esposa dele, entrevistei a filha mais velha.

XINRAN: Qual é a impressão mais marcante que sua mãe lhe deixou?

FILHA MAIS VELHA: A de que ela não podia ser desobedecida. Havia sempre tanto o que fazer em casa, e ela ainda cumpria um turno de oito horas na fábrica e nos levava para a escola. Parecia que a mamãe nunca dormia, sempre comprando comida, cozinhando, lavando, costurando. Trabalhava no turno da noite, então voltava para casa, de manhã, para cozinhar e fazer o serviço doméstico. No tempo em que fazia esse turno, dormia apenas um pouquinho depois do almoço. Só uma ou duas horas, e em seguida se levantava e já estava ocupada tomando conta da gente e da casa. Aí, de noite, saía para trabalhar. Era realmente duro.

XINRAN: Se sua mãe pudesse lhe ouvir, o que você diria a ela?

FILHA MAIS VELHA: O que gostaria de dizer é: "Obrigada, mamãe, por trabalhar tão duro por nós todos aqueles anos. Quando deveria ter descansado e aproveitado, não pôde fazer isso. Seus filhos são adultos agora, mas a senhora não teve oportunidade de curtir a vida...".

Nesse momento, ela começou a soluçar. Sua irmã mais nova entrou na sala por alguma razão e, vendo as lágrimas da mais velha, entregou a ela as coisas que trazia e indicou que ela fosse ajudar o pai com a refeição da mãe. Então se virou para mim.

FILHA MAIS NOVA: Posso responder às suas perguntas agora, não? Precisamos compartilhar esse peso, do contrário não seríamos capazes de suportar o que aconteceu à minha mãe.

407

xinran: Obrigada por sua compreensão e coragem. Diga-me, onde você trabalha?

filha mais nova: Tinha um emprego no serviço de reciclagem de Zhengzhou, mas fui mandada embora. Fico em casa o dia todo e venho aqui cuidar da minha mãe. Fui demitida há doze anos, faz esse tempo todo que não trabalho.

xinran: Você sabe alguma coisa do passado do seu pai e dos seus avós?

filha mais nova: Não tenho lembrança nenhum dos meus avós. Tinha só três anos quando minha avó morreu.

xinran: Sabe que seu pai passou por momentos tristes na juventude?

filha mais nova: Eles eram tão pobres naquele tempo. Ouvi meu pai contar que a família era muito pobre e cabia a ele sustentá-la porque meu avô morreu jovem.

xinran: Às vezes você deseja saber mais sobre seus avós?

filha mais nova: Não sei bem, nunca pensei sobre isso.

xinran: Quantos anos tem seu filho?

filha mais nova: Vinte e três.

xinran: Acha que ele compreende o que o avô sofreu?

filha mais nova: Esses jovens não entendem nada. Nossa geração era melhor. Hoje, eles só querem saber de boa comida e bebida, não se importam com o resto.

xinran: Você considera que a vida do seu pai valeu a pena?

filha mais nova: Nunca pensei sobre isso, às vezes é algo insuportável.

xinran: O que você quer dizer com "insuportável"?

filha mais nova: Não sei explicar... O papai olha as coisas pelo lado bom — costuma dizer que hoje estamos muito melhor que antigamente, quando não havia o que comer. Hoje existe abundância de comida e bebida, então devemos nos considerar privilegiados!

xinran: E você concorda com ele?

filha mais nova: Minha geração também não teve muita sorte, mas vivemos muito melhor do que viveram minha mãe e meu pai.

xinran: Por que sua geração não teve sorte?

filha mais nova: Nascemos na época do Grande Salto Adiante, de 1958 a 1962, os anos dos desastres naturais, e não havia com que se alimentar. No tempo da escola, foi a vez da Revolução Cultural e a educação parou. Fomos obrigados a trabalhar e enviados à zona rural. Casamos e tivemos filhos, e veio a política de filho único. O meu tinha apenas começado a estudar e o desemprego se espalhou, qualquer um sem diploma ou alguma qualificação era demitido. Agora estamos velhos e houve uma reforma das aposentadorias e do seguro-saúde e ficamos de fora. Parece que todas as políticas de governo são contra nossa geração.

XINRAN: Também sou da geração que "pegou o bonde errado", de modo que conheço esses percalços que você mencionou e entendo seus sentimentos, mas acho que ainda assim nos sobra a "felicidade relativa" da qual fala seu pai, não é? Pelo menos não enfrentamos a guerra e a fome.

FILHA MAIS NOVA: É por isso que jamais culpamos nosso pai por ter sido tão justo e honrado no trabalho, e nunca ter obtido para nós as vantagens pessoais e profissionais que os filhos da maioria dos oficiais usufruem. Também nos compadecemos dele. Está velho e minha mãe leva uma vida vegetativa, mas ele tem medo de sair do apartamento porque acha que ela pode acordar a qualquer momento e ficaria brava se ele não estivesse aqui. Então ele nunca sai. O máximo que faz é sentar à porta de casa, às vezes. E nem tem com quem conversar!

XINRAN: Todos esses anos sem nunca sair de casa?

FILHA MAIS NOVA: Nunca. Ele é muito bom para a mamãe. Fala que nunca cuidou de nós quando pequenos ou se preocupou com o trabalho de casa, ela cuidava de tudo. Nunca quis incomodá-lo com isso, e não foi fácil criar os filhos. A mamãe nunca aproveitou a vida, nem por um dia, e simplesmente acabou vegetando. Meu pai sente muito por isso.

O apartamento era tão apertado que, com nossas câmeras instaladas ali, só havia espaço para a pessoa que estivesse tomando conta da paciente, o entrevistado ou entrevistada e eu. Todos os outros tinham de esperar lá fora. Então, terminada a entrevista com a filha mais nova do sr. Jingguan, fui procurá-lo para agradecer e me despedir.

Desci as escadas, tão mal iluminadas que não se enxergava nada, e quando emergi na claridade do lado de fora vi o velho senhor sentado numa cadeira avariada pelo tempo, lendo um jornal à luz do sol. Com a escuridão que deixara para trás e a luminosidade à minha frente, ele me pareceu um modelo perfeito, uma figura brilhando num quadro monocromático. Ali estava um policial aposentado, um velho sem valor para a sociedade chinesa de hoje, mas uma testemunha da história que seguramente seria lembrada e reverenciada pelo país no futuro.

A policial que havia atuado como nossa intermediária e marcado a entrevista também estava nitidamente comovida pela sinceridade e coragem do velho oficial. Ela dissera que faria tudo que pudesse para nos ajudar em nossa busca da verdadeira China atual, ajudando o futuro a compreender as incertezas do presente e o preço que se pagou no passado. De fato, sem sua ajuda, como teria conseguido encontrar esse destacado funcionário do Escritório de Segurança Pública, já relegado ao limbo?

Ao nos despedirmos de Henan, a policial me deu, como lembrança, o caderno pessoal de anotações que usava nas investigações e os recortes de jornal que colecionara para nos ajudar. Só depois de lê-los me dei conta de que ela me dera ainda um outro presente. Era uma folha de papel dobrada entre as últimas páginas do caderno:

Dez histórias muito tristes: do alto desta montanha, não consigo ver claramente o presente.*

1. *Quero ir para casa, quero meu salário!*
Essa foi a última coisa que Yue Fuguo, um trabalhador, disse antes de morrer. Ditas as palavras, ele sofreu uma hemorragia cerebral e perdeu a consciência. Trinta e seis horas mais tarde, o hospital informou sua morte. Yue Fuguo ainda não recebeu o salário que lhe era devido. Arrasada, a viúva, Yao Yufang, perguntava com indignação: "Como foram capazes de não lhe pagar?". (Publicado no *Chengdu Commercial News*)
O povo diz: quando os pais dele lhe deram o nome de "nação rica" [fu-guo], não imaginavam que não conseguiria, ele próprio, ficar rico.

2. *Nunca vou abandonar meu sonho de ir para a Universidade de Beijing.*
Como sua pontuação nos exames para entrar na universidade não era suficiente,

---

* O presente, aqui, é 2005. Este texto foi reproduzido muitas vezes em *blogs* e até em sites de universidades.

Xiao Qian (nome fictício), uma jovem de dezessete anos de Shaanxi, se atirou da sacada do quinto andar. Morreu uma semana mais tarde e, em seguida, repórteres encontraram um bilhete em seu quarto que dizia: *Nunca vou abandonar meu sonho de ir para a Universidade de Beijing*. Seu salto para a morte, no entanto, enterrou para sempre o sonho. (Publicado na Xinhuanet)
O povo pergunta: crianças da China, vocês são felizes?

3. *O que vocês realmente procuram aqui?*
Eram as primeiras horas da manhã do dia 18 de maio de 2004 e Chang Xia ainda dormia, quando cinco policiais e um informante, usando uma escada, invadiram seu apartamento pela janela. Apavorada, Chang Xia conseguiu reunir coragem para lhes perguntar quem eram. "Eles" queriam que a moça "entregasse o homem que tinha feito aquilo junto com ela". Mais tarde, descobriram que além deles próprios, visitantes indesejados, não havia mais ninguém ali, ao que reagiram, um pouco desconcertados, dizendo que "talvez tivessem pego a pessoa errada". Ainda abalada, Chang Xia perguntou de novo: "Quem são vocês e o que realmente procuram aqui?". Mas "eles" simplesmente foram embora. Pela janela, a moça viu o número da placa do carro. O pavor que sentira a deixara mentalmente desequilibrada. Repetidas vezes ela murmura para si mesma: "O número da placa, eu me lembro, aquela gente, no meio da noite, eles entraram pela janela, estavam procurando alguém, revistaram meu apartamento...". (Publicado no *Shenyang Today*)
O povo diz: a oeste dos montes Taishan, há um ditado assim: "Até o vento e a chuva podem entrar na minha casa, mas não o rei da China". Hoje não há quem garanta a privacidade.

4. *Ele foi à Grande Muralha, mas se afogou.*
"Ele", aqui, se refere a Zheng Jinshou, um jovem trabalhador da província de Fujian empregado em Beijing. Ele e a namorada, Xu Zhenjie, haviam se encontrado no parque e foram abordados pela guarda civil, que os espancou por não apresentarem documentos e se recusarem a pagar uma multa por isso. Zheng Jinshou, em pânico, movia-se cegamente em fuga quando, já ferido, acabou caindo no rio e se afogando. Depois de sua morte, a namorada disse: "Ele costumava repetir aquele ditado de que 'para ser um homem de verdade é preciso chegar à Grande Muralha', mas esteve lá, e sua vida foi levada pelas águas". O irmão mais velho de

Zheng, Zheng Jinzi, afirmou: "Meu irmão era um nadador muito forte, foi atleta no tempo de escola. Se não tivesse sido espancado até quase ficar inconsciente, certamente não teria se afogado". (Publicado por Digital Media)
O povo diz: parafraseando Confúcio, e pensar que a guarda civil mata mais que cobra venenosa!

5. *Eu queria aquela criança.*
Ao ser entrevistada, Ma Weihua disse em voz baixa: "Eu queria aquela criança". Ela havia sido presa como traficante. Estava grávida na época e, de acordo com a lei, a pena de morte não poderia ser aplicada a uma mulher grávida. Então, sem a permissão dela, as autoridades policiais aplicaram-lhe uma anestesia e abortaram a criança. O porta-voz da polícia afirmou que se suspeitava que a moça havia engravidado de propósito para evitar a execução. (Publicado na *South Weekend Review*)
O povo diz: sem comentários.

6. *Agora vá para a escola, a mamãe precisa se preparar...*
Huihui nasceu mulher e seu pai abandonou a família. Por sete anos, sua mãe passou por todo tipo de privação para criar a filha. Mas ela não era uma trabalhadora muito qualificada e, por isso, levavam uma vida indescritivelmente difícil. Por sete anos, a menina jamais ganhou roupas novas; por sete anos, sobreviveu à base de vegetais em conserva. Se conseguia comprar um peixe, a mãe dava de comer à filha. Mesmo assim, todos os anos, no aniversário de Huihui, sempre comprava um bolo para a menina. Mas, este ano, a mãe de Huihui simplesmente não conseguiu juntar os cem iuanes e se enforcou enquanto a filha estava na escola. (Publicado no *Anhui Market News*)
O povo diz: uma sociedade harmoniosa, a-hã!

7. *Se não fosse obrigada, será que eu iria voluntariamente tirar neve das ruas?*
Sun Fengmei é uma moça cega. Depois de uma nevasca, o comitê local a convocou como "voluntária para a retirada da neve", sob a ameaça de que poderia perder o salário mínimo que recebe. Quando a notícia se espalhou, o pessoal do comitê mudou o discurso e disse que, se ela não fosse, o benefício não lhe seria retirado. Ao mesmo tempo, negaram absolutamente ter dito, em algum momento, que ela teria de varrer a neve ou perderia o salário. Mas Sun Fengmei pergun-

ta: "Se não fosse obrigada, será que eu iria voluntariamente tirar neve das ruas?".
(Publicado no *Shengyang Daily*)
O povo diz: parece que "voluntariado" é quase sempre usado no sentido contrário do que significa realmente.

8. *Estou usando minhas melhores roupas.*
Vestido com seu uniforme de presidiário, Ma Jiajue diz: "Estou usando as melhores roupas que já tive na vida". Os policiais que o ouvem dizer isso não conseguem segurar as lágrimas. Ma Jiajue é um assassino, mas a lei não levou em conta o tipo de criação que teve. Sem ajuda financeira, Ma era tão pobre que perdeu a coragem de ir à escola porque não tinha sapatos. Seus colegas se lembram que, depois disso, sua personalidade mudou completamente e ele parou de falar com as pessoas. (Publicado no *South Cultural News*)
O povo pergunta: os pobres também não têm direito à dignidade?

9. *Quando você ler isso, filho, não estarei mais aqui...*
"Filho, quando você ler minha carta, não estarei mais aqui, pois não sou capaz de lhe oferecer estudo e não consigo viver com isso. Só com minha morte posso me desculpar de verdade..." Quando o filho de Sun Shoujun, um camponês de Liaoning, foi aceito na escola, o pai não teve dinheiro para enviá-lo. Então deixou um bilhete suicida para o filho e se matou. (Publicado na Xinhuanet)
O povo diz: nunca afirme que, mesmo que não vá para a universidade, a gente ainda pode ter uma vida boa. Até os personagens do comediante Stephen Chow sabem que é porque todo mundo quer estudar que se pode enganar as pessoas.

10. *Eu poderia ter aguentado mais três dias.*
Guan Chuanzi trabalha numa mina. Ficou preso no subsolo, depois de um acidente, e sobreviveu durante sete dias terríveis. A primeira coisa que disse ao ser resgatado para a luz do dia foi: "Eu poderia ter aguentado mais três dias". (Publicado no *Nanjing Morning News*)
O povo pergunta: irmãos mineiros, queridos irmãos, quanto tempo vocês ainda terão de aguentar?

Será a lei na China o ponto de virada para a transformação do país numa democracia, no futuro? Sei que muitos chineses se perguntam sobre isso, e esperam, mas precisamos de muito mais gente trabalhando sério pela lei como o velho sr. Jingguan.

Em 30 de dezembro de 2006, eu havia acabado de editar o segundo rascunho deste livro até aqui, quando recebi um telefonema da produção do programa *World Today*, da BBC World Service, me convidando a participar de um debate sobre o que noticiara a agência de notícias chinesa Xinhua:

No dia 1º de janeiro de 2007, a Suprema Corte Popular deve implementar uma política pela qual passará a ser necessária a confirmação dessa corte para todas as sentenças de morte pronunciadas pelas instâncias inferiores do judiciário. Esse é um passo historicamente significativo na evolução da lei criminal chinesa, não apenas no que se refere ao trabalho dos tribunais criminais, mas também para o progresso e o desenvolvimento do sistema legal do país como um todo.
A justiça criminal chinesa opera num sistema em que o Tribunal de Segunda Instância representa o último recurso. Uma revisão judicial das sentenças de morte sai da alçada da Primeira e da Segunda Instâncias, com procedimentos criados especialmente para lidar com os casos de pena capital. Inaugurada a Nova China, a política de garantia de defesa e controle rígido sobre a pena de morte foi implementada e o sistema de confirmação das sentenças, delineado. Em 1954, foram criadas regulações para o funcionamento das cortes populares, que instituíram a confirmação das sentenças de morte pela Suprema Corte Popular e pelas Altas Cortes Populares. Por decisão da quarta sessão do Primeiro Congresso do Povo, em 1957, todos os casos de pena de morte teriam de ser, dali em diante, decididos ou confirmados pela Suprema Corte Popular. Entre 1957 e 1966, essa determinação foi cumprida em todos os casos.
Durante a Revolução Cultural, as Cortes Populares foram expostas a pesadas críticas, e o sistema de confirmação das sentenças capitais deixou de funcionar na prática. Em julho de 1979, a segunda sessão do Quinto Congresso Nacional do Povo aprovou o Código Criminal Chinês e a Lei Criminal Processual, revendo a organização das Cortes Populares. Foi definido que todas as sentenças de morte que não tivessem sido pronunciadas pela Suprema Corte Popular teriam de ser aprovadas por ela. Entretanto, em fevereiro de 1980, não muito depois da aprovação do Código Criminal Chinês e da Lei Criminal Processual, outra decisão aca-

bou instituída pelo Comitê Permanente do Congresso Nacional do Povo, com o objetivo de agilizar a punição severa de criminosos que ameaçassem seriamente a ordem social: por essa decisão, a Suprema Corte Popular autorizava as Altas Cortes Populares a assumir alguns casos de pena capital por um período limitado. Seguido por outras reformas na organização das Cortes Populares e recorrentes decisões de delegação de autoridade, esse sistema persiste até hoje.

Minha primeira reação foi telefonar ao sr. Jingguan. Esperava ouvir dele: "Finalmente a Suprema Corte reivindica o direito de confirmar as sentenças de morte, tirando essa decisão das mãos de juízes confusos e incompetentes que mandam executar indiscriminadamente pessoas inocentes!". Mas, quando liguei para desejar a ele e à família um bom Festival da Primavera de 2007 e conversamos sobre a nova legislação, o velho policial falou: "Isso só existe na teoria, está muito distante do que vai na cabeça das pessoas que julgam os casos. Só quando todos forem capazes de compreender o que está escrito ali é que haverá verdadeiro entendimento da lei e o pessoal dos tribunais não poderá mais seguir adiante com sua ignorância irresponsável. Quantas pessoas a China torturou? Em compensação, quantos 'Bao Mãos Limpas' tivemos?".

Do primeiro imperador Qin da China, quando pela primeira vez a lei funcionou segundo o princípio de que "os nove clãs assumem a responsabilidade pelos malfeitos de seus membros", até esta China que, 2 mil anos depois, acaba de emergir de adversidades políticas, ecoa pelos séculos o lamento fantasmagórico daqueles que foram injustamente acusados, vítimas de funcionários locais corruptos que usam seu poder para lidar insensivelmente com vidas humanas. Dois mil anos de história e, apesar de tanto nos vangloriarmos de nosso ancestral sistema político e judiciário, houve apenas um grande juiz, 'Bao Mãos Limpas', na dinastia Song, conhecido de qualquer chinês por sua honestidade incorruptível. Apenas um.

11. Mãe sapateira: 28 anos debaixo de sol e chuva

*A sapateira de Zhengzhou
a princípio teve vergonha da câmera...*

... mas depois nos convidou para um almoço em sua casa.

SRA. XIE, uma sapateira, entrevistada em Zhengzhou, capital da província de Henan, na região central do país, próxima ao rio Amarelo. Ela trabalha na mesma rua há 28 anos, faça chuva ou faça sol, consertando os sapatos dos passantes. Ao final do dia, volta com o marido, que faz reparos em bicicletas, para o local onde vivem desde que ela veio de Hubei, na zona rural, quase trinta anos atrás: debaixo da escadaria de uma fábrica. Apesar de tudo, com suas economias suadas, o casal conseguiu que os filhos frequentassem duas das melhores universidades da China. O filho está começando um doutorado e a filha faz mestrado.

Em 2006, eu achava que havia cinco tipos de ruas e estradas na China. O primeiro é o tipo chamado de estradas federais — rodovias rápidas de alcance nacional, construídas e mantidas pelos governos locais. Podia "sentir" claramente a diferença entre as que começaram a operar depois do ano 2000 e as que já existiam antes disso; nas mais novas, a gente não ficava enjoada como nas outras, com seus deploráveis buracos e solavancos. Tampouco precisava contratar um guia da região para evitar os perigos de trafegar nessas vias, embora o mais atualizado dos mapas ainda não fosse suficiente para conduzir corretamente o viajante por um sistema viário em permanente mudança. Os banheiros das estradas federais são de "primeira classe", a maioria muito mais confortáveis que as próprias casas dos camponeses que moram ao longo do caminho. Não espanta que muitos motoristas afirmem serem essas rodovias não apenas as melhores para dirigir — o tratamento a quem trafega por elas é todo de "primeira classe".

O segundo tipo são os entroncamentos perto das cidades, construídos pelos governos municipais, geralmente vias muito largas: seis a dez pistas nas grandes cidades, duas a quatro nas menores. À beira dessas estradas, vê-se o reflexo do que são os governos, que pouco varia nos "toques locais". Em todas, uma sucessão de edifícios altos e menores, flores ou esculturas. Os municípios mais ricos plantam flores de verdade, enquanto aqueles com menos recursos expõem exemplares de plástico. Na maior parte dos casos, há calçadas especiais para pedestres cegos. Os semáforos mostram uma figura parada em vermelho, depois uma caminhando em verde. O mais agradável para o povo local que não pode comprar um carro são as grandes áreas verdes, praças com bancos nos quais se pode sentar, conversar e respirar um pouco de ar fresco. Nada parecido com as vias de dez anos atrás. Antes, scooters, mobiletes, bicicletas e pedestres se misturavam. As calçadas estreitas ficavam lotadas demais nos horários de pico e tudo que se ouvia eram as buzinas dos carros competindo entre si, os incessantes xingamentos dos motoristas disputando espaço e as imprecações gritadas pelos guardas de trânsito.

O terceiro tipo são as ruas dos bairros da classe trabalhadora. São estreitas e há mais bicicletas do que gente e carros, com apenas uma faixa reservada às scooters, que trafegam nos dois sentidos, espremidas pelos engarrafamentos da via principal. Às margens, todo tipo de artigos de primeira necessidade no dia a dia e pequenos negócios. Ali se encontram pessoas que ontem eram ambulantes e hoje mantêm lojinhas. No mesmo espaço onde empilham a mercadoria durante o dia, as famílias comem e dormem à noite. Essas vias urbanas são mais ou menos o equivalente às ruas comerciais das vilas rurais, embora ofereçam poucos produtos da terra e mais itens feitos de plástico barato.

O quarto tipo são as ruas secundárias e vielas que cortam os aglomerados urbanos. São normalmente ocupadas por pequenos comerciantes e artesãos que vieram dos vilarejos para "fazer fortuna" na cidade grande e começam por se instalar em tendas e quiosques. Alguns motoristas se recusam a acreditar que essas vielas são intransitáveis para carros e, meia hora depois de entrarem ali, se vangloriam de ter avançado cinquenta metros em meio ao povo e às mercadorias, logo descobrindo que seus heroicos veículos sofreram raspadas e arranhões e acabaram imundos. Essas ruas secundárias são um grande "salão de café da manhã" no começo do dia, um mercado a céu aberto à tarde e uma espécie de feira de lazer à noite, proporcionando bons negócios o tempo todo. Quem se beneficia de toda essa atividade são os comitês de moradores. Para assegurar que "a sujeira não invada o terreno do vizinho", a administração é das mais rígidas do país; há atendentes nos banheiros, seguranças, fiscais, administradores do comércio local, guardas e gente do controle de domicílios. E ainda as "senhoras vigilantes", identificadas com braçadeiras, responsáveis por verificar aquilo que "não parece direito". Isso varia de assuntos sérios, como acusações contra gente da cidade que tenha dispensado tratamento injusto a camponeses, ou quem tem ou não razão numa briga entre marido e mulher, a questões mais triviais — um rapaz com o cabelo indevidamente longo ou uma moça trajando uma saia indecentemente curta. Os cidadãos costumam dizer que as senhoras com as braçadeiras vermelhas tomam conta de assuntos aos quais o governo e as famílias não dão atenção. Quanto aos administradores, não interessa sua importância na hierarquia: desde que exibam um distintivo na manga, usem um uniforme e possam apresentar uma credencial, são "apoiados" pelos comerciantes que sustentam o governo local e o comitê de rua. Quem está à margem do sistema é achacado diariamente por um ou outro desses encarregados. Mas ainda assim acha que tem uma vida melhor que no campo. Às vezes penso que essa vida que levavam no passado devia ser inimaginavelmente dura.

O quinto tipo são as estradas empoeiradas, na zona rural, e as "ruas em construção" nas cidades. Vinte anos de frenéticas transformações urbanísticas no país inspiraram muitas ideias originais que haviam sido sufocadas por um século: por que não pôr um zíper no asfalto para simplesmente abri-lo, sem ter de cavar, quando houver necessidade de reparos? Por que não instalar um guindaste capaz de remover edifícios recém-construídos que tenham sido "programados" para isso, transportando-os até a zona rural e pondo os camponeses para morar neles? Por que não fazer uma fotografia da mente das pessoas que se tornarão funcionários destacados dentro de dez anos, para que os responsáveis pelas políticas de hoje não precisem recomeçar sempre do zero? Tantas ideias! E a maioria dos responsáveis por elas encampou essas "ruas em construção", muitas feitas de telas de metal. Funcionam bem no tempo seco — embora sejam um pouco instáveis —, mas quando chove viram sabão sob os pés, um convite aos tombos! O pior tipo são aquelas revestidas de compensados: antes de pisar, é preciso conferir se não há ninguém vindo do outro lado. Se houver, melhor verificar quem é mais pesado, pois o negócio pode virar uma gangorra na lama. E finalmente há aquelas vias revestidas de tijolos ou pedras, que obrigam o pedestre a andar "saltitando". Algumas são simplesmente recobertas com entulho de construção.

Enquanto esteve na estrada realizando as entrevistas, nosso grupo pôde se familiarizar com todos os cinco tipos de ruas e estradas da China moderna.

Não apenas isso: essas vias de alguma maneira acabaram encarnando verdadeiramente a experiência deste livro. Desembarcávamos dos aviões e já tomávamos alguma rodovia estadual, do tipo que a classe privilegiada do país usa em sua rotina diária. Quando entrevistávamos pessoas famosas, pegávamos os entroncamentos das cidades para chegar a elas — gente célebre invariavelmente se muda para as cidades, é sempre assim. As vias urbanas eram o tipo que mais frequentávamos — cafés da manhã, feiras noturnas para fuçar e comprar, tudo se podia conseguir nelas — e experimentamos as "ruas em construção" em Gansu e Anhui. E, finalmente, as vielas abertas por trabalhadores migrantes, que nos proporcionaram uma história que se somou ao plano original de entrevistas.

No dia 10 de setembro, tomamos um táxi até uma rua secundária atulhada e caótica na área de Zhongyang, na cidade de Zhengzhou, para entrevistar a intrigante figura de uma mulher que deixara para trás seu vilarejo e chegara àquela viela para sobreviver como sapateira. Consertando sapatos ao longo de nada menos que 28 anos, debaixo de sol ou de chuva, a sra. Xie conseguira mandar o filho e a filha para as melhores universidades da China.

No caminho, a motorista do táxi disse: "Vejo que vocês estão falando uma língua estrangeira. Que inglês é esse que vocês falam? De que país vocês são? O que vieram fazer nesta rua antiga e suja?".

Queríamos nos certificar de que ela não era um desses taxistas "alertas e vigilantes" que acabam metendo os passageiros em encrenca com a polícia local, de modo que, prudentes, contamos sobre o projeto voluntário na área de educação do qual fazíamos parte. Ela ficou tão entusiasmada com a descrição que fizemos que se recusou a cobrar a corrida. Discutimos um bom tempo até conseguirmos fazê-la aceitar o dinheiro.

Caminhamos pelo canto da rua, passando por uma loja que vendia cigarros e outras miudezas, uma tenda de panquecas caseiras feitas num fogão, duas carroças expondo itens domésticos em geral, uma barraca de frutas, outra carroça oferecendo pratos frios numa caixa de vidro acomodada em cima dela, até que chegamos à sapateira. Sua tenda consistia também numa carroça, coberta por um guarda-chuva velho. Sobre ela estava exposta uma coleção de palmilhas e outra de cremes e remédios artesanais para problemas nos pés, ao lado de pedaços de sapatos que ela usava nos reparos, como solas, saltos e pinos, e assim por diante. Embora não fosse muito grande, o estoque era cuidadosamente organizado. Alguns clientes estavam aguardando, aparentemente formando uma fila para o conserto de seus sapatos. Havia um homem de uns quarenta anos, sentado em frente à sapateira, uma mulher de meia-idade e uma adolescente.

A sra. Xie não parecia ter muito mais de cinquenta anos. O cabelo, seco e espetado, estava preso num rabo de cavalo, e ela se vestia no estilo ocidental, com uma blusa violeta de fibra e jeans baratos. Nos pés, um par de sapatos de couro que não lhe serviam direito — e adivinhei serem de segunda mão — e, cobrindo os braços, mangas compridas com estampas de flores. Nada combinava, como mandaria a moda urbana, mas ela era uma pessoa limpa e arrumada.

A amiga que marcara o encontro para mim foi até ela e a saudou: "Irmã velha" — é assim que respeitosamente o pessoal da zona rural se dirige, nas cidades, às mulheres, e aos homens, por "irmão velho", até mesmo quando se trata de pessoas mais jovens — "sempre venho aqui consertar meus sapatos, mas a senhora tem tantos clientes. Será que lembra de mim?".

SRA. XIE: Claro que lembro de você. Você nunca tenta pechinchar. Seu marido é do Exército. Você é uma boa pessoa.

AMIGA: Essa é minha amiga Xinran. A gente se conhece há quase trinta anos.

XINRAN: Muito prazer em conhecê-la.

SRA. XIE: Olá. Estou terminando um trabalho. Por que vocês não sentam?

XINRAN: A senhora poderia consertar meus sapatos? Eles descolaram por dentro e na sola.

SRA. XIE: Vou ver. [Dá uma rápida olhada nos sapatos.] Sim, posso consertar, é coisa simples. Só espere eu terminar este aqui, aí faço o seu.

Mas a mulher de meia-idade sentada num banquinho reclamou dizendo que tinha chegado primeiro. Concordei imediatamente.

SRA. XIE [dirigindo-se à outra cliente]: Não se preocupe, os sapatos dela só precisam ser colados. Não vão me tomar mais que um segundo. Os seus precisam de pinos novos nos saltos. Ela vai ter de esperar meia hora ou mais, e todo mundo tem pressa...

XINRAN: Não, por favor, posso esperar minha vez. Assim tenho a chance de aprender como a senhora trabalha e conversar um pouco. Minha amiga me contou que a senhora economizou tudo o que pôde do dinheiro que ganha como sapateira e conseguiu mandar seus dois filhos para a universidade. A senhora é incrível!

SRA. XIE: E as mães chinesas não são todas assim?

XINRAN: Quando cheguei aqui procurando uma sapateira, todo mundo me disse que a senhora é a melhor. Foram só elogios.

SRA. XIE: O pessoal me ajuda. Estão sempre cuidando de gente pobre como nós.

XINRAN: Quando a senhora começou como sapateira aqui?

SRA. XIE: Em 1978.

XINRAN: Quase trinta anos! De onde a senhora veio? Chegou aqui sozinha ou com a família?

SRA. XIE: Vim de Hubei. Com meu marido.

XINRAN: E seus filhos?

SRA. XIE: Era só meu filho na época. Ele tinha acabado de nascer. Deixamos o bebê lá, com os avós, para que o criassem. Partimos em busca de dinheiro.

XINRAN: E por quê?

SRA. XIE: Passávamos dificuldade. A terra era muito pobre e desértica.

XINRAN: A senhora tem um filho e uma filha?

SRA. XIE: Sim.

XINRAN: Onde estão, na universidade?

SRA. XIE: Meu filho trabalha, minha filha está na universidade.

XINRAN: Onde seu filho trabalha?

SRA. XIE [com orgulho de mãe na voz]: Ele está fazendo doutorado na Universidade de Comunicações de Xi'an [uma das melhores nas áreas de ciência e engenharia] e também dá aulas lá.

XINRAN: E sua filha?

SRA. XIE: Faz mestrado na Universidade de Beijing.

XINRAN: Eles costumam visitar a senhora?

SRA. XIE: Claro! Minha filha mais que meu filho. Ela sempre tem bons empregos e pode pagar a passagem. Meu filho tem uma namorada, então precisa dar atenção à própria família também!

XINRAN: Por que a senhora decidiu vir a Zhengzhou atrás de dinheiro?

SRA. XIE: Em 1978, a gente não podia abandonar o lugar de origem, arriscava-se a ser preso se fizesse isso. Não é como hoje, que se pode ir aonde quiser. Mas nossa região era pobre e lá não havia escolas. Quando meu filho nasceu, discutimos e resolvemos que queríamos partir, definitivamente, para que ele pudesse estudar.

XINRAN: Não havia escola no vilarejo de vocês?

SRA. XIE: Havia, mas era horrível! Uma escola primária precisa de um prédio e de um professor, mas aquela não tinha nem uma coisa nem outra. Um contador, parente nosso do vilarejo, assumiu a escola para ter uma renda extra. Para frequentar o ensino médio, a gente tinha de ir até a cidade. Espere aí um minuto que já lhe conto uma história sobre essa escola da cidade!

SRA. XIE [para o homem de meia-idade]: Seus sapatos estão prontos. Obrigada.

HOMEM DE MEIA-IDADE: Já tínhamos combinado o preço, quatro iuanes, certo? Aqui está, quatro iuanes.

SRA. XIE: Obrigada pela preferência. [O homem de meia-idade não responde e vai embora. Ela se vira para a mulher de meia-idade.] Os seus?

MULHER DE MEIA-IDADE: Da última vez a senhora pôs um salto novo. Usei o sapato seis meses e o pino soltou. A senhora poderia substituir por um melhor desta vez?

SRA. XIE: Pus o melhor da última vez. Você pisa com a parte externa do pé, é por isso que gasta a parte externa do salto. Faz pelo menos dois anos que tem esses sapatos, que já estão deformados porque o couro esgarçou. Agora, quando você caminha, os pés se enterram nos sapatos, e eles vão se estragando ainda mais rápido. Posso pôr uma palmilha para que o sapato encaixe bem no pé, fica melhor.

MULHER DE MEIA-IDADE: Quanto é a palmilha?

SRA. XIE: Um iuane cada.

MULHER DE MEIA-IDADE: Que caro! Os outros sapateiros cobram um iuane pelas duas!

SRA. XIE: É o preço. Pergunte por aí se você não acredita. Pago oitenta *fen* por palmilha, perderia trinta *fen* se lhe vendesse por cinquenta cada uma, portanto não vou fazer isso! Mas posso apenas recolocar o salto e depois você procura palmilhas mais baratas.

MULHER DE MEIA-IDADE: Tudo bem, conserte só os saltos.

Fiquei observando a sra. Xie enquanto ela remexia uma velha caixa de sapatos com todo tipo de pinos para saltos até encontrar um par de metal similar em cor e tamanho ao original. Ela limpou os pinos com um pano e os depositou numa caixa de madeira ao seu lado. Então, habilmente retirou o par antigo puxando-o com a pinça de um martelo e cuidadosamente lixou o salto avariado até deixá-lo liso. Finalmente, usando o avental, esfregou bem a superfície, livrando-a de algumas marcas.

Em seguida, ela aplicou uma camada de uma mistura viscosa de borracha e posicionou o sapato sobre o pino. Repetiu o procedimento com o outro pé e, terminada essa etapa, reforçou os saltos com uma espécie de prego de cabeça chata e quadrada.

Enquanto fazia o trabalho, ela já estava ansiosa para começar a história sobre a escola secundária do lugar de onde viera.

SRA. XIE: Eu não ia lhe contar sobre aquela escola secundária?

XINRAN: Sim, se não for atrapalhar seu trabalho, por favor, conte.

SRA. XIE: Não atrapalha de maneira nenhuma. Quando falo sobre essas coisas me sinto com mais energia e mais *qi*.* Você sabia que, quanto mais *qi*, mais energia?

XINRAN: Bem, então me conte!

SRA. XIE: Quando estava na escola secundária, eu era uma excelente aluna. Tinha as melhores notas de toda a circunscrição. Mas, na hora de me candidatar à universidade, a escola não permitiu. Naquele tempo, a escola secundária indicava os nomes e, alegando que eu tinha um histórico de classe complicado,

---

* Conceito fundamental da cultural tradicional chinesa, refere-se, grosso modo, a um tipo de energia metafísica que permeia e sustenta os seres vivos, e que pode ser controlada com técnicas como a acupuntura, por exemplo. (N. T.)

que era filha de uma rica família camponesa, não me deixaram ir para a universidade.

Isso tudo por causa de uma confusão da minha mãe em 1951 — não tinha nada a ver comigo. Logo depois da Liberação, quando as propriedades foram registradas e houve a divisão de classes, o encarregado passou os dados errados, e assim eles ficaram. Minha mãe tinha acabado de se casar. Era analfabeta e, além disso, não escutou o que diziam. Só quando a categorização de classes foi anunciada é que ela descobriu que a família havia sido incluída entre as de "camponeses ricos". Como podia? Se fôssemos ricos, por que meu pai teria partido para fazer a Revolução? Revolução contra si mesmo?

Meu pai trabalhava no governo da circunscrição e os oficiais lhe disseram que o erro havia sido corrigido, mas eram pessoas más e o enganaram. Durante a Revolução Cultural, alguém espalhou que meu pai teria traído sua origem de camponês abonado, dizendo que sua declaração de classe original havia sido encontrada. Aqueles oficiais não tinham feito a retificação do erro por escrito, limitaram-se a passar uma linha sobre o nome dele e só! De modo que meu pai, depois de ter trabalhado pela Revolução durante vinte e poucos anos, foi transformado num "contrarrevolucionário infiltrado nas fileiras revolucionárias". Simples assim, e isso foi o fim para a minha família, não pude ir para a universidade. Fiquei furiosa! Desde então, sempre desejei desesperadamente fazer um curso superior. Gostava de literatura e história, amava os livros; era a melhor aluna da circunscrição, mas não me deixaram estudar numa universidade. Penso sobre isso quando sento aqui, todos os dias, consertando sapatos, e ainda sinto raiva!

Ir para uma universidade em outro lugar e tocar a vida, como se faz hoje, era impossível então. Desde que meu pai "se transformara" em contrarrevolucionário, a família não tinha mais do que sobreviver, e logo fizemos as malas e nos mudamos de volta para o nosso vilarejo de origem para trabalhar no campo. Todos os meus anos de estudo desperdiçados, jamais poderia ir para a universidade, não é? Não me conformava com isso, realmente não me conformava! Toda noite, olhando o céu que escurecia, pensava comigo mesma: só preciso esperar, o céu vai se iluminar de novo. Mesmo que eu não possa fazer um curso superior, meus filhos definitivamente vão fazer, e os melhores!

XINRAN: E o céu realmente voltou a se iluminar. Seu filho foi para a melhor universidade, realizou aquele sonho.

SRA. XIE: Bem, nem tudo se realizou. A Universidade de Comunicações de Xi'an não é tão boa quanto as de Qinghua ou Beijing, e essas duas não são Oxford ou Cambridge. Definitivamente, se fosse eu, gostaria de frequentar a melhor universidade, só para dar uma lição àquelas pessoas que me impediram. Disse para a minha filha que ela deve continuar os estudos depois do mestrado. Falei que ela tem meu apoio. Não queremos dinheiro do governo. Dizem que somos pobres, mas foi essa pobreza que nos deu ambição e dela chegamos ao ensino universitário. É uma lição àqueles que nos desprezaram! Nossos filhos não tiveram bolsas de estudo. Disse a eles: "Não permito que vocês tomem emprestado ou peçam dinheiro ao governo. Se têm talento, devem lutar suas próprias batalhas! Não fiquem comparando o que comem ou como se vestem com a comida e as roupas dos outros. Não se importem se rirem de vocês porque não parecem tão elegantes ou são mais esforçados. A única coisa a comparar é o nível de cultura!". Sento aqui consertando sapatos e muitos me olham com menosprezo, mas aí penso comigo mesma: seu filho está cursando um doutorado? Posso não ter muito talento, mas meus filhos têm. E eu mesma ganhei cada centavo gasto na educação deles!

Mais uma vez fiquei sem palavras, atordoada pelo espírito inabalável das mães chinesas e suas aspirações elevadas. Somos, de fato, uma espécie comparável à vegetação selvagem do poema de Bai Juyi: "O fogo mais feroz não consegue consumi-la, ela crescerá novamente na brisa primaveril". Na verdade, não fui a única a me impressionar com o discurso sem meias palavras da sapateira. Podia sentir o impacto que causara pelo silêncio das pessoas em volta e acho que era por causa de nossas mães que nos sentíamos daquele jeito.

Percebi que a mulher de meia-idade estivera escutando tudo enquanto discretamente escolhia o par de palmilhas mais apropriado numa pilha sobre a carroça da sra. Xie. Ela deixou cinco iuanes e já ia saindo com os saltos dos sapatos refeitos quando a sapateira a impediu: "Já disse que as palmilhas custam um iuane cada, dois iuanes o par. Sobrou dinheiro aqui!". "Fique com ele, compre uma caneta para a sua filha", disse a cliente. "Não, não, não posso aceitar", disse a sra. Xie. "Você já me ajuda apenas trazendo seus sapatos para consertar aqui. Não posso lhe cobrar mais!"

Elas discutiam exatamente como tantas vezes presenciei as mulheres chinesas brigando para pagar a conta em restaurantes. A sapateira ganhou: só aceitou um iuane. A cliente foi embora e, realmente, pude ver que pisava sobre o lado externo dos sapatos. Virei para a adolescente que aguardava e disse: "É sua vez". Ela ficou envergonhada e me deu a frente, não tinha nenhuma pressa.

SRA. XIE: Deixe a menina ficar aqui um pouco mais enquanto colo seus sapatos. Ela aparece todo final de semana com um par. Diz que assim tem algo para fazer.

XINRAN: É verdade?

GAROTA: É. Meus pais são divorciados e nenhum dos dois quis ficar comigo, então moro com meus avós. A casa tem só duas peças e eles usam meu quarto para jogar majongue todo dia, fica todo enfumaçado dos cigarros. Quando estou na escola não me incomodo, mas nos finais de semana não tenho aonde ir e aí venho aqui, olhar as pessoas.

XINRAN: Olhar as pessoas?

GAROTA: Isso, olhar as pessoas. Essa viela pode ser atulhada, uma confusão, mas tem todo tipo de gente, até os altos oficiais. Os pais de um dos mais importantes moram naquele prédio, e às vezes ele aparece carregado de pacotes para visitá-los. Não passam carros, ele para o dele na entrada da rua e os passantes ficam xingando.

XINRAN: Mas como você sabe que ele é um oficial importante?

GAROTA: Parece que isso aqui é uma bagunça, mas temos patrulhas de segurança circulando diariamente. Dizem que assim "as normas serão cumpridas". Se qualquer outra pessoa bloqueasse a entrada, o Escritório de Segurança Pública não permitiria. Ouvi dizer que é porque o número da placa do carro é baixo e, quanto mais baixo o número, mais alta a patente do oficial.

XINRAN: E que outros tipos de pessoas você vê por aqui?

GAROTA: Pergunte a ela, que sabe dizer quem está passando sem nem olhar. A gente sempre brinca do jogo de adivinhação. Aponto alguém que vai indo lá longe, bem longe, o jeito de andar e de se comportar. Ela me diz que tipo de pessoa é e por quê. Muitas vezes ela acerta. É divertido!

SRA. XIE: É um pouco bobo, como um cachorro cavando um buraco, a gente costuma dizer. É só um jogo que faço com a menina para distraí-la.

XINRAN: Certo, então vamos lá. Minha vez. Pena que não tem ninguém vindo.

SRA. XIE: Se você pensar, passei os últimos 28 anos sentada aqui consertando sapatos, 28 anos que me ensinaram algumas coisas, como observar as pessoas. O tamanho dos sapatos depende da altura da pessoa, todo mundo sabe disso. Tudo bem, estou generalizando. Existem pessoas altas com pés pequenos, mas não são muitas as pessoas baixas com pés grandes. Sapatos grandes e largos pertencem a pessoas que passaram a vida em trabalhos braçais que lhes deformaram os dedos. Podem ter subido na vida, mas dá para saber que têm muitos parentes pobres. Aí você precisa reparar nas calças de quem usa sapatos folgados assim. Se a barra fica acima dos tornozelos geralmente é porque são calças velhas — acho que ficam curtas porque a barriga do sujeito cresceu. Se a barra arrasta no chão, é uma criança, ou um novo rico que ainda não aprendeu a comprar calças decentes. Quando aparece um pé pequeno calçado em sapatos estreitos é porque a família da pessoa está na cidade há gerações e os dedos não foram deformados pelo trabalho duro. Quem leva uma boa vida caminha trotando leve. Os pobres é que saem em carreira desabalada. Os que pisam no pé e são capazes de recuar discretamente, esses são gente educada, gente boa. E há aqueles que não sabem ser discretos, usam sapatos de marca, alguns falsificados. Mas as pessoas não são as roupas que vestem. Se não tiverem sentimentos e talento, serão inúteis! O homem que me trouxe aquele sapato agora mesmo só se preocupa com o que veste, nunca com as pessoas.

XINRAN: Por quê?

SRA. XIE: O sapato dele era falsificação de um modelo de marca, e um particularmente barato. Com o tempo a gente aprende a ver que os originais e os falsificados não são a mesma coisa. Ele não consegue perceber a diferença, então cai direto na armadilha. Além disso, custa tanto assim dar um sorriso? Há anos que vem aqui trazer seus sapatos para consertar e jamais trocou mais de uma ou duas palavras comigo. Quer mostrar que é um distinto cavalheiro da cidade e está acima na escala social, além de ser homem. Mas não conseguiu ter um filho. Se um homem quer ter um filho, precisa força de vontade e ousadia, precisa exibir bondade no rosto. Um homem cujo único talento seja o de importunar só terá filhas.

XINRAN: E o que a senhora pode me dizer destes pés aqui? Que tipo de sabedoria tem esta mulher diante da senhora?

SRA. XIE: Você quer a verdade?

XINRAN: Claro que quero!

SRA. XIE: Então vou lhe contar. Assim que bati o olho nos seus pés, soube que era uma pobre mulher de família grã-fina.

XINRAN: Uma pobre mulher de família grã-fina? Não entendo.

SRA. XIE: Não entende o que é isso? Significa que seus antepassados eram ricos, mas você não tem dinheiro. Se tivesse, não compraria sapatos tão baratos. As solas são muito finas e o desenho não é dos melhores. Garanto como você tem calos!

XINRAN: A senhora é incrível! Tenho calos, sim, nos pés — eles estão me matando nos últimos dias!

SRA. XIE: Tenho aqui um creme especial para tratar calos. Quer experimentar? Não molhe os pés por dois dias e no terceiro eles melhoram.

XINRAN: Mas está fazendo 39 graus e suo demais nesse calor! Não posso pôr os pés na água?

SRA. XIE: Bem, espere para ver se estarão doendo muito quando chegar em casa...

XINRAN: E o que a senhora pode me dizer sobre outras mulheres?

SRA. XIE: As de salto alto são as que mais valem a pena observar. Se batem com os saltos no chão é porque não sabem usá-los ou os estão usando pela primeira vez. Nem precisa olhar para saber que estão com a bunda empinada, o que não é nada bonito! É preciso andar devagar usando saltos — caminhar rápido faz a mulher parecer ridícula. Quanto mais alto o salto, menos discreta a pessoa que os calça — há aqueles sapatos que só sabem adiantar o passo, jamais ceder a vez. Esses chinelos de salto alto que agora estão na moda são realmente engraçados. Muitas vezes o pé escorrega e o chinelo vira, uma complicação. Todo mundo sabe quais mulheres têm pés pequenos e delicados, mas, com esses saltos muito altos de hoje, o bico dos sapatos é pontudo e não encaixa no pé. Fica grande demais, e uma mulher arrastando sapatos enormes por aí é ridículo! E mais uma coisa: não são muitas as mulheres que cuidam dos pés. Às vezes, a gente sente o perfume e que maravilha — mas ela passa e os pés são realmente feios, cheios de calombos amarelos no calcanhar e todo enrugados. Levantando a vista, é provável que veja um rosto emplastrado de maquiagem. Repulsivo. Não posso nem olhar. Então...

* * *

Um homem que passava de bicicleta parou apoiando um pé no chão. "Ei, a senhora vai estar aqui hoje à tarde?", ele perguntou. "Sempre estou, faça chuva ou faça sol, menos quando como e durmo. Se minhas coisas estiverem aqui e eu não, é porque fui ao banheiro." "Volto à tarde então", falou o homem, e se foi.

XINRAN: Então, nos seus 28 anos aqui, que mudanças a senhora percebeu nos sapatos que conserta?

SRA. XIE: Vinte e oito anos atrás, todo mundo era pobre e eu ganhava alguns *jiao* apenas de cada vez. No começo, consertava sapatos de borracha e plástico por esse preço, pondo solados plásticos em sapatos de pano. Alguns sapatos de couro podiam ser usados uma vida inteira. Eram resistentes, não como os de hoje, cheios de estilo — mas você usa apenas alguns dias e as costuras abrem, as partes coladas se soltam e o couro fura. Nos anos 80, mais pessoas passaram a usar sapatos de couro, mas quando compravam novos vinham reforçar a sola para que durassem mais tempo. Ainda assim, só podia cobrar alguns *jiao*, menos de um iuane, para cada reparo. Na década de 90, parecia que todos estavam usando sapatos de couro, mas muitos eram de couro falso — não se encontrava muito couro de verdade — e passei a realmente ganhar dinheiro, cobrando em iuanes. Agora já é um novo século, e aparentemente existe pouca demanda de reparos em sapatos de couro verdadeiro — quem os usa não aparece por aqui — e quase todos são sapatos de marca falsificados. Muita gente que me traz esses sapatos fica contando vantagem sobre como são bons e que custaram caro. Não digo nada, mas penso: nunca que estes aqui são originais! Um sapato de marca original seria tão malfeito, usando couro de qualidade tão ruim? Mas para que dizer isso aos clientes? Eles me pagam para consertar os sapatos, eu os conserto, pego o dinheiro e voltamos para as nossas casas. Por que arrumar encrenca? *Aiya*! Preciso ir fazer o almoço, meu velho marido espera por mim.

XINRAN: A senhora volta para casa ao meio-dia?

SRA. XIE: Às vezes sim, às vezes não.

XINRAN: O que vocês geralmente comem no almoço?

sra. xie: Apenas compro algumas panquecas ou bolinhos ou alguma outra coisa. [Ela ri.] Nada demais.

xinran: Podemos, nós cinco, ir almoçar hoje com vocês? Tudo bem se compartilharmos essa refeição?

sra. xie: Vocês podem, mas não tenho exatamente uma casa. Lá não tem nem lugar para sentar. Isso é problema?

xinran [eu podia ver que ela não acreditava que quiséssemos visitar sua casa]: Queremos muito ir. Já estou com fome.

sra. xie: *Aiya*! Então dê uma olhada nas coisas para mim. Só vou ao banheiro.

xinran: Certo, vamos ficar aqui para garantir que a senhora não perca nada.

A sra. Xie se apressou e, vendo como ela parecia ansiosa, eu disse, culpada: "Ela devia estar mesmo desesperada para ir ao banheiro". O vendedor de bebidas numa tenda próxima escutou e riu: "Ninguém aqui se preocupa em perder suas coisas por deixá-las sozinhas, pois o pessoal das outras tendas cuida. Nem é preciso avisar. Ela foi comprar comida, na verdade, porque não quer servir panquecas e bolinhos quando forem à casa dela!".

Ao ouvir isso, corri atrás da sapateira e, de fato, a encontrei comprando frango frito. Cheguei tarde — o frango já havia sido cortado em pedaços e não poderia ser devolvido. Sabia que não conseguiríamos convencê-la a nos deixar pagar, de modo que tudo que pude fazer foi carregar o frango e, junto com ela, ir comprar os vegetais.

Chegando à sua casa, ficamos estarrecidos. Estávamos numa pequena fábrica desativada anos antes. As instalações abandonadas eram protegidas por um grande portão ao lado do qual ficavam um depósito vazio e um banheiro. Esse espaço, sem nenhuma mobília ou equipamento doméstico, era a casa. O "quarto", isolado por uma divisória, ficava num espaço triangular e bastante reduzido debaixo das escadas. Ali eles dormiam no inverno, na primavera e no outono. A "cozinha" se resumia a um fogão no espaço ao lado do banheiro. A água para higiene, consumo e limpeza vinha da cisterna desse banheiro. O calor ali dentro era escaldante e, um pouco envergonhada, ela retirou a cama que usavam no verão — uma tábua apoiada em velhos baús de madeira — de modo a liberar algum espaço mais "ventilado".

Sentamos para comer com ela e o marido, que trabalhava consertando as bicicletas dos estudantes perto da escola técnica secundária. Ela preparou um prato à moda de Hubei, com carne no vapor e arroz, alguns vegetais fritos e tofu que sobrara de uma refeição anterior. Havia ainda o frango frito que ela comprara e mais arroz e bolinhos. Mais tarde, calculamos que aquela refeição tinha custado ao casal o que ganhava em um mês com os reparos de sapatos e bicicletas. Foi a primeira vez que fiz uma refeição sentada sobre um pneu velho. Não havia bancos ou cadeiras — na verdade, mobília nenhuma.

Depois de comermos, a sra. Xie caiu no choro e disse: "Nesses 28 anos, ninguém nunca tinha vindo nos visitar ou comer conosco! As pessoas da cidade nos olham com desdém, sem respeito, na verdade ninguém presta muita atenção na gente! Não temos nada. Usamos cada centavo para que nossos filhos fossem para a universidade! Toda vez que minha filha volta para casa num feriado, se espreme comigo naquela tábua para dormir, coitadinha. No inverno, congela junto conosco; no verão, quase derretemos. Quando queremos lhe dar dinheiro para que vá passar as férias com os avós, ela se recusa. E diz: 'Se minha mãe e meu pai vivem desse jeito para que eu possa estudar, por que não ficaria aqui com eles?'. Ela é muito madura. Estuda e trabalha e não tem aonde ir nas férias, mas não poderíamos fazer mais do que já fazemos por eles!".

Seu marido estava de pé ao lado dela, sorrindo em silêncio. Também os olhos dele ficaram vermelhos e disse: "Assim que nossos filhos nasceram, precisamos deixá-los com os avós. Enfrentávamos tempos muito, muito difíceis. Não podíamos pagar para mandar nossos filhos à escola da cidade. Tiveram de frequentar a escola da zona rural, mas ambos nos deram muito orgulho! Iguaizinhos à mãe, tiveram as maiores notas da circunscrição. Nunca vou esquecer o dia em que meu filho ganhou a vaga na Universidade de Xi'an e veio me contar, na tenda onde conserto as bicicletas perto da escola. Suas roupas eram trapos e os estudantes o confundiram com um mendigo. Ele não tinha dinheiro para o trem, então viajou vários dias e noites num ônibus para chegar até aqui. Quando me viu, não tinha mais forças nem para se mostrar feliz, apenas disse: 'Pai, estou com fome. Passei nos exames para entrar na universidade!'. E então desmaiou. Chamei alguns estudantes para me ajudar e, ao verem a carta de admissão à universidade, eles ficaram boquiabertos! Aquela é uma das principais universidades, na qual eles também sonham ser um dia admitidos! Meu... filho... é... fantástico!".

Ele não conseguiu dizer mais nada.

Enquanto olhava para os dois, pensei — e era impossível não pensar — que aquele casal que vivera em condições mais difíceis do que refugiados havia produzido dois jovens incrivelmente talentosos para o seu país. Impossível não levar em conta que suas economias, construídas *jiao* a *jiao*, iuane a iuane, tinham poupado duas bolsas ao sistema educacional chinês. E era também impossível não pensar que esses dois camponeses, desprezados por todos, haviam criado um filho e uma filha admirados por todos!

Estávamos todos com lágrimas nos olhos. Sabia que minha equipe se sentia muito emocionada. Aquele casal é o exemplo de um tipo de autorrespeito e orgulho entre os chineses pelo qual estivéramos procurando.

Antes de nos despedirmos, fiz a eles minhas três últimas perguntas.

XINRAN: Como vocês se conheceram?

SRA. XIE: Quando me impediram de ir para a universidade, recusei o casamento. Aí fomos apresentados e ele me disse: "Você não pôde fazer um curso superior, mas, se tiver filhos, poderá mandá-los para a universidade no seu lugar". Inteligente, não é? De todos os homens que conheci, nenhum me entendia como ele. Então me casei e juntos ganhamos o dinheiro para que nossos filhos pudessem chegar à universidade.

XINRAN: E qual é seu próximo desejo?

SRA. XIE: Ajudar meus filhos a seguir com seus estudos avançados nas melhores universidades e a conhecer o mundo e ampliar seus conhecimentos!

Isso nos levou a fazer um interurbano para o filho da sapateira, e combinamos manter contato. Eu esperava encontrar um jeito de ajudar aquela mãe a realizar seus sonhos, ao mesmo tempo que ajudava aquele jovem, que abrira caminho das camadas mais desfavorecidas da sociedade ao topo dos círculos acadêmicos do país, a ver um pouco do mundo grande e colorido pela mãe.

XINRAN: Quem é mais bonito, seu filho ou sua filha?

SRA. XIE: Os dois são bonitos!

XINRAN: Amigos que conhecem sua filha me dizem que ela é muito bonita.

SRA. XIE: Não, não, nada disso. São feios, os dois. Famílias pobres não têm filhos bonitos!

Famílias pobres não têm filhos bonitos! Aquilo doeu em mim. Há um dito popular na China: "Pode rir dos pobres, mas não das prostitutas", o que significa que os pobres estão no nível mais baixo da sociedade, mais baixo até que o das prostitutas, e só valem pelo ridículo. É um ditado antigo, oficialmente banido por meio século de revolução, mas que acabou reemergindo do lixo da história. Descreve o fosso separando ricos e pobres que resultou do salto de crescimento experimentado pela China.

Enquanto me preocupava com essa coisa de "dar novos usos a velhos conceitos", recebi de uma amiga de Beijing um e-mail que vinha circulando em *blogs* chineses. Ela me pedia para repassá-lo aos chineses que conhecesse no exterior e dizer a eles que aquela mensagem descrevia bem o tipo de afeto que andava em voga nos centros urbanos do país.

Dez verdades para se guardar:
1. Ao encontrar um mendigo: se ele lhe pedir dinheiro, dê um pouco de comida; se lhe pedir comida, dê um dinheirinho.
2. Ao ver um idoso ou deficiente ou grávida num ônibus, não faça alarde para lhes ceder seu assento. Quando levantar, use o corpo para fazer espaço à pessoa que precisa dele. Então finja que vai descer e se afaste. É fato que muita gente não costuma se afastar. Se alguém lhe agradecer, responda com um sorriso.
3. Debaixo de neve e chuva, se você encontrar, numa barraca de vegetais, frutas ou jornal, alguém que não pode ir para casa porque ainda não conseguiu vender o pouco que falta, compre tudo que resta ao vendedor, se puder, ou ao menos uma parte. Você ainda assim vai comer ou ler algo, e aquela pessoa irá para casa mais cedo.
4. Se encontrar um idoso ou idosa ou uma criança perdidos na rua, leve-os para casa, se puder; ou ao menos ponha-os num ônibus ou os conduza até a dele-

gacia. Se tiver um telefone, faça uma ligação para ajudar. Afinal, não custa tão caro assim.

5. Se alguém que está perdido lhe perguntar onde fica um endereço e por acaso você souber, diga. Não recue se desculpando; ninguém está querendo lhe fazer mal.
6. Se encontrar uma carteira, procure o dono. Se estiver realmente precisando daquele dinheiro, deixe só o troco. Ligue para o proprietário da carteira e diga que a encontrou num banheiro. Devolva os cartões de crédito, a identidade e a carteira de motorista. A maioria das pessoas não vai se incomodar por ter perdido o dinheiro. Anote o endereço da pessoa e, quando estiver em melhor situação financeira, vá a ela, peça desculpas e devolva a quantia.
7. Se encontrar estudantes trabalhando para pagar pelos estudos — especialmente se forem alunos de secundário e meninas —, compre o que quer que estejam vendendo. Se a moça não for de família pobre e precisou ser corajosa para sair em busca de emprego, diga a ela algumas palavras de incentivo.
8. Se encontrar alguém sentado na calçada à noite, com suas mercadorias expostas sobre um pedaço de carpete, compre o quanto puder sem pechinchar. Não devem ser coisas caras, e ninguém cuja situação não seja menos do que terrível sairia debaixo de frio para vender bugigangas como aquelas.
9. Se estiver bem de vida, em vez de arranjar uma amante, ajude, sem alarde, alguns estudantes de regiões montanhosas pobres. Não deixe que saibam quem você é, senão encontrá-los será incômodo e embaraçoso. Mas ainda assim não tanto quanto se você mantiver uma amante — na verdade, você se sentirá mais leve. Se quer ter uma amante, tudo bem, mas pelo menos faça também algo de bom. Afinal, as pessoas são complicadas.
10. Se tiver tempo de sobra e por acaso achar que tudo isso é correto, então me responda. Será mais gratificante do que dar atenção a outras mensagens completamente inúteis. Se tiver mais tempo, espalhe este texto para outros sites. Quanto mais gente do bem, melhor.

Na estrada, Interlúdio 5: Um incidente no Memorial do 4 de Maio

Em Beijing, na etapa final de nossa viagem, nos hospedamos no Prédio Vermelho, ao lado da antiga sede da Universidade de Beijing. O Hotel da Muralha Vermelha, atualmente "candidato a três estrelas", fica perto do Museu da Universidade de Beijing e de um monumento em homenagem ao Movimento Patriótico de 4 de Maio, recentemente inaugurado.

Esse movimento marca a entrada da China num século de modernização. Em 1914, o Japão usou o pretexto da Primeira Guerra Mundial para declarar guerra à Alemanha e ocupar Qingdao e toda a extensão da Ferrovia Jiao—Ji. Uma vez no controle em Shandong, os japoneses acabaram com os privilégios que os alemães tinham desde que haviam conquistado aquela província. Ao final da guerra, com a Alemanha derrotada, as nações vencedoras convocaram uma conferência de paz em Paris, em janeiro de 1919. A China, representada por uma delegação conjunta do governo de Beijing e do governo militar de Guangzhou, compareceu do lado dos vencedores com uma série de propostas, que incluíam a abolição de todos os protetorados das grandes potências em território chinês, assim como do tratado desigual das "Vinte e Uma Exigências", firmado pelo presidente Yuan Shikai com o império japonês, e a restituição do controle sobre Shandong, tirado da Alemanha pelo Japão antes da guerra. Mas as grandes potências manipularam a Conferência de Paz de Paris de tal maneira que não apenas as demandas chinesas foram rejeitadas, mas o tratado de paz com os alemães estabelecia, ainda, que o controle de Shangdon fosse passado integralmente ao Japão. O governo de Beijing aceitou assinar o tratado, mas o povo chinês se opôs ferrenhamente.

Na tarde de 4 de maio de 1919, mais de 3 mil estudantes da Universidade de Beijing e de outras doze universidades e escolas técnicas romperam as barreiras policiais e o cordão de isolamento feito pelo Exército e se reuniram na praça Tiananmen, atentos aos discursos. Em seguida, organizaram passeatas e gritaram slogans como: "Lutar por soberania lá fora, livrar-se dos traidores aqui dentro", "Abaixo as Vinte e Uma Exigências" e "Não ao tratado de paz". Pediam que os líderes da ala pró-Japão — Cao Rulin, Zhang Zongxiang e Lu Zongyu — fossem punidos. Os estudantes de Beijing fizeram greve e inspiraram a resistência em todo o país.

O impacto das atividades patrióticas daqueles estudantes foi rapidamente sentido em cidades como Tianjin, Shanghai, Chansha e Guangzhou, e houve ainda o apoio de estudantes chineses no exterior e de conterrâneos expatriados em geral. Um número ainda maior de estudantes se somou às manifestações no dia 4 de junho e, em dois dias, quase mil estudantes tinham sido presos. Isso provocou ainda mais a ira popular. A partir de 5 de junho, entre 60 mil e 70 mil trabalhadores de Shanghai entraram em greve, enquanto seus companheiros em cidades como Nanjing, Tianjin, Hangzhou, Jinan, Wuhan, Jiujiang e Wuhu também pararam e fizeram passeatas. O governo de Beijing ficou tão abalado por essa movimentação que, em 6 de junho, se viu obrigado a liberar todos os estudantes presos. No dia 10 de junho, as "renúncias" de Cao, Zhang e Lu foram proclamadas "aprovadas". Em 28 do mesmo mês, a delegação chinesa se recusava a assinar o tratado de paz com a Alemanha. O vitorioso Movimento de 4 de Maio então arrefeceu temporariamente.

Ele é visto como o divisor de águas entre o fim da velha revolução democrática chinesa e o início de uma nova. Depois da instalação da República Popular da China, o Conselho de Administração do Governo Central do Povo proclamou, em dezembro de 1949, que a partir de então em 4 de maio seria comemorado o Dia Nacional da Juventude.

Todos os idosos que entrevistamos haviam testemunhado a história da China posterior ao Movimento de 4 de Maio. Por essa razão, senti que, antes de concluir este livro, deveríamos registrar com nossa câmera, nos arredores do monumento, os sentimentos sobre essa história que me fora evocada pelas entrevistas.

No entanto, fomos interrompidos por dois homens vestindo uniformes cinza claros e portando braçadeiras de "seguranças".

SEGURANÇAS: Vocês não podem filmar aqui!
XINRAN: Por quê?
SEGURANÇA A: Vocês têm uma autorização?
XINRAN: Que autorização? Viemos prestar nossa homenagem às gerações passadas e compartilhar a glória daqueles tempos... Será que precisamos de autorização para isso?
SEGURANÇA B: Por que estão filmando?
XINRAN: Para registrar o que sentimos e o que descobrimos a respeito do Movimento de 4 de Maio.
SEGURANÇAS: Isso não é permitido. As normas dizem que só se pode filmar com uma autorização.
XINRAN: De quem são essas normas?
SEGURANÇAS: Da administração do parque. Vocês estão em território nosso, nós ditamos as regras.
XINRAN: Esse parque Huangchenggen de vocês não é um parque municipal aberto ao público? Não está sob responsabilidade da administração municipal de Beijing? Não se trata de propriedade pública protegida pela lei da República Popular da China? Se é assim, por que os cidadãos chineses não podem descobrir mais sobre um monumento histórico? E por que estrangeiros não são autorizados a filmar um monumento que celebra a história do país numa rua central da cidade?
SEGURANÇA A: Não vamos discutir todos esses detalhes com você. Precisamos ver a autorização, senão vamos chamar reforços para tirá-los daqui!
XINRAN: Tirar a gente daqui? Por quê? Sabia que prender pessoas inocentes é contra a lei? Quem é seu superior? Vamos falar com ele, pois o que você diz não resiste ao teste das mais básicas normas da administração municipal. Você está dando um pretexto à opinião pública mundial que acusa a China de não ter um sistema legal nem respeitar os direitos humanos. Está arranhando

nossa imagem como uma democracia livre. Quem é seu chefe? Traga-o aqui ou vou procurá-lo!

SEGURANÇA A [apontando para o B]: Ele está ligando para o chefe.

XINRAN: Obrigada. Acho que ele vai concordar que tenho razão.

SEGURANÇA B: O chefe disse que está ocupado e não pode vir.

XINRAN: Então falo com ele no telefone. Como você disse, se estivermos indo contra as normas administrativas, é de responsabilidade dele cuidar do caso. Por favor, ligue novamente e diga que tenho um assunto importante para discutir com ele.

Eu me mostrava tão intransigente que o Segurança B não perdeu tempo e ligou de novo. "Essa mulher insiste em falar com o senhor!", ele disse.

Mas não me passou o telefone — entregou-o a A, que ouviu e ouviu e ouviu. De repente, ficou pálido. Quando desligou, percebi que não sabia o que fazer. Obviamente o chefe, conhecendo a temível "influência da mídia", não queria se meter conosco. Os pobres seguranças parados à nossa frente apenas sabiam que o chefe era "aquele a quem deviam obedecer" e não podiam faltar com suas responsabilidades.

Naquele momento me lembrei de um ditado que diz que "a linha da vida está estampada no rosto dos chineses pobres". Não queria tornar mais difícil a vida daqueles dois jovens quase sem estudo, de modo que mudei o tom:

XINRAN: Logo estaremos em 2008 e este parque é um dos pontos turísticos de Beijing. Mais gente que nunca, da China e do exterior, vai querer visitar esse monumento à história moderna do país, e hoje em dia muitos turistas andam com câmeras. Vamos parecer ridículos se quisermos impedir todos eles de filmar. Digam ao chefe de vocês que ele precisa alinhar seus estatutos à lei do país. Senão vocês é que estarão contra a lei. Ele não pode mandar vocês para as ruas e lavar as mãos. Precisa ajudá-los a entender melhor o direito e a legislação internacional mais básicos, caso contrário vocês se tornarão os vilões do desenvolvimento da civilização chinesa. Não estou brincando. Se eu fosse uma chinesa expatriada com um passaporte estrangeiro e não entendesse o senso de responsabilidade e patriotismo de vocês, esse incidente poderia virar uma

grande piada, motivo bastante para que rissem de nós lá fora. Imagine, precisar de uma autorização para filmar um monumento histórico em plena rua. Vocês estariam dando uma prova de que não existe liberdade de expressão na China! [Breve pausa.] Quais são exatamente suas atribuições e responsabilidades?
SEGURANÇAS [em uníssono]: Não sabemos.
XINRAN: Então que normas de segurança pública vocês seguem?
SEGURANÇA A: Temos lá alguns documentos, mas não sei de cor.
SEGURANÇA B: São uns papéis antigos, os novos ainda não chegaram. Não sabemos dizer, mas nossos chefes sabem.

Essa é uma resposta tipicamente chinesa: não sabemos, mas nossos chefes sabem.

Esses superiores sabem realmente? Se sabem e não esclarecem as coisas para os subalternos, são realmente líderes? Lembrei de um amigo que costuma citar outro ditado para reclamar de "gente ignorante ajudando os outros a entender as coisas". Terrível, porém ainda mais terrível é enganar os outros quando se entende as coisas claramente.

Aqui, gostaria de citar a definição do que é um chinês, da Enciclopédia Britânica de 1842:

> Um chinês é frio, esperto e desconfiado; sempre pronto a tirar vantagem daqueles com quem negocia; extremamente avarento e enganador; encrenqueiro, vingativo, mas tímido e vil. Um chinês no comando é uma estranha combinação de insolência e agressividade. Em todas as posições e circunstâncias mostrará total desdém pela verdade.

Quanto mudou, nos últimos 150 anos, a imagem desse chinês? Não sei dizer — nem mesmo o quanto mudou no meu tempo de vida.

"Não sei" ou "não faço ideia" parecem ser as respostas mais comuns quanto aos quase completamente opostos valores expressados por nossos entrevistados ao explicarem quem são, e por seus filhos e filhas ao tentarem entendê-los. De fato, quase todo chinês ou chinesa se deparou com esses "não sei" e "não faço ideia" nos últimos cem anos. Mesmo os livros e os arquivos que sobreviveram dos grandes eventos da história do país mostram discrepâncias no modo como apresentam o passado. Cem anos assolados por guerras demais, com todo o caos e o sofrimento que trazem, mais os fracassos de nossos salvadores, mudanças dramáticas em nossas crenças e uma confusão quanto aos padrões morais levaram a uma espécie de "exagero e metamorfose" tanto da maneira como os chineses descrevem sua realidade para si próprios quanto da arquitetura de nossas cidades. Em busca de suas raízes e de autorrespeito como nação, o povo chinês se perdeu. O resultado é um mapa histórico que carece de consenso sobre os símbolos capazes de explicá-lo, sendo redesenhado eternamente.

Posfácio
Imagens da minha terra natal

Foi difícil para mim "terminar" este livro. Enquanto escrevia, não parava de me perguntar: seriam minhas experiências e mesmo o que escrevo parte daquelas "coisas que não se pode afirmar com certeza"? A realidade é simplesmente esta: durante todo o processo de entrevistas, edição e preparação do material, não consegui sanar as diferenças entre os fatos históricos e a versão desses mesmos fatos dada pelas pessoas que sobreviveram a eles; não fui capaz de encontrar nada parecido com padrões universais de certo e errado entre as gerações mais recentes da história da China; não pude descobrir como vivenciar ou expressar as delícias e alegrias da infância desses personagens, as aspirações e os prazeres de sua vida adulta e os deleites de sua idade madura. Cheguei a me perguntar se eles realmente haviam tido alguma chance de experimentar "delícias e deleites". Os fatos me provaram que sim: nossos pais e avós não apenas tiveram bons momentos conforme os entendemos, como também mostraram vontade e talento para buscá-los, emocionar-se com eles e absorvê--los completamente em meio à mais absoluta pobreza e àquilo que "não se pode afirmar com certeza".

Meu processo é o de encontrar minha verdadeira terra natal, a do coração, entre todas essas incertezas que percorrem várias gerações de chineses.

No retorno de minhas viagens, foi impossível escapar às histórias dos livros; às vozes daqueles entrevistados; ao país conforme ele se revelara a mim nas fendas da história... Passeis seis meses cuidadosamente selecionando, descartando e editando mais de 800 mil caracteres de textos, entrevistas e gravações para chegar a 300 mil caracteres chineses. Diariamente me sentia num estado de tormenta emocional; muitas vezes foi difícil encontrar provas textuais em fontes históricas que explicassem o que os entrevistados tinham vivido, pois suas vidas coincidiram com uma era que mesmo hoje não se pode dizer que está completa, um tempo que ninguém é capaz de explicar, muito menos com total respaldo em documentos.

Quando, depois de seis meses, voltei ao convívio dos amigos e retomei a vida social, muitos conhecidos ficaram surpresos: "Xinran, o que aconteceu com você? De onde vieram todos esses cabelos brancos?". Respondi: "Eles são o resultado de todos esses meses enfurnada em casa!". Mas sabia que tinham brotado de "amargos pensamentos e reminiscências" em meu coração. As carências pesando nos corações daqueles velhos que eu havia entrevistado me fizeram refletir profundamente sobre o último século de história chinesa, e me levaram à árdua jornada de tentar compreender a China moderna.

Nesse percurso, conheci mais de uma centena de estudantes universitários chineses que atuaram como meus assistentes, fazendo pesquisa, digitando, selecionando e editando trechos. Eles começaram a desenvolver um interesse parecido com o meu, uma curiosidade intensa acerca da natureza do sistema cultural e do chão histórico em que está enraizada nossa vida moderna. Por que até agora não prestamos a devida atenção a essa história tão próxima de nós, que está desaparecendo à medida que nossas vidas e mesmo nossas ruas se transformam diante de nossos olhos? As histórias de nossos avôs e avós são como portas que vão se fechar e acabar destruídas um dia, em breve: quantas dessas histórias terão sido passadas adiante, para os filhos e netos dessa gente?

Na verdade, as reações daqueles estudantes universitários foram mais fortes que as das pessoas da minha geração — a dos pais deles. Primeiro, havia o abismo de linguagem entre jovens e velhos. A variedade de sotaques entre os velhos causou considerável embaraço a alguns dos jovens estudantes, embora pertencessem à mesma parte do mundo — "Você não consegue entender o que aquela pessoa está dizendo, mesmo sendo do mesmo lugar que ela?" As cenas e os objetos que surgiram no que os velhos contavam, coisas desaparecidas para sempre, complicou bastante a vida desses brilhantes alunos das melhores universidades: "Não sei como escrever essa palavra, não sei para que serve esse negócio...".

Depois, havia uma confusão acerca do conhecimento histórico comum. As grandes alegrias e tristezas daqueles velhos que haviam sido forçados a compartilhar experiências históricas surpreendiam e chocavam os jovens, cujo conhecimento da história lhes fora passado pela escola de forma desconexa, em interpretações equivocadas ou superficiais: "Por que até agora não sabíamos dessas coisas?". Alguns mal sabiam soletrar os nomes de homens célebres que governaram o país e foram a força motriz por trás de grandes eventos históricos... As aspirações e os sacrifícios daqueles velhos, seus corações puros e sua falta de ambição pessoal levavam os estudantes a perguntar repetidas vezes: "Como eles podem ter acreditado tanto num partido político que não tinha conhecimentos econômicos e sequer compreensão da natureza humana?".

Outra reação comum desses jovens foi o exame de consciência. Conforme disse um deles: "Nossos pais e avós também sobreviveram a essa época; será que têm histórias como essas? Por que não nos contaram? Quando souber dessas histórias, como passarei a julgar o passado deles? Será que ainda terei orgulho do meu avô erudito e da minha avó boazinha e prendada?".

Acredito que sofrimento e perguntas são o caminho do progresso social.

Em abril de 2007 voltei à China para confirmar minha experiência de uma nação em processo de "mudança e modernização a cada dia", de modo a ter mais uma chance de entender o desaparecimento das velhas gerações de chineses.

Depois de quase quatro semanas revisitando Beijing, Shanghai, Nanjing e pequenos vilarejos nos arredores de grandes cidades, e de novos encontros com as pessoas que havia entrevistado, terminei com mais e novas "coisas que não se pode afirmar com certeza". Eram muitas e diferentes impressões sobre as batalhas e esperanças daqueles velhos, impressões que parecia quase impossível reconciliar umas com as outras, girando diante dos meus olhos e forçando caminho entre meus pensamentos:

— *Uma rua comercial numa metrópole moderna*: casais formados por homens trajando ternos de marcas ocidentais e mulheres em vestidos longos andavam à luz do dia, fazendo compras ou simplesmente passeando. Incontáveis olhares de inveja os seguiam; a maioria desses olhares no rosto de gente que ainda carrega as cicatrizes do trabalho duro no campo e corpos castigados pelos anos.

— *Uma tenda de lanches à beira da estrada num pequeno vilarejo*: a maioria dos homens falava sobre negócios, enquanto as mulheres discutiam a educação dos filhos; mas os estudantes todos conversavam sobre como impressionar com cortes de cabelo à moda coreana, como jogar games japoneses ou como arrumar um emprego muito rentável na cidade.

— *Vendedores anunciando sua mercadoria num ponto turístico*: um cordão com três macaquinhos e um Buda decorado com pequenas luzinhas brilhantes, a que o vendedor se refere como "a busca dos chineses de hoje". Os três macacos, diz, seriam a forma como o povo entende as "Três Representações", de Jiang Zemin, política que geralmente é resumida assim: o Partido Comunista Chinês representa a precondição para o avanço das forças produtivas, o rumo progressista da cultura avançada do país e os interesses fundamentais da esmagadora maioria, as massas. Um dos três macaquinhos do cordão cobria os olhos com as duas mãos — não vê; o outro cobria os ouvidos — não ouve; e o terceiro, a boca — não fala. O vendedor explicava aos turistas que essa é a maneira "sábia" como os chineses lidam com as lideranças do Partido: enxergar sem ver; fingir-se de surdos; observar, mas sem nada dizer. Porém, mais sábio que tudo isso é ser como Buda, sentado sobre a flor de lótus — livre de desejos e ambições.

— *Uma pequena livraria de vilarejo*: atulhada de livros em "grandes ofertas", de CDs com "preços incríveis para limpar o estoque" e de DVDs em "promoção com garantia de produtos originais". Tinha tudo o que se pudesse querer, antigo e moderno, chinês e estrangeiro, e tão barato que só um tolo deixaria de comprar, com aquelas elegantes edições e encadernações que não se encontravam nas grandes redes de livrarias de Xinhua. Num impulso, comprei mais de trinta volumes, esperando assim tirar o atraso em termos da "bibliografia moderna chinesa sobre atualidades". Um dos livros se chamava *Desastres do século XX na China*, e registrava quinze enchentes nos cinco maiores cursos d'água chineses, cinco grandes epidemias de fome na região densamente populada do leste do país, quatro grandes terremotos ao longo da costa leste e muitas secas e incêndios, todos eventos ocorridos entre 1910 e 1998. Teriam sido vontade divina ou produto da ação do homem, desastres políticos? O livro não fazia comentários ou análises, relatando simplesmente que, em cada um daqueles casos, mais de 10 mil vidas haviam sido perdidas. Suspirei: essa nação sofrera tanto com as lutas entre facções e senhores da guerra e a gente comum ainda teve de suportar tantos cruéis desastres naturais. Entretanto, é um país que "nunca sucumbe ao fogo mais selvagem, reergue-se quando sopra o vento da primavera": 1,3 bilhão de pessoas sobreviveu a todos os desastres e privações do século passado!

— *Revistas*: são de longe as publicações que crescem mais rápido na China. Os grandes jornais ainda se dividem entre artigos políticos chapa-branca e publicidade; os menores, locais, parecem estar mais "de olho no dinheiro", com mais anúncios que qualquer outra coisa e o resto do espaço ocupado por matérias sensacionalistas ou novidadeiras — e apenas uma pitada dos assuntos nacionais mais importantes e de notícias do Partido. É bem difícil entender o que alguns desses anúncios oferecem, geralmente em linguagem urgente e imperativa, como "morar com luxo e conforto internacionais é a opção número um do povo chinês", "viva como um executivo", "não ter uma moradia de luxo e um carrão — isso não é vida" e assim por diante... Em meros vinte anos de reformas, será que esse 1,3 bilhão de chineses terá, ao alcance da mão, "luxo e conforto internacionais"? E significa que todos aqueles camponeses que sobrevivem com menos de cem iuanes por mês não têm uma vida de verdade? Será que o único caminho para sermos "uma nação forte de gente abastada" é passarmos do socialismo extremo ao capitalismo extremo?

— *Sobre a televisão chinesa*: o país tem dúzias de canais, e em todos o horário nobre está tomado por concursos de beleza e de talentos, produções de época, palestras sobre história com grandes nomes da área e outros programas do tipo. Os noticiários continuam sendo dominados pela vastidão interminável das reuniões e ainda carecem notadamente de análises sobre atualidades. Essa é claramente uma seara sensível: na China, quanto mais distante no tempo estiver um assunto, mais seguro para a mídia é tratar dele. Às vezes tem-se a impressão de que todo chinês é um especialista em nutrição ou um gourmet: esses são temas que as mudanças de governo e de dinastia não tornaram perigosos, e que escaparam aos conflitos entre personalidades. O rádio parece ser um pouco mais ousado que a televisão: assuntos antes proibidos, como sexo, um sistema legal independente, liberdade de imprensa, religião e outros, todos dão as caras, mesmo que de forma "breve e evasiva"; alguns até se transformam na "marca registrada" da programação de algumas rádios locais menores. Mas o pouco conhecimento das questões internacionais leva alguns apresentadores a declarações altamente ridículas, como "só a qualidade internacional e inigualável do café Starbucks pode lhe proporcionar a verdadeira experiência do orgulho executivo", "todas as estrelas da sociedade *fashion* internacional desejam, mais do que tudo, uma linda pele branquinha", "os Estados Unidos são o centro cultural do mundo moderno", "todo santo dia o mundo para a fim de assistir ao desenvolvimento chinês", e assim por diante. Uma vez ouvi a seguinte participação de um senhor idoso num programa de rádio: "Senhor apresentador, o senhor poderia agora falar um pouco sobre o que os *estrangeiros* admiram em *nós?*".

— *A internet e os* blogs: são o único lugar onde os chineses podem se expressar abertamente e sem reservas. Tenho observado o povo chinês na busca e na defesa de suas raízes, assim como seu entusiasmo em passar adiante o legado cultural do país. A crescente popularidade da internet tem se mostrado a verdadeira "revolução cultural" da sociedade chinesa, uma completa reconstrução do antigo sistema que perdurava há milênios, no qual as palavras seguiam um fluxo de mão única, do topo à base da sociedade: os chineses podem agora dizer o que passa por suas cabeças sem medo. Para os usuários chineses da rede, ela não é apenas uma plataforma para a sua expressão, mas também um espaço de libertação e segurança: gente que põe em dúvida os deuses, questiona os governos, rebela-se contra os pais, opõe-se a seus superiores, mesmo aqueles que resmungam contra o cônjuge e têm coisas pesadas a dizer sobre os amigos e a família, e cujas opiniões um dia teriam sido vistas como "rebelião contra a autoridade", "comportamento inadequado" e "traição da própria família" — todos têm ali uma válvula de escape, sem se preocupar com as almas sábias, nem com os próprios deuses. Hoje, toda cidade ou pequeno vilarejo que tenha eletricidade tem também cibercafés e bares com internet, sempre tão lotados que chega a ser um problema, com jovens e velhos já se tornando viciados em navegar. Há boatos de que um "assunto quente" entre as mulheres é como resgatar maridos e filhos dos cibercafés nos horários de comer e dormir.

Para dizer a verdade, fico um pouco nervosa ao visitar os sites chineses — o charme dessas páginas é realmente incrível! Deixando de lado as anedotas fascinantes, as informações sobre sexo e como cuidar do corpo, a estonteante variedade de dicas sobre estilo de vida, e olhando só para os segredos históricos expostos, a análise de grandes obras dos antigos e de temas de debate internacional... assim que mergulha nisso, a gente se perde no meio de tantos "ninguém pode afirmar com certeza".

Primeiro exemplo: o território do país. A República Popular da China ocupa uma área de aproximadamente 9,6 milhões de quilômetros quadrados, o que a torna o terceiro maior país do mundo, atrás apenas da Rússia e do Canadá (a área equivale a 42 vezes a do Reino Unido). Está dividida em quatro cidades com governo independente, 32 províncias, cinco regiões autônomas e duas Zonas Administrativas Especiais, mais a capital, Beijing. O território do país se expande sobre 49 graus de latitude, estendendo-se de 53°30' a 4°, latitude norte, o que soma 5.500 quilômetros de norte a sul. No extremo oriental, o território começa em 135°05' leste, indo a 73°40', também leste, no extremo ocidental, uma distância de 5.200 quilômetros de leste a oeste e sessenta graus de longitude, com diferença de fuso horário de mais de quatro horas. Isso é algo "definitivo", a única coisa a respeito do país devidamente reconhecida em meio a várias "diferenças". Sites diferentes dão números diferentes para outras coisas: <www.china.org.cn> informa que a China tem fronteiras terrestres com quinze países e que as possessões marinhas chinesas somam 4,73 milhões de quilômetros quadrados, contando cerca de 5.400 ilhas e ilhotas. Mas o site <www.gov.cn> sustenta que essa área de mar é de aproximadamente 4,7 milhões de quilômetros quadrados, com 7.600 ilhas, e que a China faz fronteira por terra com catorze países, tendo oito vizinhos marítimos.

Segundo exemplo: consta que, ao final de 2005, a população da China era de 1.306.313.812 pessoas espalhadas em 668 cidades, das quais treze com população igual ou superior a 2 milhões, 24 com população entre 1 milhão e 2 milhões, 48 com 0,5 milhão a 1 milhão de habitantes, 205 com 200 mil a 500 mil e 378 com menos de 200 mil. Mas, em 11 de novembro de 2005, o titular do Ministério da Construção Chinês disse que em menos de dez anos o número de megacidades na China, aquelas com 1 milhão ou mais de pessoas, terá passado de 34 a 49. Não importa quais números estão corretos, o fato é que o país terá, dentro de oito anos, mais de dez novas megacidades! Essas quinze novas megalópoles surgirão do crescimento da população não agrícola? Serão capazes de absorver o incremento populacional? Moradias, trânsito, escolas, planejamento social como um todo, assistência médica e espaços verdes se desenvolverão na mesma velocidade? Conseguirão os habitantes originais e os novos moradores dessas cidades conviver lado a lado? Minha equipe de pesquisa não conseguiu encontrar nenhum material que trouxesse números sobre o tema, planos de desenvolvimento ou algo do gênero.

Terceiro exemplo: em 18 de fevereiro de 2004, às 20h31, horário de Londres, 4h31, horário de Beijing, a agência de notícias Xinhua soltou a informação de que a vice-primeira-ministra e ministra da Saúde chinesa, Wu Yi, se encontrara com Gao Yaojie, uma médica da província de Henan. Gao é uma obstetra aposentada que sofreu assédio do governo, durante anos, por denunciar a verdade sobre a AIDS na província e foi proibida pelas autoridades de ir às Nações Unidas para receber o Prêmio Jonathan Mann de saúde e direitos humanos. Conta-se que, quando Wu Yi e Gao Yaojie se encontraram, todos os funcionários, inclusive o presidente da província, foram obrigados a sair da sala, deixando as duas mulheres sozinhas. Wu Yi pediu à dra. Gao que abandonasse todas as formalidades e falasse livremente, e a reunião durou três horas. Mas, mesmo depois desse encontro altamente significativo, o governo insistiu em não permitir que Gao Yaojie recebesse seu prêmio; somente no começo de 2007 as autoridades chinesas notificaram a ONU de que a médica viajaria para ser homenageada. Por que nem mesmo uma conversa com a vice-primeira-ministra foi suficiente para que tivesse o apoio que merecia? E que força seria capaz de derrubar os obstáculos apresentados pelo governo local depois disso? Seria possível que a autoridade da província tivesse constituído um poder paralelo? Se não, de que maneira um governo de partido único, como o chinês, poderia ter deixado que um governo local abalasse a imagem internacional do país dessa forma? Poderia a situação da província, no que concerne à AIDS, ter se tornado tão grave a ponto de assustar o governo central? Ou os três anos de atraso teriam beneficiado o tratamento da doença em Henan? Se assim foi, por que a mídia chinesa, em sua "missão única de elogiar", não noticiou o fato? Pelo que sei, no final de 2006, a província de Henan declarou ter 11.844 casos de AIDS em seus domínios, mas médicos e especialistas afirmaram que o número de portadores do HIV na região talvez chegasse a 1 milhão.

Quarto exemplo: em anos recentes, tanto dentro quanto fora da China, a pressão para que o Partido Comunista Chinês e o governo do país reavaliem a Revolução Cultural e tomem uma posição oficial a respeito tem se tornado mais e mais forte. Cada vez mais o partido governante começa a enfrentar recriminações iradas por suas injustiças, por comandar um governo fraco e por sua tolerância e condescendência quanto aos crimes de Mao Tse-tung. Entretanto, em maio de 2007, li num site oficial chinês:

24 de junho de 2005: Almanaque Oficial da República Popular da China

A "Revolução Cultural", que durou de maio de 1966 a outubro de 1976, resultou nos mais graves retrocessos para o Partido, a nação e o povo desde a fundação da República Popular. Essa "Revolução" foi incitada e liderada por Mao Tse-tung. Sua evolução pode ser dividida em três partes:
- Do começo da Revolução Cultural até a Nona Plenária do Congresso do Partido, em abril de 1969. As linhas de atuação e políticas resultantes da "Nona Plenária" eram equivocadas em termos ideológicos, políticos e organizacionais.
- Da Nona Plenária Central à Décima Conferência Plenária do Partido Comunista Chinês, em agosto de 1973. A Décima Plenária deu continuidade aos erros "esquerdistas" da Nona Plenária, nomeando Wang Hongwen como vice-presidente central do Partido. Jiang Qing, Zhang Chunqiao, Yao Wenyuan e Wang Hongwen formaram, no Politburo Central, o "Bando dos Quatro", aumentando o poder do grupo contrarrevolucionário de Jiang Qing.
- Da "Décima Plenária" até outubro de 1976. No início daquele mês, o Politburo, por vontade do Partido e do povo, destituiu Jiang Qing e sua claque revolucionária, pondo fim ao desastre da "Revolução Cultural". Hua Guofeng, Ye Jianying, Li Xiannian e outros tiveram papel importante nisso. Quanto à "Revolução Cultural", o principal responsável foi Mao Tse-tung. Mas, no fim das contas, os erros de Mao são erros de um grande proletariado revolucionário.

Estou embasbacada: como é possível o governo "repudiar a Revolução Cultural e aceitar os erros de Mao" no almanaque oficial da história do país e, mesmo assim, não permitir à imprensa condenar de vez a Revolução Cultural? O governo até hoje se recusa a apagar ou fazer cortes nas descrições de registros importantes nos livros escolares e proíbe a publicação de literatura sobre tópicos relacionados. A constituição de uma "república democrática" permite esse tipo de conteúdo confuso e fora de contexto e a rejeição da história à maneira dos imperadores? Ou talvez o silêncio do governo a respeito seja para o bem daqueles camponeses que ainda acreditam que Mao é "o Sol vermelho"? Ao longo da história da China, muitas mudanças de dinastia começaram com uma rebelião de camponeses.

Em 15 de maio de 2007, pouco antes de deixar a China, tentei, como fizera muitas outras vezes, abrir a página chinesa da BBC na internet, mas não consegui. Espero um dia, em breve, poder ler notícias em minha terra natal: será, por parte da China, um sinal de bravura e de coragem em acompanhar o resto do mundo.

No dia 10 de agosto de 2007, recebi um e-mail de um amigo empregado numa das unidades de trabalho responsáveis por produzir notícias: a emissora na qual atuei, a Rádio Jiangsu, estava sendo punida pelo governo central. Oito estações haviam sido tiradas do ar somente na província de Jiangsu, e outras duzentas, por todo o país, foram fechadas sem aviso prévio. A razão alegada pelos mandachuvas do país fora de que essas rádios estariam "se movendo rápido demais e se desenvolvendo em direções não previstas pelos padrões de reconhecimento". Pelo que sei, essa foi uma "política retificatória" adotada inúmeras vezes antes de 1980, mas nunca mais desde então. Em suas discussões na internet, meus colegas jornalistas mostravam uma variedade de opiniões. Alguns diziam que a ação do governo tinha certa razão de ser: sem ela, pessoas para quem o rádio, tendo usufruído menos de vinte anos de abertura, era uma janela para o mundo acabariam prejudicadas por sua "influência deletéria". Alguns consideravam que a retificação era um passo atrás para o jornalismo chinês, e acreditavam que o sistema de produção de notícias do país, se fosse deixado por conta das leis do mundo natural e da "sobrevivência do mais apto", por certo teria um desenvolvimento mais saudável. Outros sustentavam que se tratava de uma "imunização" para a liberdade de imprensa, antecipando o relaxamento dos controles sobre a mídia durante as Olimpíadas de 2008. Um velho jornalista chegou a afirmar que a ação se devia à proximidade do Décimo Sétimo Congresso do Partido Comunista Chinês, a ser realizado em novembro de 2007: "Sempre houve retificações antes dos congressos do Partido, é um procedimento padrão". Para mim, sinal de progresso social seria que o jornalismo desse ao povo maior consciência da lei, em vez de funcionar como ferramenta governamental.

Na China de hoje, os motoristas de táxi têm se mostrado as melhores fontes quando se quer um retrato mais ou menos atualizado e comparativamente genuíno da opinião pública. Eles veem e aprendem muito pelas largas avenidas e ruelas acanhadas, chegando à melhor compreensão possível dessas "grandes mudanças e renovações", na medida em que trafegam sempre por rotas diferentes em meio à sucessão interminável de engarrafamentos. Toda vez que retorno ao país, bater papo e discutir com esses personagens e escutar suas imprecações e piadas é uma aula necessária para mim sobre os últimos desenvolvimentos no país.

Estas são algumas das reclamações que ouvi de um grupo de taxistas nos meses de abril e maio de 2007:

— *Em Beijing, um motorista de táxi de trinta e poucos anos discute a relação entre Taiwan e a metrópole.*

Será que não é mais fácil governar Taiwan do que a China? Bem mais! E Chiang Kai-shek, levava alguma vantagem sobre Mao? Não acredito. E será que ele poderia ter prevalecido sobre a metrópole? Impossível, pois só o que Chiang Kai-shek sabia fazer era cozinhar nos fornos a lenha dos camponeses pelas receitas de livros de culinária estrangeiros — e os camponeses não tinham nem um gostinho do prato! Nosso Mao não sabia preparar comida camponesa, mas soube como ajudar os camponeses a roubar da cozinha dos ricos. Quem mais o pessoal do campo seguiria? Se alguém aparecesse e lhe dissesse: "Venha comigo, vou perdoar as dívidas que atormentam sua família por gerações", você o seguiria! As dívidas são como leopardos e lobos, os impostos, como tigres — quem gostaria de viver com dívidas?! Os camponeses do país não sabem ler nem escrever, mas sabem o que é uma hipoteca, entendem que um papel de dívida pode destruir uma família inteira! Logo depois da Liberação, Mão Tse-tung queimou todos os registros de dívida dessa gente, permitindo-lhes respirar outra vez — claro que trabalhariam como mulas para ele! Hoje os funcionários não são tão inteligentes como foi o velho Mao; se continuarem assim, dificultando a vida dos camponeses, melhor estarem alertas!

— *Em Beijing, um taxista e ex-guarda vermelho que teve recusado o visto de turista para os Estados Unidos.*

É justo o que fazem esses estrangeiros, punindo os cidadãos de um país por causa das opiniões de um partido político, negando-lhes a liberdade de viajar e ver o mundo? É como punir meu filho e fazê-lo confessar os erros que cometi quando estava na Guarda Vermelha, os espancamentos, as invasões e os roubos! Isso é justo? Os britânicos são punidos porque um dia apoiaram a escravidão? E os americanos, pelo massacre aos indianos? E os franceses, por seu envolvimento com o trabalho escravo no norte da África? E os espanhóis, por terem saqueado a América Latina? E os holandeses, pelo que fizeram aos norte-americanos? E os italianos ou os turcos, por permitirem as conquistas e os massacres nos tempos antigos? Nem Deus foi punido por enviar uma enchente para afogar a raça humana, não é? Mao Tse-tung e o Partido Comunista são os inimigos mortais da Inglaterra e dos Estados Unidos, mas quem eles pensam que são, tentando nos punir com seus vistos para estrangeiros? Que país alguma vez recusou um visto aos líderes do Partido Comunista quando partem em visitas oficiais? Por que esses países ocidentais livres e democráticos tratam a gente comum do nosso país com escárnio?

— *Em Nanjing, uma taxista.*

Minha sobrinha está estudando no exterior, na Alemanha. Ela me contou que o pessoal lá diz que os chineses têm muita ganância por território. A quem nós atacamos? Você diz que atacamos o Tibete? O Vietnã? A Coreia? Como assim? Eram todos uma coisa só. Que países desenvolvidos no mundo, hoje, não atacaram outros países menores e mais fracos? Qual deles não roubou a riqueza da China? É brincadeira: primeiro enchem os bolsos e depois se voltam para os outros e os acusam de ter mãos sujas! Aqueles estrangeiros ousam dizer que somos *nós* os gananciosos por território? Aquele americano, Bush, usa seu poder para espalhar o caos pelo mundo, levar violência a todo lugar, e chama isso de "antiterrorismo"? Ouvi falar que as armas utilizadas por esses terroristas são todas fabricadas nos Estados Unidos! Onde estão as pessoas decentes, por que ninguém tentar dar um fim aos métodos violentos desse pessoal? Falei para a minha sobrinha: não dê ouvidos aos estrangeiros que acreditam no que se fala da China, pois eles importunam os fracos, mas temem os fortes!

— *Em Shanghai, um taxista muito jovem, de cerca de vinte anos*:
Ter ido estudar na Inglaterra por dois anos foi realmente decepcionante. Todo mundo da família queria que eu fosse para os Estados Unidos, mas pensei que lá não encontraria muita história ou cultura; além disso, meu avô disse que em Shanghai os britânicos tinham melhor reputação que outros povos. Há uma porção de casas antigas na cidade que foram construídas pelos britânicos ou pelos franceses nos anos 20 e 30, e mesmo alguns velhos serviçais afirmam que os britânicos tratavam melhor suas empregadas domésticas do que outras pessoas. Você sabe, no passado muitas escolas e orfanatos em Shanghai foram construídos e eram mantidos por sociedades religiosas inglesas. Então pensei que, se eram tão boas e gentis quando estiveram no exterior, as pessoas na Inglaterra tratariam ainda melhor os estrangeiros que fossem ao seu país. Mas me desapontei! Realmente, me desapontei muito! Meu mestrado lá foi como se eu tivesse sido lançado dentro de uma máquina de estudos, sem um respiro de vida mais humana, só cronogramas, listas de leitura, os estudantes realizando toda a pesquisa juntos e os professores raramente dando as caras... A faculdade agrupava os estudantes chineses todos na mesma ala de quartos, não houve quem ajudasse a gente a incorporar o modo de vida local e, quando finalmente havia aprendido como me integrar à sociedade britânica, meu visto estava vencido, portanto nem tive chance de pôr essa integração em prática. Fiquei bem deprimido quando voltei; via a Inglaterra na TV e, de repente, era invadido por um "sentimento britânico"; pensei que realmente tivesse me afeiçoado ao lugar. Mas, assim que a poeira baixou e pensei um pouco sobre o assunto, não seria aquilo apenas sentimentalismo bobo? Aqueles ingleses não nos levam a sério! Talvez ainda nos vejam como os perdedores da Guerra do Ópio. Será que estou exagerando? Mas de fato não conseguia suportar aquilo. Logo que voltei, entrei numa companhia inglesa, mas, antes de completar um mês no emprego, abandonei tudo para trabalhar como taxista, em busca de alguma igualdade e autorrespeito no rio de carros e tráfego. Por que saí da empresa? Tinha um chefe inglês pouco antes de me demitir e, quando ele falava com os empregados, a voz era gelada como um freezer. Somos todos gente, o que dá a alguém o direito de se colocar nas alturas e se comportar como intocável? Não seria porque a China está um pouquinho mais atrasada em relação aos velhos impérios? Às vezes tenho mesmo vontade de escrever um e-mail ao meu antigo supervisor dizendo: "Somos jovens e vigorosos hoje, um pouco ingênuos e ig-

norantes quando comparados a vocês, britânicos, mas o futuro nos pertence!". Por que não escrevo? Tenho medo que eles fiquem loucos de raiva!

"Palavras ouvidas pelo caminho" sempre foram parte importante da minha formação social, lições que me dão o que pensar.

— *Livraria Wangfujing, em Beijing, 18 de abril de 2007*:
    FILHO: Para que servem esses bonecos?
    PAI: São os bonecos das Olimpíadas, os mascotes dos jogos de 2008.
    FILHO: E por que eles são assim? Qual é o país deles?
    PAI: Hum... são "cidadãos do mundo", talvez? Acho que isso é o que se chama "aproximar a China da comunidade internacional".
    FILHO: Ah... entendi, nossos mascotes olímpicos são primos daqueles bonecos estrangeiros, os Transformers!

— *Cafeteria Starbucks, vizinha ao palácio presidencial, em Nanjing, 4 de maio de 2007*:
    CLIENTE ESTRANGEIRO FALANTE DE CHINÊS: Nossa, que prédio bonito.
    ATENDENTE: Não é? Fazia parte do palácio presidencial na era republicana.
    CLIENTE: E por que não foi transformado num museu?
    ATENDENTE: Seria um desperdício de recursos, não? Aí esta casa não poderia ser usada para se ganhar dinheiro.
    CLIENTE: É realmente uma pena que uma construção tão bonita seja usada para abrigar uma cafeteria!
    ATENDENTE: Não, não é. O que fazemos aqui é permitir que mercadorias de qualidade internacional convivam com a cultura tradicional chinesa.

— *Trem de Nanjing a Shanghai, 7 de maio de 2007*:
    GAROTA A: Como você sabe que seu pai tem uma amante?
    GAROTA B: Peguei os dois se amassando.

GAROTA A: Você contou para a sua mãe?

GAROTA B: E para quê? Ela mesma disse isto há muito tempo: os homens comem da própria tigela enquanto estão de olho na panela.

GAROTA A: Não necessariamente, meu pai não.

GAROTA B: Não que você saiba. Minha mãe é quem diz: qual homem com dinheiro não vai manter uma amante hoje em dia?

GAROTA A: Então o que vamos fazer quando tivermos nossos homens?

GAROTA B: Se eles podem ter amantes, nós também podemos!

— *Banheiro feminino, Aeroporto Local de Shanghai Hongqiao, 11 de maio de 2007*:

GERENTE: Por que esse suporte de papel está tão solto?

FAXINEIRA: Pensei que isso facilitaria para as clientes.

GERENTE: Não pode fazer isso, ele precisa ficar mais firme, senão as clientes vão acabar facilmente puxando muito papel de uma só vez, e somos nós que pagamos por ele. Você limpou todos os quadros?

FAXINEIRA: Sim, todos, mesmo os novos, que acabaram de ser pendurados. Só aquele ali, em cima do suporte de sabonete, é que tem uma marca no rosto do homem que não consigo tirar.

GERENTE: Nem ouse, fui eu quem colei a fita em cima dos olhos dele. O que estavam pensando quando puseram a foto de um homem no banheiro das mulheres? Por que o chão naquela cabine não está brilhando?

FAXINEIRA: Acabei de esfregar.

GERENTE: Não o suficiente, você deve esfregar até conseguir enxergar no piso a cara da pessoa usando a cabine ao lado!

Quando ouvi isso, considerei-me uma cliente de sorte por não ter vizinhas de cabine de nenhum dos lados; não podia nem imaginar ter de ficar "cara a cara" com elas ao realizar minhas funções naturais mais íntimas.

— *Shopping Center Zhengda, em Shanghai, 12 de maio de 2007*:

MULHER JOVEM: Essa marca não é boa!

HOMEM JOVEM: Ficou ótima em você.

MULHER JOVEM: E o que você sabe disso? Ninguém leva a sério uma marca dessas, vou me dar mal na entrevista, com certeza!

HOMEM JOVEM: Bem, aquela da Next não serve?

MULHER JOVEM: É uma marca muito fora de moda — assim que o chefe me ver já vai achar que estou desatualizada.

HOMEM JOVEM: As coisas estão bem caras aqui, e este mês a coisa está apertada.

MULHER JOVEM: Afinal, você me ama de verdade?

HOMEM JOVEM: Claro que amo!

MULHER JOVEM: Ama? Então não me deixaria aparecer lá com roupas que nem são de marca e passar vergonha na frente de um chefe estrangeiro, não é?

— *Aeroporto Internacional Shanghai Pudong, 15 de maio de 2007*:

HOMEM A: Você não vai comprar aquele colar para ela?

HOMEM B: Está muito caro. Não vou conseguir ser reembolsado pela minha unidade de trabalho.

HOMEM A: Peça para o atendente fazer dois recibos, um de livros, outro de presentes, e pronto, resolvido o problema!

HOMEM B: Pelo menos essa sua cabeça serve para alguma coisa!

HOMEM A: Ah, todo mundo faz isso. Diga-me, existem cem funcionários honestos na nossa China, que nunca tenham usado dinheiro público para pagar despesas pessoais?

HOMEM B: Funcionários que nunca pediram reembolso de despesas desse tipo? Cem? É muito.

Em 16 de maio de 2007, lendo um jornal chinês na sala de embarque do Aeroporto Internacional de Shanghai, eu esperava um voo para a Nova Zelândia, onde iniciaria a turnê de lançamento de meu quarto livro, *Miss Chopsticks*. A principal manchete dos jornais ainda era a descoberta, pelo Grupo de Petróleo e Gás da China, de campos com potencial de até 1 bilhão de toneladas na região de Tanhai, no golfo de Bohai: parece que o primeiro-ministro Wen Jiabao andava "animado demais para conseguir dormir". Aquilo me lembrou a preocupação que o sr. You mencionara, em sua entrevista comigo, quanto à posição chinesa no futuro e à manutenção do poder econômico do país dependerem das reservas de petróleo.

As fotografias que mais chamavam a atenção mostravam a bolsa de valores, repleta de rostos exultantes com a rápida subida das ações, justaposta às caras desanimadas de vendedores de carros; as pessoas estavam direcionando todo o dinheiro para a bolsa. O rosto da maioria dos operadores exibia as marcas do tempo, mas os vendedores de carro eram todos gente jovem, saudável e atraente. Ao lado de uma série de fotos de cerimônias de casamento extravagantes e cheias de ostentação no "Dia Internacional do Trabalho" aparecia o rosto de uma mulher idosa, marcado pelo sofrimento e pela raiva — outra que, aos 91 anos, tornava pública sua condição de antiga "acompanhante" dos japoneses, na província de Jiangxi. A velha senhora na fotografia parecia em agonia: por que humilharam tantas garotas como ela e como podem ainda se negar a admitir isso?

Deixei o jornal de lado e uma música que vinha do sistema de som me invadiu os ouvidos. Essa música, "Tingida com meu sangue", foi composta em homenagem aos soldados que morreram na Guerra China-Vietnã, nos anos 80, e andava esquecida por muita gente, até que a política internacional mais uma vez lhe deu tintas atuais:

Talvez eu não volte depois deste adeus,
Você vai conseguir compreender? Vai entender o porquê?
Talvez eu caia e não me levante mais,
Você vai esperar por mim para sempre?
Se for, não sofra,
Porque a bandeira da República está tingida com meu sangue...

Fiquei pensando: não estaria a bandeira da China igualmente tingida com sangue de nossos antepassados? Os jovens do país entendem isso? Será que a copa dessa árvore, com folhas e galhos florescendo a partir das raízes e regados pelas violentas tormentas e pela chuva de sangue no país, guardará alguma memória daquelas raízes?

A "tempestade da tocha olímpica de Beijing" já estava no terceiro dia quando, em abril de 2008, trabalhávamos, meu editor em Londres e eu, na edição final deste livro. Percebia o quanto os chineses constantemente se surpreendiam e se magoavam com a cobertura "seletiva" do país feita pela mídia ocidental, geralmente sem direito ao outro lado da notícia; apenas algumas poucas exceções, como a carta de Frans-Paul van der Putten no *International Herald Tribune*, mostravam um real, e sempre raro, entendimento da China e de seus problemas no último século.

O site da BBC, que se tornou disponível na China apenas algumas semanas antes de a tocha olímpica iniciar sua volta ao mundo, foi invadido por e-mails de chineses, uma amostra da confusão e do sofrimento apaixonado vivenciado pelos jovens:

— *O Dalai Lama apoia os Jogos Olímpicos de Beijing, conforme já afirmou muitas vezes, e concordou que o Tibete seja parte da China. Por que, eu me pergunto, nunca nenhum dos dois lados, tibetanos e chineses, lhe dá ouvidos? E por que essa questão quase nunca aparece no noticiário a que assisto no Reino Unido?*
— *A realização dos Jogos Olímpicos de 2008 foi aprovada democraticamente pelo mundo sete anos atrás, as Nações Unidas reconhecem a China como um país, incluindo o Tibete. Por que ainda respeitamos esse processo democrático, tanto na ONU quanto nas Olimpíadas, com o tipo de ataque ao histórico de direitos humanos e à democracia na China que constantemente é notícia?*
— *O que diriam, eu me pergunto, se alguém observasse que os Jogos Olímpicos de Londres, em 2012, deveriam ser cancelados porque as tropas britânicas invadiram o Iraque e estão ocupando ilegalmente o país?*
— *Qual é a diferença entre os "combatentes pela liberdade" e os "terroristas"? Por quais critérios fazemos tal julgamento? A cobertura ocidental dos Jogos Olímpicos de Beijing parece seguir uma linha tão clara quanto a de qualquer ação de propaganda.*
— *Há centenas de milhares, milhões de pessoas que falam inglês na China. Gostaria de saber quantos ingleses falam chinês. A maior parte dos estudantes secundaristas chineses conhece Shakespeare, Dickens e muita coisa da música ocidental. Quantos ocidentais conhecem livros ou canções da China? Seria isso consequência de controles sobre a imprensa, políticas deliberadamente adotadas pelos países ou simples arrogância?*

— *Por que a imprensa do Ocidente odeia tanto a China? Não vivemos mais no país dos nossos pais e avós, mesmo que ainda se chame República Popular da China. Por que ninguém da mídia altamente respeitada e sofisticada baseada no país fala dessa diferença ao resto do mundo?*

"Por que" deixou de ser apenas uma palavra ou uma pergunta para se tornar o sintoma do choque e do questionamento mais profundos nos corações e mentes dos jovens chineses... Pode levar a China a ter um sistema político melhor no futuro, ou simplesmente à destruição da confiança chinesa no Ocidente desenvolvido.

Pergunto-me quantas pessoas se dão conta de que a ingenuidade e a ignorância de uma parte da mídia ocidental ameaça causar danos à crença que os jovens chineses depositam na democracia e que, além disso, poderia forçar as autoridades chinesas a desacelerar o hesitante movimento de abertura democrática iniciado em 2008. Acho que a maioria dos ocidentais não faz ideia do sofrimento pelo qual passaram os chineses nos cem anos que culminaram no final da década de 80... Vinte anos é um tempo muito curto para que essa nação, em tempos de relativa paz, mude sua maneira de pensar e aprenda sobre liberdade e democracia, o que inclui a convivência com o Tibete e os tibetanos...

A realização dos Jogos Olímpicos é, para os chineses, uma grande oportunidade de contato com o mundo pelas linguagens universais do esporte e da música. De outro modo, há o risco de que os jovens se sintam tão confusos em relação à democracia e em conflito com o Ocidente quanto as três gerações anteriores, cujo orgulho nacional se perdeu na Guerra do Ópio.

Este mundo não conhecerá a paz se não entendermos e respeitarmos realmente a democracia em todos os lugares, se não dermos às pessoas todas as informações de que elas precisam para fazer uma escolha, para daí vislumbrar um futuro pacífico. Vale para o mundo inteiro. A humanidade pagou um preço muito alto por erros passados porque muitas vezes somos ensinados a odiar uns aos outros.

Como uma jornalista chinesa, lutei por um bom tempo contra a censura em meu país, até me mudar para Londres, em 1997. Agora, sinto-me impelida a lutar outra vez, mas no Ocidente, e não contra a censura, mas contra a ignorância acerca de minha terra natal.

Por favor, pensemos e trabalhemos por menos escuridão e ódio. Somente a luz e o brilho da compreensão podem destruir as trevas.

Aproximadamente às 10h30 do dia 12 de maio de 2008, enquanto escalava a montanha de e-mails que se acumularam enquanto eu estava numa conferência na França, o campo "assunto" de um deles, cheio de pontos de exclamação, me saltou à vista.

"Norte de Sichuan, Wenchuan, terremoto de 7,8 pontos às 14h28 de hoje. O tremor foi sentido em quase todas as províncias do Norte, com exceção de três delas, mas pareceu que a China inteira tremeu!!!!!!!"

Por alguns segundos, não consegui acreditar no que tinha lido; depois, quase imediatamente, pensei no terremoto de Tangshan, em 1976, no qual quase 300 mil pessoas perderam a vida. (As estatísticas do governo chinês falam em 240 mil mortos, mas fui informada de que não incluem os militares, aqueles que estavam em trânsito naquela área e os migrantes não registrados que trabalhavam nas minas de carvão.) Senti um arrepio pelo corpo e não consegui segurar o choro. Tangshan foi um abalo terrível para o povo chinês. Em meu livro *As boas mulheres da China*, um capítulo é dedicado à entrevista que fiz com um grupo de mães chinesas que haviam perdido os filhos no terremoto. Toda manhã, desde então, aquelas mulheres fazem soar um alarme marcando a hora em que os filhos morreram e se põem a rezar.

No momento em que escrevo isto, em 18 de maio de 2008, mais de 32 mil mortes já foram confirmadas nesse terremoto mais recente, e 17 mil corpos ainda jazem debaixo dos escombros. Milhares de crianças morreram, pois o tremor aconteceu às 14h28, no horário das aulas. Numa das cidades, cuja população era de dezenas de milhares, ficaram apenas 2.200 sobreviventes, suas casas completamente destruídas. O Conselho de Estado da China decidiu hoje que o período entre 19 e 21 de maio será dedicado, em escala nacional, ao luto pelas vítimas do terremoto de Sichuan Wenchuan. É a primeira vez na história do país que é decretado luto nacional por um desastre desse tipo.

Percebo a enorme diferença na reação do governo em relação à de trinta anos atrás, quando a cobertura da imprensa em Tanghsan foi proibida para salvar as aparências politicamente e a ajuda internacional foi recusada em nome de um senso distorcido e deslocado de orgulho nacional. Desta vez, as autoridades chinesas anunciaram o terremoto 58 minutos depois de ocorrido e pediram ajuda internacional imediatamente. As imagens de algumas mães em prantos em meio às ruínas de Sichuan, estampadas na primeira página dos jornais ocidentais, desviou a atenção do mundo do caos político criado em torno da tocha olímpica e, sinto, atraíram imensa solidariedade à tragédia chinesa. Além disso, muitos chineses entenderam e se deram conta de que vidas humanas são muito mais importantes que a linha editorial ou política dos veículos, já que a BBC e o resto da mídia no Ocidente trataram o terremoto como o assunto mais importante.

Na internet, na China, todo tipo de vozes: lamentos tristes pela perda e pelas famílias de filho único que não terão oportunidade de novamente ter filhos; calorosos agradecimentos às equipes de resgate do Exército de Libertação do Povo que estão lutando dia e noite para salvar vidas; obrigados e incentivos a todos que continuam a mandar donativos para as pobres vítimas; condenações aos responsáveis por permitir construções frágeis; ódio aos milionários que não se solidarizaram com as vidas perdidas nesse desastre natural; preocupação quanto ao Instituto de Pesquisa em Física e Engenharia da China, localizado em Sichuan, perto de Wenchuan, pois essa estação de pesquisa é responsável pelas armas nucleares do país — difícil imaginar as consequências caso o reator tenha sido danificado; e alertas quanto à barragem do norte de Sichuan, que pode submergir 160 mil vidas se vier a se romper.

Essas vozes pertencem, na maioria, à geração mais jovem, imagino, pois grande parte dos pais e avós dessa juventude não sabe usar um computador — são gerações que conhecem, em vez disso, a guerra civil, a loucura política e filas por comida. Vendo esses jovens chineses unidos assim, em sua preocupação, sua indignação e seu orgulho nacional, dou-me conta de que posso estar enganada a respeito deles. Costumava pensar que são muito ricos e vivem de maneira confortável demais para entenderem o passado faminto do país, ou aqueles pobres camponeses sem estudo e as incompreendidas gerações pregressas.

Tudo isso me fez pensar de novo naquela música, "Tingida com meu sangue": por que a bandeira nacional precisa ser pintada com sangue chinês? Rezo pela minha terra natal — espero que, raízes fincadas no amor e na felicidade das famílias, com amigos ao redor do mundo, possa haver paz e força.

Agradecimentos

Antes de escrever meus livros e depois de terminá-los, os nomes de muitas e muitas pessoas me vêm à mente, e preciso agradecer a todas. Algumas delas podem não ter aparecido ao longo do texto ou fazer parte do livro em si, mas são, sim, parte do que me tornei hoje, esta Xinran que escreve livros.

Sem contar minha mãe e o resto da família, provavelmente minha gratidão maior devo às mãos da parteira que me trouxe ao mundo, por seu trabalho hábil que não permitiu que eu caísse de cabeça no chão e me tornasse uma incapaz. Depois, às "tias" do jardim de infância que constantemente me incutiram a ideia de que "as folhas das árvores não nascem no chão nem as raízes crescem no ar". Em seguida, vêm meus professores do primário, do ginásio e do colegial, que me ensinaram verdades sobre a natureza, como: "Onde está o vermelho? No sol nascente! Onde está o preto? No carvão dormente!", fazendo-me compreender que, além das pessoas, outras vidas dividem a terra conosco. Com esses professores aprendi noções básicas, como a de que, enquanto eu dormia a sono solto, outras pessoas estavam muito ocupadas trabalhando. Há um órfão chinês a quem jamais poderei agradecer suficientemente: Yinda nunca havia conhecido um lar, mas me ensinou a imaginar o que as pessoas estariam fazendo detrás de cada porta para poder esquecer a miséria que é viver sendo importunado. Mais tarde, tive levas de amigos animados e faladores na universidade: entre eles, as lamuriosas e desagradáveis "garotas más", severamente punidas por transgredirem as regras, que me encorajaram a ser uma boa mulher da China. Todas essas pessoas ajudaram meu coração chinês a se tornar reflexivo e maduro.

Quando trabalhava no rádio, na China, aqueles ouvintes que tinham a sensação de que eu falava especialmente para eles quando sintonizavam seus aparelhos me fizeram entender um país que jamais vira e do qual não tinha conhecimento algum.

Quanto a meu filho, Panpan Xue, da primeira frase em chinês que pronunciou, ainda bebê, ao primeiro livro que leu, em inglês, sobre a China; do momento em que, aos três anos, perguntou o que era a China, até seu retorno ao país, aos quinze, para ensinar inglês voluntariamente às crianças pobres das montanhas; foi acompanhando seu desenvolvimento que pude explorar minha habilidade como uma mãe chinesa. Gostaria de agradecê-lo por ter atuado como meu assistente neste projeto.

E também a meu marido, Toby Eady, que, embora só saiba dizer cinco coisas em chinês (e uma delas é um palavrão), partiu em busca da cultura e da história de meu país, e compreende, encoraja e apoia meu "complexo de China". Sem ele, eu provavelmente jamais encontraria forças para concluir este livro.

Tudo somado, a lista de pessoas que gostaria de agradecer é imensamente longa. Dá para dizer que esses nomes compõem o livro da minha vida. Quando pensei que talvez pudesse escrever um livro como este, gritei em agradecimento — à vida, a cada minúscula partícula, raio e respiro à minha volta.

Há um outro fator a ser levado em conta nestes necessários agradecimentos: qual seria exatamente meu papel no livro? O da autora com vinte anos bem-sucedidos como repórter? O da acadêmica que acredita compreender a China? O de uma guia pelas estradas do país com sua floresta de placas de sinalização? O de uma aluna atenta e disposta a escutar que, por sua familiaridade com a cultura chinesa e sua paixão pelo povo local, abre uma ou duas portas aos ocidentais e com eles adentra o país? Minha cabeça ainda ferve, dia e noite, com a multidão de coisas que vi, de livros que li e de experiências que tive. Então quem sou eu neste livro? Que informações são essas que anseio tanto por compartilhar com meus leitores? O que espero que seja o sentimento deles depois de terem completado sua jornada por meio destas páginas?

Na verdade, estou dizendo àqueles que querem muito entender as coisas e tê-las explicadas para si que o tempo não apenas estrutura nossas vidas, mas também cria espaços e clareia as lembranças. De fato, fui conduzida às respostas para essas questões à medida que a memória se fazia mais clara. Em maio de 2006, Toby e eu fomos convidados a participar de um workshop sobre tradução na Holanda. Durante dois dias, editores, tradutores, escritores e repórteres de trinta e tantos países discutimos nossas diversas literaturas nacionais e debatemos como traduzir nossas obras para que possam ser apreciadas pelo resto do mundo. O evento, empolgante, uma abertura de horizontes e uma provocação constante ao pensamento, foi organizado pela Fundação para a Produção e a Tradução da Literatura Holandesa, cujo presidente, o acadêmico Martin Asscher, foi quem proporcionou nossa agradável participação. À medida que cumpríamos a agenda do dia, e mais e mais pessoas se juntavam ao que acabou se tornando um debate ferrenho sobre temas literários, percebi que era o "maestro" Martin Asscher quem guiava e controlava os caminhos tomados por nossa discussão sobre três aspectos — literatura, tradução e edição. No entanto, bem ao contrário da maioria dos políticos, professores e outras figuras de destaque sempre prontas a desfilar sua sabedoria, ele foi totalmente discreto. Tornou-se nosso "general", permitindo a cada participante que influenciasse a condução do evento com o próprio entusiasmo acerca dos três tópicos e que as carências do pensamento literário mundial fossem sendo absorvidas pela intelectualidade local. Dois dias dessa experiência e, graças a Martin, minha memória já estava embebida naquele debate — e eu era apenas uma estrangeira novata! Com ele, aprendi a fazer a "mediação" de minha consciência de outras culturas e a dar minha própria contribuição, encaixando meus tijolos nessa "ponte" cultural que ia se construindo.

Neste livro, espero que meus leitores, do lado de fora da porta como eu, e olhando para a China e para a sua história, possam vivenciar essas memórias do meu país eles próprios. Torço para que se identifiquem com os personagens do livro e as histórias de suas famílias; e que vejam como um povo emergiu da pobreza e de conflitos para incorporar um novo autorrespeito. E não sou eu — limitada à experiência de um único momento, uma célula chinesa cuja função é também única e limitada —, mas as testemunhas da China, com suas histórias, quem têm o verdadeiro poder de convencimento.

Testemunhas da China é o resultado, também, de uma soma de esforços de diversas pessoas. Sem a ajuda das que cito a seguir, este livro jamais chegaria, como agora, a ver a luz do dia: em Beijing, Chen Linfei e Cheng Lu cuidaram da parte de pesquisa; em Nanjing, Zhang Ye e Hao Chong coordenaram a coleta das informações de apoio; Yang Ji, Kate Shortt e outros filmaram e gravaram; Julie, da agência de viagens Jindian, cuidou do planejamento e da organização; os voluntários do escritório de Londres, John e Li Yi, coordenados pela presidente executiva da instituição beneficente Mother's Bridge [Ponte das Mães], Wendy Wu, responderam aos e-mails; e Xiao Shensen (Universidade de Beijing), Wei Xuan (Universidade de Radiodifusão de Beijing), Pan Zhigang (Universidade Virtual de Nanjing) e mais de cinquenta estudantes da Universidade Fudan, de Shanghai, ajudaram nos registros.

Sem Esther Tyldesley, Nicky Harman e Julia Lovell, que traduziram este livro do chinês para o inglês (enchendo uma caixa inglesa com nuvens chinesas, como diz Esther); sem meus editores, Dan Frank, da Pantheon Books, que transformou minha escrita num livro legível, e Alison Samuel, que tanto tem feito não apenas por este livro, mas por todas as minhas obras publicadas pela equipe da Chatto & Windus; sem o pessoal da Random House que trabalhou no livro e muitos amigos em diversos países e a sabedoria e dedicação que emprestaram ao projeto — sem todos eles, estas histórias chinesas ainda estariam pegando pó na minha memória chinesa ou mesmo relegadas ao passado da China.

Não pensem, por favor, que lhes dou apenas uma longa lista de nomes. Na verdade, essas pessoas não são apenas parte deste livro, mas testemunhas da China, hoje. Agradeço a elas, assim como no futuro o país irá agradecê-las por nos terem proporcionado esses preciosos registros históricos. Todo livro vem marcado pelo sangue, pelo suor e pelas reflexões de muitas pessoas, e é mais um participante na Longa Marcha da literatura.

Meus assistentes chineses: o que *Testemunhas da China* significou para eles

Meu obrigado às seguintes pessoas por sua ajuda:

Wendy Wu, presidente executiva da instituição beneficente Mother's Bridge [Ponte das Mães] e apoiadora deste livro: *Como presidente executiva da Mother's Bridge, sinto que* Testemunhas da China *abre uma porta à exploração de uma jornada cultural para as crianças chinesas, para aqueles que foram adotados por famílias ocidentais e para os chineses vivendo no Ocidente.*

Leo Hao Chong, chefe da equipe de pesquisa de *Testemunhas da China* em Nanjing: *Percebi, enquanto trabalhava com a equipe, que as histórias do livro seriam bem diferentes daquelas dos nossos livros de história da escola.*

Julie Zhu, secretária e assistente para viagens de *Testemunhas da China*: *Essa experiência ajuda a mim e a muitos outros a entender a vida de nossos pais e avós, suas lágrimas e seu sofrimento, e sua felicidade, que é diferente da nossa.*

Chen Linfei, chefe da equipe de pesquisa em Beijing: *Essas testemunhas passaram por imensas privações e, ainda assim, mantêm-se miraculosamente gigantes...*

Li Yi, secretário e assistente de mídia da Mother's Bridge: *Essas pessoas e suas vidas são ao mesmo tempo muito distantes e muito próximas de nós. Descobri uma coisa bastante simples: a China é muito grande. E elas dão verdadeiro testemunho sobre esse fato tão banal, mas tão importante.*

Yang Ji, assistente de mídia e operador de câmera de *Testemunhas da China*: *Nunca, antes dessa experiência, havia pensado sobre o que viveram meus pais e meus avós.*

Xuan Xuan, assistente de mídia: *Pessoas comuns mostram uma força incomum. Nosso autocontrole não é capaz de conter a expressão do nosso autorrespeito.*

Panpan Xue, assistente de mídia: *As histórias eram todas muito diferentes, mas as testemunhas se sentiram igualmente aliviadas por ter alguém ali que as escutasse e as consolasse. Espero que, como eu, os leitores deste livro possam atingir um novo patamar de entendimento e formação.*

Jiang Wei, assistente de mídia: *Este projeto despertou em mim o interesse por descobrir a história oculta da minha própria família.*

Li Xu, assistente de mídia: *Agora, onde quer que esteja, posso dizer com total confiança: "Sinto orgulho do meu país e de sua gente!".*

Li Yuan, assistente de mídia: *Sinto que cresci ao trabalhar nessas histórias de um tipo de vida com o qual jamais havia me deparado antes...*

Xu Ke, assistente de TV: *Nunca fiquei tão comovida como ao ouvir aqueles velhos contarem os prazeres e as dores de suas vidas. Agora o mundo todo irá ouvir essas vozes ocultas.*

Kenny Renhu, apoio à pesquisa de *Testemunhas da China*: *Dediquei o respeito tradicional aos meus pais, mas não aprendi com sua história nem tentei entendê-los. Minha mãe me disse que não permitiria que eu sofresse como ela sofreu.*

Pan Zhigang, assistente administrativo, Nanjing
Shen Wei, assistente administrativo, Beijing
Cheng Lu, assistente de pesquisa, Beijing
Xiao Shenshen, assistente de pesquisa, Beijing
Yan Yan, apoio à pesquisa, Beijing
Tea, apoio à pesquisa, Nanjing
Xin Meng, apoio à pesquisa, Nanjing
Liang Qin, apoio à pesquisa, Henan
Wu Suiping, apoio à pesquisa, Henan
Yi Zhang, apoio à pesquisa, Xinjiang
Lin Xue & Ping, apoio à pesquisa, Sichuan
Zhang Yongmin, apoio à pesquisa, Shanghai
Zhing Jane, apoio à pesquisa, Shanghai
Liu Tong, apoio à pesquisa, Gansu
Zha Xi Liu & Pur er Min, apoio à pesquisa, Anhui
Xi Fenglan, apoio à pesquisa, Ghizou
Li Lin, apoio à pesquisa, Shandong
Gao Feng, apoio à pesquisa, Shanxi
Hu Feibao, apoio à pesquisa, Rota da Seda
Wu Fan, apoio à pesquisa, Guandong
Kate Shortt, fotógrafa

O que realizamos ao lado da Xinran não permitirá que a história da China seja esquecida, e nossa história será, assim, conhecida e lembrada ao redor do mundo.

Índice remissivo

Academia Diplomática Militar da China, 317
Academia Estatal de Prospecção Geológica de Moscou, 141
Academia Imperial, Arquivos da, 45
África, 155-6, 454
Aisin-Gioro Pu Yi, imperador, 401
Alemanha, 103, 258, 437-8, 454
Altas Cortes Populares, 415
Amdo, 189
amdo, povo, 189-90
América do Sul, 155, 159, 174, 176
Angola, 156
Anhui, província de, 180, 189, 192, 194, 196, 198, 201-2, 204, 251, 300, 327-8, 396, 412, 421; *ver também* Linhuan
anli, 191
Anxi, 18
Anyang, 393
Ásia Central, 60, 155
Associação de Petróleo, 142
Associação Euroasiática de Gerenciamento da Terra, 142

Associação Europeia de Gerenciamento da Terra, 142

Bacia de E'erduosi, 144
Bacia de Erlian, 144
Bacia de Jilin, 144
Bacia de Tarim, 144
Bacia do rio Yangtze, 197
Bai Juyi, 427
Ban Chao, 18
Bando dos Quatro, 257, 320, 330, 332, 334, 346, 451
Banpo, vilarejo da era neolítica, 113
"Bao Mãos Limpas", 415
Barragem do norte de Sichuan, 463
Beijing, 18, 24, 31-2, 109, 112-3, 128, 133, 143-4, 155, 174, 179-80, 204, 228, 251, 262, 268, 270, 271, 277-8, 281, 285, 290-1, 296-7, 303, 316-7, 339, 342, 347, 350, 353, 360, 364, 367, 386, 394-6, 411, 427, 435, 437-40, 445, 449, 450, 453-4, 456, 460; Biblioteca de Beijing, 45; Escritório Central de Mapeamento

de Beijing, 128; Incidente no Memorial do 4 de Maio, 439-41; Instituto de Pesquisa Educacional de Beijing, 303; Movimento de 4 de Maio, 437-8; Olimpíadas *ver* Jogos Olímpicos de 2008; Universidade de Beijing, 410-1, 423, 437
Bengbu, 180
Bethune, Norman, 276
Bo Gu (Qin Bangxian), 264-5, 267, 269
Braun, Otto, 264
Braun, Otto *ver* Li De
Bush, presidente George W., 369, 454

Campo (petrolífero) de Kelamayi, 154
Campo (petrolífero) de Shengli, 154
Campo (petrolífero) de Yumen, 154
Campo (petrolífero) do Norte, 154
Campos (petrolíferos) de Daqing, 111, 144, 154-5, 278
Campos de Ela, 190
Canal de Tongji, 204
Cang'an, circunscrição de, 116
Cao Rulin, 438
Cavernas de Mogao, 103
Cavernas Longmen, 103
Chade, 156, 158
Chang'an, 18, 19
Changsha, 269, 295
Chaoshi, brigada de, 144
Chen Changfeng, 267
Chen Lianshi ("Mulher de Duas Armas"), 43-54, 57, 101
Chen Yi, 26, 267, 269, 316
Chen Yun, 269
Chengde, 277
Chengdu, 32-3, 44, 50, 151, 180, 251, 405, 410
Chevron-Texaco, 158
Chiang Kai-shek, 95, 268, 331, 393, 453
Chongqing, 54, 151, 295, 306, 308
CNN, 158
Código Criminal Chinês e Lei Criminal Processual (1979), 414

Colina dos Gritos, 100-1, 130
Colômbia, 175-6
Columbus, Ohio, 291, 294, 355
Comissão Militar Central, 63, 180
Companhia de Navegação da China, 157
Companhia de Petróleo da China, 156
Comunista, Partido *ver* Partido Comunista Chinês
Conferência Anual sobre Prospecção, 154
Conferência de Lushan, 387
Conferência de Paz de Paris, 437-8
Conferência de Zunyi, 265, 270
Congo, 156
Congresso da Juventude Sino-Japonesa, 241
Coreia do Norte, 155
Correio Chinês, 240, 247
Cortes Populares, 414-5
Cuba, 155

Dalai Lama, 460
Danbin Jianzan ("Lama Guerreiro Negro"), 19
Daqin, 18
Declaração de Lushan, 268
Delta do Yangtze, 194
Deng Xiaoping, 95, 150-1, 216, 227, 269-70, 292, 296, 397, 400
Deng Yingchao, 136
Departamento de Minas e Produção Geológica (Divisão de Geologia), 144
Departamento Nacional de Administração Civil, 285
Deserto de Gobi, 61, 75-7, 84, 97, 125-6, 133, 145, 170
Deserto de Gurbantunggut, 61
Deserto de Taklimakan, 61
Deserto do Saara, 156
Diário do Povo, 66, 133, 397, 400
Dingxi, 106
Divisão de Comando em Prospecção de Petróleo de Yinchuan, 140
Divisão de Minas, 129
Divisão de Petróleo, 128, 140, 144

Divisão Nacional de Prospecção de Petróleo ver Divisão de Petróleo
Dong'an, 132
Douhet, Giulio, 110
Dunhuang, 103
Dushanzi, reserva petrolífera de, 154
Duto Archangelsk—Daqing, 155

ELP ver Exército de Libertação do Povo
Equipe Pioneira de Radiodifusão Direta, 373
Escola Central de Política de Nanjing, 294
Escola de Ensino Médio Kunfan para Moças, 299
Escola de Ensino Médio Xiangwen, Shanghai, 307
Escola de Oficiais de Hubei, 318
Escola Normal da Cidade de Wenzhou, 121
Escritório de Segurança Pública, 376, 377, 379, 382, 385, 387-9, 392-3, 399, 401; lembranças de um policial sobre trabalhar ali, 382-99
Estação de Rádio do Povo de Henan, 373
Estados Unidos, 103, 140, 157, 164, 175, 290, 294, 301, 303, 306, 308, 317-8, 325, 448, 454-5
Estrada Xinjiang—Gansu, 327
Estreito de Málaga, 155
Estreito de Taiwan, 19
Exército de Libertação do Povo (ELP), 20, 60, 63-5, 145, 172, 261, 266, 277-8, 291, 295-6, 313-4, 317, 336, 347, 352, 382, 385, 463; e a Liberação de Shanghai, 311-3; e o Batalhão de Construção de Xinjiang, 60-1, 63-4; Instituto de Línguas Estrangeiras, 291, 295, 317, 336
Exército dos Meninos, 152, 153
Exército Revolucionário Mongol, 20
Exército Vermelho Central, 265-6
Exército Vermelho Chinês, 20, 262, 264-75, 280, 289, 320, 406; ver também Longa Marcha
Exército Vermelho Soviético, 20
ExxonMobil, 156

Faculdade de Gerenciamento dos Recursos do Solo do Noroeste, 121
Faculdade St. John, Shanghai, 317, 360
Falacci, Oriana, 270
Fang Haijun, 26
Fazenda Leiongzhuang, 226
Fazenda Mosuowan, 72
Ferrovia Jiao—Ji, 437
Ferrovia Qinghai—Tibete, 327
Festival de Lanternas de Qin Huai, 235, 240
Festival de Lanternas Yuan Xiao, 234
filho único, política de, 25, 208, 409, 463
Filipinas, 175
Forças Guerrilheiras Mongóis Antijaponesas, 269
Forças nacionalistas, 48, 279
Forte de Jiangtai, 265
Fujian, província de, 196, 295, 411

Gabão, 156
Gan Ying, 18
Gansu, província de, 20, 84, 100, 102-3, 106, 109, 111, 154, 190, 251, 265, 275, 327, 421; ver também Hezheng; Lanzhou
Gao Mingxuan, professor, 16
Gao Yaojie, 450
Gerenciamento da Terra, delegação chinesa de, 142
Golfo da Guiné, 156
Golfo de Bohai, 458
Golfo Pérsico, 18
Grande Brigada de Jiuquan, 124-5, 144
Grande Canal, 204, 219
Grande Massacre (Massacre de Nanjing), 268
Grande Muralha, 122, 204, 285, 319, 411
Grande Salto Adiante, 116, 149, 247, 408
Grandes Potências, 437
Grupo de Petróleo e Gás da China, 458
Grupo para Casos Especiais, 394-6
Grutas de Yungang, 103
Grutas Maiji, 103
Gu Yeliang, 231, 253, 255
Guangdong, província de, 197

Guangxi, província de, 197, 278, 288
Guangzhou, 361, 396, 437-8; governo militar de, 437
Guardas vermelhos, 37, 149, 211, 266, 303, 318, 329, 402
Guerra China-Vietnã, 459
Guerra da Coreia, 143, 340
Guerra do Ópio, 150, 196, 319, 455, 461
Guerra Sino-Japonesa, 305-7, 328; *ver também* Japão/ japoneses
Guilin, 31-2, 275
Guiné Equatorial, 156
Guizhou, província de, 30, 32, 36, 192, 197
Guo Shaoquan, 178

Hami, 19
han, etnia, 62, 112-3, 192, 197
Hangzhou, 97-8, 117, 122, 196, 214, 356, 438
Hankou, 278
Haslung, Henning, 19
He Long, general, 79
Hefei, 196
Henan, província de, 65, 84, 88, 172, 179, 251, 271, 309, 371-2, 374, 376-7, 381-2, 387, 391, 395-7, 410, 417, 450; *ver também* Zhengzhou
Herói (filme), 232
Hong Kong, 103, 321, 372
Hongxingyuan, complexo de Zhangjiakou, 318
Honsong, 164
Hospedaria da Circunscrição de Hezheng, 112
Hu Jintao, 151, 327, 335
Hua Guofeng, 451
Hua Mulan, 136
Hubei, província de, 197, 417, 423, 433
hui, povo, 112, 265
huiba, povo, 189
Hunan, província de, 26, 34, 36, 65, 85, 197, 295, 306
Huocheng, 19
Hussein, Saddam, 369

Ilha de Taishan, 333
Ili, 19
Incidente Treze do Nove, 180
Inglaterra, 22, 32, 36, 140, 160, 162, 258, 262, 282, 454-5
Instituto de Economia e Finanças de Shanghai, 126
Instituto de Línguas Estrangeiras, 295, 317, 336
Instituto de Pesquisa em Física e Engenharia, 463
International Herald Tribune, 460
Iraque, 140, 369, 460
Islã, 142, 314

Japão/ japoneses, 45, 116, 118, 143, 153, 155, 157, 160, 164, 175, 258, 264, 268-9, 281-2, 285, 288, 291, 295, 304, 306, 308, 317, 328, 366, 381, 387, 402, 406, 437-8, 446, 459; e a Primeira Guerra Mundial, 437; e o Massacre de Nanjing, 268, 306; invasão da China, 294; resistência do pcc, 268; *ver também* Guerra Sino-Japonesa
Jian'ou, 295
Jiang Qing, 283, 451
Jiang Zemin, 95, 151
Jiangnan, 240, 246, 254
Jiangsu, província de, 189, 231, 268, 452; *ver também* Nanjing
Jiangxi, 180, 264, 266, 459
Jiaqing, imperador, 45
Jiayuguan, 125, 144-5
Jilin, 277, 284
Jimsa, 19
Jinan, 163-5, 167-8, 178, 216, 438
Jingnin, 265
Jingxian, 116
Jinhua, 132
Jiujiang, 438
Jiuquan, 124, 127, 144, 170
Jiuzhaigou, 272
Jogos Olímpicos de 2008 (Beijing), 242, 340, 452, 460-1
judeus, 189, 193-4

Kaifeng, 193, 194, 380, 395-7
Kang Shi'en, 277
Kang Yiming, 45
kangba, povo, 189-92
Kebuduo, 20
Keji-ri Bao (jornal), 293
KMT *ver* Kuomintang
Kuomintang (KMT), 264, 266, 269, 272, 276-7, 284, 288, 312-4, 332, 384, 388; a Liberação de Shanghai, 312-3; a Longa Marcha, 264-5, 270, 273, 276; a resistência ao Japão, 268; corrupção, 308; da polícia contra seus membros, 383, 393; linha-dura, 167; o sistema de propriedade, 149; San Qing Tuan, 167-8

Lago Elinhu, 190, 192
Lago Zalinhu, 190, 192
"Lama Guerreiro Negro" *ver* Danbin Jianzan
Landa, 111
Lanternas vermelhas (filme), 232, 233
Lanzhou, 66, 100-7, 111, 124, 126, 132, 143
Leitai, 103
Levante do Monte Huaying, 48, 50, 58
Lhasa, 190, 192
Li De (Otto Braun), 264-5, 267
Li Xiannian, 451
Liberação, 149, 154, 165, 179, 295, 302, 304, 311-5, 319, 329, 426
Liga da Juventude Comunista, 167, 184
Liga da Juventude dos Três Princípios do Povo, 316, 383
Lin Biao, 26, 179-80, 278, 332, 394, 396
Lin Liguo, 179
Lin Xiangbei, 43, 44
Lin'an, 196
Linhuan, 192, 194, 201-2, 204-7, 209, 214, 216-21, 223-4, 227-8
Liu Bocheng, 26
Liu Shaoqi, 227, 269, 334, 385, 394-7
Liu Ziyu, 196
Longa Marcha, 170, 261-70, 273, 276, 282-3, 288-9, 406

Longxi, 106
Lu Shan, 306
Lu Zongyu, 438
Lubrificantes Grande Muralha, 278, 285
Luís XIV, rei da França, 16
Luo Ruiqing, 399
Luoyang, 103, 296, 297

Ma Bufang, 19, 20, 265
Manchúria, 278
Manila, 175
Mao Tse-tung, 16, 22-3, 26, 32, 50, 61, 64, 74, 88, 92, 95-6, 123, 127, 148-9, 172-3, 180, 186, 190, 200, 214, 216, 221-2, 226-8, 251-2, 264, 265-7, 269-70, 277, 282, 288, 308-9, 318-9, 321-3, 327, 332, 334-5, 368, 375-6, 379, 394, 396, 399-400, 451-4; e a Longa Marcha, 264-7; e a Revolução Cultural, 322, 334-5, 451; e os heróis nacionais, 46; e os prisioneiros e soldados de Xinjiang, 61, 64; incentivo às mulheres para que tivessem vários filhos, 35, 37; opiniões sobre ele, 95, 226, 251-2, 282, 319, 322-3, 334-5; plano para matá-lo, 180
Maqu, 190
Mar Negro, 19
Mediterrâneo, 19
Men He, 172
Ming, dinastia, 16, 116, 220, 248, 258
Minhe, brigada, 144
Ministério do Exterior, 317
Ministério do Petróleo, 154
Mobil, 154
Mongólia, 19, 20, 60, 144, 180, 190
Monte Flamejante, 129
Monte Jiajing, 274
Monte Wuliang, 275
Montes Daxue, 265
Montes Qilian, 122
Montes Tanggula, 189
Moscou, 129, 133, 141, 391
Movimento Antidireitista, 50, 250, 334, 387, 391

Movimento de 4 de Maio, 438-9
muçulmanos, 18, 62, 70, 112, 143, 265
"Mulher de Duas Armas" *ver* Chen Lianshi
Museu do Fóssil de Hezheng, 113
Museu dos Fósseis de Dinossauro de Sichuan, 113

Nações Unidas, 66, 450, 460
Nanjing, 46, 57, 79, 125, 167, 189, 194-5, 198, 204, 218, 221, 230-1, 234-6, 238-45, 248, 251, 256-60, 278, 294, 306, 317, 332, 358-60, 413, 438, 445, 454, 456; fogões boca de tigre, 194-5; lanterneiros, 231, 234-40, 242-59; massacre (1937), 268, 306; ocupação japonesa, 268, 294, 306; prostituição, 198-9
Nanping, 295
Nanyang, 179
Ningxia, 130-1, 141, 151, 265
Nurhaci, imperador, 401

Ofensiva dos Cem Regimentos, 268
Oitavo Exército Móvel, 266, 268-9, 277-8, 406
Olimpíadas de 2008 *ver* Jogos Olímpicos de 2008 (Beijing)
Öndörhaan, 180
Oriente Médio, 155-6, 158

Paquistão, 142, 175
Partido Comunista Chinês (PCC), 22, 25-6, 44, 63-4, 125, 149, 164, 167-8, 180, 206, 252, 255, 264, 265, 267-70, 276, 280, 295, 309, 312-7, 320, 331, 335, 358, 373, 377, 382, 384, 396, 400, 446, 451, 452, 454; Comitê Central, 63, 180, 265-7, 274, 277, 282, 334, 386, 396, 399-400; e a Longa Marcha, 263-9; e a mídia, 372; e o Batalhão de Construção de Xinjiang, 63; opiniões pessoais e lembranças, 44, 48, 50, 53, 126, 132, 149, 167, 179, 186, 208, 211-2, 226, 252, 281, 308, 312-5, 320, 329-35, 386; Unidade de Treinamento em Línguas Estrangeiras do Comitê Militar, 317

Partido Nacionalista, 44, 61, 63-5, 84, 149, 166-8, 382-3, 394
Passagem Fantasma, 145
Passagem Lazi Kou, 274
Passagem Zhangjiakou, 277, 318
PCC *ver* Partido Comunista Chinês
Peng Dehuai, general, 26, 264, 268-9, 387
Penhasco vermelho (filme), 46
Período dos Estados Guerreiros, 197
Período Primavera e Outono, 219
Planalto da Terra Amarela, 111, 122
Planalto de Yunnan-Guizhou, 192
Ponte Luding, 272
Ponte Marco Polo, incidente da, 268, 294
Primeira Guerra Mundial, 437
Primeiro Exército, 264, 269, 275
Putten, Frans-Paul van der, 460

Qi Jiguang, 116
Qianche, 120
Qin Banxian *ver* Bo Gu
Qin Gui, 197
Qin Huai, lanterneiros de, 231, 234-40, 242-59
Qin Shi Hung Di, imperador, 319
Qin, dinastia, 16
Qing, dinastia, 16, 45, 95, 154, 235, 299
Qingdao, 160, 163, 189, 251, 437
Qinghai, província de, 19, 190, 192, 327
Qiqihar, 278
Qiu Jin, 136
Quanzhou, 19
Quarto Exército, 265-6, 274, 278
Quatro Expurgos, 50, 135
Qula, 189

Rádio Jiangsu, 235, 243, 452
Rádio Rio Pérola, 373
Reader (revista), 103
Rebelião de Taiping, 300
"reeducação pelo trabalho", 61, 65, 76, 88, 145, 318, 394
Região Autônoma da Mongólia Interior, 190

Região Autônoma de Linxia Hui, 111
Região Autônoma de Ningxia Hui, 140
Revolução Cultural, 17, 38, 42, 45, 50-1, 79, 88, 89, 116, 138, 148-51, 160, 165, 172-3, 175, 180, 185, 190, 211, 222, 226, 235, 249, 285, 298, 303, 321, 325, 327, 329, 331-2, 335, 379, 394, 396, 398, 404, 414, 426, 451; e as casas de chá, 210, 221-2; e as Cortes Populares, 414; e as lanternas, 234, 249-50; e Mao Tse-tung, 322, 334-5, 451; e os acrobatas, 160, 172-3; nos sites chineses, 451; relatos pessoais, 30, 37-8, 101, 109, 114, 134-5, 137, 148, 172-3, 226, 266, 303, 318, 322, 329-30, 332, 358, 394, 402, 408, 426
Revolução dos Três Distritos, 63
Richtofen, barão Ferdinand von, 18, 19
Rio Amarelo, 103, 189, 192, 204, 277, 280-1, 371, 374-5, 417
Rio Chishui, 265
Rio Huai, 193, 204, 221, 235, 327
Rio Huanshi, 193
Rio Rehe, 277
Rio Yan, 123
Rio Yangtze, 231, 253
Rota da Seda, 17-9, 21, 62-3, 66
Rússia, 60, 142, 155, 449; *ver também* União Soviética

Sai Mengqi, 334
San Qing Tuan, 167-8
Sanguanmiao, 398
Sangxiong, 189
São Petersburgo, 20
Segundo Exército, 265-6
Sha Duoling (nome artístico de Yu Ruobin), 125-7
Shaanxi, província de, 71, 154, 265, 268, 277, 411; *ver também* Xi'an
Shandong, província de, 65, 70, 72, 85, 88, 154, 160, 163-4, 179, 437
Shang Yang, 16
Shang, dinastia, 219
Shanghai, 32, 85, 88, 97, 126, 132, 194-6, 203-4, 221, 248, 251, 278, 291, 295-7, 299-301, 305, 307-8, 311-7, 328-31, 336, 338-9, 342, 345-6, 350, 352-3, 355-7, 361, 438, 445, 455-8; comunidade judaica, 193; fogões boca de tigre, 194-5, 203; Liberação, 311-5; Movimento de 4 de Maio, 438
Shanghai Park Hotel, 312, 342, 352
Shangqiu, 93, 172
Shanxi, província de, 103, 268
Shaoxing, 129, 328-9
Shell, 156
Shendu, 18
Shenyang, 394, 411
Shihezi, 19, 60, 62, 65-7, 70-1, 74, 77-8, 81, 84-5, 89-90, 93, 96, 99
Shijiazhuang, 277
Sichuan, província de, 33, 44-5, 48, 57, 113, 190, 197, 271-2, 285, 302, 462-3; terremoto, 462-3; *ver também* Chengdu
Sima Qian, 16
Sinopec, 158, 278
Sistema de Administração de Vizinhança, 269
Sociedade dos Geólogos Economistas, 142
"Sociedade Harmoniosa", conceito de, 151
Sociedade Tongmeng, 45
Song Qingling, 136
Song, dinastia, 175, 196, 197, 415; Song do Norte, 197; Song do Sul, 196, 204
Sri Lanka, 175
Stálin, Joseph, 23, 62, 322, 391
Sudão, 156
Sui, dinastia, 204
Sul, dinastia do, 234
Sun Yat-sen, 45, 95, 119, 308
Suprema Corte da República Popular da China, 385, 415
Suprema Corte Popular, 414-5
Suzhou, 300

Taiwan, 372, 453
Tan Zheng, 26
Tang, dinastia, 175, 204, 234, 258
Tangshan, terremoto de, 462

Tanhai, região de, 458
Tao Zhiyue, 64-5
Tao Zhu, 396
Terceira Campanha de Changsha, 268-9
Tianjin, 85, 88, 103, 178, 277-8, 438
Tibete, 19, 189-92, 327, 454, 460-1
Tongren, 190
Total (empresa), 156
Três Bandeiras Vermelhas, 149
Três Grandes Montes, 150, 288
"Três Representações", política das, 446
Tribunais Regionais das Planícies Centrais, 394
Trupe Mágica de Tianjin, 178
Turfan, 129-30, 132, 144
Turfan, brigada de, 144

União Soviética, 23, 60, 62, 109-10, 114, 123, 129, 133, 135, 141, 148, 265, 276, 278, 279, 402
Universidade de Comunicações de Xi'an, 423
Universidade de Fudan, Shanghai, 295, 301, 307-8, 315-6
Universidade de Lanzhou, 126, 143
Universidade de Medicina dos Trabalhadores, 78
Universidade de Qinghua, 279, 308
Universidade de Shanghai, 283
Universidade de Shanghai Jiaotong, 312
Universidade de Sui'an, 330
Universidade de Tongzhi, 312
Universidade do Cristianismo, 331
Universidade Normal de Kaifeng, 380
Universidade Normal do Leste da China, 303, 342
Universidade Popular do Norte da China, 296, 317
Universidade Revolucionária, 317
Universidade Sun Yat-sen, Guandong, 126
Urumqi, 19, 67, 71, 96-8, 100, 151

Vasilyev: *Sobre o amor*, 349
Vietnã, 278, 454

Wang Bo, 342
Wang Genseng, 65
Wang Guang-mei, 394, 396
Wang Hongwen, 451
Wang Jiaxiang, 265
Wang Ming, general, 278
Wang Zhen, general, 61, 63-5, 84, 278
Wen Jiabao, 327, 335
Wenchuan, terremoto de, 462-3
Wendeng, 70-1
Wenzhou, 121-2, 146
Wesley, Mary, 23-4
Wu Cheng'en: *Rei dos Macacos*, 129
Wu Jiqing, 266
Wu Xiuquan, 266
Wu Yi, 450
Wudi, imperador, 18
Wuhan, 88, 180, 438
Wuhu, 438
Wuqi Zhen, 265

Xi'an, 19, 31, 97, 100, 102, 113, 122, 124, 127-8, 132, 427, 433
Xingyi, 30, 32-3, 36
Xinhua, agência de notícias, 126, 133, 414, 450
Xinjiang, província de, 20, 59-67, 70-2, 74, 76, 79, 84-5, 89, 96-9, 101, 129, 132, 144-5, 154, 180, 190, 251, 327; *ver também* Urumqi
Xu Haidong, general, 396
Xue Yue, general, 268
Xueneng Tu, 293

Yan'an, 122-3, 133, 216, 275-8, 317
Yanchang, reserva petrolífera de, 154
Yangjialing, 122
Yantai, 70, 71
Yao Wenyuan, 451
Ye Jianying, 451
Yinchuan, 140, 151
Yu Ruobin *ver* Sha Duoling
Yuan Shikai, 119, 308, 437
Yuan, dinastia, 175
Yuanyang, 309
Yue Fei, 196

Yunnan, 36, 190, 192
Yushu, 190

Zhang Chonghan, 65
Zhang Chunqiao, 332, 451
Zhang Guotao, 265, 269, 274
Zhang Qian, 18
Zhang Wentian, 265
Zhang Yimou, 232-4
Zhang Zongxiang, 438
Zhao Xinguang, 65
Zhao Ziyang, 140
Zhejiang, província de, 104, 116, 197; trabalhadores migrantes, 104
Zhengzhou, 370-3, 375, 379-83, 385, 387-8, 391, 396-7, 401-2, 404, 406, 408, 416-7, 421, 424
Zhenjiang, 278
Zhijiang Xian, 295
Zhingnanhai, 396
Zhou Enlai, 227, 264-5, 267, 269, 277, 396
Zhou, dinastia, 219
Zhouping, 164
Zhu De, 26, 267, 269
Zhu Yuanzhang, imperador, 231, 235
Zona Central Soviética, 264
Zunyi, 265
Zuo Qan, 269

ESTA OBRA FOI COMPOSTA POR 2 ESTÚDIO GRÁFICO EM DANTE E
IMPRESSA PELA GRÁFICA BARTIRA EM OFSETE SOBRE PAPEL PÓLEN
SOFT DA SUZANO PAPEL E CELULOSE PARA A
EDITORA SCHWARCZ EM JUNHO DE 2009